绿色交响诗

LvSeJiaoXiangShi

铁铮 ◇ 著

中国文联出版社

序

在中国，生态环境建设事业已经进入了攻坚阶段，任务十分艰巨。不容乐观的生态环境现状，需要新闻媒体大力进行绿色意识的传播。绿色传播愈来愈引起我国林业、生态环境界和传播学界的重视和关注，并且取得了长足进步。无论是传统的报刊、电视、广播传媒，还是新兴的网络媒体，都将绿色传播摆在了一个重要的位置，积极报道绿色新闻、普及绿色知识、提高大众的绿色修养。与此同时，林业和生态环境系统的从业人员，也积极主动地利用媒体，有目的、有步骤地开展绿色传播。绿色传播教育初见端倪。绿色传播在我国林业和生态环境建设中发挥着越来越重要的作用，对于增强公民环保意识、传播绿色文化、倡导绿色生活方式、促进生态环境建设，都有着相当重要的社会意义和实际价值。

然而，目前关于绿色传播理论的系统研究尚未起步，与发展势头迅猛的绿色传播实践形成了很大的反差。作为一个新兴的传播领域，绿色传播有着与其他传播所不同的特点及规律，急需深入研究、分析和探索。因此，加强绿色传播研究，探索绿色传播的一般和特殊规律,建立与之相适应的绿色传播学理论体系,对于进一步推动绿色传播活动的深入开展、促进林业和生态环境建设,具有重要的意义。

北京林业大学成立了绿色传播和生态文化研究中心,致力于绿色传播的研究工作,已取得了初步成果。有关人员在总结绿色传播实践的基础上,试图总结和探索绿色传播的规律。他们的努力是很有意义的。

这套绿色传播系列丛书,就是这些研究部分成果的展示。其中,既有近年各新闻媒体公开报道的绿色新闻的精选,还将荟萃有关绿色传播研究的论文。作者毕业于北京林业大学,后获得了中国人民大学新闻学专业硕士学位,又取得了生态环境建设领域的博士学位,既有一定的林业和生态环境建设的专业知识,又有一定的传播学理论基础和研究能力,还有一定的从事绿色传播实践,具有绿色传播领域研究的不可多得的优势。我们既为他在绿色传播领域中已取得的成就感到高兴,又希望他更加努力,继续在绿色传播的实践和研究中取得新的成绩。

王晨

注:本序作者系国务院新闻办公室主任。

目　录

CONTENTS

教育部副部长陈希到北林大调研

"林业高等教育一定要办出自己的特色和水平。"2009 年 8 月26 日，教育部党组副书记、副部长陈希在北京林业大学调研时反复强调这一点。

在听取了北京林业大学党委书记吴斌、校长尹伟伦的汇报，深入重点实验室了解学校科研情况后，陈希说，北林大近年来实现了跨越式发展，进入了国家优势学科创新平台建设的高校行列，在教学、科研和服务社会等方面都取得了可喜成绩。学校为我国培养了13 位院士，在林学等学科方面的优势也十分突出。

陈希说，本世纪初，包括北林大在内的一大批部委院校划归教育部，实行了新的管理体制。这批高校如何发展，是我国高等教育面临的大问题。要冷静、理性、科学地把握办学方向。不能盲目地追求综合性，不要强调有多少学科门类，而要看对国家、对行业的贡献率。一定要保持和发展原有的特色，并根据国家、行业的需要进行适度的调整。在我国加快生态建设步伐和大力建设生态文明的大背景下，北林大定位为"多科性"是正确的，学校在保持原有的林学、生物学、林业工程学等学科特色的基础上，向环境、材料等领域适当地拓展、延伸，更好地体现了为林业和生态建设服务的方向。

陈希指出，培养学生，质量是第一位的。要根据国家发展的需要调整学生培养的层次、类型和结构。增加研究生的培养比例，特别要重视对林业领军人物后备力量的培养。林业院校的硕士研究生培养要注重应用型、复合型，加大招收工程硕士的力度，为林业和生态建设输送用得上的人才。在学生培养中要适应社会和行业发展的需要，要有前瞻性，对林业和生态建设的趋势和走向有准确的把握，积极引导学生走上行业的主战场，在重点领域发挥关键作用。

陈希说，近年来，北林大科研经费增长较快，取得了多项重大成果，创建了三个国家级科技创新平台，发展势头很好。我们的科研就是要顶天立地，既要搞好基础研究，又要在应用研究上有所创新。要紧紧围绕国家的重大战略，认真分析哪些是国家经济发展中卡脖子的问题，哪些课题对行业发展具有重大意义，努力使科研为新的行业增长点奠基，争取出对行业发展方向有重大影响的成果，重点解决行业发展需要的路径问题。要创造条件，建立林业行业的国家重点实验室，为解决林业重大问题的攻关提供强有力的科技支撑。

中国绿色时报　2009-08-28

贾治邦教师节前夕致信北林大

全国绿化委员会副主任、国家林业局局长贾治邦在教师节前夕写信给北京林业大学，向教职员工表示节日问候。这封信在9月10日北林大召开的庆祝教师节暨表彰大会上宣读。

贾治邦说，北京林业大学是我国培养高层次林业人才的摇篮和林业科技创新的重要基地。学校坚持"知山知水、树木树人"的办学理念，紧紧围绕林业建设大局，努力推进教育创新，不断加强科技攻关，潜心搞好学术研究，精心抓好教书育人，办学实力始终位居全国林业高等院校领先地位，为现代林业建设提供了强有力的智力支持和人才保障，为推进林业高等教育事业的改革发展作出了突出贡献。他希望教职员工继续牢记使命，爱岗敬业，学为人师，行为世范，努力培养一流的创新人才，不断创造一流的科技成果，推动全国林业高等教育事业取得更大的发展，为发展现代林业、建设生态文明、推动科学发展作出新的更大的贡献。

在庆祝大会上，北林大表彰了近年来在教学、科研工作中取得突出成绩的教师。学校领导在讲话中强调，不辜负国家林业局对林业高校教师的厚望，进一步做好各项工作，为建设生态文明、建设现代林业作出新贡献。

中国绿色时报　2009－09－11

绿色学府尽春风

即将迎来 57 岁生日的北京林业大学，是名副其实的绿色学府。经过半个多世纪的探索和创新，学校建成了"三高一精"的绿色校园，形成了"知山知水"的办学理念，探索出了"红绿相映"的育人模式，树立了"引领文明"的宏伟目标，成为我国绿色校园建设中富有朝气的有生力量，为国家培养出了一代又一代绿色事业的建设者。

"三高一精"的绿色校园

黄的连翘、红的梅花、白的玉兰。春天的北林大校园花红柳绿，生机盎然。

不是简单地栽几棵树、铺片草，而是把"丰富植物品种，保护校园生态，提高绿地质量，建设精品景观"，作为校园绿化的原则。学校提出充分发挥专业和学科优势，"高起点、高标准、高质量地打造精品绿色校园"。

校园主体的绿化景观规划设计，出自著名园林大师孟兆祯院士之手。植被茂密的近自然山林地貌，成了这所都市学府最美的风景。

近来，学校实施了旧老绿地更新、专类植物园开发、校园生态保护、拆墙透绿、屋顶及垂直绿化等十余项工程。校园绿化覆盖率达43％，实现了乔、灌、草合理配置，构建了四季常青、三季有花、绿草如茵的景观。

和教学、科研紧密结合，是北林大绿化的另一个显著特色。校园植物志是大学生完成的，囊括了校园植物2门5纲33目54科104属209种。在引进树种中，不但考虑到绿化景观效果，还尽量为教学和科研提供服务。

目前，北林大是北京高校中惟一的"全国绿化先进集体"，多次获"首都绿化花园式单位"等称号。

"知山知水"的办学理念

刚刚进入国家"985"创新平台建设的北林大，不仅仅拥有充满生机和活力的绿色校园，更有特色鲜明的办学理念。"知山知水"

四个字，是几代北林人办学理念的结晶。

曾几何时，人们以"治山治水"为己任。"知山知水"的提出，实现了北林人在办学理念上的飞跃。校党委书记吴斌说，"知山知水"是探索自然规律、开展科学研究的要求，是追求人与自然和谐相处、实现全面协调可持续发展的要求，是塑造高尚人格和情操的要求，是培养林业高素质人才的要求。

"知山知水"，体现了北林人对自然的尊重。在北林人看来，人类认识自然、利用自然，必须要了解、探索、遵从自然规律。要追求人与自然的和谐，首先要热爱自然、认识自然、尊重自然、保护自然。自觉地在"知山知水"中探索追求、陶冶情操、砥砺人生，成了北林人共同的行为准则。

"知山知水"，还是北林人注重实践的写照。坐在教室里、钻在实验室里，不可能真正了解山水。只有在大自然的怀抱里历练，才能够领悟山水的真谛。"把论文写在大地上"这一人们早就耳熟能详的提法，最早的出处是中央领导同志对北林人扎根西吉搞科研的充分肯定。

学校开设的专业都是直接为我国林业和生态环境建设服务的。无论是历史悠久的林学、水土保持与荒漠化防治、园林等优势学科，还是新办的自然保护区学院、环境学院，都把为林业建设培养高质量的人才、奉献高水平的成果作为根本宗旨。

中国工程院院士、北林大校长尹伟伦说："林业需要什么，我们就研究什么。"在冰雪灾害后的植被恢复中，在地震次生灾害生物防治的第一线，都有北林大专家学者的身影。

"红绿相映"的育人模式

将"红绿相映"作为思想政治教育工作的特色和育人的模式，

是北林大的又一个创造。

"红"即以红色理论为引领，全面贯彻落实党的教育方针，全方位塑造学生的人生观、世界观和价值观；"绿"则是把握富有鲜明时代特色的绿色旋律，以绿色教育为载体，建设绿色传播阵地，开展绿色实践。通过红与绿的结合、渗透，来塑造符合时代要求的绿色事业的建设者。

学校开办以中国森林利用学创始人，新中国成立后第一任林业部长梁希的名字命名的实验班，摸索超常规培养拔尖人才的新路。

尽管北林大本部的校园不大，但学生们有上万亩的鹫峰实验林场可以实践，还有遍布在祖国各地的绿色教学实习基地。在大自然的怀抱里，大学生尽情地呼吸着负氧离子、吸吮着百科知识的营养。

学校百余个学生社团中，最耀眼的是众多的绿色社团。不但参与者众多，而且影响巨大。关注"三农"、服务林业的翱翔社，率先倡导都市耕作；以保护生态环境为己任的山诺会，成为"全国十佳特色社团"，其代表还成为奥运火炬手。

从上世纪 80 年代初开始，北林大学生走上首都街头宣传绿化知识，面向社会的绿色咨询活动坚持 20 多年。大学生们举办"绿桥"、首都大学生绿色论坛，还发起了全国青少年绿色长征活动。

拒绝使用一次性木筷，减卡救树，远征白马雪山，保护滇金丝猴，走进可可西里，守护大雁，内蒙古荒漠化科考，绿色奥运志愿服务、绿色咨询、绿色实践、绿色服务、绿色行动，成为北林大学生们大学生涯中最难忘的记忆。

"引领文明"的宏伟目标

在刚刚开始深入学习实践科学发展观活动中，学校确定的活动载体是"传播绿色文化，引领生态文明，建设高水平的北京林业大学"。这足见学校对绿色文化传播和生态文明建设的高度重视。

传播绿色文化，引领生态文明，在北林大不仅仅是个口号，而是具体体现在了学校工作的方方面面。

北林大在我国较早成立了生态文化研究中心、绿色传播中心，尔后又及时创办了生态文明研究中心，整合全校力量，开展了对生态文明的理论和实证研究。学校多次主办森林文化研讨会，还举办了生态文明高端论坛等。生态文化已经成为重点建设的学科，一大批绿色课程面向全校学生推出。

北林大的校园文化，是以绿色为核心的文化。校园新闻网以绿色命名，主打栏目是绿色要闻、绿色校园、绿色传播、绿色视野、绿色文化；校报的版面名称也都以"绿色"打头；绿色新闻录、绿色报告选、绿色风景线、绿色进行曲、绿色风云集等系列丛书相继问世。

在北林大学习实践活动实施方案中，"如何进一步发挥学校在生态文明建设方面的引领作用"，是本次活动突出解决的问题之一。学校提出，要把生态文明的理念落实到人才培养、科学研究、社会服务和学校管理等各个环节中，致力于传播绿色文化，引领生态文明，发挥先锋带头和示范推广作用，为国家生态文明建设提供智力支持和人才保障。

北林大为此做出了许多努力，并将继续为此做出更多新的尝试。

中国绿色时报　2009－03－27

从"治山治水"到知山知水

曾几何时，人们以"治山治水"为己任。北林大提出"知山治水"的绿色文化理念，倡导热爱自然、认识自然、尊重自然、保护自然，追求人与自然和谐相处。在北林人看来，人类利用自然，必须要了解、探索、遵从自然规律。要追求人与自然的和谐。

知山知水，也是北林人注重实践的写照。坐在教室里、钻进实验室里，不可能真正了解山水。只有在大自然的怀抱里历练，才能够领悟山水的真谛。"把论文写在大地上"最早的出处，就是中央领导同志对北林人深入西北荒漠搞科研的充分肯定。如今在冰雪灾害后的植被恢复中，在地震次生灾害的生物防治第一线，都有北林大专家学者的身影。

北林大校园最耀眼的，是众多的大学生绿色社团。大学生们从走上街头宣传绿化知识，到全国青少年绿色长征活动，以及拒绝使用一次性木筷，提倡救树废贺卡，保护滇金丝猴，走进可可西里，守护紫竹院大雁，内蒙古荒漠化科考，绿色奥运志愿服务……诸多的绿色咨询、绿色实践、绿色服务、绿色行动，都成为中国的绿色记忆。

黄的连翘、红的梅花、白的玉兰。春天的北林大校园植被茂密，近自然山林地貌，成了这所都市学府最美的风景。

北京日报　2009－04－01

名副其实的绿色学府

　　1952 年正式建校的北京林业大学，是名副其实的绿色学府。经过半个多世纪的探索和创新，学校形成了"知山知水"的办学理念，探索出了"红绿相映"的育人模式，树立了"引领文明"的宏伟目标，建成了"三高一精"的绿色校园。

　　"知山知水"的提出，实现了北林人在办学理念上的飞跃。校党委书记吴斌说，"知山知水"是探索自然规律、开展科学研究的要求，是追求人与自然和谐相处、实现全面协调可持续发展的要求，是塑造高尚人格和情操的要求，是培养林业高素质人才的要求。知山知水，还是北林人注重实践的写照。坐在教室里、钻在实验室里，不可能真正了解山水。只有在大自然的怀抱里历练，才能够领悟山水的真谛。

　　将"红绿相映"作为思想政治教育工作的特色和育人的模式，是北林大的又一个创造。"红"即以红色理论为引领，全面贯彻落实党的教育方针，全方位塑造学生的人生观、世界观和价值观；"绿"则是把握富有鲜明时代特色的绿色旋律，以绿色教育为载体，建设绿色传播阵地，开展绿色实践。学校百余个学生社团中，最耀眼的是众多的绿色社团。不但参与者众多，而且影响巨大。从上世纪 80 年代初开始，北林大学生走上首都街头宣传绿化知识，面向社会的绿色咨询活动坚持 20 多年。大学生们举办"绿桥"、首都大学生绿色论坛，还发起了全国青少年绿色长征活动。北林大较早成立了生态文化研究中心、绿色传播中心，而后又及时创办了生态文明研究中心，整合全校力量，开展了对生态文明的理论和实证研究。学校多次主办森林文化研讨会，还举办了生态文明高端论坛等。生态文化已经成为重点建设的学科。一大批绿色课程面向全校学生推出。

北林大提出，要把生态文明的理念落实到人才培养、科学研究、社会服务和学校管理等各个环节中，致力于传播绿色文化，引领生态文明，发挥先锋带头和示范推广作用，为国家生态文明建设提供智力支持和人才保障。此外，学校提出充分发挥专业和学科优势，"高起点、高标准、高质量地打造精品绿色校园"，校园绿化覆盖率达43％，实现了乔、灌、草合理配置，构建了四季常青、绿草如茵的景观。

光明日报　2009－04－15

为生态文明建设提供支撑

北京林业大学以"引领生态文明，建设高水平林业大学"为学习实践科学发展观活动的载体，认真贯彻落实中央林业工作会议精神，将学习实践活动与凝炼学校重点领域、深化生态文明教育、增强林业和生态环境建设服务能力紧密结合起来，努力为生态文明建设作出新贡献。

在学习实践活动中，北林大围绕生态文明战略，凝炼重点发展领域，进一步做大做强优势学科。学校将科学发展置于国家宏观战略和生态文明建设的大格局之中进行再审视，进一步明确了"引领生态文明，建设高水平林业大学"的发展方向。

学校组织各学科深入分析国际林业发展、全球气候变化和环境问题，从人民群众对生态环境公共产品、优质林产品和非木质林产品的消费需求出发，反复研讨学科发展方向，对学校发展重点领域进行深入再思考。学校汇聚全校智慧，结合"211 工程"三期和国家"优势学科创新平台项目"实施，提出了林木等可再生资源的培育、生态系统过程与功能的保护与恢复、水土保持与荒漠化防治、园林与城乡人居环境安全、生物质材料及能源、生态文化 6 大重点发展领域，以特色带动学校整体办学实力的提高，积极参与国家生态文明建设的重大决策。校党委书记吴斌教授提出，要从改变全社会的生产方式、生活方式、消费方式等方面入手，构建全新的人与自然和谐的关系；校长尹伟伦院士参加了全国政协灾后考察团，提出的尽快启动生态恢复重建工程的规划和实施建议，受到了广泛关注。

北林大认真贯彻落实中央林业工作会议精神，组织多学科专家参与林权改革，为林业发展、环境建设提供科技支撑。学校将全面贯彻落实中央林业工作会议精神，作为学习实践活动的重要抓手，先后组织森林经理、森林培育、水土保持等优势学科的专家主动参与寻求生态建设科技支撑的活动。学校与福建省三明市、广西三江县、河南洛阳市和北京出入境检验检疫局等单位进行深度的科技合作，开展南方集体林区林权改革森林科学经营科技攻关，进行百万亩油茶产业化技术研发，推动牡丹花卉产业发展，深入进行外来林木有害生物防治科技合作。

学校进一步加大地震灾后恢复重建科技特派团对口帮扶工作力度，积极帮扶陕西省略阳县开发特色林产品，被科技部评为全国科技特派员工作的先进集体。专家们围绕黄土高原水土流失治理和防护林体系建设，加强山西吉县森林生态系统国家野外科学观测研究站建设，该基地并评为"全国野外科技工作先进集体"。

学校积极发挥国家生态文明教育基地的示范作用，组织推进"绿色校园与生态文明"系列活动。在学习实践活动中，学校积极响应全国绿化委员会、教育部、国家林业局"弘扬生态文明，共建绿色校园"活动的要求，集中智力资源，启动了"绿色校园与生态文明"大型系列活动。

学校召开了"绿色校园与生态文明"专题研讨，为绿色校园建设提供专家咨询和建议；组织森林培育、园林绿化、生态文明、人文社会科学的专家加紧编辑《绿色校园建设读本》，为全国绿色校园建设提供理论依据和操作指南；充分发挥学校作为首批国家生态文明教育基地的示范作用，举行第十三届"绿桥"暨第三届全国青少年绿色长征活动，向全国大学生发出"弘扬生态文明，共建绿色校园"倡议。面向全国16个省市区的30余所高校青少年生态环保社团骨干开展生态文明专题培训，组织首都多所高校大学生开展青春志愿林种植和绿色咨询活动，举办"绿色播种"全国青少年生态环保项目创意创业大赛，发动大学生与京郊20个行政村建立"绿色北京"教育实验站，进行结对乡村，开展社会观察教育活动；加强生态文明研究力度，积极开展林业公益性课题《生态文明建设的评价体系与信息系统技术研究》。

中国绿色时报　2009－07－10

积极引领生态文明建设

北京林业大学以"引领生态文明，建设高水平林业大学"为学习实践科学发展观活动的载体，认真贯彻落实中央林业工作会议精神，将学习实践活动与凝练学校重点领域、深化生态文明教育、增强林业和生态环境建设服务能力紧密结合起来，努力为生态文明建设作出新贡献。

在学习实践活动中，北京林业大学围绕生态文明战略，凝练重点发展领域，进一步做强做大优势学科。学校将科学发展置于国家宏观战略和生态文明建设的大格局之中进行再审视，进一步明确了"引领生态文明，建设高水平林业大学"的发展方向。

学校汇聚全校智慧，结合"211工程"三期和国家"优势学科创新平台项目"的实施，提出了林木等可再生资源的培育、生态系统过程与功能的保护与恢复、水土保持与荒漠化防治、园林与城乡人居环境安全、生物质材料及能源、生态文化6大重点发展领域，以特色带动学校整体办学实力的提高，积极参与国家生态文明建设的重大决策。校党委书记吴斌教授提出，从改变全社会的生产方式、生活方式、消费方式等方面入手，构建全新的人与自然和谐的关系；校长尹伟伦院士参加了全国政协灾后考察团，提出的尽快启动生态恢复重建工程的规划和实施建议，受到了广泛关注。

该校认真贯彻落实中央林业工作会议精神，组织多学科专家参与林权改革，为林业发展、环境建设提供科技支撑。学校将全面贯彻落实中央林业工作会议精神，作为学习实践活动的重要抓手，先后组织森林经理、森林培育、水土保持等优势学科的专家主动参与生态建设科技支撑。学校与福建三明市、广西三江县、河南洛阳市和北京出入境检验检疫局等单位进行深度的科技合作，进行百万亩油茶产业化技术研发，推动牡丹花卉产业发展，深入进行外来林木有害生物防治科技合作。

学校进一步加大地震灾后恢复重建科技特派团对口帮扶工作力度，积极帮扶陕西略阳县开发特色林产品，被科技部评为全国科技特派员工作先进集体。

该校积极发挥国家生态文明教育基地的示范作用，组织推进"绿色校园与生态文明"系列活动。在学习实践活动中，学校积极响应全国绿化委员会、教育部、国家林业局"弘扬生态文明，共建绿色校园"活动的要求，集中智力资源，启动了"绿色校园与生态文明"大型系列活动。

学校召开了"绿色校园与生态文明"专题研讨，为绿色校园建设提供专家咨询和建议；组织森林培育、园林绿化、生态文明、人文社会科学的专家加紧编辑《绿色校园建设读本》，为全国绿色校园建设提供理论依据和操作指南；充分发挥学校作为首批国家生态文明教育基地的示范作用，向全国大学生发出"弘扬生态文明，共建绿色校园"倡议。面向全国 16 个省市区的 30 余所高校青少年生态环保社团骨干开展生态文明专题培训，组织首都多所高校大学生开展青春志愿林种植和绿色咨询活动，举办"绿色播种"全国青少年生态环保项目创意创业大赛，发动大学生与京郊 20 个行政村建立"绿色北京"教育实验站，进行结对乡村，开展社会观察教育活动。

中国教育报　2009－07－10

师生热议十七大力促生态文明

中国共产党第十七次全国代表大会的召开，在北京林业大学成了大学生最关注的热点。"十七大"、"生态文明"、"科学发展观"等成了校园最热门的词汇。大学生们自发地组织了多项庆祝活动、宣传活动，并进行了多种形式的学习和讨论。

10 月 16 日，恰逢北林大校庆 55 周年。在当晚举行的文艺演出中，大学生们以"庆祝党的十七大召开"为主线，用歌舞、朗诵等艺术形式，表达当代大学生对党的热爱和深厚的情感。一些正在申请入党的积极分子，特意从网上下载了胡锦涛总书记在开幕式上的重要报告，利用课间自学。不少党支部都开展了专题学习和讨论。学生业余党校的培训中也都加入了有关内容。

经管学院 06 级硕士生陆珺把胡锦涛总书记的报告翻来覆去看了好几遍，很快就写出了几千字的体会文章。自动化专业新生马之遥一入学就报名参加了党校初级班的学习。他说："听了胡书记的报告，更加坚定了我的决心和信心，要认真学好十七大精神，努力落实到实际行动中去。"

工学院大三学生梁爽在重庆过的暑假。胡锦涛总书记去看望遭遇洪水灾害的群众时和她握了手，给她留下了十分难忘的印象。总书记在十七大报告中特别把民生问题作为重要部分来阐述，使她再次感受到了中国共产党和人民群众血肉相连的情感和全心全意为人民服务的诚意。

总书记提出建设生态文明，使林业大学生们受到了鼓舞，也感受到林业大学生的使命和任务。他们说，党和国家越来越重视生态建设，而且提升到了生态文明的高度，对我们来说是一种激励。山诺会等环保社团的成员们则表示，生态文明建设需要全社会的努力和响应。他们策划开展一系列活动，在社会上掀起普及生态文明知识的热潮。

中国绿色时报　2007－10－23

举全校之力研究生态文明

校党委书记亲自挂帅，著名院士做学术指导，全校资源高度整合，使得新诞生的北京林业大学生态文明研究中心格外引人瞩目。刚刚多了个中心主任头衔的吴斌教授称，作为以"传播绿色文化，引领绿色文明"为使命的绿色学府，我们的生态文明研究将凸现出鲜明的特色。

北林大紧紧围绕生态文明建设这个主题，把学习、贯彻、落实十七大精神和学校的学科发展紧密地结合起来。学校迅速召开了生态文明建设研讨会，承办了"全国生态文明与和谐社会"研讨会，并加紧筹备成立了这个全校性的研究中心，以进一步整合相关资源，大力推进和深化生态文明的研究。

据悉，中国工程院原副院长、著名林学家沈国舫院士担任学术委员会名誉主任。中心不仅荟萃了校内各学院的专家学者，还聘请了中国社科院、清华、北大、北师大等校外专家。中心下设14个研究机构，领域涉及森林文化、园林文化、非物质文化、生态文化、林业史、绿色经济、绿色传播与绿色文化、绿色行政、绿色教育、绿色校园文化、生态法制、生态文学美学、环境心理学、马克思主义生态思想等。

科技日报 2008-01-03

总理把林业挂在心上

"7分钟发言，讲了4个问题，总理插了5次话。"全国政协委员、北京林业大学校长尹伟伦院士忆起3月4日联组讨论会上的情景，抑制不住激动的心情。他说："总理对林业非常关心，非常熟悉，非常重视。"

经济、农业界委员共200名，安排了12位委员发言，属于尹委员的只有短短7分钟。

"和总理直接对话，应该表达出全国林业系统的声音。"尽管作过大大小小无数次报告，对这7分钟，他一点儿都不敢马虎，反复琢磨，几易其稿，还几次征求周围委员的意见。

学者出身的尹委员开场就说："我来作个汇报。"

总理摆摆手，笑着说："不是汇报，不是汇报，我是来听取大家意见的。"

总理的谦虚使尹委员和在场的每个人深受感动。

尹委员受国家林业局的委托，第一时间带队赶赴湖南冰雪灾区调研考察林业灾情，回来后一直惦记着林业恢复重建。"森林资源受灾范围广，危害程度深，基础设施毁坏严重、修复难度大，而且冰雪灾害虽然过去，但对林业造成的损失并没停止，存在着继续扩大和蔓延的潜在威胁。"

总理说，防火工作是当前一个很紧迫的任务。我今天上午刚刚作了部署，责成应急指挥中心和国务院办公厅召集有关部门立即研究这次冰雪灾害给森林带来的损失，然后制定规划，特别提出邀请专家来进行评估。我认为这是一件大事。这次冰雪灾害当中损失的方面很多。比如基础设施、农业，但是森林的损失影响比较远，所以应该更加重视。

总理还特意强调了两点：一个是对国有林场的救助，再一个就是林权制度改革。

"总理对林业灾情真关心。"受到鼓舞的尹委员，抓紧时间，简明扼要地又讲了 3 个问题。

"在我国，林业生物质能源产业链的形成是值得重视的新产业方向。要积极开发西部灌木能源林、实现生态与能源双赢。特别是在我国西北广大干旱半干旱地区的灌木资源利用问题更需要加以重视。建议通过加强森林科学经营，实现林木生物质能源和灌木能源的持续利用，促进生物产业发展。"

尹委员还说，要把节能减排与发展林业碳吸收功能紧密地结合起来，既缓解二氧化碳排放压力，又为 GDP 增长提供新的排碳空间。

"我国积极节能减排，这是必要的措施，但不是惟一的措施。扩大造林，加强林地经营管理，促进速生丰产，保持大量生长旺盛的森林来提高二氧化碳吸收能力（即碳汇）是经济、现实而有效的必要措施。抓工业减排的同时，要发展森林面积，提高林地质量和生产力，增加更多的二氧化碳吸收能力，为经济发展的二氧化碳排放提供空间。"

他建议将林业固碳纳入国家应对气候变化战略和行动框架内，建立国家将工业发展中二氧化碳排放进行适当税收用于生态补偿的制度，进一步实施好天然林保护、退耕还林、三北及长江防护林体系建设和速生丰产林基地建设等重点林业工程，同时大力开展绿化工作，积极扩大森林面积，增加森林的固碳总量。

作为一校之长，尹委员显然不愿意放过这个谈林业教育的好机会。他建议，从国家、教育部、行业部门等多途径加大对行业院校的投入，重点完善"两部共建"的政策体系，开辟行业部门向特色高校进行建设投入的新渠道。

他呼吁国家给予政策倾斜，促进行业院校培养行业急需人才。参照免费师范生的方式，完善和落实行业院校的艰苦学科专业学生减免学杂费制度。

短短的 7 分钟转瞬而过，尹委员浓缩了大量信息的发言不但受到了总理的重视，也在 200 位委员中引起了共鸣和反响。不少委员主动和他交流对林业的看法，他的电话、手机也因驻会记者的采访一直在占线。

中国绿色时报   2008－03－07

把两会精神带回校园

两会之后，原本就十分忙碌的尹伟伦院士更忙了。除了北京林业大学校长的担子外，他还多了份全国政协委员的责任。3 月 20 日，他给学校中层领导干部做了专题报告，和大家共享自己参加两会的心得和感受。

作为新委员，他说自己首先要做到为国家林业的发展鼓与呼，为林业院校的发展鼓与呼。通过参加政协会议这个途径，多为林业争取话语权。

不少人看中央电视台《新闻联播》时，都看到了胡锦涛总书记接见政协委员时和尹伟伦亲切握手的镜头。尹伟伦告诉大家，党和国家领导人对林业、对生态十分关心，好几位领导都在他写的有关南方冰雪灾害林业恢复重建的报告上做了重要批示。

报告中，他还穿插了一些两会见闻和小故事。他对有的记者敬而远之。一次吃饭时，听到几个记者聊天说沙尘暴是因林业工作没搞好。他在一旁忍不住插了话："沙尘暴是一个自然现象。其中有人为破坏的原因，但并不是人为力量所能完全遏制的。经过科学治理，已经收到了一些效果。"

"开奥运会时如果这样，就糟糕了。"记者说。

"你们放心，我保证不会。沙尘暴一般发生在春季。"紧接着，他又补了一句："沙尘暴不是政治！"

他的四项提案，都是直接和林业相关的。内容既有冰雪灾害后的林业恢复重建的措施，也有在节能减排同时大力造林的建议；既有大力发展生物质能源的设想，也有林业专业大学生享受免费教育的呼吁。

他还提出了关于建立森林经营事务所的建议。"林权改革之后，一家的林地遭受了病虫害，如果不及时治理，就会殃及周边。所以，需要国家制定相应的法律加以约束，并建立专门的森林经营事务所对其进行技术指导、检查和监督。如果个人难以支付其经营费用，就应上市转卖给有条件的人管理。对事务所资格要有专门的机构严格评审，合格者颁发执照。"

他说，南方冰雪灾害使得漫山遍野都是倒木碎枝，所到之处都没有看到乘机盗伐林木的现象。这说明了法律的威慑力。反过来，林区一天就有数百起火灾发生，都是百姓上坟、放鞭炮、烧荒引起的。这既有法律对此缺少约束的原因，也和生态文化还没有深入人心有关。

30多年前，他在东北林区时，只要一挂上防火旗，家家户户的烟囱都不能冒烟，连馒头都不能蒸。

"这就是林区文化的力量！"

尹委员的报告一讲就是两个小时。刚一结束，党总支书记们就跟他挂了号，邀请他给更多的老师、学生讲讲。

中国绿色时报　2008-03-24

在绿色校园行动中发挥带头作用

组织绿色志愿服务队、开通咨询热线、编撰绿色校园建设读本，北京林业大学引领绿色校园行动——

"弘扬生态文明，共建绿色校园"活动，日前由全国绿化委员会、教育部、国家林业局联合开展。三部委提出要求：把校园绿化列为义务植树和重点生态建设项目，对校园及周边进行绿化；传播和推动每名学生至少种一棵树的理念和行动。

北京林业大学把此项活动作为深入学习实践科学发展观活动重要内容和具体行动，通过开展活动，将"传播绿色文化、引领生态文明"落到实处。

校党委书记、生态文明研究中心主任吴斌教授主持了"绿色校园与生态文明"专家研讨会，他在发言中谈道：作为一名生态学学者，我考察了国内外许多地方。我特别佩服日本小学生，他们对植物、动物、鱼类了解的都特别清楚。与日本市民交流的时候，我对花草树木不如他们认识得多。科学发展观要有具体行动，要有载体，绿色校园建设是育人的一种深化。我们主张教学生学会学习，也包括向自然学习，学会审美。如果他对美好的环境没什么感觉，对无论是自然的还是人为的好东西没有触动，没有一种心灵的感动，那么我们民族素质的提高就需要很长时间。

吴斌教授还谈到了自己的实践：现在我们离自然越来越远了，城市到处都是钢筋、水泥，就连校园也不排除。北林大银杏树道路两侧石头拆掉了，把土都封死，看起来很整齐，实际违背了自然规律，树活不长的。后来，我们又改造成水控的。2007 年 11 月 3 日，我说银杏大道上的银杏叶子千万别扫掉，我想让学生感受一个黄金铺地的感觉。结果上千名学生在这里不断地拍照，这种景观是对人的熏陶、对精神的安抚。心灵放在一个安静、潮湿、有阴凉的地方，学习效率也就高了。

北林大的四位院士孟兆祯、陈俊愉、沈国舫和尹伟伦，也积极参与到绿色校园的访谈活动中。该校还启动了绿色校园建设读本的编撰工作，邀请专家就绿色校园的理念、实践及具体操作分题撰写，为全国大中小学的绿色校园建设提供指南服务。

北林大学生的绿色校园活动一直生机勃勃，现在又组织起"北林大绿色校园建设志愿服务队"，开通咨询热线，并提供科技服务，让每名学生至少种一棵树的理念变成真正的行动。

北京日报　2009 - 04 - 15

宋维明任北林大校长

8 月 16 日，教育部党组副书记、副部长陈希代表教育部党组宣布，任命宋维明为北京林业大学校长，骆有庆、王自力为副校长，全海为校党委副书记。尹伟伦院士因年龄原因不再担任校长职务。

宋维明原任北林大副校长，博士生导师。他长期从事产业经济、林产品市场与贸易等方面的教学和研究，先后主持和参加了多项经济管理类课题的研究，主编了多部教材和著作。曾获中国林学会优秀教材二等奖，北京市教学成果一、二等奖，被评为北京市高校优秀青年骨干教师、教育创新标兵、教育部政府特殊津贴专家等。

中国绿色时报　2010 – 08 – 18

专家火速奔赴灾区会诊林业

2月14日，正值寒假中的北京林业大学26名院士、专家、教授组成的考察组，启程分赴贵州、湖南、江西3个冰雪灾害的重灾区，对遭遇严重雨雪冰冻灾害的森林资源和生态环境进行全面"会诊"，为及时救灾提供科技支撑。

由北林大党委书记吴斌教授带队的考察组赶赴的是贵州省，由校长尹伟伦院士带队的考察组赶赴的是湖南省，由长江学者骆有庆教授带队的考察组赶赴的是江西省。他们都是国内林学领域的权威专家。

这场影响我国南方的罕见大范围雨雪冰冻天气虽已经结束，但对当地生产、生活的影响还远未结束，尤其对林业灾害影响的严重程度目前尚难以估计。

为了对灾害程度进行评估，北林大26名林学领域的专家、教授受国家林业局委派，分赴黔、湘、赣冰雪灾害的重灾区进行考察和调研。

虽然正值假期，但北林大的专家们一直牵挂着南方灾区。他们及时与灾区的林业科研单位联系，指导家在灾区的研究生考察受灾现场，参加了国家有关部门组织的研讨，参与制订了《南方雨雪冰冻灾害地区林业科技救灾减灾技术要点》等。

中国绿色时报 2008－02－18

科技日报 2008－02－19

中国教育报 2008－02－19

成立专家组主攻地震次生山地灾害

5月28日，一个负有特殊使命的专家组，在北京林业大学党委书记、水土保持专家吴斌教授的倡导下紧急成立。专家组承担的第一个任务是，尽快就防止四川地震次生山地灾害中面临的重大问题提出书面的意见和建议。

据悉，专家组的顾问由著名水土保持专家王礼先教授担任。专家组由多个学院相关专业的十位知名专家组成，其研究领域涉及生态环境工程、山地灾害防治、复合农林、工程绿化、环境保护、地理信息系统等学科。

王礼先教授说，北林大水土保持学科是国家重点学科，也是我国水土保持教育的摇篮。在防治地震造成的堰塞湖专家组核心成员中，就有北林大的校友。这说明这个专业的培养目标是符合国家需要的。他认为，应该加大对这个专业的支持力度，加速这方面人才的培养。

水土保持学院院长余新晓指出，水土保持学科在防止地震次生山地灾害中能够发挥重大作用。他建议有关部门尽快选派学术水平高、年富力强的专家进入现场，搜集第一手资料，为防止灾害发生提供必要的科技支撑。

朱清科教授、赵廷宁教授强调，目前防止的首要任务是抓紧开展危险区区划工作，为灾后重建提供可靠依据。随着救灾工作的深入，严重遭到破坏的植被恢复工作也将提到议程上来，也需要尽早启动方案制定工作。

专家们认为，要总结突发性自然灾害的规律，汲取教训，必须要实现相关数据的共享。在现有情况下，要尽快开展次生山地灾害的快速评估和危险区划分的相关工作，能收集到什么资料用什么资料，能掌握什么数据用什么数据，保障重建工作在科学的指导下进行。

光明日报　2008－06－02

科技日报　2008－06－10

绿色校园奉献爱

成立专家组、科研组，专门研究地震引发的次生山地灾害；利用能够搜集到的资料进行研究，为震区灾后重建献计献策；驰赴灾区，冒着余震开展心理救援；关爱家在灾区的学生，发救济金、做心理辅导；伸出臂膀，献出自己的鲜血；含情解囊，捐出善款、特殊党费……

自从5月12日汶川发生特大地震灾害以来，北京林业大学绿色的校园里一直充满了深情和大爱。对国家、对人民、对灾区的爱和情,不但直接支援了抗震救灾,而且也使广大师生经受洗礼。

深情化作无限爱

据统计,北林大有家在灾区的学生 427 人,其中受灾严重的有 131 人。地震发生之后,学校迅速走访了每一位学生,采取多种方式给他们以安慰。各学院追踪了解学生家庭受灾情况,深入细致地做好资助和慰问工作。学校分 6 批对家在灾区的学生进行了慰问和资助,累计 285 人,发放资助金 15 万多元。

学校利用"6+1"式资助体系,优先资助家庭受灾学生。在各类助学金评审过程中,优先保障家庭受灾经济困难学生的生活费;随时开通"北林阳光"助学金申请通道,只要符合资助条件,当天申请,当天发放助学金;对受灾严重致使难以支付学费、住宿费的同学,主动进行助学贷款咨询,提供全程服务;积极开辟勤工助学岗位,优先保障家庭受灾学生上岗,补助标准在经费允许的条件下上浮 20%;全年受理家庭受灾学生的学费减免申请,对无家可归等情况造成不能给学生提供学费的给予减免。

学校对毕业班的受灾学生给予特殊关心,开辟了就业支持经费保障渠道,在全面就业指导、推荐的基础上,提供求职必需经费支持。对于还未入学的新生,学校也早做好了安排:对今年来自灾区的特困新生实行"绿色通道"入学,免学费、免住宿费,按月发放生活费补助,对来校有经济困难的,提前发给来校路费,到校后免费发放被褥、基本生活用品和临时补助。

消除阴影感受爱

学校通过多种形式向家在灾区的学生通报家庭受灾情况,有效化解恐慌、悲观情绪。校领导、辅导员、学生干部深入班级、宿舍慰问受灾学生，疏导情绪。周围的同学也都伸出了援助之手，13名学生主动把资助让给家庭受灾更严重的同学。灾后，学生情绪稳定，没有出现一起因盲目返乡等受到次生灾害损伤的事件。

在灾后心理援助方面，学校做了大量工作。及时开展科学有效的应激创伤心理辅导，对家庭受灾较重学生进行一对一的心理咨询，通过咨询热线和电子邮箱、心理辅导专题网站、团体辅导等形式，给予更多的人文关怀和心理安抚；开展了多种多样的教育活动，帮助他们坚定信心，感受社会的温暖。有关部门建立了心理健康档案，进行长期跟踪服务，帮助他们走出阴影，解除心理恐惧。

心理学系主任朱建军作为组长，带领灾区青少年心理康复救援专家组奔赴灾区，直接参与心理救援工作。该系对研究生进行了危机干预培训和研讨，选派了 5 名研究生前往灾区考察。老师们还对本校学生进行了心理危机干预工作。

绿色校园充满爱

特大地震发生的第二天，就有 30 名师生献了血。5 月 27 日，200 名志愿者参与捐献成分血。383 名学生参加了救灾药品的紧急包装和运送。

广大师生员工为灾区捐款捐物，表达关爱之心。校工会募捐了善款 44 万多元。离退休老教工收入不高，有的身患重病，也都捐了款，多数人捐款在 200 元以上。校红十字会的募捐活动在 5 月 12 日当晚展开，短短的 6 天里，募集师生员工善款 18 万多元。广大党员还捐献了特殊党费 15 万多元。

学校迅速成立了专家组、研究组，针对地震可能诱发的次生山地灾害进行研究，并向有关部门提交了专题报告和建议。许多教师都在更高层次上进行思考，努力将自己的专业和学科与长期性的抗震、抵御自然灾害结合起来。

校党委及时发出了向抗震救灾英雄教师学习的通知，向抗震英雄学习、促本职工作的活动在全校深入展开。校园媒体加大了报道力度。学工部、研工部、校团委等以抗震救灾涌现出的感人事迹为素材，对青年学生进行人生观、价值观教育；以绿色长征为载体，组织高水平社会实践团队参与灾后重建。有关部门已经做了详细的方案，做好四川奥运志愿者接待工作。

一个多月以来，北林大广大师生员工用多种方式表达对灾区的支持、对受灾群众和家在灾区学生的关爱。每个亲历者都感受到了绿色校园里充满的大爱与深情。

中国绿色时报　2008 - 06 - 24
北京考试报　2008 - 06 - 25

师生踊跃捐款向灾区表衷肠

汶川特大地震灾害发生后的第二天，年已 91 岁高龄的中国工程院院士、北京林业大学教授陈俊愉就捐出了 1 万元人民币，支援灾区人民。

陈院士是有 51 年党龄的花卉专家，早年曾在成都学习工作过 6 年，为了调查梅花去了都江堰等许多地方。5 月 12 日，地震发生后，陈老寝食不安，手握着遥控器锁定电视地震专题报道，把每天报纸的有关报道从头看到尾。他深知四川山区人民生活之艰苦，又遇到这么大的灾害，更需要各方面的帮助和支持。他说，活了 90

多岁，从没有听说过这么大的灾害。自己的年纪大了，为灾区群众也帮不上其他的忙，尽可能地多捐点钱吧。对此，老伴儿也非常支持。

在北京林业大学，像陈院士这样的师生不胜枚举。近日来，全校师生职工，纷纷解囊，为灾区人民捐款捐物、奉献爱心。截至5月19日，学校工会募集教工捐款达44.8万元，校团委募集学生捐款7万多元，校红十字会募集善款近15万元。据不完全统计，全校共捐款近67万元。

学校离退休教工尽管工资不高，但捐款踊跃。有的老教授在国外探亲，特意打来越洋电话请人代捐。80多岁的院士孟兆祯亲自把3000元钱送到了校工会。他说，自己送钱来也算表示一番诚意。

进入全国哀悼日后，广大师生员工在采取多种形式悼念遇难同胞的同时，还采取献血、当志愿者等方式支援灾区。为灾区募集善款的活动正在继续。

中国绿色时报　2008-05-21

教授奔赴灾区开展心理援助

5月25日，四川青川县发生6.4级余震时，北京林业大学人文学院心理学专家朱建军教授朱教授正带领志愿者，在绵阳体育场附近的群众安置点开展心理援助工作。他在电话中介绍说，当时绵阳有很强的震感。余震后，他明显感觉到部分群众有紧张情绪。他庆幸自己在第一时间赶赴灾区。他说，迅速科学地开展灾后心理援助工作是非常有必要的。

朱教授参加了团中央组建的"12355灾区青少年心理康复援助专家志愿团",在四川绵阳和绵竹等灾区对灾民进行心理援助。他作为志愿团的专家组组长,是首批赶赴灾区开展心理康复援助的专家之一。

20日他抵达成都后,迅速搭车赶往绵阳和绵竹的群众集中安置点。他的主要工作有三个方面:一是直接面向灾区青少年开展心理康复援助工作;二是指导和培训心理康复援助工作的非专业志愿者;三是同步开展调研工作,掌握受灾群众的心理状况和第一手资料,为今后工作提供政策建议和意见。

据悉,这个志愿团由20名青少年心理学和创伤心理医疗专家以及工作人员组成。北林大心理学系的其他教师也将作为专家组后备队参加到此次心理康复援助工作中。心理学系的学生也积极踊跃报名参与该志愿团的心理康复援助志愿者工作,并将组建社会实践团继续该项援助工作。有关具体工作正在紧张地筹备过程中。

中国绿色时报　2008 - 06 - 16

北京考试报　2008 - 05 - 28

震区考生报考北林大不退档

北京林业大学关爱地震灾区考生的招生录取方案今天出台。

该校招生办负责人称,为体现对灾区考生的关爱和扶助,对延考区考生实行不退档政策。学校按110%比例提档,对第一志愿报考且服从专业调剂的进档考生,予以全部录取。该校将在原安排四川省、甘肃省招生计划的基础上追加2%的招生计划,并将增加的招生计划全部投放在延考区。

该校承诺，录取后学校将及时联系了解考生情况，对经济困难的学生，提前发放来校路费。震区新生均可通过"绿色通道"报到入学，由学校提供临时补助、被褥等基本生活用品，确保考生顺利入学。

入校后，学校将通过"奖学金、助学金、助学贷款、勤工助学、学费减免、特殊困难补助"为主体，"社会资助"为补充的"6＋1"式资助体系，根据震区学生的具体情况优先给予资助，确保学生顺利完成学业。

除此外，该校将依托心理学教学的优势，专门成立"灾后心理疏导及干预小组"，组织心理学系的专家教授对来自震区的学生实施专业的心理辅导。

北京晚报　2008－06－18

中国教育报　2008－06－11

中国绿色时报　2008－06－11

专家建议启动地震灾区植被恢复生态工程

"关于森林生态系统在防灾减灾中的地位和作用，以往的研究和认识不够。特别是对森林在地震中保障人民生命安全的功能未能揭示，远远不能回答防灾减灾中出现的各种问题。"全国政协委员、中国工程院院士、北京林业大学校长尹伟伦日前提出，要对森林植被生态系统在地震防灾中的减灾防灾功能再认识。

尹伟伦举出的例子是：汶川大地震后的灾情调查中发现，没有发挥森林固土作用的地方，发生的泥石流、滑坡等次生山地灾害将楼房推移了几十米，有的夷为平地，居民难以逃生而遇难。9 月 22 日北川发生的泥石流，夺走了转移到防震棚的数十位灾民的生命。他们躲过了地震，却没能躲过泥石流的吞噬。

尹伟伦强调，调查研究中发现，被深根性的森林植被覆盖的山体没有发生灾害。深根性森林植被覆盖，对于地震后造成的崩塌、滑坡、泥石流等山地灾害，具有独特的防灾减灾功能。

尹伟伦提出，要尽快开展全国性山地森林生态系统防治泥石流、滑坡灾害中作用的调查研究和损失评估。这次地震灾害历史罕见，且地震重灾区大多位于青藏高原边缘的高山峡谷地带，灾后森林资源的持续监测评估与恢复重建任务非常艰巨。开展调查研究和评估，对于灾后恢复重建规律性认识的意义重大。地震灾区深刻地展示了不同森林生态系统与泥石流、滑坡等次生灾害的关系。抓紧灾区的调查研究，可以发现很多规律，总结出指导今后防灾减灾工作的宝贵经验。

尹伟伦呼吁，在国家自然科学基金、国家科技支撑计划、重大基础研究项目中，设立专门的山地森林生态系统防治泥石流、滑坡灾害作用的长期科研项目，依托固定的试验基地，开展森林植被在涵养水源、调节径流、调节江河洪峰流量，消减洪涝灾害和泥石流、滑坡等地震次生灾害的理论和技术研究，为防灾减灾提供科学依据。

他说，要高度重视山地灾害危险区城镇地质条件的综合评估。汶川地震灾害损失惨重，在很大程度上与原城镇建设的地质条件和森林固土作用能力发挥不够有密切关系。城镇建设的选址是百年、千年大计，关乎地区经济社会发展和百姓生命财产安全。建议国家有关部门对全国山地灾害多发区的城镇，进行地质条件和森林固土作用能力综合评估。

尹伟伦建议，建立山地森林生态系统防治地质灾害的预测预报系统，启动地震灾区的山地森林植被恢复生态工程。汶川地震及其引发的次生灾害带给该地区森林生态系统的危害是毁灭性的，不少地段受灾已超出森林生态系统自我调节与修复的极限，必须进行人为干预。

中国绿色时报　2009 - 03 - 24

震区生态恢复与重建应尽快启动

近日，全国政协委员、北京林业大学校长、中国工程院院士尹伟伦在四川调研后提出，应尽快启动震区的生态恢复与重建工程的规划和实施。

尹伟伦说，四川省在解决震区百姓安居乐业等方面取得了显著成效，灾区人民已基本实现生活有保障、生产有发展。在此情况下，应腾出手来尽快启动生态恢复重建工程的规划和实施，特别要搞好森林生态系统的恢复与重建。

作为林学家，尹伟伦格外关注所到之处的生态环境。他强调，受地震影响，很多地方的生态环境，特别是森林生态系统受到了破坏，可能引发山体滑坡、泥石流等次生灾害发生的地方还比较多。特别是夏季雨水较多，如果今后再出现强雨水侵蚀和冲刷等情况，就可能再爆发次生灾害，造成人员和财产的再次损失。

尹伟伦指出，生态重建的工程量十分宏大，需要 10 年或更长的时间。但灾区许多地方目前随时都可能发生次生灾害，因此，生态重建应当尽快启动，并应以中长期工程的方式从国家层面启动这项工程，由地方配合共同完成。

尹伟伦认为，山体基脚十分重要，否则就会像釜底抽薪一样使山体变得越发不稳定，造成的生态隐患更大。因此，现在最要紧的，是利用森林营造工程，在出现山体滑坡的地方，将滑落到底部的泥土等物质固定好，防止被再次冲刷引发新的泥石流。

光明日报　2009－08－05

专家就灾后林业重建提出建议

刚刚从南方雪灾区考察返京的北京林业大学专家组对灾区林业恢复重建工作提出建议。2月21日，国家林业局局长贾治邦等专门听取汇报。

专家组认为，这次冰雪灾害给南方林业造成的损失极为惨重。这场灾害使几代人、几十年林业建设的成果毁于一旦，使灾区林业受到重创。专家用8个字概括雪灾现场：满目疮痍，惨不忍睹。湿地松几乎全部倒伏，桉树几乎全部折断和冻死，70%以上的楠竹爆裂折断，大面积的杉木和马尾松断梢、折断，加之森工企业厂房、防火瞭望塔、苗圃大棚等设施的坍塌，受灾状况触目惊心。森林生态效益损失严重，森林次生灾害隐患增多；水土流失加剧；野生动物疫源疫病风险增加；国有林场和森工企业面临停产转产，林农直接经济损失巨大。

专家组强调，林业生产周期长，破坏容易恢复难。冰雪灾害对农业只造成一季作物的影响，交通、电力设施等在资金和设备充足的情况下可在短期内恢复，但林业生产周期长，需要 10～20 年甚至更长的时间，灾后重建并恢复到灾前水平需要 20 年甚至更长的时间。主要的受害树种有湿地松、马尾松、杉木、毛竹、樟树等。这些树种从苗木到成林均需几年到几十年的时间，恢复重建的林业生产及生态环境效益均需较长时间才能显现出来。雪灾发生范围广泛，全面开展恢复重建，任务十分繁重。森林分布多在山区，山高坡陡、交通不便、海拔较高，施工难度较大。

专家组认为，在森林资源恢复与重建中特别强调政策性。要坚持森林资源保护政策的严肃性。在清理林地中坚持需清除的清除，能恢复生长的必须保存，以受灾损失的蓄积量作为采伐指标，不得一刀切全面清除，更要防止乱砍盗伐。

专家们呼吁，建立森林抚育基金制度：扭转只造林不育林的传统模式，为森林资源经营提供资金保障。注意保护林农务林的积极性，集体林区的林农是以森林资源为生计的，对因灾采伐的林木或林产品购销制定指导价格，稳定林产品市场。

专家强调，要认识到林业救灾在国家救灾中的特殊地位。林业生产恢复需要资金多，筹措重建经费难。重建工程又是林业行业的重中之重，应集中人财物优先实施，否则后患无穷。

专家提出，尽快开展冰雪灾害对区域生态与社会经济影响的综合评估。科学划分受灾等级，特别是从生态系统价值的角度，分析灾害带来的现实和潜在影响。生态恢复应该通过专家在科学论证的基础上制定恢复方案，不能盲目行动。方案应包括灾害迹地清理技术、造林与更新方案、种苗选育技术等。在国家进行总体控制的基础上，由各省林业主管部门组织实施。

专家建议，启动国家生态恢复重大工程。这次受灾使得大面积森林彻底毁灭，而且多在山地，应尽快启动南方森林冰雪灾害恢复工程项目,设立资金保证灾区生态系统、林业基础设施系统等的恢复重建。开展相应的科技研究项目,特别是冰雪灾害对生态系统的影响以及恢复效益监测研究等。对典型区域的人工恢复和自然恢复的过程以及效益进行长期监测评价,同时研究主要树种的生态适应性,为林业救灾防灾的科学技术研究奠定基础。

科学时报 2008-02-25

专家深入雪灾区腹地考察林业

南方大雪已经消融,堵塞在路上的旅人早就抵达了目的地,饱受无水无电痛苦的人们又过上了现代化的生活,但北京林业大学的专家们深入雪灾区腹地考察后严肃指出,灾后林业恢复重建之战将是一场艰巨的持久战!

2月中旬,北京林业大学组成26人专家组赶赴湖南、贵州和江西三省雪灾区,深入一线对灾后林业状况进行了调查,获得了大量第一手资料。校党委书记吴斌教授、校长尹伟伦院士、长江学者骆有庆教授,分别带领森林培育、森林经营、生态恢复与重建、森林病虫害、野生动物及其栖息地等多学科领域专家,深入重点灾区考察。回京之后,他们对灾区林业恢复重建工作提出了建议。元宵节那天,专家们向国家林业局局长们汇报之后,引起了高度重视。

几十年林业建设成果毁于大雪

专家组认为,这次冰雪灾害给南方林业造成的损失极为惨重。

这场灾害使几代人、几十年林业建设的成果毁于一旦，使灾区林业受到了重创。

专家用八个字概括雪灾现场：满目疮痍，惨不忍睹。湿地松几乎全部倒伏，桉树几乎全部折断和冻死，70%的以上楠竹爆裂折断、大面积的杉木和马尾松断梢、折断，加之森工企业厂房、防火瞭望塔、苗圃大棚等设施的坍塌，受灾状况触目惊心。

湖南省受损木竹面积 6788 万亩，木竹资源损失 122.33 亿元以上。林区受灾人口 923.6 万人；特大雪凝灾害对贵州省林地、林木、苗木和林业基础设施造成严重损失。全省有林地受灾 1582 万亩，林业受灾经济损失总计达 375319 万元；江西全省林业遭受雨雪冰冻灾害性天气的直接经济损失达 154.5 亿元。

林业受灾范围大，危害程度深，各种资源损失巨大。湖南全省 123 个县市区普遍受灾，177 个国有林场，99 个国有苗圃，114 个森工企业和采育场、12 个国家级自然保护区和 33 个国家级森林公园无一幸免；大量野生动物因饥饿和寒冷死亡。仅郴州一地野生动物死亡 6.5 万头。濒危珍稀野生动植物的处境更为艰难。资兴县一农民捡到 50 只冻死的黄麂。

林业灾害严重性怎么强调都不过分

专家组强调，由于林木生长周期长、不宜恢复等特点，使得林业受到的灾害极为严重，需要全社会给予高度重视。

林业生产与同样受灾的农业、交通和电力不同。冰雪灾害对农业只造成一季作物的影响，交通、电力设施等在资金和设备充足的情况下可在短期内恢复。但林业生产周期长，需要 10－20 年甚至更长的时间。这次特大冰雪灾害给林业生产带来毁灭性打击。灾后重建并回复到灾前水平需要 20 年甚至更长时间的漫长过程。

防火瞭望塔等基础森林防火设施损毁严重。灾区森林防火、病虫害防治和野生动物救治等森林安全监测系统均处于失控状态。一旦危害发生，将对残存的林业资源造成第二次打击，后果不堪设想。

森林生态效益损失严重。冰雪灾害导致各省范围内的森林蓄积量和森林覆盖率明显下降，对水土保持和水源涵养造成严重影响。大量生物量丢失在森林中，有可能造成大面积碳汇转变为碳源，导致工业生产排放空间的丧失，直接影响国民经济的发展。

森林次生灾害隐患增多。火灾隐患：这次冰雪灾害产生大量倒伏木、孤立木、林下残枝枯叶密布，森林防火面临严峻挑战；森林病虫害隐患：林木在大面积遭受冰雪冻害后，树势衰弱，抗性降低，容易诱发溃疡病、腐烂病等树木病害。大规模发生次期性病虫害的可能性增大。可能导致松墨天牛种群密度上升，加速松材线虫病的扩散蔓延；水土流失：森林植被具有固着土壤的能力。冰雪灾害造成森林植被的大面积丧失，增加山洪、泥石流等严重地质灾害发生的可能；野生动物疫源疫病：冰雪灾害不仅造成大量野生动物死亡，残存下来的个体也处于病弱状态，导致爆发野生动物疫源疫病的风险增加。

国有林场和森工企业面临停产转产，林农的直接经济收入损失巨大。如湖南省的森林资源中，集体林占95％，其中大部分由农民承包。目前湖南省有200多万人生活在纯林区，冰雪灾害关乎当地林农的生存、生活和社会稳定问题。

林业恢复重建任务无比艰巨

专家组认为，林业恢复重建面临的任务远比恢复交通、电力等艰巨得多。其理由是林业生产和生态恢复的过程缓慢。林业生产周期长，破坏容易恢复难。主要的受害树种有湿地松、马尾松、杉木、毛竹、樟树等。这些树种从苗木到成林均需几年到几十年的时间，恢复重建的林业生产及生态环境效益均需较长时间才能显现出来。要恢复到灾前的森林蓄积量水平有待时日。

受害面积大、工作量大。由于雪灾发生范围广泛，全面开展恢复重建，任务十分繁重。恢复重建首先需要将损坏的基础设施进行维修或重新装备，如塑料大棚、电力设施、通讯设施、林区生活设施等；补植造林需大量苗木，而当地大量苗木受冻。

恢复重建的时间紧迫。林地内的倒木、折木、折枝需要清理；由于林内存在大量雪折木和枝条，随着气温回升，空气干燥、火险等级高，急需抓紧清理，严防森林火灾发生。为防止病菌、害虫从树木伤口侵入，也需做大量工作；被毁的断枝、树干、枝叶、竹干等需及时从林中运出。

恢复重建的难度大。森林分布多在山区，山高坡陡，交通不便、海拔较高，施工难度较大。一些林区至今电力运输未恢复正常，一些森林道路的路面受到冻害后，产生裂缝，雨后路面上翘，道路无法行车，影响恢复重建工作的正常进行。高海拔地区至今未解除冰冻，林内的清理工作难以进行。

灾区森林恢复中的五大科技问题

专家们判定，这次冰雪灾害表现的特点是：针叶树比阔叶树严重，幼龄林比成熟林严重，外来种比乡土树种严重，人工林比天然林严重。他们认为，这次冰雪灾害造成的损失不仅是森林本身，对区域生态环境带来的直接的和潜在的影响已经不可避免，亟需采集有效措施，最大限度保护已经形成的森林环境，同时恢复森林生态系统的结构和功能。

专家提出，要对林木受害基本规律进行科学总结。在恢复森林时，不仅要促进生态系统的尽快恢复，更要把提高生态系统质量作为重要指导原则。应该从遵循科学规律的角度，合理地进行森林群落的结构调整，建立抗逆性强的森林生态系统。

一是建立混交林生态系统。从树木对冰雪的抗性角度，群落中对机械应力抵抗能力较强的树种在遇到灾害后可以在维持群落结构方面发挥重要作用，最大程度地保持森林环境。种类多样性决定了功能多样性，进而决定生态系统的稳定性。所以，营造混交林，充分利用不同树种的生态功能，是增强森林作为生态系统的抗逆性的重要理论基础。灾后的森林恢复不是简单的复原，而要同时调整森林结构。要避免营造大面积的纯林，特别是针叶纯林。要把灾后森林恢复作为森林结构优化的契机，把森林恢复作为手段，把提高生物多样性、优化群落结构作为前提和长远目标。

二是建立良种繁育基地慎重使用外来树种。这次受灾从树种产地来看，外来树种比乡土树种严重，如桉树、湿地松等。所以，在受灾迹地进行人工更新或造林时，应综合考虑生态适应性和经济价值，尽量使用地带性树种。为了达到速生、优质、持久，应该建立良种繁育基地，以培育本地乡土树种为主，提供优良种苗，确保恢复后森林的质量。

三是人工恢复和自然恢复相结合。森林受损后都不同程度地残留一些树木个体或残桩等，这些幸存的个体或残块是森林天然恢复的重要种源或繁殖体，也是保持环境的生物基础，应该最大限度保留。针对受损程度的不同，保留所有树木繁殖体，充分利用自然的力量恢复森林。对于受害程度较轻而且有种源的林分，可以在合理抚育的基础上依靠天然更新进行恢复。对于缺乏自我更新恢复能力的地段，尽快以人工补植造林的措施加速恢复。

四是保护地被防止水土流失。严重受损的群落在清理后容易发生水土流失。可燃物全部清理虽然可防止火灾和病虫害蔓延，但由于缺少足够的植被保护，易加剧水土流失。清理可燃物的对策与技术需要充分论证。在清理迹地时首先保护好存活植物体，包括尚能继续生存的受损林木，最大限度地保护已经形成的森林环境，防止水土流失，加速树木更新或植被恢复。同时，在论证的基础上考虑就地取材，利用树木枝桠建立一定密度的保水障以减少土壤冲刷。

五是野生动物及森林病虫害的监测与巡护。森林大面积受灾直接影响野生动物的栖息环境，也有病虫害大发生的潜在危险。需要建立监测与巡护机制，随时掌握野生动物种群的数量动态及病虫害发生情况。

森林资源恢复与重建需政策保障

专家组认为，在森林资源恢复与重建中也特别强调政策性。要坚持森林资源保护政策的严肃性。在清理林地中坚持需清除的清除，能恢复生长的必须保存，以受灾损失的蓄积量作为采伐指标，不得一刀切全面清除，更要防止乱砍盗伐。

专家们呼吁，建立森林抚育基金制度：扭转只造林不育林的传统模式，为森林资源经营提供资金保障；注意保护林农务林的积极性：集体林区的林农是以森林资源为生计的，对因灾采伐的林木或林产品购销制定指导价格，稳定林产品市场。

专家强调，要认识到林业救灾在国家救灾中的特殊地位。林业生产恢复需要资金多，筹措重建经费难。重建工程又是林业行业的重中之重，应集中人财物优先实施，否则后患无穷。

专家提出启动国家生态恢复工程

一是全面评估，划分等级。尽快开展冰雪灾害对区域生态与社会经济影响的综合评估。根据林学、生态学、生态经济学原理，采取地面调查、遥感技术、社会调查等，对受灾地区的危害情况进行全面的评估，科学划分受灾等级，特别是从生态系统价值的角度，分析灾害带来的现实和潜在影响。

二是科学制定重建方案。生态恢复应该通过专家在科学论证的基础上制定恢复方案，而不能盲目行动。方案应包括灾害迹地清理技术、造林与更新方案、种苗选育技术等。在国家进行总体控制的基础上，由各省林业主管部门组织实施。

三是启动国家生态恢复重大工程。这次受灾使得大面积森林彻底毁灭，而且多在山地。应尽快启动南方森林冰雪灾害恢复工程项目，设立资金保证灾区生态系统、林业基础设施系统等的恢复重建。

四是开展相应的科技研究项目。特别是冰雪灾害对生态系统的影响以及恢复效益监测研究等。对典型区域的人工恢复和自然恢复的过程以及效益进行长期监测评价，同时研究主要树种的生态适应性，为林业救灾防灾科学技术研究奠定基础。

科学新闻杂志　2008－06－07

打好防治震后次生山地灾害这一仗

校领导挂帅，紧急成立专家组

特大地震灾害发生之后，北京林业大学相关领域的专家十分关注灾情，结合各自专业搜集了大量资料，参与了有关部门组织的救灾工作。

5月28日，校党委书记、水土保持专家吴斌教授主持召开了专家座谈会。山地灾害防治工程、水土保持与荒漠化防治、工程绿化、环境保护、地理信息系统、生态学等方面的10多位专家，就防治汶川地震灾后次生山地灾害进行专题研讨，针对地震灾区潜在次生山地灾害及其预防的关键问题，商讨如何发挥北京林业大学多学科优势和特色，开展次生山地灾害防治工作，为灾区重建与恢复以及合理土地利用规划提供科学依据。

防治次生山地灾害专家组当即成立，由吴斌教授挂帅。专家组已经完成的第一项任务是，针对当前紧迫需要解决的问题，向国家有关部门提出书面的意见和建议。

防治次生山地灾害，迫在眉睫

汶川大地震后救援工作虽然告一段落，但一项新的更艰巨的战役却刚刚开始。

由于汶川地处川西山地，地质构造复杂，随着汛期的来临、降水量增加，极容易引起滑坡、崩塌、泥石流和坠石等山区次生山地灾害。在灾后重建后，要持续开展抢修道路、建设临时用房、恢复损坏生产生活设施，有大量抢修救援人员和疏散转移群众仍在灾区，一旦发生次生山地灾害，其损失将会比以往增加数倍。

专家指出，重视地震灾区次生山地灾害防治工作并开展相关调查研究，对于预防和减轻次生山地灾害所造成的人员伤亡和经济损失具有非常重要的意义，而且对于灾后重建的科学规划也具有极为重要的指导意义。

次生山地灾害快速评估亟待展开

专家们研究了汶川地震灾区的实际情况后，提出的一项建议是：开展灾区次生山地灾害快速评估，为当地政府和相关部门灾后重建提供科学决策依据。

"5·12"特大地震发生在青藏高原东缘龙门山断裂带，重灾面积达10万平方公里。四川、甘肃、陕西等受灾严重的地区，山高、谷深、坡陡，是滑坡、崩塌、泥石流等山地灾害高发区。据国土资源部对受灾区域中的41个县山地灾害的隐患点的普查结果，灾区共有山地灾害隐患点4929处。这些地质灾害隐患威胁着94万多人的安全。

目前，地震灾区存在大量潜在山地灾害隐患点，危险区尚未确定，需要逐个进行实地快速勘察和调查。受灾地区城乡居民点和临时安置点是否遭受山地灾害威胁，救援施工现场与人员住地是否安全，公路、铁路等交通沿线是否有崩塌、滑坡隐患，江河沿岸山体是否稳定，有无发生泥石流的危险等，都应该成为排查重点。对查出的重大滑坡、崩塌、泥石流等灾害隐患，要迅速提出防灾预案。

专家组建议，组织专业技术队伍，以什邡市为典型调查区域，开展潜在次生山地灾害的快速勘察与调查，为灾后重建与恢复提供基础性资料。

村镇建设地危险区划分需要抓紧

专家组认为，要尽快开展村镇建设地危险区划分工作，为灾后重建规划提供技术支撑。

危险区划分是合理土地利用规划的基础。灾后重建与恢复，需要进行科学合理的土地利用规划，尤其是建设用地的安全性划分。这对当前群众的安危，对救援人员的安危，对灾民的安置，特别是对灾后的重建，都是基础性的十分重要的工作。

北林大在山地灾害危险区划分方面拥有强大的技术力量和丰富的经验，在北京山区已经作出了一套成熟的危险区划分的理论和实施方法。专家组主动请缨，希望能组织专业队伍，奔赴灾害现场开展实地调查，开展建设用地危险区划分研究工作，帮助灾区做好隐患排查和避险工作，力争尽快做好隐患排查，绘制山地灾害的专题图，重点是完成建设用地的危险区划分图。

尽快开展灾区村镇重建规划研究

灾区村镇灾后重建选址、布局和规划，涉及到次生山地灾害风险防范等多方面的问题，需要及时开展相关研究，建立示范样板。鉴于此，专家组提出了"开展灾区村镇重建规划研究，为广大灾区恢复与重建提供示范"的建议。

特大地震灾害对村镇的破坏程度相当严重，如何科学地选择安全地带作为村镇建设用地非常重要。专家组建议，组织山地灾害防治工程、水土保持、城镇规划、环境保护等学科专家，在什坊市开展建设用地危险区划分的基础上，进行灾害后村镇的建设规划，为山区村镇建设提供示范。

时刻准备着，承担艰巨任务

近日来，北林大专家组已经收集了有关灾区遥感、地理信息资料数据，拟订了工作方案，并着手人员的组织和培训工作，随时听从调遣，奔赴灾区开展实地调查工作，完成什坊市典型区潜在次生山地灾害快速评估、建设用地危险区划分和村镇规划工作，为灾区重建作出应有的贡献。

北林大在山地灾害防治理论研究与应用方面具有较长的历史。中国工程院院士关君蔚早从1959年起，就在华北山区以及西南山区开始泥石流灾害成因、活动规律和预测预报的调查和研究，并取得成效。1992年到1998年，王礼先教授领衔开展了北京山区泥石流分类及其危险区制图工作，为指导近些年来北京市山区实施生态移民和搬迁提供了科学依据。

2004年，北林大成立了山地灾害防治工程学科，承担了国家、省部科学研究项目，与日、加、奥、意等国开展科技合作，在华北、西南地区开展山地灾害发生机理与防治研究。2006年，北林大与市园林绿化局合作完成了"北京市山洪泥石流灾害现状的调研报告"，时任市长王歧山做了重要批示。此外，还进行了大量山区村镇的规划工作，为山地灾害防治与管理培养了一批高级人才。

相关链接：次生山地灾害

许多自然灾害，特别是等级高、强度大的自然灾害发生之后，常常会诱发出一连串的其他灾害接连发生，这种现象被称为是"灾害链"。灾害链中最早发生并起作用的灾害称为原生灾害；而由原生灾害所诱导出来的灾害则称为"次生灾害"。"次生山地灾害"是指由于汶川地震灾害引起的山地灾害，如泥石流、滑坡、崩塌、坠石等。

科学新闻杂志　2008－06－25

师生为奥运"添绿"

奥运生态桥填空白

北京奥林匹克森林公园有一座生态桥。这一"生态廊道"是我国首条城市公园的生物通道,在国际上这类设计也不多见。

占地近 7 平方公里的奥林匹克森林公园,被北五环路分割为南北两区。这座生态桥则为栖息在公园里的小型哺乳动物和昆虫搭建了往来的通道。桥上种植了大量华北地区的乡土植物品种,营造了适宜昆虫和小型哺乳动物生长的"近自然"环境。

"生态廊道"长约 270 米,桥宽从 60 米到 110 米不等。在桥面的树林中还设有一条 6 米宽的道路,可供行人和小型车辆通过。

这座生态桥是由北京林业大学地景园林规划设计院设计完成的。设计师田园说,"生态廊道"的建成,不仅满足了道路交通与森林公园景观的综合要求,也为生活在该区域的上百种小型哺乳动物、鸟类和昆虫提供了迁移和传播的途径。动物们可以通过这条通道,在公园南北两区之间自由活动。它们的往来走动也有利于植物的繁衍,可以充分保护公园的生物多样性。

在"生态廊道"的建设中,进行了多项景观生物通道技术的试验和论证。为了减轻桥的负重,将绿化用无机轻质土和普通土壤按照 1∶1 的比例进行混合,在充分保证土壤养分、植物固定效果的基础上,比单纯使用普通土壤减轻了 1/4 的荷载重量;采用"植物隔根防水技术",避免了植物根系生长对桥梁建筑造成的危害;利用"蒸汽阻拦层"应对桥体气温变化,使土壤保持适宜植物生长的温度;采取了管道填埋的滴灌方式,水分直接在植物根部被吸收,既有利于水的节约,又避免了桥面浇水对桥下的影响;为了保护动物的生活环境,"廊道"上灯光也进行了必要的处理。

业内专家评论说,奥林匹克森林公园"生态廊道"的建成是首都生态建设的又一亮点,具有良好的示范效应。在筹办奥运会这项庞大而繁复的系统工程中,设计师和建设者还惦记着松鼠、蝴蝶、小鸟……这些所折射的对环境、生态的友好和关怀,是"绿色奥运"一个具体体现。

8 月京城绽秋菊

北京奥运盛会之时,原本在秋季开花的菊花将在奥运园区绽放。北京林业大学花卉专家引进的 18 个盆栽菊花新品种,将为首都北京锦上添花。

菊花是中国传统名花和世界著名花卉。在 2005 年奥运用花展览会上,园林学院戴思兰教授没有看到菊花的倩影。北京奥运盛会怎能不见菊花呢?她将课题组引进、培育的菊花新品种送到了此后的一个展览会上。在为期一个月的时间里,棵棵色彩靓丽的菊花经受了高温、高湿和暴雨的考验,未加特殊养护,没有一棵替换,始终花开不败,终于赢得了奥运会指定用花的"入场券"。

经过努力,这 18 个盆栽菊花新品种非常适合北京地区生长,不但花大色艳、花期长,而且抗逆性强、便于栽培管理。奥运期间,将有至少 200 万盆多种花色的菊花美化奥运场馆环境。如此大规模的秋菊夏开,在菊花栽培史上还不多见。

据戴教授介绍,盆栽菊花花朵硕大、着花繁密、色彩鲜艳,在园林景观的布置中可以形成较大的色块，在大规模的花卉布置中能得到广泛应用，是节日花卉装饰的极好材料。

戴教授说，在中国历史上，菊花是亲近自然、昭示节令、寓意丰收、健康长寿、喜庆祥和的名花。在奥运盛会上展现北京市花菊花的魅力，有利于促进中国菊花文化的回归。

奥运花坛赛学生得奖

在前不久揭晓的北京奥运花坛设计大赛中，北京林业大学 3 位研究生苏怡、汪昕梦、张云路，以"童心盼奥运"为题设计出的佳作获得了一等奖。

"童心盼奥运"作品融合了奥运、绿色、童趣、雕塑、风车等元素，用中国独特的文化符号反映出了全民参与奥运的精神。设计者大胆地采用了中华民族喜闻乐见的传统年画形式，体现了奥运主题，寓意深刻，引人遐想。

这一设计之所以能脱颖而出，在于把奥运与北京当地文化的结合展现得比较自然。大学生们将花坛设计在了北京市井文化的源头什刹海，在某种程度上代表了浓郁的北京本土文化。花卉花坛品种则主要选用了花色多样、花期长、易管理的百日草、四季秋海棠、长春花、彩叶草、马齿苋、三色堇等。

科学时报　2008－07－18

五千大学生志愿者服务奥运

北京林业大学有 5000 多名大学生当上了北京奥运会的志愿者，

为这场盛会的成功举办默默地发出自己的光和热。

志愿者六项重任在肩

北林大的志愿者主要参与了 6 项具体工作。他们有的在奥林匹克公园公共区和北区场馆群服务,有的做了住宿服务志愿者、驾驶员专业志愿者、城市运行志愿者及京外、港澳、海外志愿者的接待任务。

北林大是奥林匹克公园公共区的主责高校,不但有 1000 多名志愿者参与服务,而且还牵头组织 7 所高校志愿者的工作。北区场馆群包括曲棍球馆、射击场、网球馆,有 200 多名志愿者参与了多项志愿服务。125 名住宿服务志愿者则在比赛期间承担了在宾馆、饭店接待有关人员的志愿服务任务。有 10 名驾驶员志愿者,为国际奥委会委员、各国奥组委工作人员提供交通驾驶志愿服务。除此之外,还有数千名城市运行志愿者,在首都的社区街道、公交站点、旅游景点等地开展志愿服务工作。学校还承担了 200 多名京外、港澳、海外志愿者的接待工作。

在安检口外"听"开幕式

参加志愿服务的辛苦自不言说,遗憾的是连电视的转播都看不到,更遗憾的是近在咫尺,只闻其声,难临其境,但志愿者们都毫无怨言。他们知道,自己的牺牲是为了更多人更好地欣赏和观看这一重大赛事。

开幕式那天,蒙古族男生魏宝在 B5 安检口服务。那是各国运动员、工作人员进入鸟巢的主要通道。他向每一个通过安检口的人用英语问好,报以发自内心的微笑。鸟巢近在咫尺,但他却无缘欣赏开幕式的盛况。他说，从此起彼伏的欢呼声中可以想象，演出一定很壮观、很动人。但我在自己的岗位上度过的这个夜晚，同样十分难以忘怀。

帮八旬老翁找到亲人

一位83岁的老退伍军人，执意拿着家里唯一的一张票，独自进入鸟巢观看开幕式。家人一再叮嘱，有事一定要找穿志愿者服装的人。

散场时人流如潮，老人迷路转了向。正在做观众引导员的志愿者文慧娜看到老人后，一边安抚老人不要着急，一面采取多种方式和家人取得联系。因刚刚散场数万人需要疏散，家人直到午夜2点多才赶到现场。当看到老人在志愿者的陪伴下安然无恙时，家人不停地说"谢谢！谢谢！"事后，家人给学校写来了感谢信。

曲棍球场内外的奉献

8月10日，曲棍球场正式开赛。服务于该场馆的北林大182名志愿者开始了为期14天的赛时服务工作。这些志愿者是该校最先选拔、最先录用，也是全校志愿者中最优秀的一部分。他们的服务受到了肯定和赞扬。

10日晚，天气突变，下起了大雨。有的志愿者把自己的雨具送给了小孩，而自己在雨中坚守岗位，用热情、真诚、良好的服务赢得了观众的赞扬。

不少志愿者一站就是10多个小时，连饭都顾不上吃。他们手持话筒，相同的话喊了一遍又一遍，甚至把嗓子都喊哑了。

赛场外的服务也有意义

在首都街头还有数千名北林大的志愿者在提供多种服务。其中城市志愿者圆明园站已经两次获得"五星级服务站点"的称号。

该站点位于圆明园南门，在奥运期间向广大游客和市民提供相关服务，包括信息咨询、语言翻译和应急服务等。志愿者们开展了丰富多彩的特色活动，利用空闲时间制作奥运会徽、福娃标志，制作祥云剪纸拼成"北京欢迎您"，制作"微笑服务"游客留言板，印制站点附近公交路线手册等，营造了迎接奥运、服务奥运的热烈氛围，也为社会公众提供了切实服务。每逢周末，他们还在圆明园遗址区作义务讲解。

海淀剧院等站点的志愿者还组织了庆奥运万人签名等丰富多彩的活动，扩大了奥运的影响。

志愿者背后还有志愿者

为进一步保障数千名志愿者能够全身心投入到奥运会志愿服务，学校各部门积极采取措施，密切配合，全力做好志愿者的保障工作。

学校丰富了菜肴种类，每天为志愿者精心准备免费的防暑凉茶，给在夜间或雨天下岗的同学提供免费的姜汤。为保障志愿者的早晚班上岗，改为24小时全天供电，洗浴时间延长到了凌晨3点。

学校专门组织人员每日接送志愿者。无论是午夜最后一班志愿者下岗，还是凌晨4点第一批志愿者上岗，每次志愿者出发和返回都有老师接送。

中国绿色时报 2009 - 08 - 21

志愿服务奉献奥运

今年这个暑期，北京林业大学的多数学生没有离京返乡，但校园里却很少看到他们的身影，因为有5000多名志愿者在为奥运会服务。

北林大志愿者主要参与了6项工作。北林大是奥林匹克公园公共区的主要负责高校，不但有1000多名志愿者参与服务，还牵头组织7所高校志愿者的工作。北区场馆群包括曲棍球馆、射击场、网球馆，有200多名志愿者参与了多项志愿服务。125名住宿服务志愿者，则在比赛期间承担了在宾馆、饭店接待有关人员的志愿服务任务。10名驾驶员志愿者，为国际奥委会委员、各国奥组委工作人员提供交通驾驶志愿服务。还有数千名城市运行志愿者，在社区街道、公交站点、旅游景点等地开展志愿服务工作。学校还承担了200多名京外、港澳、海外志愿者的接待工作，为他们提供住宿、餐饮、交通等方面的服务。

安检口外"听"开幕

参加志愿服务的辛苦自不必说，他们甚至连电视转播都看不到，更遗憾的是虽与比赛场馆近在咫尺，却只闻其声，难临其境，志愿者们都毫无怨言。他们知道，自己的牺牲是为了让更多人更好地欣赏和观看这一重大赛事。

开幕式那天，蒙古族男生魏宝在B5安检口服务。那是各国运

53

动员、工作人员进入鸟巢的主要通道。他用英语向每一个通过安检口的人问好，报以发自内心的微笑。鸟巢近在咫尺，他却无缘欣赏开幕式的盛况。他说，从此起彼伏的欢呼声中可以想象，演出一定很壮观、很动人。

散场时人流如潮，一位8旬老人迷了路。正在做观众引导员的志愿者文慧娜看到后，一边安慰老人，一面采取多种方式和其家人取得联系。事后，老人的家人给学校写来了感谢信，对志愿者的精神给予了充分肯定和赞扬。

不少志愿者一站就是10多个小时，连饭都顾不上吃。有的志愿者手持话筒，相同的话喊了一遍又一遍，直至把嗓子喊哑。他们说，自己所做的事情都是微不足道的，最值得欣慰的是为北京奥运出了力。

赛场外服务也优质

在首都街头活跃着数千名北林大志愿者。其中城市志愿者圆明园站，两次获得"五星级服务站点"的称号。

该站点位于圆明园南门，在奥运期间向广大游客和市民提供相关服务，包括信息咨询、语言翻译和应急服务等。志愿者们开展了丰富多彩的特色活动，利用空闲时间制作奥运会徽、福娃标志，制作祥云剪纸拼成"北京欢迎您"，制作"微笑服务"游客留言板，印制站点附近公交路线手册等，为公众提供了切实服务。每逢周末，他们还在圆明园遗址区当上义务讲解员。

海淀剧院等站点的志愿者还组织了庆奥运万人签名等丰富多彩的活动，扩大了奥运会的影响。

志愿者背后有志愿者

为保障数千名志愿者能够全身心投入到奥运会志愿服务工作中去，学校各部门积极采取措施，密切配合，全力做好志愿者的保障工作。

学校丰富了菜肴种类，每天为志愿者精心准备免费的防暑凉茶，给在夜间或雨天下岗的同学提供免费的姜汤。为方便志愿者早晚班上岗，学校用电改为全天 24 小时供电，洗浴时间延长到了凌晨 3 点。

北京考试报　2008 − 08 − 27

为奥运默默地付出和奉献

奥运赛场龙争虎斗，鏖战正酣。北京林业大学广大师生积极参与志愿服务活动，为奥运会的顺利召开，默默地付出和奉献。尽管金牌榜上不可能写下他们的名字，但北京奥运史上留下了他们的汗水和足迹。

老教授监察奥运颁奖花束

奥运获奖运动员登上领奖台，接过的一束束娇艳欲滴的"中国红"月季中，浸透着王莲英教授的心血。王教授是北京奥运颁奖礼仪用花专家组负责人，也是颁奖用花"红红火火"设计方案的主创人员之一，开赛后一直坐镇监察颁奖花束的制作。

55

据王教授介绍，奥运颁奖花束的第一要求是实用性，既要喜兴，体量不能过大过小；第二，必须要有安全性；第三，体现环保性，不能用任何污染环境、不能降解的材料。

她说，奥运颁奖用花要求非常严。每朵花高 4～5 厘米，花蕊到最外面一层花瓣距离 2 厘米，不符合要求的都要淘汰。制作时间早了不是，晚了不行。每束花都要在颁奖仪式前 4 小时送到场馆，制作数量还要有 20％的富余。

自 2005 年底，王教授就为奥运礼仪花束绞尽了脑汁。经过无数此研究和试制，她参与主创的"红红火火"方案经国际奥委会审查，被确定为奥运会、残奥会颁奖礼仪用花。

靓丽女生引领索马里队入场

开幕上，北京林业大学女生仲雯举牌，走在了索马里代表队的前面，引导来自远方的运动员入场。

身高 1.78 米的仲雯，幸运地成为了 204 名北京奥运会开闭幕式礼仪引领员之一。8 月 8 日下午 2 时就开始化妆，她说，3 个多月的封闭训练，就为了这个时刻，我一定会向世界展现中国女大学生的美丽、气质和涵养。

去年底，她报名参加奥运集体节目的选拔，最后从全国 3 万多名女孩中脱颖而出，被选为奥运中国小姐。从 5 月 31 日起，360人参加了封闭训练。每天训练时间很长，内容涉及瑜珈、身体姿态、急救知识、英语口语等。脚穿 5 厘米以上的高跟鞋，头顶一本书，两腿夹张纸，一动不动要站 1 个半小时，结束时连路都不会走了。"每个人脚上至少有 5 张创可贴。"

练习露 8 颗牙齿的笑容，嘴里咬根筷子，一天下来脸都僵了。排练遇到下雨，也要保持笑容、仪态。仲雯说，作为志愿者，能够在最美丽的年纪，为中国的百年奥运出份力，是幸运的，更是值得的。

40 名学生开幕式上绽放"笑脸"

开幕式演出中，刘欢和莎拉·布莱曼《我和你》的歌声中，一张张世界各地儿童的笑脸绽放。其中，有 40 个笑脸演员是来自北京林业大学的女生。入场仪式中，其中 19 名女标兵继续在场上为各国运动员加油鼓劲。

今年 3 月中旬，这 40 名演员就开始参加开幕式的排练。经过近 5 个月的艰苦排练，最终在鸟巢的舞台上为全世界展现了微笑的力量，孩子们张张笑脸的背后是演员们更加灿烂的笑容。

19 名标兵演员，在文艺表演结束后，继续留在场上为入场的运动员加油，调整运动员在场地中间的站位，直到开幕式结束。在 3 个多小时的仪式表演中，标兵演员们需要不停地欢呼跳跃，向观众展现中国人民的热情好客以及对奥林匹克运动的热切期盼。

"很辛苦，但很值得。"每一个汗流浃背的女生都这样告诉你。

中国绿色时报　2008－08－15

生态廊道透着浓浓绿

绿色奥运是北京举办奥运会申办奥运会的三大主题之一，而且排在第一个。"绿色学府"——北京林业大学的师生积极投身构建绿色奥运的热潮之中，为实现绿色奥运的目标奉献自己的聪明和才智。

占地近 7 平方公里的北京奥林匹克森林公园有一座生态桥,这一"生态廊道"是我国首条城市公园的生物通道,在国际上这类设计也不多见。

奥林匹克森林公园被北五环路分割为南、北两区。这座生态桥为栖息在公园里的小型哺乳动物和昆虫搭建了往来的通道。桥上种植了大量华北地区的乡土植物品种,营造了适宜昆虫和小型哺乳动物生长的"近自然"环境。

"生态廊道"长约 270 米,桥宽从 60 米到 110 米不等。在桥面的树林中还设有一条 6 米宽的道路,可供行人和小型车辆通过。

这座生态桥是由北京林业大学地景园林规划设计院设计完成的。设计师田园说,动物们可以通过这条通道,在公园南北两区之间自由活动。它们的往来走动也有利于植物的生长,可以充分保护公园的生物多样性。

在"生态廊道"的建设中,师生们进行了多项景观生物通道技术的试验和论证。为了减轻桥的负重,他们将绿化用无机轻质土和普通土壤按照 1:1 的比例进行混合,在充分保证土壤养分、植物固定效果的基础上,比单纯使用普通土壤减轻了 1/4 的重量;采用"植物隔根防水技术",避免了植物根系生长对桥梁建筑造成的危害;利用"蒸汽阻拦层"应对桥体气温变化,使土壤保持适宜植物生长的温度;为了保护动物的生活环境,对"廊道"上的灯光也进行了必要的处理。

在筹办奥运会这项庞大而繁复的系统工程中,设计师和建设者还惦记着松鼠、蝴蝶、小鸟……这些所折射的对环境、生态的友好和关怀,是北京绿色奥运的一个生动体现。

北京奥运盛会之时,原本在秋季开花的菊花将在奥运园区绽放。北京林业大学花卉专家戴思兰教授引进的 18 个盆栽菊花新品种，将为首都北京锦上添花。

经过努力，这 18 个盆栽菊花新品种非常适合北京地区生长，不但花大色艳、花期长，而且抗逆性强、便于栽培管理。奥运期间，将有至少 200 万盆多种花色的菊花美化奥运场馆环境。如此大规模的秋菊夏开，在菊花栽培史上还不多见。

戴教授说，在中国历史上，菊花是亲近自然、昭示节令、寓意丰收、健康长寿、喜庆祥和的名花。在奥运盛会上展现北京市花菊花的魅力，有利于促进中国菊花文化的回归。

中国教育报　2008－07－03

奥运公园生态桥为小动物建通道

北京奥林匹克森林公园近日出现了一座生态桥。这一"生态廊道"是我国首条城市公园的生物通道，在国际上这类设计也不多见。目前，生态桥的主体工程已经完工，植被的种植已经接近尾声。

占地近 7 平方公里的奥林匹克森林公园，被北五环路分割为南、北两区。这座生态桥将为栖息在公园里的小型哺乳动物和昆虫搭建往来的通道。桥上种植了大量华北地区的乡土植物品种，营造了适宜小动物生长的"近自然"环境。

生态桥长约 270 米，桥宽从 60 米到 110 米不等。在桥面的树林中还设有一条 6 米宽的道路，可供行人和小型车辆通过。

这座生态桥由北京林业大学地景园林规划设计院设计完成。设计师田园说，"生态廊道"的建成，不仅满足了道路交通与森林公园景观的综合要求，也为生活在该区域的上百种小型哺乳动物、鸟类和昆虫提供了迁移和传播的途径。动物们可以通过这条通道，在公园南北两区之间自由活动。它们的往来走动也有利于植物的繁衍，可以充分保护公园的生物多样性。

"生态廊道"的建设蕴含着多项新技术：为了减轻桥的负重，将绿化用无机轻质土和普通土壤按照1：1的比例进行混合，在充分保证土壤养分、植物固定效果的基础上，比单纯使用普通土壤减轻了1/4的荷载重量；采用"植物隔根防水技术"，避免了植物根系生长对桥梁建筑造成的危害；利用"蒸汽阻拦层"应对桥体气温变化，使土壤保持适宜植物生长的温度；采取了管道填埋的滴灌方式，水分直接在植物根部被吸收，既有利于水的节约，又避免了桥面浇水对桥下的影响；为了保护动物的生活环境，"廊道"灯光也进行了必要的处理。

业内专家评论说，奥林匹克森林公园"生态廊道"的建成是首都生态建设的又一亮点，具有良好的示范效应。在筹办奥运会这项庞大而繁复的系统工程中，设计师和建设者还惦记着松鼠、蝴蝶、小鸟……是"绿色奥运"的一个具体体现。

北京日报　2008－03－19

女教授主创颁奖花　女学生幕后演笑脸

奥运获奖运动员登上领奖台，接过那一束束娇艳欲滴的"中国红"月季中浸透着北京林业大学教授王莲英的心血。王教授是北京奥运颁奖礼仪用花专家组负责人，也是颁奖用花"红红火火"设计方案的主创人员之一，开赛后一直坐镇督查颁奖花束的制作。

据王教授介绍，奥运颁奖花束的第一要求是实用性，既要喜庆，又不能过大过小；第二必须要安全；第三要体现环保性，不能用任何污染环境的材料。

她说，对奥运颁奖用花要求非常严。每朵花高 4—5 厘米，花蕊到最外面一层花瓣距离 2 厘米，不符合要求的都要淘汰。制作时间早了不是，晚了不行。每束花都要在颁奖仪式前 4 小时送到场馆，制作数量还要有 20%的富余。

自 2005 年底，王教授就为奥运礼仪花束绞尽了脑汁。经过无数次研究和试制，她参与主创的"红红火火"方案经国际奥委会审查，被确定为奥运会、残奥会颁奖礼仪用花。

开幕式上，北京林业大学女生仲雯举牌，走在了索马里代表队的前面，引导来自远方的运动员入场。

身高 1.78 米的仲雯，幸运地成为 204 名北京奥运会开闭幕式礼仪引领员之一。8 日下午 2 点她们就开始化妆了。她说，3 个多月的封闭训练，就为了这个时刻，我一定会向世界完美展现中国女大学生的美丽、气质和涵养。

去年底，她报名参加奥运集体节目的选拔，无意中被选为奥运中国小姐。那是从全国 3 万多名女孩中选出，由张艺谋亲自确定的。5 月 31 日起，360 人参加了封闭训练，每天训练时间很长，只要醒着就得练。内容涉及瑜珈、身体姿态、急救知识、英语口语等。脚穿 5 厘米以上的高跟鞋，头顶一本书，两腿夹张纸，一动不动要站 1 个半小时，结束时连路都不会走了。"脚磨起了泡，每个人脚上至少有 5 张创可贴。"

练露着 8 颗牙齿的笑容，嘴里咬根筷子，一天下来，姑娘们脸都僵了。排练遇到下雨，也要保持笑容、仪态。仲雯说，这些辛苦都不算什么，更煎熬人的是每天都有人被淘汰，竞争非常激烈。作为志愿者，她说能够在最美丽的年纪，为中国的百年奥运出份力，是幸运的，更是值得的。

开幕式演出中，刘欢和莎拉·布莱曼我和你的歌声中，一张张世界各地儿童的笑脸绽放。其中，有40个笑脸演员是北京林业大学的女生。在随后的入场仪式中，其中19名女标兵继续在场上为各国运动员加油鼓劲儿。

这40名演员今年3月中旬就开始参加开幕式的排练，经过近5个月的艰苦排练，最终在鸟巢的舞台上为全世界展现了微笑的力量，孩子们张张笑脸的背后是演员们辛勤的汗水和更加灿烂的笑容。

那19名标兵演员，在文艺表演结束后，继续留在场上为入场的运动员加油，调动气氛，调整运动员在场地中间的站位，直到开幕式结束。在3个多小时的仪式表演中，标兵演员们需要不停地欢呼跳跃，向观众展现中国人民的热情好客以及对奥林匹克运动的热切期盼。

"很辛苦，但也很值得。"每一个汗流浃背的女生都会这样告诉你。

北京考试报　2008－09－03

菊花不等秋天开　夏日绽放庆奥运

北京奥运盛会之时，原本在秋季开花的菊花将在奥运园区绽放。北京林业大学花卉专家引进的18个盆栽菊花新品种，将为首都北京锦上添花。

　　菊花是中国传统名花和世界著名花卉。在 2005 年奥运用花展览会上，园林学院戴思兰教授没有看到菊花的倩影。菊花是北京市花，北京奥运盛会怎能不见菊花呢？她将课题组引进、培育的菊花新品种送到了此后的一个展览会上。在为期一个月的时间里，棵棵色彩靓丽的菊花经受了高温、高湿和暴雨的考验，未加特殊养护，没有一棵替换，始终花开不败，终于赢得了奥运会指定用花的"入场券"。

　　戴教授告诉记者，经过努力，这 18 个盆栽菊花新品种非常适合北京地区生长，不但花大色艳、花期长，而且抗逆性强、便于栽培管理。奥运期间，将有至少 200 万盆多种花色的菊花美化奥运场馆环境。如此大规模的秋菊夏开，在菊花栽培史上还不多见。

　　戴教授在承担"948"项目中，从集成技术体系入手，对引进的菊花新品种，进行了周年开花技术的研究，调控菊花开花时间的技术日趋成熟，实现了盆栽多头菊花全年均可开花的目标。应用这一技术，可通过调整光照时间和相应的栽培条件来人为地为菊花安排花期。目前可使秋菊在 2 月、5 月、8 月和 10 月绽放笑脸，满足我国多个节日的用花需求。

　　据戴教授介绍，盆栽菊花花朵硕大、着花繁密、色彩鲜艳，在园林景观的布置中可以形成较大的色块，在大规模的花卉布置中能得到广泛应用，是节日花卉装饰的极好材料。

　　戴教授说，在中国历史上，菊花是亲近自然、昭示节令、寓意丰收、健康长寿、喜庆祥和的名花。在奥运盛会上展现北京市花菊花的魅力，有利于促进中国菊花文化的回归。

　　据她透露，课题组正在加紧工作，争取早日将从本土挖掘的、具有自主知识产权的菊花新品种投放市场，并使之走上世界的园艺舞台。

北京晚报　2008－06－20

大学生获奥运花坛设计赛一等奖

在刚刚结束的北京奥运花坛设计大赛中，北京林业大学 3 位大学生精心完成的作品获得了一等奖。在这次由北京市园林学会、市园林绿化局等联合主办的赛事中，该校园林学院一年级研究生苏怡、汪昕梦、张云路，在李雄教授的指导下，以"童心盼奥运"为题设计出的佳作颇受业内青睐。

据介绍，"童心盼奥运"作品融合了奥运、绿色、童趣、雕塑、风车等元素，用中国独特的文化符号反映出了全民参与奥运的精神。设计者大胆地采用了中华民族喜闻乐见的传统年画形式，体现了奥运主题，寓意深刻，引人遐想。这一设计之所以能脱颖而出，在于把奥运与北京当地文化的结合展现得比较自然。

大学生将花坛设计在了北京市井文化的源头什刹海，在某种程度上代表了浓郁的北京本土文化。花卉花坛品种则主要选用了花色多样、花期长、易管理的百日草、四季秋海棠、长春花、彩叶草、马齿苋、三色堇等。

科技日报　2008-03-20

绿色学子见证绿色奥运

"我们要做志愿服务的积极实践者；我们要做绿色奥运的积极

倡导者;我们要做生态文明的积极推动者。"8月19日,北京林业大学党委书记吴斌、副校长姜恩来和20多名奥运志愿者学生代表一起,举行了"绿色学子见证绿色奥运"座谈会。座谈会上,代表们向北林全体志愿者发出了服务奥运、传播绿色奥运理念的行动倡议。

来自奥林匹克公园、奥运场馆等不同服务区、不同职责的志愿者们,在座谈会上讲述了自己的奥运志愿服务体验,分享彼此服务奥运、为绿色奥运付诸行动的点滴故事。故事中有他们在工作中克服困难后的欣慰,有帮助他人赢得赞许后的骄傲,还有外国人竖起大拇指夸奖中国志愿者"verygood!"之后的荣耀。

在听取了志愿者们声情并茂的汇报后,吴斌对志愿者代表鞠躬致意,对3834个北林学生志愿者表示感谢。他说,这是同学们一生可能仅有一次的经历,也是在校内得不到的有价值的人生体验。志愿者们用实际行动体验绿色奥运,传播绿色奥运,也发展了绿色奥运的理念。

中国绿色时报　2008－08－21

志愿服务成"鸟巢一代"重要标志

奥运会期间有赛会志愿者10万人,其中绝大多数是大学生。媒体称他们是"鸟巢一代"。

奥运会给大学生志愿者群体带来什么样的影响?北京林业大学团委、学生会对参与奥运的北京、四川、河南高校及香港、台湾、华人华侨等志愿者,开展了问卷调查。调查中共发放600份问卷,回收率83.27%。

40.49%大学生认为

志愿动力源于爱国热情

调查显示，奥运给志愿者的最大影响是自我思想的升华和完善。大学生们积极加入志愿服务队伍的动机是：体验奥运盛况，锻炼自身各方面能力，志愿服务社会。

在回答"为什么想做志愿者"时，69.5%的大学生选择了是想为奥运服务贡献力量。18.90%的人选择了想体会奥运盛况。作为一项社会实践活动来参与的有10.40%。1.20%的人说是受他人之邀，一起参与活动的。

40.49%学生认为民族精神和爱国热情是他们克服困难、坚持志愿服务的动力；26.64%的人是在自我锻炼的精神支撑下完成任务的；22.49%的人是在团结互助的团队鼓舞下坚持下来的。44.4%的志愿者感到最困难的，是面对观众的抱怨和与媒体的接触。

在回答"志愿服务期间最大的收获是什么"时，28.90%的人回答是与其他志愿者建立了良好的团队关系和深厚友谊。大多数独生子女通过志愿服务，体会到了团队的重要性；25.32%的人说在体验志愿服务的辛苦时，也体验到了充实和快乐。

70.56%的大学生

加深了对志愿服务的理解

奥运志愿服务是一次难得的历练，也使大学生们对志愿服务有了正确的认识。70.56%的大学生通过志愿服务，加深了对志愿工作的理解，而选择不很了解和不了解的加在一起不足7%。

奥运志愿服务在大学生们心里留下了怎样的记忆？三成志愿者认为，最难忘的是观众对志愿者工作的肯定与感激：观众对志愿者的微笑、简单的道谢、与志愿者合影、握手……这些细节至今还记忆犹新；有的志愿者难忘的是志愿者不畏困难、甘于奉献的精神，以及志愿者相互间的团结、理解、鼓励和友谊。

志愿者最需具备的条件是

解决问题的能力、热情服务的态度

通过对公共区志愿者奥运服务前后的跟踪调查发现，奥运志愿服务对大学生们而言是一种自我思想的升华和完善。他们由最初的对奥运的憧憬和参与奥运的热情，逐步转化为务实地为奥运会奉献，把自己的理想化为实际行动，用默默地服务奥运的行动，来实现自己作为一名志愿者的誓言。

大学生们在回答"志愿者最需具备的条件"这个问题时，排在首位的是解决问题的能力以及热情服务的态度，其次是较强的交际能力和好的身体素质。

几个月的服务工作，使志愿者们在思想上发生了变化。他们将奥运志愿精神延续到学校、社区，志愿献血者、志愿当义工、志愿到西部工作……在北京高校，大学生们以当志愿者为荣。他们说，作为"鸟巢一代"，没有志愿服务的经历是一大遗憾！

北京日报　2009 - 03 - 18

北林大志愿者高擎奥运火炬

8月7日下午，奥运圣火传到京郊顺义。第197棒火炬手，是北京林业大学学生苑杰。这个22岁的小伙子能够亲手传递火炬，是因为他率领的绿色社团山诺会做出了引人瞩目的成绩。

出生在塔里木河畔的苑杰，永远不会忘记那肆虐的黑风暴，伸手不见五指的感觉至今令他恐惧。塔里木河中珍贵的狗头鱼濒临灭绝，他从懂事起就不肯吃一口。从小，他就有个理想，长大后一定要为绿色事业贡献一份力量。

高考那年，挚爱绿色的他选择了北林大。踏入校门之后第一件事儿，就是找和绿色有关的社团报名。从山诺会会员做起，一直到成为会长。他想方设法调动志愿者的积极性，组织开展了许多保护生态、爱护自然的活动，特别是在大力推进山诺会最早发起的校园垃圾回收项目中做了很多努力。

最大的困难，不是回收过程中的辛苦，而是不被理解。他不厌其烦地解释着循环利用的目的和意义，感动了越来越多的同学。全校有1/5的宿舍参与其中，还辐射到了首都其他一些高校。

他组织拍过一部DV短片，揭露了一些收塑料、纸张等废品的人员，将废品卖到一些小造纸厂或塑料加工厂的行为。他借此告诉同学们，这些加工厂没有严格的环保举措，再生产时又产生了二次污染，还是把可回收的废品交给山诺会放心。

他和同学们开展的校园垃圾分类回收项目在"2005中国青年丰田汽车环境保护奖"评选中获三等奖。在"2007绿色中国年度人物"评选中，他获得了提名。

他希望人们的环保意识能够逐渐提高，每个人都参与到垃圾分类回收中来。

去年，他到日本五大城市参观了垃圾分类的情况。日本有明确规定，每家每户的垃圾分类多到120种，每个家庭主妇都有一个垃圾分类手册，如果垃圾乱放，是要受到相应处罚的。他说，垃圾回收处理要依靠公众的热情参与，但要有一个健全的法规。只靠道德准则，很难把这件事情做好。

去年，可口可乐公司在北京高校公开招聘大学生奥运火炬手。苑杰报了名，交了简历。丰富的绿色实践，帮助他从数以万计的报名者中脱颖而出，进入 30 强、10 强名单。经过网上投票后，他最终当选为三名大学生火炬手之一。

苑杰说，我代表着林业大学生来跑这一棒。当年，我怀着绿色理想进入绿色学府，又在绿色学府里一步步实现绿色的理想。这得益于北林大绿色文化的熏陶和绿色社团提供的平台，希望能有更多的同学加入绿色事业的行列。

中国绿色时报　2008－08－11

研究生教育规模 30 年扩大百倍

1978 年，北京林业大学录取了恢复研究生招生制度后的首批学生仅有 6 人；30 年后，该校 1 年招生规模就达到了 1073 人，扩大了 100 多倍。改革开放 30 年，该校研究生教育取得了跨越式发展，跻身我国设有研究生院的 56 所高校行列，成为我国林业研究生教育蓬勃发展的一个缩影。

北林大目前已设有 4 个一级学科博士学位授权点、6 个一级学科硕士学位授权点、35 个二级学科博士点、72 个硕士点、3 个硕士专业学位和高校教师硕士授权点、4 个博士后科研流动站。学校全日制研究生已达 3036 人，其中博士研究生约占四分之一。

北林大目前开设研究生课程 275 门，大部分课程编制了多媒体教学课件，教学形式更为生动，教学效率大大提高；出版研究生教学用书 39 部，研究生任课教师将近 200 人。研究生教学锐意改革，积极进取，搭建起"三大"研究生创新教学平台，即创新公共基础教学平台、创新实践教学平台、创新专业理论教学平台。

上世纪 80 年代初期，北林大与中国科学院武汉植物研究所开展了培养硕士研究生的合作；1992 年，与中国林科院就研究生的培养工作的全面合作进行了积极的探索和尝试；1997 年，与内蒙古林学院签订了联合培养在职研究生协议。对外合作与交流得到进一步发展，国际合作网络体系形成。北林大与美国奥本大学等 20 多个国家数十所设有林学、林产、园林学科的著名大学和研究机构建立了校际合作关系，合作内容包括研究生联合培养、留学生互派、博士后交流、科学合作等。

中国绿色时报　2008 - 08 - 12

研究生教学推出新举措

新学期伊始，北京林业大学确定今年为研究生教学质量年，并在进一步提升研究生的教学质量方面，推出了一系列新的措施。

据悉，学校将采取三项措施，进一步加大对研究生教学质量的监管力度。一是建立研究生教育督导队伍，组织专家进行抽查；二是组织研究生对教学进行网上评价，并公布评价结果；三是由研究生院等管理部门组织力量进行上课情况检查。

学校对研究生任课教师再次强调了教学纪律。其中包括，不得任意删减讲授内容和压缩学时；讲授内容要具有前瞻性，随时关注国内外学科发展前沿；不得任意更换任课教师等。

中国绿色时报　2008 - 04 - 15

培养农业推广硕士受到社会欢迎

北京林业大学已经培养出 754 名农业推广硕士，目前在校学习的学生超过 800 人。9 月 6 日，北京林业大校专门召开会议研讨这种新型培养方式。

农业推广硕士旨在培养应用型、复合型、高层次科技推广和管理人才，在教学中，既注重理论上的深化和提高，也注重与生产实际紧密结合。学生的毕业论文均结合自己的工作选题，除了有校内专家学者担任导师外，还在学生所在单位遴选有专业造诣的人员作为第二导师。

目前，北京林业大学的推广硕士专业学位招生领域覆盖草业、林业、农村与区域发展、农业信息化、食品加工与安全。由于采用进校不离岗的学习方式，成为在职人员深造的重要途径。

中国绿色时报　2007－09－13

首届武警森林部队农推硕士班毕业

日前，武警森林部队的 45 名干部获得了北京林业大学硕士学位，成为该部队首届农业推广专业硕士班毕业生。

2005 年武警森林指挥部依托北京林业大学开办了首届农业推

广专业硕士班。学校针对森林部队学员的特点，在教师配备、课程设置、管理保障等方面采取了相应的办法，力求培养内容符合部队防火执勤和灭火作战任务的实际。据了解，从 2004 年开始，北林大作为武警部队后备警官选拔培训基地，已招收林学、森林资源保护与游憩、地理信息系统、心理学、法学、计算机科学与技术和土木工程 7 个专业的本科国防生 300 多名，向部队输送了 40 余名普通本科生、硕士生和博士生。

光明日报　2009 - 07 - 08

新增建筑学博士后流动站

我国林业院校新增建筑学博士后流动站，使博士后人才培养的种类增加到 6 个。

据了解，设在北京林业大学的建筑学博士后流动站，涵盖了建筑历史与理论、建筑设计及理论、城市规划与设计（含风景园林规划与设计）、建筑技术科学等 4 个二级学科。目前北京林业大学、东北林业大学的博士后流动站的数量都达到了 5 个。南京林业大学有 3 个，中南林业科技大学有 2 个。流动站涉及的学科有林学、生物学、林业工程、机械工程、农林经济管理、建筑学等。

博士后制度是高级科研人才培养的一种重要的形式，是指设置特殊职位，挑选已获博士学位的优秀年轻人员进站，在规定的期限内从事具有探索、开拓、创新性质的科研工作。

中国绿色时报　2007 - 10 - 23

注重联合培养博士后

在博士后培养中，北京林业大学注重和企业、地方联合，既为林业科研成果的转化开辟了新的途径，也为博士后人才培养搭建了实践平台。

北林大与天津市企业联合培养博士后，为天津市盐碱地园林绿化科研提供了智力支持；与浙江一家企业达成协议，由其出资 14 万元资助博士后开展保鲜技术研发，取得了显著成果；与福建永安林业集团公司达成了联合培养博士后意向；与国外高校建立了博士后人才交流与合作机制。

北林大自 1995 年设立"林学"博士后流动站以来，已出站博士后 56 人，目前在站博士后 38 人。近年来，北林大博士后针对我国人工林生产力低下等实际问题对现有人工林生产力评价、人工林地衰退原因及解决途径、用材林建设规模和建设方针，以及推动林业高效产业化和可持续发展等众多问题进行了课题探讨并取得显著成效；在生态环境建设领域，开展了针对泥石流预测、水源保护林建设等相关课题研究，获得了阶段性进展；在梅花品种国际登录方面开展科研攻关，为我国梅走向世界和花卉产业化作出了努力。

北林大博士后流动站从 2001 年开始举办"博士后论坛"。论题涉及的内容包括，基因工程提高植物抗盐性、基因克隆及植物体细胞胚胎发生机理、天然药物的研发、园艺栽培品种国际登录、花卉生物学、中·韩末代皇家园林景观比较等在内，不但吸引了众多博士后参加，还促进了校内、校际间的交流。在中国博士后学术大会农林分会上，北林大提交的 10 篇学术论文全部被大会录用，并有两篇获奖。

北林大还接纳了外国博士后来校研究。韩国尚志岭西大学李昶焕教授完成了"中韩皇家园林景观研究—中国圆明园与韩国昌德宫比较"的课题，取得了突出成绩，促进了两国关于造园理论的创新与发展。

中国绿色时报　2007－10－26

博士后人才培养显成效

我国林业院校中刚刚新增了建筑学博士后流动站，从而使博士后人才培养的种类增加到 6 个，涉及的学科有林学、生物学、林业工程、机械工程、农林经济管理、建筑学等。

据悉，设在北京林业大学的建筑学博士后流动站，涵盖了建筑历史与理论、建筑设计及理论、城市规划与设计（含风景园林规划与设计）、建筑技术科学等 4 个二级学科。

博士后制度是高级科研人才培养的一种重要的形式，是指设置特殊职位，挑选已获博士学位的优秀年轻人员进站，在规定的期限内从事具有探索、开拓、创新性质的科研工作。

在博士后培养中，北林大注重和企业、地方联合，既为林业科研成果的转化开辟了新的途径，也为博士后人才培养搭建了实践平台。北林大与天津市开发区企业联合培养博士后，为解决天津市盐碱地园林绿化科研难提供了智力支持；与浙江的一家企业达成协议，由其出资 14 万元资助博士后开展保鲜技术研发，取得了显著成果；与福建永安林业集团公司达成了联合培养博士后意向；与国外高校建立了博士后人才交流与合作机制。

近年来，北林大博士后针对我国人工林生产力低下等实际问题对现有人工林生产力评价、人工林地衰退原因及解决途径、用材林建设规模和建设方针，以及推动林业高效产业化和可持续发展等众多问题进行了课题探讨并取得显著成效；在生态环境建设领域，开展了针对泥石流预测、水源保护林建设等相关课题研究，获得了阶段性进展；在梅花品种国际登录方面开展科研攻关，为我国梅花走向世界和花卉产业化做出了努力。据悉，北林大博士后流动站从2001 年开始举办"博士后论坛"，不但吸引了众多博士后参加，还促进了校内、校际间的交流。在中国博士后学术大会农林分会上，北林大提交的 10 篇学术论文全部被大会录用，并有 2 篇获奖。

科技日报　2007 - 10 - 25

林学首次进入我国一级国家重点学科行列

在教育部刚刚公布的国家重点学科名单中，北京林业大学的林学学科成为一级国家重点学科。这是林学学科首次跻身我国一级国家重点学科行列，翻开了我国林业高等教育史上新的一页。

此前，该校的林学一级学科在 2003 年、2006 年的整体水平评估中，连续两次获全国第一。原有的森林培育、林木遗传育种、水土保持与荒漠化防治、园林植物与观赏园艺等 4 个重点学科近年来又有进一步增强，森林经理学、森林保护学、野生动植物保护与利用等 3 个部级学科的实力显著提升,从而使得林学一级学科整体水平达到了新的高度,被教育部认定为一级国家重点学科。

科学时报 2007 - 09 - 11

探索教育规律获丰硕成果

在刚刚揭晓的 2008 年北京市教育教学成果奖评审工作中,北京林业大学有八项成果获奖。其中两项获一等奖,三项被推荐参加全国二等奖评审。

据了解,北林大以全面提高人才培养质量为核心,积极探索新形势下的教育教学规律和有效方法,紧密结合教育教学实际开展研究,使高层次人才培养更具针对性、适应性、前瞻性,不但取得了一大批教育教学成果,还直接促进了教育教学的推进。

"林业拔尖创新型人才培养模式的研究与实践"由校长尹伟伦院士等牵头,全面总结了学校创办国家生物学理科基地、培养高端人才的经验,对林业专门人才的培养具有指导意义,获得了北京市级成果一等奖;在副校长宋维明教授的带领下,学校教务处不断探索研究型大学目标定位下的本科教学管理,实现了"分类管理",此次也摘得了一等奖。

科技日报 2009 - 07 - 14

本科专业从 7 个到 51 个的跨越

　　30 年前全国恢复统一高考，那时，北京林业大学招收本科新生 328 名，专业仅有 7 个。30 年后，该校本科生招生规模已达 3200 多人，在校本科生达 13000 多人，学校设有 51 个本科专业和专业方向，覆盖了教育部颁布的普通高等学校本科专业目录中 11 个学科门类中的 7 个。一个农、工、理、管、经、文、法等协调发展的多科专业群已经形成。这仅仅是该校 30 年本科生教育取得长足发展的一个侧面。

　　1979 年，北京林业大学遭受重创返京复校，面临多重困难，在百废待兴中艰难起步。30 年来，学校坚持以专业建设为龙头，推动学校各项工作，不断提升学校的层次和内涵。学校依托国家级、省部级重点学科，建设了一批有特色专业和优势专业，同时，主动适应国家和行业建设以及人才市场需求，积极寻找新的专业增长点，创办新专业。教务部门积极开展专业评估，确保新专业的教学条件和教学质量。2007 年，在教育部组织的特色专业评审中，林学、园林、农林经济管理、水土保持与荒漠化防治等 9 个专业被评为国家级特色专业。

　　学校返京复校初，教学设备几乎损失殆尽，骨干教师大量流失，教学和科研条件极差。经过 30 年的努力和拼搏，各项办学条件不断得到改善。目前，该校已建有 12 个实验教学中心，其中有 4 个实验中心获得北京市实验教学示范中心称号；稳定的校内外实习基地达 100 多个。不断完善的教学条件，有力地保证了人才培养的需求，为学生参加科研和创新活动、实验室的开放创造了良好条件。学校投入经费近 1000 万元，建成了"千兆骨干、百兆桌面"的校园网。

30 年来，学校坚持教学改革不断线，以改革促建设，努力提高人才培养质量，取得了一大批优秀教学成果。1989 年，学校连续获得 4 项国家级教学成果一等奖、2 项国家级教学成果二等奖和 20 余项省部级教学成果奖。学校有国家级精品课程 6 门、北京市精品课程 13 门，北京市教学名师 4 名，国家级特色专业 9 个，国家级教学团队 1 个，北京市优秀教学团队 2 个，国家级优秀教材一等奖 2 项，省部级教材奖 20 余项，主编国家级规划教材近 70 部。

30 年来，学校的教学质量不断提高，人才培养成绩显著，在国际大学生风景园林设计大赛和国际建筑师及大学生建筑设计大赛中，有 12 人次获得金奖。学生在北美地区大学生数学建模竞赛、国际大学生编程大赛亚洲预选赛中获奖。学生们获得的奖项还有，全国首届 3D 数字游戏制作大赛中获游戏开发组佳作奖，首届中国大学生商务谈判模拟大赛北京地区总冠军。在全国大学生数学建模大赛、英语竞赛、物理竞赛等影响力较大的各类学科竞赛中，共获全国特等奖 6 项，一等奖 35 项，二等奖 52 项。

中国绿色时报　2008 - 08 - 26

本科教育取得新成果

北京林业大学在向研究型大学迈进的过程中，以质量工程为依托，注意狠抓本科教育教学，取得了一批新的成果。

在刚刚过去的 2008 年中，该校生物科学专业被列入国家级第三批特色专业。林学等 7 个专业被确立为北京市特色专业；"森林资源经营管理"课被评为国家级精品课程，"园林树木学"和"测量学"被评为北京市级精品课程；园林、水土保持与荒漠化防治两个专业的教学团队被评为国家级优秀教学团队。农林经济管理专业的教学团队成为北京市优秀教学团队；又有两名教授被评为北京市教学名师；3 个教改项目获得北京市教委资助；2 种教材被新评为国家级精品教材，另有 2 种教材成为北京市精品教材；40 个项目获批国家大学生创新性试验计划，25 个项目获批北京市大学生科学研究与创业行动计划项目。

该校的大学英语四级一次性通过率达到 87.64%；488 名学生被推荐免试攻读 09 级硕士研究生，其中近半数被校外的科研院所、大学接收，11 人被直接推荐攻读博士研究生；在大学生数学建模与计算机应用竞赛、全国大学生英语竞赛中，获全国特等奖 2 项，全国一等奖 8 项，全国二等奖 23 项，全国三等奖 1 项，北京市一、二、三等奖各 2 项。

中国绿色时报　2009 - 02 - 06

园林教育 30 年大发展

2008 年 11 月上旬，北京林业大学建设的国家花卉工程技术研究中心接受了有关专家组的评估。这个国家级的工程技术平台建设 3 年来，已成为该校花卉科研开发的新平台。

据悉，中心培育了系列花卉新品种，在国内不同区域设立了技术研发和推广中心，承接了国家、部委及合作单位花卉工程技术研发项目近百项，通过建设优良花卉种质资源圃、培育花卉新品种、建立技术研发与推广中心等，促进了我国花卉行业的可持续发展。

作为我国园林教育的发源地，北林大的园林、花卉教育、科研事业改革开放 30 年来取得了长足进步，不仅培养了大批行业适用人才和高级研究人才，还奉献了大批科研成果，带动了我国园林教育事业的发展。

该校的园林植物与观赏园艺学科首批成为国内同类学科中唯一的国家级重点学科。"十一五"期间，相关专家主持的国家重大科研项目经费总数超过 5000 万元。"十五"期间，承担国家级、省部级及教学科研课题 73 项，获包括国家科技进步二等奖、北京市科技进步二、三等奖和"梁希"科学技术一等奖在内的 24 项科研成果，直接经济效益近 3 亿多元。

在园林教育中，依据创新人才培养模式，开展了课程改革、课程建设、教材建设，提倡思维和能力培养为主导的教学理念。高年级学生积极参加教师的科研和设计项目，推行产、学、研相结合的教学模式，充分发挥教师主导、学生主体作用，培养学生实际工作能力和创新能力。不断完善实践教学体系，重点强化实习实验和设计实践基地建设。获得国家级教学成果奖 1 项，省部级教学成果奖 3 项，有 3 门国家级和北京市的精品课程，有 6 门课程进入学校精品课程网站，具有全套教学课件，实现了资源共享。

过去，园林专业每年仅招生一两个班、几十名学生。近 5 年，共招收本科生、硕士生、博士生、博士后等 2000 多人，还培养了研究生课程进修班学员 400 余名，为国家培养了大批的园林相关专业人才。学生在国内外的设计大赛中，获得了多项奖励。

学校举办了全国和国际观赏植物学术会议、风景园林教育大会等 30 余次，出版了 40 多本学术论文集、教材和教学参考书，发表学术论文 351 篇，其中部分被 SCI、EI、ISTP 收录。

中国绿色时报　2008 - 12 - 16

自然保护区学院 5 年迈大步

我国唯一的培养自然保护区建设与管理专门人才的学院——北京林业大学自然保护区学院走过了 5 年发展历程。5 年来，这所学院以本科生导师制为育人特色，着力培养实践型、创新型、国际化人才，为我国野生动物与自然保护区管理事业培养了大批实用人才。

根据我国自然保护事业发展的需要，学院在广泛征求自然保护区以及各级自然保护政府机构、国际组织、研究机构意见的基础上，制定了富有中国特色的本科培养方案，并在实践中不断完善。去年，刚刚 5 岁的"野生动物与自然保护区管理"本科专业被教育部列入高校特色专业建设点。学院初步建立了教学质量管理框架，完成了本科教学课程管理办法，明确课程教学大纲、教材、试讲、听课与评课、课程建设以及实习基地建设方面的要求，切实提高了学院的本科教学质量。学院还启动了教学基地建设，与河北滦河上游国家级自然保护区、湖南东洞庭湖国家级自然保护区等建立了合作关系。

学院紧扣国家生态保护的宏观战略，面向"全国野生动植物保护及自然保护区建设工程"与"全国湿地保护工程"主战场，在自然保护区建设与管理、野生动植物保护和湿地保护等方面积极开展研究工作，踏上了向"研究型"发展的征程。教师们承担了包括国家林业局林业公益行业专项项目、"十一五"科技支撑项目专题、973项目课题、国家自然科学基金项目、国家林业局重点研究项目、世界自然基金会等国际项目近100项，科研经费达3000万元以上。5年来，在国内外刊物共发表论文100余篇，编写专著8部，申请专利5项。

学院注重与国外知名大学、研究机构的合作，加速了国际化发展进程。先后与英国牛津大学、日本东京农工大学、美国伊利诺伊大学等建立了良好的合作关系。学院参与"中美能源环境十年合作框架协议"的谈判，还当选为中、韩、日、澳等国黄海合作伙伴委员会成员。学院与WWF、IUCN、国际白鹤救助基金会、新一代研究院等国际环保组织，以及GTZ等双边政府援助机构、世界雉类协会等国际专业协会开展了大量的合作项目。2009年，北京林业大学成为国际水足迹网络合作伙伴。学院还定期邀请来自英国、美国、日本、新加坡等国内外知名学者和专家来院讲学，学院教师也积极参加国际学术交流，不断扩大学院影响。

中国绿色时报　2010－01－12

三专业跻身北京市优秀教学团队

刚刚公布的2008年北京市优秀教学团队名单中，北京林业大学3支团队榜上有名。它们是园林专业、水土保持与荒漠化防治专业和农林经济管理专业。

园林专业是该校最具传统的精品专业之一，也是教育部第一批特色专业建设点。该团队师资力量雄厚，梯队结构合理，发展目标明确，承担了大量本科生和研究生的教学任务，学生、督导评价高，形成了鲜明特色。团队获得国家级教学成果奖 1 项，省部级教学成果奖 3 项，国家级精品课程 1 门，北京市精品课程 2 门。

水土保持与荒漠化防治专业教学团队具有优良的办学传统，在我国水土保持教育领域有很大影响。该团队注重教学效果和教学实践环节，倡导把论文写在大地上，并及时将科研成果应用于本科教学之中。该团队获得国家级教学成果奖 1 项，省部级教学成果奖 2 项，国家级精品课程 1 门，北京市精品课程 2 门。

农林经济管理专业教学团队办学经验丰富，注重紧密结合林业经济建设实际开展教学，团队整体素质高，教学、科研成果丰硕，在师资队伍建设方面具有示范作用。团队获得国家级教学成果奖 1 项，北京市教学成果奖 3 项，北京市精品课程 3 门。

据悉，北林大近日还遴选出了 8 个校级优秀教学团队重点建设。它们是森林资源保护、植物生物学、园林设计、国际经济与贸易、自动化专业、英语语言文学、信息管理与信息系统、物理。学校拨付每个团队 5 万元建设经费。

中国绿色时报　2008 - 07 - 29

新增教育部高校特色专业

教育部、财政部新近公布的第三批高校特色专业建设点名单中，北京林业大学的生物科学专业榜上有名。至此，该校已有林学、园林、农林经济管理、水土保持与荒漠化防治、木材科学与加工和生物科学等 6 个部级特色专业。

生物科学专业是该校在传统优势专业基础上形成的新专业，是我国林业高校中首个"国家理科基础科学研究和教学人才培养基地"专业点。在短短的 10 余年间，专业得到了迅速发展，在人才培养方案制定和教学计划实施上取得可喜成果，建设形成了富有特色的课程教学体系。

该专业将理科基础扎实、知识面宽、能力强、综合素质高、富有创新精神作为培养目标。近年来，这个专业学生的一次就业率达100％，学生被推荐免试或考研比例达 75％以上。一批学生在国家、省市级教学竞赛中获得奖励。

中国绿色时报　2008－12－04

又增两门国家级精品课

在教育部刚刚公布的新一批国家级精品课程名单中，有北京林业大学两门课程。至此，该校已经有 6 门国家级精品课程。新增的这两门精品课是张洪江教授负责的"土壤侵蚀原理"和马履一教授负责的"森林培育学"。

"土壤侵蚀原理"课程是水土保持与荒漠化防治专业的核心专业基础课程，也是森林资源管理类和环境生态类有关专业本科生的必修或选修课程。该课程由中国工程院资深院士关君蔚先生创立，2003 年被评为校级和北京市精品课程。该课程从认知土壤侵蚀类型与形式入手，使学生具备土壤侵蚀的基本知识；通过探讨土壤侵蚀发展规律，使学生建立土壤侵蚀的基本理论，通过土壤侵蚀调查与水土资源监测等过程，使学生掌握土壤侵蚀防治的基本技能，为学生进行独立的土壤侵蚀科学研究和生产实践管理等工作奠定基础。

《森林培育学》课程是该校开设最早的课程之一，是林学专业的专业主干课程，由种苗、造林及营林技术等课程整合而成，经过不断发展与完善，形成了理论与实践紧密结合、教学与科研紧密结合的特色。该课程的目标是通过学习，使学生掌握林木种子生产、苗木培育、森林营造、森林抚育和主伐更新等方面的基本理论和技术，为解决森林培育生产问题和从事有关森林培育方面的工作奠定基础。教师重视基本理论的建立和基本技能的训练，强调课程的基础性和系统性；及时将学科前沿和典型案例反映在教学中；采用先进的教学方法和手段；重视实践教学，利用课程实验、外业实习、课程设计等环节，提高学生动手能力。

中国绿色时报　2008 - 02 - 26

科技日报　2008 - 01 - 25

园林花卉学成为双料国家级精品

在教育部公布的 2009 年度国家级精品课程、精品教材名单中，北京林业大学的园林花卉学课程、教材均名列其中，成为双料的国家级精品。

园林花卉学是园林专业、观赏园艺专业和风景园林专业的主干课程之一，也是培养专业合格人才的核心课程。作为我国园林教育的重要基地，北林大特别注重这门课程的建设。

这门课程以园林花卉（草本花卉和室内绿化装饰用木本花卉）为对象，以观赏栽培相关的技术理论知识为基础，以服务于实际应用为目的，培养学生以科学和艺术相结合的思维方式来学习园林花卉。

这门课程由刘燕教授等主讲。在教学过程中，他们特别注重理论联系实际，在掌握基础知识的基础上，采用课堂讲授、课堂讨论、课堂提问、现场教学以及传统板书和多媒体教学相结合的方法，培养学生独立思考能力、观察力、审美能力、创新能力和解决实际问题的能力。

同时，刘燕主编的该课程教材也跻身国家级精品行列。教材重点突出，形式新颖，图文并茂，实用性强，为学生植物应用设计储备知识，在培养学生独立思考和实际动手操作能力方面发挥了重要作用。这本教材经不断修改完善，不但在北林大的教学中广泛应用，还成为不少院校必备的教科书。

该教材涵盖了园林花卉的基本知识、一般繁殖栽培技术、栽培保护地设施、花期调控等内容；重点介绍了园林花卉一般生长发育过程和主要生态因子对园林花卉生长发育的影响；对园林中常用花卉的生物学特性、观赏特点、生态习性以及如何在园林中正确使用和栽培展开详细描述，有利于学生利用有限的时间掌握园林花卉领域的相关知识。

中国绿色时报　2009－12－09

新办梁希实验班首次招生

今年是北京林业大学创办的梁希实验班首次招生，拉开了精英教育的序幕，着力培养基础好、能力强、素质高、具有国际竞争力的拔尖人才。

梁希是新中国第一任林垦部部长、林学家和林业教育家。该校负责人说，新设的实验班以这位林学前辈的名字命名，既是对一代宗师的纪念，更是对新一代大学生的激励和鼓舞。

开林业院校精英教育先河

梁希实验班分文理两个班各 30 人。文科班从经济管理学院新生中遴选，专业为农林经济管理、会计学、统计学。理科班从林学院、水保学院、自然保护区学院新生中产生，专业为：林学、森林资源保护与游憩、水土保持与荒漠化防治、野生动物与自然保护区管理。除了参考新生高考成绩外，还参考新生入学后相关考试的成绩，以及他们的写作能力、计算机应用水平。学校还特别规定，对于个别特长突出的学生，有些条件则可适当放宽。

学校从自愿报名的学生中初选了 120 人，经过面试后最终有60 人成为首届实验班学生。

为保证学生培养质量，按照规定，实验班在一学年内实行末位淘汰制。除此之外，一学期内累计旷课超过 12 学时，有课程不及格，以及英语没有达到规定标准等，违反国家法律或校纪校规且受到处分的学生，也将被分流出试验班。

量身定做的培养方案

试验班实施本科阶段低年级通识和基础教育、高年级宽口径专业教育相结合的培养模式，突出基础、能力、素质三要素的全面发展。

试验班的教学计划侧重加强学生自学能力的培养和引导。鼓励学生自主学习，允许学生在导师批准的情况下通过自学和考试获得学分。

实验班实施完全学分制和更为灵活的弹性学制，学制为 3 至 6 年；实验班的教学第一学年不分专业，先进行通识课程和基础课程的前期培养。学生逐渐了解各专业及学科情况后，在第四学期末，根据自己的兴趣、特长选择确定专业。

实验班的主要课程均单独组织上课。学校选派优秀教师承担实验班教学，鼓励他们在教学方法、教学手段、考核形式等方面进行大力改革，努力提高教学质量。

实验班还实行导师制。低年级导师主要侧重选课、选专业类群、学习内容及方法、思想品德等方面的指导，高年级按照学生兴趣和研究方向有针对性地配备导师，指导学生科研能力的训练，实行个性化培养。

科学时报　2007－09－18

"梁希实验班" 创新人才选拔模式

刚刚开始的这个新学期，北京林业大学以林学前辈梁希之名创办的梁希实验班首次招生，拉开了该校培养基础好、能力强、素质高、具有国际竞争力的拔尖人才的序幕。

精挑细选。梁希实验班分文理两个班，每班各 30 人。文科班从经济管理学院新生中遴选，专业为农林经济管理、会计学、统计学。理科班从林学院、水保学院、自然保护区学院新生中产生，专业为林学、森林资源保护与游憩、水土保持与荒漠化防治、野生动物与自然保护区管理。

学校从自愿报名的学生中初选了 120 人，经过面试后最终有 60 人成为首届实验班学生。在这些新生的选拔中，学校除了参考学生高考成绩外，还参考了学生入学后相关考试的成绩及写作能力、计算机应用水平等。

末位淘汰。进了梁希实验班不会一劳永逸。为保证实验班学生培养质量，该校对实验班实行淘汰分流的制度，这会给每个学生带来很大的学习动力。

按照规定，实验班在第一学年内实行末位淘汰制。此外，学生一学期内累计旷课超过 12 学时，有不及格课程及英语没有达到规定标准，违反国家法律或校纪校规且受到处分等，都将成为被分流的理由。

量身培养。实验班实行加强基础、淡化专业、因材施教、分流培养，本科阶段低年级进行通识和基础教育，高年级进行宽口径专业教育。

实验班实施完全学分制和更为灵活的弹性学制，第一学年不分专业进行通识课程和基础课程的前期培养，在了解各专业及学科情况后，学生在第四学期末根据自己的兴趣、特长确定专业。

"校园特区"。实验班实行导师制。低年级导师主要侧重选课、选专业类群、学习内容及方法、思想品德等方面的指导，高年级按照学生兴趣和研究方向指导学生科研能力的训练。

根据规定，学校设立专款保障实验班教学，实验班学生在奖学金评定、图书借阅、资料查阅等方面享有优惠。

中国教育报　2007 - 09 - 19

中美高校联手培养草坪管理人才

新学期开始后，北京林业大学 12 名草坪管理专业学生启程赴美，在大洋彼岸完成有关的培训和专业实习。他们是该校首批赴国外实习的学生。

据悉，他们在密西根州立大学学习为期两周后，还要到美国各地的高尔夫球场、运动场及草坪公司进行专业实习。2008 年初返校后，他们将完成最后一学期的学习和毕业设计任务。成绩合格者将获北林大和美国密西根州立大学两校颁发的双学士学位。这批赴美的学生已在北林大完成了用英文授课的大学专业课程学习。密西根州立大学先后派 7 名教师来校讲授了草坪管理学概论、草坪机械、高尔夫草坪灌溉等 13 门专业课程。

据了解，北林大与美国密西根州立大学联手培养草坪管理本科人才项目 2004 年开始招生。该项目教学计划是由中美两校共同制定的，相互承认学分。学生学习时间一般为 5 年，基础课教学任务由北林大教师完成，用 1 年时间进行英语强化训练。

科技日报　2007 - 10 - 23

中美联合培养出首届草坪专业毕业生

6 月 14 日，24 位中国学生在北京林业大学参加了美国密西根州立大学的学位授予仪式。他们是中美5所高校培养出的首批草坪专业毕业生，获得了中美两国的大学毕业证书和理学学士学位证书。这标志着中美联手培养草坪专业人才取得了初步成果。

据悉，中美草坪专业五校联合办学项目始于2003年。北林大、四川农大、东北农大、苏州农技学院等与美国密西根州立大学携手，共同培养草坪高级人才。

进入这个项目的学生学习5年。前两年在中方大学进行基础学习，第三年强化英语训练，后两年学习密西根州立大学认可的专业课程并完成实习。

据悉，这个专业培养目标是高尔夫球场、运动场等部门草坪生产与贸易、教学与科研、草坪建植与管理等工作的高级科技人才。美国密西根州立大学拥有世界一流的草坪管理专业与先进的教学设备。北林大草业科学学科是博士点学科。草坪管理中美合作办学项目利用两校的特长，为我国培养优秀的草坪管理专业人才，为中国学生提供获得美国密西根州立大学草坪管理专业本科学士学位的机会。

北京晚报 2008-06-15

努力培养少数民族人才

北京林业大学首届内地西藏班的学生已毕业，日前离京回到西藏服务家乡建设。

该校招办负责人介绍，学校重点招收边远农村、高寒地区、山区、牧区的少数民族考生。几年来，有155名少数民族预科考生来校学习。学校为这些少数民族学生提供了丰富的专业选择机会，其中包括园林、园艺等众多热门专业以及林学、水土保持与荒漠化防治、资源环境与城乡规划管理、森林资源保护与游憩、木材科学与工程等多个专业。目前已经招收西藏、新疆民族生源 50 多人。

据悉，该校的少数民族学生招生类型还包括举办少数民族预科班、内地西藏班、新疆高中班等，目前在读生达到 200 余人。

北京考试报　2007 - 11 - 01

特殊培养方式吸引考生

北京林业大学今年共招收本科生 3300 人，覆盖 31 个省、市、自治区。招生专业达 50 多个，涵盖理学、工学、管理学、经济学、法学、文学、农学七大科类。既有园林、风景园林等学科实力强、在行业中享有盛誉的特色专业，又有林业、水土保持等办学历史长、优势明显的传统专业，还有大批社会需求旺盛的新型专业。该校招生的类型趋于多样化，包括普通本科、外语类、艺术类、艺术特长生、高水平运动员、自主选拔录取、保送生、民族预科生、国防生等。

该校实行二次专业选择制度，允许专业排名前三分之一的学生申请重新选择专业；高考分数高出本省、市重点线 100 分的考生，第一志愿考入后，即可在全校重新选专业。该校实行优秀学生推荐免试研究生制度，每年推荐免试研究生人数占本科应届毕业生总数的 13％左右，理科基地班的学生推荐免试研究生比例达 50％左右。

今年该校新增加车辆工程和动画两个专业：车辆工程专业培养从事与车辆工程有关的设计、制造、实验、运用、研究与汽车营销，以及现代汽车企业设计及管理方面的工程技术人才及管理人才；动画专业培养能利用计算机媒体设计工具进行动画创作的既懂电脑动画创作技术，又懂动画角色设计和创作的复合型人才。学生能应用动画制作工具从事三维景观动画、网络新媒体动画、游戏动画、数字特效制作等方面的工作。

该校生物理科基地班采取特殊的培养方式，按生物科学类招生，第一学年后择优组成"基地班"，全程实行滚动分流管理；"梁希实验班"分文、理两个班，每班 30 人，从林学、水土保持、自然保护区、经管等学院新生中遴选。该校实行本科阶段低年级通识和基础教育、高年级宽口径专业教育相结合的培养模式，突出基础、能力、素质三要素全面发展。试验班实行 3 至 6 年弹性学制和导师制，采用专门的人才培养方案和研究型教学模式。

草坪管理专业实行中美合作培养模式，也是该校的亮点之一。该校与美国密西根州立大学合作培养，学习时间为 5 年，学生在美国或澳大利亚、新西兰等地进行专业实习，可同时获密西根州立大学的管理学学士学位和北林大农学学士学位。

中国教育报　2008 - 04 - 30

用新举措新魅力吸引考生

从北京林业大学招生办获悉，该校今年共招生本科生 3300 人，覆盖 31 个省（市、自治区）。招生专业 50 多个，涵盖理学、工学、管理学、经济学、法学、文学、农学七大科类，既有园林、风景园林等学科实力强、在行业中享有盛誉的特色专业，又有林业、水土保持等办学历史长、优势明显的传统专业，还有大批社会需求旺盛的新型专业。

该校招生的类型趋于全面化，包括普通本科、外语类、艺术类、艺术特长生、高水平运动员、自主选拔录取、保送生、民族预科生、国防生等。

二次选择专业

该校积极采取措施，拓宽考生的选择空间。读完大一后，该校允许专业排名前三分之一的学生申请重新选择专业；高考分数高出本省、市重点线百分的考生，第一志愿考入后，即可在全校重新选专业。

该校还实行优秀学生推荐免试研究生制度，每年推荐免试研究生人数占本科应届毕业生总数的13％左右。理科基地班的学生推荐免试研究生比例达50％左右。

两新专业招生

今年该校新增了车辆工程和动画两个专业。车辆工程专业培养从事与车辆工程有关的设计、制造、实验、运用、研究与汽车营销，以及现代汽车企业设计及管理方面的工程技术人才及管理人才。动画专业培养能利用计算机新媒体设计工具进行动画创作的既懂电脑动画创作技术，又懂动画角色设计和创作的艺术设计复合型人才。

新的培养方式

该校生物理科基地班按生物科学类招生，第一学年后择优组成"基地班"，全程实行滚动分流管理；"梁希实验班"分文理两个班，每班 30 人，从林学、水保、自然保护区、经管等学院新生中遴选，实行本科阶段低年级通识和基础教育、高年级宽口径专业教育相结合的培养模式，突出基础、能力、素质三要素的全面发展。试验班实行三至六年弹性学制和导师制，采用专门的人才培养方案和研究型教学模式。

草坪管理专业的中美合作培养模式，也是该校的亮点之一。该校与美国密西根州立大学合作培养，学制 5 年，学生在美国或澳大利亚、新西兰等地进行专业实习。学生可同时获密西根州立大学的管理学学士学位和北林大农学学士学位。

提供全方位服务

该校正在举办"招生咨询月"活动。还将开展"校园体验"活动，请考生和家长在志愿者的引导下参观校园，了解学生的学习环境、体验丰富多彩的校园生活。学校设专人负责接听电话咨询，向社会公布了各学院的咨询电话，以及奖、助、贷学金，学生住宿、生活服务等情况咨询电话，还开通了网上在线咨询和网上免费索取招生简章等。

中国绿色时报　2008－04－21

2008 年在京招生 370 人

北京林业大学刚刚公布的招生计划说，今年在京招收 370 人，超过了总计划的十分之一还多。今年增设的两个新专业均在京招生，其中车辆工程专业招生 10 人，动画专业招生 5 人。

据了解，该校今年在京招生专业达 51 个，涵盖理、工、管、经、法、文、农 7 大科类。

对于那些担心志愿没有报好的考生来说，该校实行的二次专业选择制度是一个好消息。读完大一后，允许专业排名前三分之一的学生申请重新选择专业；高考分数高出本省、市重点线百分的考生，第一志愿考入后，即可在全校重新选专业。

该校的生物理科基地班按生物科学类招生，采取特殊培养。第一学年后择优组成"基地班"即生物科学专业，其余学生就读生物技术专业。"基地班"学生全程实行滚动分流管理。

为了培养拔尖人才，该校设立"梁希试验班"，分文理两个班，每班 30 人，从林学、水保、自然保护区、经管等学院新生中遴选。实行本科阶段低年级通识和基础教育、高年级宽口径专业教育相结合的培养模式，实行三至六年弹性学制和导师制，采用专门的人才培养方案和研究型教学模式。

据悉，该校每年推荐免试研究生人数占毕业生总数的 13％左右。理科基地班则高达 50％左右。

北京晚报　2008 - 04 - 21

新增车辆工程和动画两个专业

北京林业大学今年共招本科生 3300 人，覆盖 31 个省市自治区。招生专业达 50 多个，涵盖理学、工学、管理学、经济学、法学、文学、农学 7 大科类。既有园林、风景园林等特色专业，又有林业、水土保持等传统专业，还有社会需求旺盛的新型专业。

今年该校新增车辆工程和动画两个专业。车辆工程专业培养与车辆工程有关的设计、制造、实验、运用等工程技术人才和汽车营销、现代汽车企业设计与管理等方面管理人才。动画专业培养能利用计算机设计工具进行动画创作、动画角色设计的艺术设计复合型人才。学生能应用动画制作工具从事三维景观动画、网络新媒体动画、游戏动画、数字特效制作等方面工作的专业技术人才。

该校实行二次专业选择制度。学生读完大一后，专业排名前三分之一的学生可申请重新选择专业；高考分数高出本省、市重点线百分的考生，第一志愿考入后，即可在全校重新选专业。

该校还实行优秀学生推荐免试研究生制度，每年推荐免试研究生人数占本科应届毕业生总数的13%左右。理科基地班学生推荐免试研究生比例达50%左右。

科技日报　2008－04－24

在京预留二志愿计划招高分考生

北京林业大学今年计划在京招收本科生350人，其中文科52人，理科298人，涉及43个专业。此外，预留二志愿计划在京招收高分生。

据介绍，该校为第一批次录取院校，且优先录取第一志愿考生。在第一志愿生源不足的情况下，接受服从专业调剂的非第一志愿考生。

在第一志愿完成招生计划的情况下，接受北京生源第二志愿高分考生，招生数量控制在北京招生计划的 5％ 以内，分数级差为 50 分以上，考生服从专业调剂。

据该校招办介绍，近几年北林大录取有两个特点：一是考生人数相对平稳，录取分数波动不大。对考生来说，学校前几年的录取分参考价值较大；二是招生专业多，不同专业间录取分数有一定梯度，有利于考生填报专业志愿。

招办负责人建议，考生填报志愿时注意两点。首先，把专业分成应用型和基础型两类，然后再看自己偏向于哪一领域。如想搞理论研究，可选择生物科学、环境科学、林学等基础学科，不但可以继续攻读该学科的硕士和博士研究生，且有较多出国深造的机会；如为就业着想，则可选择应用型专业，如会计学、机械设计、计算机等；如果目前还未有明确的方向，则可选择两者兼而有之的专业，如园林、城市规划、金融学、心理学等，以后既可以进一步深造，也可以顺利就业。其次，要充分认识到自身的竞争力。录取中，高考成绩起着决定性作用，因此考生选择专业时，要重点考虑自身竞争力，自己的分数能否达到目标学校的录取标准。

科技日报　2009－04－21

2009 年增招百名专业硕士

日前，记者从北京林业大学获悉，该校今年将增招 100 名全日制专业学位硕士研究生。

据悉，该校招生的专业学位硕士为风景园林硕士和农业推广硕士中的林业、农村与区域发展两个研究领域。

据该校有关负责人介绍，此举是为更好地适应国家林业和生态环境建设对高层次应用型人才的需要，有利于调整优化研究生教育结构，同时为应届生深造提供更多机会。

今年扩招的三个专业方向都是我国林业和生态环境建设急需的。其中林业领域、农村与区域发展领域全日制专业学位，主要为林业推广一线培养应用型、复合型高层次林业及农村与区域发展技术及管理人才；风景园林硕士专业学位主要为风景园林事业培养应用性、复合型、高层次专门人才。

北京考试报　2009-04-07

一志愿录取率创历史新高

今年北京林业大学本科第一志愿录取率创历史新高，达98.97%，其中，京、津、辽、冀、鲁、浙等26个省（区、市）的第一志愿录取率达100%，生源质量进一步提高。

北林大今年招收3305名本科生，涉及52个专业和专业方向。理科录取平均分高出重点线分差的平均值为36.45分，文科为29.65分，其中高出重点线60分以上考生407人，高出80分以上的考生115人，高出重点线100分以上的考生35人，增幅明显。

有关负责人分析说，生源质量趋好的原因主要有三个：一是国家重视生态环境建设政策的导向；二是办学声誉影响日益扩大，尤其是学校在国家重大战略决策中发挥重要作用，专家学者积极参与南方雪灾、汶川大地震的灾害评估、生态恢复等，为生态环境建设等工作提供理论和技术支持；三是学校近年来取得的成就，特别是211工程建设、面向21世纪教育振兴计划以及优势学科创新平台建设，促进了学校的发展。

中国绿色时报 2009-10-16

2010 年在北京招收 300 人

北京林业大学招办近日透露，该校 2010 年在京本科招收 300 人，位于教育部属院校在京招生计划的前列。

北林大招办负责人说，今年 44 个专业在京招生。招生计划中理科 255 人、文科 45 人。

据了解，该校在京的理科调档比例一般在 103% 以内，文科一般在 105% 以内。在实际录取时，除所报专业录取分数太高又不服从专业调剂的个别考生被退档外，调档考生都能被录取。

在录取时，第一专业和第二专业间级差为 3 分，第二和第三专业间级差为 1 分，后几个专业之间则没有级差。对于考生的政策性加分，该校在提档和录取专业时都予以承认。

该校鼓励考生第一志愿报考，接收二志愿高分考生的人数占总数的 5%，分数级差在 50 分以上。

招办负责人说，该校在京录取近年来呈现两个特点。一是考生人数相对较平稳，录取分数波动不大。对考生来说，该校前几年的录取分参考价值较大。二是招生专业多，不同专业间录取分数有一定梯度，有利于考生填报专业志愿。

　　该校 4 月 18 日将举行校园开放日暨高招咨询会。届时，还将邀请 59 所高校联合开展咨询活动，其中北京高校 33 所、京外高校 26 所。

北京考试报　2010 - 04 - 28

北京日报　2010 - 04 - 14

北京晨报　2010 - 04 - 18

新增设网络工程专业

　　北京林业大学新增设了网络工程专业，以适应网络飞速发展对人才的需要。新专业从今年起开始招生。至此，该校的本科专业及方向已经达到了 52 个。

　　据悉，这个专业主要培养掌握网络工程技术，从事网络系统设计、实施与管理的复合型人才。该专业将网络集成工程技术和网络应用软件设计相结合，其特色是突出网络集成工程技术和网络应用开发技术。主要特点是通信与网络结合、网络软件与网络硬件结合，主要培养学生网络应用开发、网络信息控制及网络工程技术方面的能力。学生毕业后可从事软件开发、网络安全、网络开发、网络维护等方面的工作。

　　这个专业涉及的领域从学科前沿的嵌入式系统开发，到网络应用程序设计，再到网络管理与维护、网络工程施工；其主要课程有操作系统、嵌入式系统、网络编程、数据通信原理，计算机网络与结构化综合布线等。

另据了解，我国高校创办网络工程专业是从 2007 年开始的，排在全国高校新增热门专业的第六位。

北京晚报　2010 - 03 - 03

中国绿色时报　2010 - 03 - 08

科技日报　2010 - 03 - 23

城市规划专业学制延长为五年

从今年开始，北京林业大学城市规划专业的学制由四年增至五年。

据介绍，近年来，城市规划理念及教育方向发生了转变。我国城市化发展正在由粗放型向集约型转变，城市规划由物质规划向物质、社会、经济和环境并重转变。城市规划的专业职能也由单纯的物质形态规划向规划设计、公共政策、社会经济、生态环境的多学科交叉方向发展，从而要求城市规划专业的知识体系，要具有文、理、工综合的知识背景。因此，必须对城市规划的教育体系进一步调整和补充，完善现代城市规划人才培养的教学课程。

林业大学园林学院院长李雄教授认为，城市规划人才的培养应当是多层次的。学制的延长有助于人才质量的提升，强化未来的职业技能和就业竞争能力。城市规划专业课程体系的完善，包括加强建筑设计类课程以及城市经济学、社会学等课程和社会实践教育环节。

北京晚报　2010 - 03 - 08

城市规划专业学制为何增为五年

从今年招生开始，北京林业大学城市规划专业的学制由四年增至五年。有关人士称，此举是为了适应城市规划理念和教育方向的转变，有利于提升这个专业的培养质量和学生就业竞争力，进一步提高办学水平。

据介绍，近年来，城市规划理念及教育方向发生了转变。我国城市化发展正在由粗放型向集约型转变，城市规划由物质规划向物质、社会、经济和环境并重转变。城市规划的专业职能也由单纯的物质形态规划向规划设计、公共政策、社会经济、生态环境的多学科交叉方向发展，从而要求城市规划专业的知识体系要具有文、理、工综合的知识背景。因此，必须对城市规划的教育体系进一步调整和补充，完善现代城市规划人才培养的教学课程。

园林学院院长李雄教授认为，学制的增加有助于提升城市规划专业本科生人才质量。在经济全球化的大背景下，城市发展更加需要从区域的环境中去协调与定位。城市规划从宏观的区域到某一局部地段的微观设计，跨度之大是一般人难以全部胜任的。所以，城市规划人才的培养也应当是多层次的。学制的延长有助于人才质量的提升，强化未来的职业技能和就业竞争能力。

城市规划专业的课程体系需要完善，包括加强建筑设计类课程以及城市经济学、社会学等课程和社会实践教育环节。而这些要求在四年制的课程体系里无法满足，需要学制的延长。

另外，现行城市规划专业教育评估要求是在五年制教育培养方案的基础上制定的。只有五年制的城市规划本科专业才能参加评估申请。

北林大的城市规划教育可追溯到上世纪50年代，由清华大学建筑系和北京农业大学造园系部分教师合并成为园林系，主要承担居住区绿地系统规划与园林景观环境设计教育。到上世纪80年代逐渐发展成风景园林规划设计学科，在全国乃至世界都具有重要的地位和影响。

1999年，该校开办城市规划专业。从2002年开始在教学体系上做相应调整，增加了城市规划的核心课程，如城市规划原理、城市规划理论与空间形态以及城市设计课程等，但对城市工程规划以及城市社会经济方面的课程未能太多考虑，仍然以物质形态的城市风景区规划、绿地系统规划、城市景观设计、景观建筑设计作为本科教育课程的主体。2007年，按照五年制教育培养方案进行修订，融合以建筑学为基础的工科规划院校和人文地理学为基础的理科规划院校城市规划专业的教学特点和经验，突出自己的办学特色，重视多学科的交叉和融贯，形成培养目标明确、课程体系完善、特色鲜明的城市规划专业教育。学校加大人才引进力度，补充了城市规划专业教育师资的不足，极大地增加了城市规划专业的综合性和完整性，并为学制调整准备了师资，并讨论制定了五年制人才培养模式和教学计划。

据悉，该专业的发展规划是：建设高水平、高质量、特色鲜明的城市规划专业，成为林业类高校城市规划专业教育的典范。

中国绿色时报 2010-03-29

为大学生办创业学校

放假了，北京林业大学创业就业学校的新生们却忙着上课。首届有志于自主创业的 30 名大学生，利用暑期集中上课，并将到对接企业见习，开展创业大赛等活动，学习和掌握创业的真本领。

副校长姜恩来为就业学校揭牌后说，要进一步整合社会资源和校内资源，扩大培训规模，使更多的大学生接受培训，为提高大学生创业就业能力搭建平台；不断创新教学和培训的方式，切实提高大学生就业创业能力。

学校聘请从事创业就业工作方面的专家、学者和创业成功人士、企业负责人和人力资源总监担任授课教师。课程由理论培训、见习实践、竞赛论坛、参观考察、就业实践 5 个部分组成，包括创业基本知识、创业计划、创业者的基本素质及创业能力、创业准备及市场营销、创业法律知识、创业财务知识、2009 年就业形势、求职择业技巧、创业实例等方面的内容，还将组织到企业见习、考察以及创业计划大赛和创业就业论坛等。

这个创业就业学校是由校团委、人文学院、招生就业处等部门联合创办的。旨在开展创业意识教育和就业见习服务，增强大学生创业意识和就业能力。

北京晚报　2009 – 07 – 27

北京考试报　2009 – 07 – 18

就业指导全程化个性化系列化

在当前就业形势严峻的情况下，北京林业大学在就业指导服务中强调全程化、个性化和系列化，有针对性地开展工作，力求使就业指导贴近学生，成为广大学生的好向导好参谋。

全程化：职业发展教育贯穿始终

北京林业大学较早开设了学生职业发展与就业指导课程，建立和完善了"校院两级共同负责，专业教师全面参与，教学与实践相互配合"的全程化职业发展教育体系。

早在 1997 年，北林大就将就业指导作为本科四年级学生的必修课；2003 年开始筹备大学生职业发展与就业指导课程，面向二年级本科生开设职业生涯规划课；2005 年，修订完善教学计划和大纲，2007 年，根据新版人才培养方案，修订教学大纲，建立了全程化的职业发展教学体系。

此外，北林大还开设了大学生成功学、大学生创业学等全校公共选修课及发展与就业、交流与沟通等专业选修课。就业服务中心与教务部门合作制订的一整套新的职业发展教学方案即将出台。

个性化：在身边提供就业服务

该校强调将个性化咨询作为职业发展教育和就业指导的重要内容之一，通过预约咨询、指导信箱、在线咨询、网络留言板、报纸杂志专栏等多种方式为学生提供心贴心的服务。

2007 年 4 月，北林大开展了职业规划与就业指导个性化预约咨询，学生可通过网上预约，实现"一对一"的咨询服务。咨询师与咨询者签订咨询协议，建立个人咨询档案，在指定就业咨询室，借助职业测评工具，帮助学生更科学、客观、全面认识自我，解决职业生涯选择过程中的各种问题。

系列化：形式多样常年不断线

北林大建立了就业讲座体系，每年定期开展"职业发展月"、"就业指导月"系列活动，通过"问卷调查"、"讲座"、"工作坊"、"就业沙龙"、"职场挑战赛"、"职业发展主题辩论赛"、"青年创业大讲堂"等形式多样的活动，丰富就业指导形式，经常邀请知名企业与在校生互动交流。

北林大还建立了就业座谈体系，开展"校友面对面"、"职业发展从我做起"主题班会等活动；深入基层班级座谈，结合不同学院、不同专业的特点，了解学生学习思想状况，分析职业发展方向、毕业去向及就业前景，努力为学生解决实际问题。

2008 年，该校举办职业辅导工作坊 12 场，每期设立一个主题，进行互动交流。

该校还建立学生组织体系，成立了校院两级学生就业助理团、职业发展中心等学生工作组织，编辑出版了就业指导报、就业之路杂志等内部刊物，通过正确引导和及时服务，充分发挥了学生的主体作用。

中国绿色时报　2009－02－24

全力提升就业质量

北京林业大学积极采取措施，应对金融危机导致的就业形势严峻的局面，全力促进就业质量的提升，切实推进了积极就业、科学就业、安全就业。截至 7 月初，该校本科毕业生就业率为 89.88%，其中家庭经济困难毕业生就业率达 93.71%。

据有关负责人介绍，经过努力，北林大实现了较高的就业质量目标，签约率、升学出国率、重点行业和重点单位就业率、就业满意率和薪金稳步提升；毕业生就业地区流向较好，到京外、基层就业的毕业生进一步增加，基本实现了毕业生充分就业、人尽其才、人职匹配。

学校新出台了促进和奖励就业工作的办法，设置了 7 个工作奖、6 个单项奖、1 项基金；出台了 9 项具体措施鼓励毕业生面向基层就业和自主创业；每年拨出 25 万元专项经费，用于奖励就业工作。学校对各学院直接就业经费投入超过 60 万元，约为往年的 3 倍。各学院也制订了配套的奖励措施，对推荐学生就业成功的教师进行奖励；新增就业实习基地 10 余家，总数达到 132 家。

学校积极开拓就业市场，拓展就业空间。学校领导亲自带队走访用人单位，积极推介优秀毕业生。学校举办了 4 场大型校园招聘会，先后邀请 600 多家单位来校，提供了有效职位 6336 个，另外组织了行业性、中小型专场招聘会 257 场。据不完全统计，今年学校为学生提供岗位需求超过 9000 个，实现供需比达到 1∶3。

学校加大对困难群体的帮扶力度，优化就业指导和服务。完善对困难群体的就业援助、心理咨询，对困难学生进行一对一的重点指导、重点推荐、重点帮扶。特别注意做好零就业家庭的就业措施保障。学校每年拨出5万元帮扶基金用于家庭经济困难的学生求职；争取民间基金支持，每年对100名学生提供的就业资助超过50万元。建立了困难就业群体数据库，落实帮扶教师责任，定期发送就业信息，确保每位毕业生至少有一次以上被推荐的机会。

学校落实了"一把手工程"，在全校树立危机意识和责任意识，坚持全员化、全程化、专业化、信息化的方向，使就业工作向科学、规范、系统、纵深发展；注重提升就业指导服务的质量，创建个性化、科学化、精细化的就业指导服务，实现了全面与个性的结合、全程化与阶段化的结合。

中国绿色时报　2009－07－17

本科生免试读研人数创新高

从北京林业大学教务处获悉，该校有471名明年毕业的学生将免试攻读研究生工作。这个数字占到了应届本科毕业生的13.5％，创了学校历史新高。

据介绍，免试读研的学生中，56.9％被校外科研院所、大学接收。其中，有8人获得直接攻读博士研究生资格；被推荐到中国科学院的有38人，清华大学15人，北京大学14人。被推荐学生中经管学院学生居多。

近年来，该校学生受到国内知名高校、科研院所的青睐，被推荐到校外攻读免试研究生的人数和比例逐年增加，尤其是推荐到知名院校的人数迅速增加。有关人士分析，这既是对学生素质的认可，也是对学校本科办学水平的肯定。据了解，近几年来该校把质量当作教学工作的生命线，对专业建设、教师队伍、课程改革、考教分离、教学条件等开展了一系列改革与实践，对教学质量的提高起到了推动作用。该校学生在全国大学数学建模竞赛、英语竞赛、电子设计竞赛等全国性大赛中连续取得好成绩，学生素质得到接收单位的普遍认同。

科技日报　2007 - 11 - 22

中国绿色时报　2007 - 11 - 22

中国教育报　2007 - 11 - 28

2009 年本科生就业率近 90％

北京林业大学积极采取措施，应对金融危机导致的就业形势严峻的局面，全力促进就业质量的提升，切实推进了积极就业、科学就业、安全就业。截至 7 月初，该校本科毕业生就业率为 89.88％，其中家庭经济困难毕业生就业率达 93.71％。

据有关负责人介绍，经过努力，北林大实现了较高的就业质量目标，签约率、升学出国率、重点行业和重点单位就业率、就业满意率和薪金稳步提升；毕业生就业地区流向较好，到京外、基层就业的毕业生进一步增加，基本实现了毕业生充分就业、人尽其才、人职匹配。

学校新出台了促进和奖励就业工作的办法，设置了 7 个工作奖、6 个单项奖、1 项基金；出台了 9 项具体措施鼓励毕业生面向基层就业和自主创业；每年拨出 25 万元专项经费，用于奖励就业工作。学校对各学院直接就业经费投入超过 60 万元，约为往年的 3 倍。各学院也制订了配套的奖励措施，对推荐学生就业成功的教师进行奖励；新增就业实习基地 10 余家，总数达到 132 家。

学校积极开拓就业市场，拓展就业空间。学校领导亲自带队走访用人单位，积极推介优秀毕业生。学校举办了 4 场大型校园招聘会，先后邀请 600 多家单位来校，提供了有效职位 6336 个，另外组织了行业性、中小型专场招聘会 257 场。据不完全统计，今年学校为学生提供岗位需求超过 9000 个，实现供需比达到 1∶3。

学校加大对困难群体的帮扶力度，优化就业指导和服务。完善对困难群体的就业援助、心理咨询，对困难学生进行一对一的重点指导、重点推荐、重点帮扶。特别注意做好零就业家庭的就业措施保障。学校每年拨出 5 万元帮扶基金用于家庭经济困难的学生求职，每年对 100 名学生提供的就业资助超过 50 万元。建立了困难就业群体数据库，落实帮扶教师责任，定期发送就业信息，确保每位毕业生至少有一次以上被推荐的机会。

学校落实了"一把手工程"，在全校树立危机意识和责任意识，坚持全员化、全程化、专业化、信息化的方向，使就业工作向科学、规范、系统、纵深发展；注重提升就业指导服务的质量，创建个性化、科学化、精细化的就业指导服务，实现了全面与个性的结合、全程化与阶段化的结合。

中国绿色时报　2009－07－17

北林大毕业生就业能力排农林院校首位

刚刚出版的《2009年中国大学生就业报告》（社会科学文献出版社的就业蓝皮书）显示，北京林业大学毕业生就业能力指数位列全国农林院校首位。

《报告》中提供的数据表明，在全国"211"院校中，该校毕业生就业能力排44位；毕业生求职服务接受程度位列第四，在北京地区高校排名第二。在毕业生平均求职成本调查中，排在北京高校的倒数第七。

近年来，该校毕业生就业率始终在北京高校平均水平以上。学校建立了132家"教学实习与就业实践基地"，定期开展就业实践双选会。每年有上千名学生利用节假日到用人单位参与就业实践。

学校积极引导和鼓励毕业生面向优势行业、重点单位就业。通过宣传绿色事业发展，特别是林业产业发展的现状，依靠老专家的言传身教和知名校友的现身说法，加强对林业相关专业学生的教育引导，鼓励他们走出北京，面向全国，立足基层，在绿色事业最需要的地方建功立业。

学校以大学生村干部助理计划、西部志愿者、社区助理、应届生应征入伍等项目为契机，引导毕业生面向基层就业。已有396人在京郊农村担任村干部助理、在农村中小学支教，有77人担任了社区助理。

科技日报　2009 - 11 - 24

中国绿色时报　2009 - 12 - 08

就业率从垫底跃为第一的奇迹

今年北京林业大学地理信息系统专业的 33 名毕业生，全部就业或考研，由所在的林学院就业的倒数第一，一跃成为第一。同时，20 多名博士生、硕士生均如愿以偿，全部高质量就业。这一奇迹般的变化，是该专业探索的"教学引进科研，科研提升教学，教学促进服务，服务扩大就业"新模式带来的。

6 年前，该校迎来了首批 GIS 专业新生。负责人冯仲科教授热情洋溢地为大家做了"就业前景看好的朝阳专业"的报告。这个报告被学生挂到网上，许多网站广为转载。但这个年轻学科虽然在教学、科研、社会服务方面都取得了骄人的成绩，得到了国内学术界的广泛认同，然而就业却没有像冯教授预测的那样乐观。

尽管该专业的毕业生连续 3 年报考北京大学相同学科的硕士生入学成绩排名第一，却连续两年就业率低、就业质量不理想，使教师们受到了很大震动。通过调研和讨论，教师们形成共识：要像对待教学和科研一样对待就业。

一系列措施纷纷出台：通过修订教学计划，增设野外数据采集的课程；增强外业动手能力培养；聘请相关企业技术人员讲授技术开发；选送学生到国内企业实习；每学期召开一次就业与学术前沿例会……

把最前端的成果引入课堂。三维激光扫描系统在国内仅有 3 台。该校通过科研项目租赁，在国内首次将其用于实验和教学之中，取得了很好的效果，有的学生已成为这方面技术应用推广的行家。

冯教授一个人就联系解决了十几名学生就业。他说，通过专业老师的共同努力，就业渠道已经畅通，北林大地理信息系统专业的品牌已经形成。这位中国 GIS 协会的副秘书长深知中国有 1 万家 GIS 企事业单位，30 万从业人员，500 亿元行业产值，是一个正在变大的行业。不是我们的学生没有就业市场，许多 GIS 企业还找不到需要的人呢！要解决的问题是，如何使我们的学生把心态和能力调整到市场真正需要的方面来。

冯教授说，要把这个专业的学生从目前用人单位普遍评价的"肯吃苦、听话、能干"转变为面向国际化的前端人才。据悉，7 月 13 日，一个 5000 人规模的国际摄影测量大会在北京召开。该校将派出 26 人组成的该专业研究生志愿服务队，让学生了解世界 GIS，让全球企业界认识北林大的 GIS。

中国绿色时报　2008－07－14

四地五千大学生比拼就业力

大学生就业力大比拼全国总决赛日前在香港举行。香港大学万咏诗获决赛第一名，获决赛第二名的是北京大学光华管理学院金融专业三年级学生张璐，北京林业大学法学一年级研究生张浩与香港大学的冯嘉麒并列第三名。张浩还获得了唯一一项个人奖——"最佳人气奖"。

5000 多名大学生参加了北京、上海、广州和香港等 4 个赛区的比赛。经过近 3 个月的笔试、面试、初试、复试的层层选拔，以及就业力训练营和职场培训的高强度训练，各赛区分别评选出了前三名选手参加了在香港举行的全国总决赛。

参加决赛的选手分为三组，在两个小时的讨论中，每个小组都要拿出一份与社会企业相关的商业策划书，并游说评审团成员同意给出人民币 1000 万元设立这一社会企业。评审团根据选手的分析能力、表达技巧及现场表现进行评分。

张璐同学提出了建立"现代流动型公共卫生间"计划。该计划采用了环保方案并紧扣奥运主题，关注了油价上涨等问题，最终帮助团队赢得了"最佳团队奖"。张浩同学获得了由"新浪"网友投票评出的唯一个人单项奖——"最佳人气奖"。

这项赛事是由英国特许公认会计师公会举办的。其目的是以比赛的形式，帮助大学生了解和提高求职技巧。这一活动为大学生和用人单位搭建了沟通交流的平台。参赛选手张浩表示，比赛让他们体会到了与校园内不同的现实社会气息，受到了多方面的锻炼。

中国教育报 2008 - 08 - 08

绿色通道资助家庭经济困难学生

今年是北京林业大学开通"绿色通道"的第 11 个年头。在近 3 年中，学校通过"绿色通道"中的专项补助和"6＋1"式资助体系这两项措施，资助的学生达 1242 人。

"这是真的吗？真是太好了！"刚刚走进北京林业大学校门的外语学院贫困生小马，抱着一包崭新的被褥情不自禁地跳了起来。据悉，今年该校通过"绿色通道"办理入学手续的贫困新生有 400 人。

据介绍，考入该校的新生只要持有当地的证明，经校资助管理中心核实后，便可通过"绿色通道"免费领取"绿色通道大礼包"，其中包括水壶、毛巾、脸盆、洗发水等14件生活用品，价值270元的新被褥以及50元的电话充值卡。贫困情况严重的，学校将暂借一些钱款以解燃眉之急。

北京考试报 2007-09-12

学生档案库延伸绿色通道时空

"这是真的吗？真是太好了！"刚刚走进北京林业大学校门的外语学院贫困生小马，抱着一包崭新的被褥情不自禁地跳了起来。据悉，今年该校通过"绿色通道"办理入学手续的贫困新生有400人。

据介绍，考入该校的新生只要持有当地的证明，经校资助管理中心核实后，便可通过"绿色通道"免费领取"绿色通道大礼包"，其中包括水壶、毛巾、脸盆、洗发水等14件生活用品，价值270元的新被褥以及50元的电话充值卡。如果贫困情况严重的，学校暂借一些钱款以解燃眉之急。

学校有专人对贫困学生做有关助学贷款、勤工助学方面的咨询，帮助他们办理学费、住宿费缓交手续等事宜。据了解，这些缓交手续有效期为一年。在此期间，学校将根据贫困生的申请资料帮助他们办理国家助学贷款，切实解决其后顾之忧。

有关负责人称，"绿色通道"将延伸到学生今后的学习生活中。所有经过"绿色通道"的学生，学校都将以各学院为单位建立家庭经济困难学生档案库，以便对每名困难学生进行跟踪帮扶。

一位贫困生家长说："绿色通道"比我们想象的还要好，有了国家和学校的这些资助，我们有信心让自己的孩子顺利读完大学，将来回报社会。

今年是北林大开通"绿色通道"的第 11 个年头。在近 3 年中，通过"绿色通道"中的专项补助和"6＋1"式资助体系这两项措施，资助的学生达 1242 人。

据悉，"绿色通道"专项补助是专门发放给贫困生的特殊补助资金，以供贫困学生日常学习和生活所需。"6＋1"式资助体系是以国家助学贷款为主体，包括学校奖学金、助学金、国家助学贷款、勤工助学、特殊困难补助、学费减免缓交与社会资助相结合的多元灵活的经济困难学生资助体系。

北林大经济困难学生的自助组织——阳光爱心社的志愿者们自发设立了"阳光咨询台"，为贫困新生提供公益性服务。他们表示，自己当年也是接受过"绿色通道"帮助的家庭经济困难学生。开展志愿服务，是想传达一种温暖和信念，希望新来学弟学妹鼓起勇气，怀关爱之心，立不屈之志，共同战胜困难。

光明日报　2007－09－06

教工捐资设"爱生助困基金"

北京林业大学一对年逾七旬的老教师夫妇日前捐出了 2000 元退休金，以响应设立"爱生助困基金"的倡议。他们另外还捐出了 4000 元钱，资助了 2 名在校就读的贫困生。

截至目前，这项"爱生助困基金"已经募集到本校教职工的捐款 11 万元。该校教职工今后每年都将为基金捐献一天工资。

据悉，在该校 1.3 万多名本科生中，经济困难的学生约占 39％，其中经济特别困难学生约占 20％。近年来，经过政府、学校、社会多方努力，该校构建了奖、助、贷、勤、免、补 6 项资助并举的资助体系，做到了不让一个学生因经济困难而辍学，但每年仍有学生因突发重大困难或罹患重病，个人和家庭无力支付数额较大的款项。虽然公费医疗为罹患重病的特困生解决了大部分医疗费用，但所占比例很小的康复费用等他们仍无力承担。时常会有学生自发为这些遇到特殊困难的同学在师生员工中募捐。

今年北林大部分教师发出倡议：在自愿原则下捐资成立"爱生助困基金"，专门资助罹患重病和遇到突发困难的特困学生。这个倡议得到了教职工的响应，从学校领导到刚刚参加工作不久的青年教师，都参与了募捐活动。有的教工到外地出差错过了募捐时间，回校后专门把善款送到了有关部门。

近日学校新闻网收到了一些贫困学生联名写来的感谢信。他们说，老师们的关心，使他们更坚定了克服困难的信心，他们表示，一定要努力完成学业，回报社会。

北京考试报　2007－10－15

"北林苑"奖励北林大优等生

日前，刚刚度过 15 岁生日的深圳北林苑景观及建筑规划设计院捐赠 100 万元，在北京林业大学设立专业特等奖学金。规划设计院院长何昉教授称，为未来的绿色事业建设者设奖，是庆祝生日最有意义的行动。

在捐赠仪式上，何昉等为32名2010年度特等奖学金获得者每人颁发了5000元奖金。获奖者均为各专业学习成绩第一名的大二学生。

耄耋之年的中国工程院院士孟兆祯对此给予肯定。他说，作为北京林业大学培养的学生、教师，何昉深知人才培养的重要性。他不忘母校、提携后人的行为应该得到褒奖。

15年前，北林大教师何昉只身南下，在深圳创办了北林苑景观及建筑规划设计院，先后完成了1300多个规划设计项目，其中100多项获国内外的奖励，有50多个项目受到过党和国家领导人的视察和好评。

与此同时，该院还和学校签署了建立就业实践和教学实习基地的协议。何昉说，我切实体会到风景园林教学和实践紧密结合的重要性。我愿意为大学生的成长助一臂之力。

中国绿色时报　2010-03-01

中国花卉报　2010-02-10

东方园林捐赠北林大百万元鼓励创新

4月7日，东方园林股份有限公司向北京林业大学捐资100万元，设立东方园林专项奖学金，奖励园林学院的大学生创新活动项目、优秀毕业设计（论文）。

据悉，东方园林公司所设的大学生创新活动项目奖学金，旨在促进构建以问题和课题为核心的园林教学模式，激发学生的创新思维与创新意识；所设的优秀毕业设计（论文）奖学金，则重点鼓励在校生重视专业学习，加强毕业论文（设计）的深度与概括性。

该公司董事长何巧女是北林大毕业生。2009 年 8 月，东方园林公司上市，成为国内园林景观领域上市第一股。公司拥有 5 个工程分公司以及园林植物研究所、园林产品公司等。在外销别墅区的景观设计方面占 70％的市场份额。

中国绿色时报　2010－04－27

"十一五"开局两年科研经费超 2 亿

从 2007 年 12 月 24 日闭幕的北京林业大学科技工作会议上获悉，进入"十一五"的前两年，学校新签合同项目 344 项，经费近 2.2 亿元。这两个数字分别超过了该校"十五"期间的项目总和和经费总和。

校长尹伟伦院士介绍说，近年来，学校科研项目来源渠道拓宽，层次提高，在承担国家重大科技计划方面实力稳步增强。"十五"期间的科研经费总量，是"九五"期间的 3.5 倍；"十一五"前两年比"十五"期间又多了 3000 万元。其中，承担国家科技计划占了很大比重。

据了解，"十五"以来，该校在林木抗逆胜利基础与抗逆植物材料选育、林业生态工程建设、森林培育与保护、园林植物与观赏园艺等研究领域，产出了一批标志性科研成果，获科技奖励 70 项。其中，8 项成果获得了国家科技进步二等奖。

该校新建国家工程技术研究中心和国家野外科学观测研究站各1个、部级重点实验室4个、部级工程技术研究中心3个；新建了20多个固定的产学研重要基地，通过辐射带动、开展科技成果的集成创新、试验示范和技术传播活动，服务我国的林业和生态环境事业。

据介绍，近年来，该校科研项目来源渠道拓宽，层次提高，在承担国家重大科技计划方面的实力稳步增强。"十五"期间的科研经费总量，是"九五"期间的3.5倍；"十一五"前两年比"十五"期间又多了3000万元。其中，承担国家科技计划占了很大比重。同时，该校坚持立足林业，为实施以生态建设为主的林业发展战略、推动林业持续、快速、协调、健康发展等，提供了强有力的科技支撑。

科技日报　2008-01-17

中国教育报　2008-01-01

2008年取得多项标志性成果

进入"985"平台建设行列，"211工程"三期建设启动……在刚刚过去的2008年，北京林业大学取得了多项标志性成果，在学校发展史上留下了重要的一页。

北京林业大学的"985"国家优势学科创新平台正式立项，将获得国家投入建设资金1亿元，成为学校发展中的又一个里程碑。"985工程"是我国"世界一流大学建设项目"的代称。北林大是进入"985""优势学科创新平台"的惟一林业高校。该校的"211

工程"三期建设顺利启动，未来 5 年将获建设资金近 5000 万元。

该校的国家重点学科建设取得跨越式突破，已经由原来的 4 个增加到 10 个，还新增了 5 个北京市级重点学科。传统学科焕发青春，新兴学科势头强劲，成为学校办学新的生长点；"水土保持与荒漠化防治专业教学团队"和"园林专业教学团队"被评为国家级优秀教学团队。该校还新增了 1 个国家级特色专业和 1 门国家级精品课程。学生在各类学术创新竞赛中获 40 余项省部级以上奖励。

该校的科研立项继续保持良好势头，科研项目合同经费总数达 1.14 亿元。其中纵向项目新签合同 190 余项。承担了多项"863"等国家重点课题的研究；该校的林木育种国家工程实验室被批准成为国家工程实验室，获得投资 600 万元；

该校还承办了"国际杨树大会"、"林业教育国际论坛"等重要学术活动，学术影响和知名度有所提升。

中国绿色时报　2009 - 02 - 03

进入"985"创新平台建设行列

进入"985"创新平台建设行列，"211 工程"三期建设启动……在刚刚过去的 2008 年，北京林业大学取得了多项标志性的成果，在学校发展史上又留下了重要的一页。

北林大的"985"国家优势学科创新平台正式立项，将获得国家投入的建设资金 1 亿元。"985 工程"是我国"世界一流大学建设项目"的代称。北林大是进入"985""优势学科创新平台"的唯一林业高校，成为学校发展中的又一个里程碑。除此之外，该校的

"211工程"三期建设也顺利启动，未来5年将获建设资金近5000万元。

该校的国家重点学科建设也取得了跨越式的突破，已经由原来的4个增加到10个，还新增了5个北京市级重点学科。传统学科焕发青春，新兴学科势头强劲，成为学校办学的新的生长点；"水土保持与荒漠化防治专业教学团队"和"园林专业教学团队"被评为国家级优秀教学团队。该校还新增了1个国家级特色专业和1门国家级精品课程。学生在各类学术创新竞赛中获40余项省部级以上奖励。

科技日报　2009－02－03

北林大科技园加速成果转化

北京林业大学科技园最近被有关部门认定为北京市大学科技园，标志着该校在绿色科技成果转化及产业化平台建设上取得了长足进展。有关人士称，北林大科技园创建，给科技成果转化、高新技术企业孵化、创新创业人才培养创造了更多的机遇。

据介绍，北林大科技园以生态、生物、林业科技、城市绿化为特色，依托国家、北京市、海淀区以及中关村科技园的政策支持和科技、信息、人才优势，依托北林大的学术、人才和国际交流资源，着力实现林业、园林成果转化，带动学科建设、人才培养，促进产、学、研有机结合。

据了解，北林大科技园由主体园区和转化培育基地组成。主园区是承载转化科技成果、孵化高新技术企业、培养创新创业人才、推进产学研结合的核心园区，是该校科研成果转化的集中展示平台，主要围绕生态、生物、林业科技、城市绿化等重点产业构筑产业链；转化培育基地包括学校所辖的妙峰山林场等科研基地，占地10870亩。主要是依据当地的地理和环境特点，以当地的生态、生物、林业科技、城市绿化等产业为对象，因地制宜，建立各种科技示范园、示范基地，为成果转化和技术推广做好示范样板，成为促进行业技术进步和地方经济发展的试验田。

北林大科技园在建设中将注重"五个结合"，即学校与地方政府相结合，共同为科技园发展提供政策支持和环境保障；企业孵化与产业示范推广相结合，积极推动林业新技术的迅速转化，孵化高新企业；小面积中试、示范与大规模产业示范相结合，带动地方区域性特色主导产业和骨干产业的发展壮大；四是科技人员、企业与林农相结合，通过"公司＋科技人员＋农户"的形式将处于林业产业链条中分散的林农组织起来，促进林业的产业化；五是技术创新、成果转化与人才培养相结合，使科技园的创新能力和支持地方经济发展的作用明显提高。

中国绿色时报　2010－04－20

新增林木育种国家工程实验室

北京林业大学近日获准建设林木育种国家工程实验室，这是该校拥有的第三个国家级科研平台。前两个分别是森林生态系统国家级野外生态台站和国家花卉工程技术研究中心。

据了解，林木育种国家工程实验室的建设期为3年，国家安排投资 600 万元。按照有关规定，建设将实行项目法人责任制、施工监理制和招投标制。

据悉，这个实验室的建设将重点加强林木分子标记辅助育种、基因工程育种、细胞遗传与细胞工程育种、良种繁育等技术研发平台建设，力争在林木重要性状功能基因的快速发现与鉴定、林木生物质能源等新种质创新技术体系、林木高效繁育技术体系创建及产业化技术等方面有所突破，使之成为林木良种技术成果向工程技术转化、产业技术自主创新的重要平台。

校长尹伟伦院士称，实验室的建成更有利于林木良种产业的技术研发实体建设，促进技术源头创新和自主发展能力持续增强，促进各层次产业技术研发人才的培养，并对全国林木良种产业起到带动和辐射作用。

这个实验室的主要支撑学科此前已两次被列入国家级重点学科，具有丰富的研究资源和较强的研发能力。"十五"以来，科研人员主持承担了国家"973"重大基础研究项目、"863"高技术研发计划项目等各类研究课题 104 项，在用材林育种、抗逆植物材料选育、树木生长与抗逆性状基因调控、经济林育种等研究领域取得了突破性进展。科技成果不但获得了多项重大奖励，转化后获社会、经济效益达 200 多亿元。

据悉，北京林业大学在国家林业局重点实验室基础上，高质量地建成了教育部重点实验室，成为我国林木种质创新和育种基础理论与高技术研究中心、高层次林木育种人才培养中心、高水平科研成果集成转化和示范推广中心，为跻身国家级工程实验室行列奠定了基础。

中国绿色时报　2008 - 11 - 11

科技日报　2008 - 11 - 13

注重加强林权理论研究

2008 年 12 月 24 日，林权制度改革与区域经济发展研讨会在京召开。这是新成立的北京林业大学林权研究中心致力于林权理论研究的实际行动之一。

集体林权制度改革提出了许多新的理论问题，急需加以解决。新成立的研究中心整合了学校相关学科的力量，主攻林权制度改革中的理论问题。

据中心主任、北林大副校长宋维明教授介绍，中心的研究重点是林业产权基本理论、林木采伐管理制度、林地和林木流转规范、林业公共财政制度、林业投融资、林业社会化服务体系建设等，目标是为全面推进集体林权制度、国有林业产权制度改革和国有林场改革提供理论支持和政策咨询。

据了解，北林大还将在教学中加入林权改革内容，并吸收研究生加入林权改革的研究行列。

中国绿色时报　2008－12－30

新建林业应对气候变化研究所

林业究竟在应对气候变化中发挥怎样的特殊作用，如何更好地发挥这些作用？9 月 19 日，北京林业大学林业应对气候变化研究所揭牌，研究所将就这些热点问题展开广泛深入的研究。

北林大党委书记吴斌说，成立林业应对气候变化研究所，是气候变化备受关注和重视的需要，是探索林业对气候变化重要作用的重大举措。北林大有责任也有义务在这一领域作出探索和贡献。

据悉，研究所集中了相关学科的科研力量，主要探究林业对气候变化的作用机理和解决方法，着重研究依托林业来解决气候变化问题。

中国绿色时报　2009 - 09 - 25

低碳经济研究中心成立

北京林业大学中国低碳经济研究中心 3 月 10 日成立，将致力于区域性、全国性以及全球性的低碳经济问题研究。

据介绍，该中心将以研究林业在低碳经济中的作用为特色，重点研究分析中国林业在实现低碳经济中面临的问题和挑战，研究领域将集中在森林与低碳经济、林产品贸易与环境、林业碳汇、林木生物质能源等诸多方面。

中心主任宋维明教授说，中心力求用最新的研究成果推动中国低碳经济发展，为相关政府部门制定切实可行的低碳经济政策提供科学依据，为企业和社会提供相应的服务。同时，中心将致力于传播低碳经济研究的最新成果，促进国际社会理解中国在全球应对气候变化中所作的贡献。

中国绿色时报　2010 - 03 - 12

科学时报　2010 - 03 - 23

成立中国林地资源研究中心

北京林业大学中国林地资源研究中心新近成立。

我国林地资源十分丰富，具有巨大的开发潜力。中心负责人称，北林大生物科学与技术学院在林地资源利用领域具有较强的技术、设备和人才优势，学科和科研方向涵盖了森林植物、野生动物、药用植物、香料作物、菌类、林地食用资源和产品研发。

据介绍，中心依托生物学院建立，将主要开展林地资源的调查与评估，林地药用、食用植物与香料植物资源的利用研究，林地动物资源的调查与利用研究。中心下设林地资源调查与评估、林地药用与香料植物资源利用、林地食用资源加工利用以及林地经济动物利用 4 个研究室。

中国绿色时报 2010 - 06 - 22

蓝莓发展研究中心揭牌

北京林业大学蓝莓发展研究中心日前揭牌。中心成立后，将发挥资源和科技优势，整合现有成果，为我国蓝莓产业的发展提供科技支撑，力争在国内蓝莓产业发展中发挥引领作用。

蓝莓的学名为越桔，属于杜鹃花科越桔属植物，因果实呈蓝色而得名。果肉细腻，果味酸甜，风味独特，营养丰富，联合国粮农组织将蓝莓列为人类的健康食品之一，被誉为"黄金浆果"、"神奇果"。蓝莓在我国已有 20 多年的研究历史，其种植已经扩展到山东、浙江、贵州等地区，总面积逾千公顷。蓝莓种植是我国新兴的快速致富产业，其经济效益显著，是苹果、桃等大众品种的 20 多倍。

据悉，该中心依托森林培育（经济林）、食品加工等学科和实验室的科研团队力量，还吸纳了日本岛根大学的蓝莓育种栽培专家、国内科研院所以及企业一线的专家学者。中心将积极整合学校和社会相关研究资源，面向社会和行业开展科技咨询和服务。

中国绿色时报　2009 - 07 - 31

我国首个林业院士工作站成立

我国第一个林业院士工作站在福建三明应运而生。12 月 9 日，中国工程院院士、北京林业大学校长尹伟伦赶赴三明，与三明市长刘道崎一起为工作站揭牌。

尹伟伦院士表示，工作站既是广大院士和地方紧密联系合作的平台，也是全国林业专家学者、科技人员共有的科研家园。北林大将充分利用院士工作站，根据三明市林业产业发展对高层次人才的需求，积极发挥院士、专家在重大项目研发、高层次人才培育、科技合作交流等方面作用，大力推进科技成果的孵化和转化，进一步提升林业产业技术创新能力和综合竞争能力，推动林业产业加快发展。

刘道崎市长说，院士工作站的设立，为三明市搭建了更高层次的林业创新平台，有利于发挥和利用院士的专业优势、科技成果及人脉资源，发展引进急需的资金、项目、人才和智力，促进林业产业向更深层次和更高水平发展。

目前，北林大与三明市各项合作进展顺利，北林大派出博士到该市林业局挂职任科技副局长，由财政部、教育部立项批准的"北京林业大学南方林区（福建三明）综合实践基地"建设项目已开始启动。

近年来三明市坚持生态与产业并举，借助集体林权制度改革创新的体制机制，通过海峡两岸现代林业合作实验区和举办海峡林业博览会等重要平台，着力推进林产加工、生物医药以及笋竹、苗木花卉等新兴产业发展，林业产业已经成为经济社会发展的支柱产业。北林大现有院士 4 名，拥有雄厚的科研实力和大批成果。强强联手创建院士工作站，将为三明林业发展开创新的局面。

光明日报　2009 - 12 - 19

中国绿色时报　2009 - 12 - 19

中国花卉报　2009 - 12 - 19

科技日报　2009 - 12 - 25

与三明联建南方综合基地

春节前夕，福建省三明市有关负责人前往北京林业大学，与校方就校地合作建林区综合实践基地事宜进一步磋商，并在许多方面达成一致。

据悉，三明市为北林大划拨 50 亩左右土地，供该校建设南方教学科研基地使用。另外再提供 15 万亩林地，供北林大开展林木基因资源收集、高世代种子园及育种、技术试验、经营技术试验等使用。

据了解，北林大南方林区综合实践基地建设项目已获教育部、财政部批准。项目建设到 2011 年结束，由财政部、教育部、北林大投资兴建，首期预算为 1000 万元。

此前，北林大校长尹伟伦院士促成在三明建立起我国首个林业院士工作站。学校还选派了林学博士、骨干教师挂任市林业局科技副局长。

建立南方林区（福建三明）综合实验基地，主要是为了打造林业高等学校面向南方集体林区科技服务和国家新农村建设的窗口与平台。综合实验基地将突出社会服务，注重林业科技成果的转化和技术推广，使其成为国内科技服务水平一流、设备条件一流、创新成果一流，集社会服务、人才培养、成果转化、科学研究为一体的多功能基地，最终成为我国林业重大科研成果孵化器，现代林业高新技术研究推广中心，国际一流的产学研实践基地，林业新技术面向国际交流与合作的窗口。基地建成后，学校将安排和引导重大林业科技项目到基地实施，每年在基地实施的科研项目不少于 10 项，其中国家自然科学基金重点、"973"、"863"、"948" 等重大项目不少于 3 项；林业科技成果示范推广项目每年不低于 5 项；每年科技成果产出不低于 3 项，其中重大科技成果 5 年不低于 1 项；每年争取主持召开国际、国内高层林业学术会议 2 次至 3 次，开展林业科技培训和科技推广活动 5 次至 8 次。

中国绿色时报　2010 - 02 - 04

在平泉建科研苗圃服务北方市场

一个大型科研实验苗圃开始在河北承德市平泉县加紧建设。这个苗圃是平泉县和北京林业大学教科研基地合作项目建设的内容之一，也是北林大重点建设的南北两个科研实验苗圃之一。

在刚刚举行的奠基仪式上，有关负责人介绍说，这个苗圃集教学、科研、生产、技术推广为一体，将建成立足华北、面向北方的林木种苗新技术试验、示范和推广实践基地。苗圃先期投资近150万元，占地323亩，分4个北方良种选育试验区、4个北方树种育苗试验区和2个北方良种资源收集圃建设。

北京林业大学马履一教授告诉记者，苗圃还将成为落叶松、油松、杨树、栎类、山杏、榛子等良种种质资源的永久保存和研发基地，在优质苗木、优质花卉培育技术创新方面发挥重要作用。同时，还将通过科技成果示范与推广，带动当地及相关地区的林业新技术应用和经济发展。

北林大将集中森林培育、林木遗传育种、园林植物与观赏园艺、木材科学与技术、林产化学加工工程等优势学科的力量参加苗圃建设。

基地将按育苗良种化、生产作业化、灌溉节水化、经营市场化和圃貌园林化的标准建设，在积极发展我国北方现有特优品种的基础上，适度、合理地引进驯化和繁育林木种苗及花卉新品种，并通过基地开展教学实践，从根本上提高林业人才的培养质量，进一步带动我国北方育苗技术水平的提高与经济的发展。

中国绿色时报　2010－07－06

盐池建产学研基地见成效

在前不久召开的全国防沙治沙现场会上，北京林业大学在宁夏盐池建设的荒漠化防治教学科研生产基地得到了充分肯定。这个基地在短短 1 年多时间内取得了明显成效，已经成为我国干旱、半干旱过渡区的荒漠化产学研的重要基地。

盐池县位于毛乌素沙地的东南缘，是黄土区与沙区、半干旱区与干旱区、草原区与荒漠区的过渡地带，也是典型的农牧交错地带。在该区，天然沙生灌丛、草原、荒漠草原、草甸、湿地、人工固沙植被、农田等多种植被及土地利用类型交错分布，属于典型的生态系统界面地带，生态区系非常复杂。

据悉，在基地开展了国家"十五"科技攻关计划课题"沙区农田和草场风蚀防控与人居环境安全保障技术研究"及国家"十一五"科技支撑计划课题"沙区人居环境安全与工程防沙技术研究"。主要开展"典型沙区农田土壤风蚀防控技术研究"、"草场风蚀防控及风蚀沙化草场植被恢复技术研究"、"沙区人居环境安全保障及清洁能源开发利用技术研究"等，在抑制沙区农田土壤风蚀的植被结构优化配置、节水型造林树种筛选、基于水分动态的人工固沙植被稳定性评价、沙化草地人工植被恢复、沙区人居生态环境安全评价等技术领域取得了阶段性成果和一定突破。

有关负责人称，在盐池建设荒漠化教科产基地，对于研究生态系统界面物质能量交换、阐明全球变化对荒漠生态系统的影响，揭示过渡区生态系统对全球变化的作用及响应等具有重要意义。同时也将直接促进当地治沙事业的发展。

科技日报　2007 - 12 - 06

吉县国家级野外科研站持续发展

早在 20 多年前，北京林业大学在山西省吉县开创了野外试验基地。如今，这个基地已经发展成为森林生态系统国家级科学观测研究站，进行了持续建设和发展阶段。日前，科技部组织专家组对该站建设情况进行了检查，给予了充分肯定。

孕育了多项重大科研成果

这个科学观测研究站位于黄土高原东南部半湿润地区，是黄土高原残塬沟壑区和梁峁丘陵沟壑区的典型代表。从"六五"以来，北林大水保学院以吉县基地为核心，对黄土高原地区的"三北"防护林体系的水土保持效益进行了长期定位观测研究，基本完成了水土流失、水土保持效益监测站的建设，开始了定位、半定位的森林生态系统综合监测。营造了实验林 16000 亩，建设了坡面径流小区、不同类型小流域测流堰，开展了水、土、气等方面的长期定位监测，取得了多项国家级和省部级科研成果。

跻身国家级行列后发展迅速

2005 年，吉县站被批准为国家级野外科学观测研究站以来，有了极大的发展，在站网建设中取得了新成绩。

该站拥有仪器设备与设施等固定资产达千万元。站里具有较完善的试验观测场及基础设施、生活设施和工作条件，可供百余人开展研究工作之用。在这片土地上，有不同土地利用、覆盖的试验流域 12 个，常规小气候观测站 2 个，林草植被固定标准样地 30 个，径流观测场 23 个。

多年连续观测数据十分珍贵

吉县站从 1978 年就开始了对当地林草植被、水土流失、不同土地利用覆盖条件下的土壤水分等的调查与定位观测。1986 年起进入全面定位观测。观测数据包括，降水等气象观测、森林小气候、农田及不同类型林草地的土壤理化性质与地水分、天然次生林及人工林生长与演替过程、不同类型林草植被结构特征、死活地被物分布结构特征及变化过程、林草及农作物光和呼吸蒸腾等生理特征、森林水文等。观测严格按照国家有关标准和规定。目前已经建立与应用了几个主要数据库。

为科学研究创造了好条件

依托该站进行科学研究是一个特色。涉及黄土区生态系统的相关研究都以该站为试验区域进行。1996 年以来，依托该站完成的科研项目达 17 项。目前，依托该站承担的项目有"十一五"国家科技支撑计划项目、国家重大基础研究计划项目、自然科学基金项目等 10 项。

近三年来，依托该站完成的科研成果，获得了中国水土保持学会科技奖一等奖。科研人员还发表了数十篇学术论文。39 名研究生依托该站完成了学位论文。

中国绿色时报　2008－07－24

与地方携手振兴百万亩油茶

广西三江县的百万亩油茶有望在科技力量的支撑下，实现优质高效种植及深加工。5月20日，该县与北京林业大学签订了协议，合作开展科学研究，以提升种植、加工和综合利用水平。

三江侗族自治县的油茶面积达74万亩，面积及产量居全国县级单位第二，被国家林业局授予"中国油茶之乡"。为彻底改变油茶种植、加工和综合利用水平低的现状，该县将依托北京林业大学的科研力量，为油茶种植、加工及茶壳、茶粕、茶渣等副产品的深加工综合利用提供科技支撑，实现油茶资源优势向经济优势转变，提升油茶生产全过程的科技贡献率和油茶产业链的整体素质和综合效益。

北林大将结合当地实际，为三江油茶产业发展提供技术咨询、技术合作等专项服务。与油茶企业建立合作关系，共同开发项目，促进科技产品产业化。

双方将充分发挥地方和学校的优势，在科学研究、技术开发、技术转移、科技咨询、人才培训、信息网络等领域开展广泛合作。

中国绿色时报　2009－06－17

科技日报　2009－06－02

帮扶略阳获评全国先进

北京林业大学积极帮扶陕西省略阳县开发特色林产品，日前被科技部评为全国科技特派员工作先进集体。

去年 10 月，科技部组织开展地震灾后恢复重建科技特派团对口帮扶工作。北京林业大学成立了由 10 余名专家学者组成的科技特派团，与略阳县在特色林产品开发与利用、人才培养等方面以科研项目为依托开展了多方面合作。

专家学者们依托北林大在林业资源、中药材研究开发方面的科技优势，帮助略阳开展了杜仲、银杏等林业资源的高效综合利用研究、新产品及市场开发、科技培训，建立了典型企业科技创新示范，初步形成了产、学、研、发为一体的良性产业链，加快了灾区恢复重建工作进程。科技特派团将当地一家高新技术企业作为首要科技援建对象，设立了"杜仲调味饮品研制及其生产企业设备车间升级改造方案"、"杜仲叶有效成分及功能性研究"两个对口帮扶科技研究合作项目，并在北京和略阳两地同时启动实施。

据悉，项目组已确定了以杜仲保健醋为主线的工艺技术方案，提出了企业车间升级改造工程规划。此举将使产量从 5000 吨扩大到 8000 吨。专家们已设计完成了 3 组杜仲醋饮品配方，并做好了醋饮品生产中发酵所需的菌种、试剂以及发酵原料的准备工作，还就混合发酵技术的主要技术参数进行了研究，编写了"杜仲有效成分检测"的项目书。

中国绿色时报　2009 - 06 - 15

科技日报　　2009 - 07 - 28

名优花卉矮化科研成果获国家大奖

以往生长在庭院的竹、梅、菊等体型高大的名优花卉，如今利用新技术矮化后可盆栽摆放在桌几之上。这项重大成果已在全国数个省（市）应用示范推广，新近刚刚获得了 2008 年国家科技进步二等奖。

花卉微型化是国际花卉发展趋势之一，也是花卉业的新技术增长点。尽管世界上一些国家已有相关技术出现，但我国竹、梅、菊、牡丹等名优花卉却一直难以矮化，在应用上受到了限制。

据悉，被称做"名优花卉矮化分子、生理、细胞学调控机制与微型化生产技术"的科研项目，1996 年立项以来，得到 5 个国家级和省部级课题支持。北京林业大学校长尹伟伦院士等课题组成员，以揭示调控矮化的机理、建立花卉矮化新技术为目的，重点研究了花卉矮化分子调控机制、矮化资源分子标记和育种、快速繁育、调控栽培、开花调控等关键原理和新技术。

科研人员独辟蹊径，用分子生物技术与生理调控技术等高新技术创造出微、矮、精、美、特的花卉新造型，满足花卉市场新、奇、特及室内宜居生态环境建设等需要；研究了矮小株型的分子育种、育苗、调控栽培、花芽分化与开花调控技术等矮化生产关键技术，将花期从春季拓展到秋季。

科研人员首次系统搜集矮化基因资源（木本为主），建立了基因库，研究各株型发育分子调控机制，揭示矮化基因表达、生理代谢反应、细胞形态建成的矮化调控途径和机制，取得了一系列突破；建立了大型花卉微型化栽培技术体系、矮化资源分子调控育种技术体系、名优微型花卉快速繁育技术体系、花卉微型化生产新技术体系。

科研人员研究提出了 4 类矮化技术：以 AFLP 分子标记辅助选择技术，获矮化资源 33 个；克隆矮化关键基因 2 个，建立矮化分子育种技术，获转基因月季株系；竹、梅、菊、牡丹等化控和中间砧矮化调控技术，9 年生株高仅为对照的 1/3；调控光合、水分、营养代谢和根系生长矮化栽培技术，综合实现株型矮化。

光明日报　2009 - 02 - 01

中国绿色时报　2009 - 02 - 10

中国梅菊牡丹成功矮化

以往生长在庭院的竹、梅、菊、牡丹等名优花卉，如今利用新技术矮化后，可盆栽摆放在桌几之上。北京林业大学的这项重大成果已在全国数个省市应用示范推广，新近刚刚获得了 2008 年国家科技进步二等奖。

花卉微型化是国际花卉发展趋势之一，高大的中国名花的矮化难度极大。北京林业大学尹伟伦院士等课题组成员，以揭示调控矮化的机理、建立花卉矮化新技术为目的，重点研究了花卉矮化分子调控机制、矮化资源分子标记和育种、快速繁育、调控栽培、开花调控等关键原理和新技术。科研人员独辟蹊径，用分子生物技术与生理调控技术等高新技术，创造出微、矮、精、美、特的花卉新造型，满足花卉市场新、奇、特及室内宜居生态环境建设等需要；研究了矮小株型的分子育种、育苗、调控栽培、花芽分化与开花调控技术等矮化生产关键技术，将花期从春季拓展到秋季；研究提出了四类矮化技术，调控光合、水分、营养代谢和根系生长矮化栽培技术，综合实现株型矮化。

北京日报　2009 - 02 - 04

中国教育报　2009 - 02 - 06

新成果被美《国家科学院院刊》发表

北京林业大学主持完成的一项研究成果，被新近出版的第 106 期美国《国家科学院院刊》刊发。

这一研究成果的名称是"根除贫困陷阱——长汀县环境修复政策可持续研究与示范》，为区域性地区实现生态环境可持续发展提供了技术模式和理论依据。

据悉，美国《国家科学院院刊》是世界著名的多学科科学连续出版物，创办于 1915 年，主要涵盖生命科学、物理学和社会科学，重点发表观点创新的研究报告、科学评论与展望、学术报告会论文以及报道重要学术活动，每两周出版一期，影响因子为 10.23。

这项研究成果由该校水土保持学院曹世雄副教授主持完成。在 8 年多的时间里，科研人员在福建省长汀县水土流失最严重的策武乡、河田镇、三洲乡、濯田镇 4 个乡镇，开展了以可持续发展为目标的自然与社会和谐的生态补偿政策研究。

研究结果表明，生态修复与经济发展有效结合以及适当的生态补偿政策，可以实现环境与社会良性互动、摆脱贫困陷阱的困扰。

通过发展环保型绿色产业来帮助当地居民摆脱贫困困扰，可以使当地居民摆脱对旧的生存方式的依赖，在改善他们生计的同时，实现生态修复目标。

这些地区从 2000 年开始，每年可得到省财政 1000 万人民币资助。研究证实，这些地方的生物多样性、植被覆盖等环境和社会经济状况，与没有提供激励的可比乡镇相比有了明显改善。

该研究显示，正确设计激励措施，对农民保存树木、开发沼气生产、使用有机肥、种植果树以及养猪养鱼等进行补贴，有助于当地脱离环境退化和"贫困陷阱"。

曹世雄主要从事生态经济、制度经济、生态环境政策与技术方向研究，已在国内外重要学术刊物发表学术论文 60 余篇，受到了广泛关注。

中国绿色时报   2009 - 09 - 28

北林大再聘"长江学者"

美国宾夕法尼亚州立大学邬荣领教授近日受聘于北京林业大学。作为该校的第二位"长江学者"讲座教授，邬荣领将在 3 年聘期内对林木遗传育种学科开展前沿研究。

"长江学者奖励计划"是由教育部与香港李嘉诚基金会共同筹资设立的，以吸引国内外中青年各界精英投身高校重点学科建设，赶超国际先进水平，迅速提高我国高校在国家创新体系中的能力和在国际上的学术地位。教育部设置了讲座讲授和特聘教授岗位，面向国内外公开招聘。

北京林业大学近年来坚持人才强校战略，不断拓宽引进人才渠道，加大引进国外高层次人才的力度，提升重点学科的建设水平和吸引力。此前，北林大已聘请"长江学者"的特聘教授和讲座教授各一名。

中国绿色时报　2009－10－14

院士组成新疆自然生态保护顾问团

请9位院士为高级专家顾问，被视为新疆重视生态保护的举措之一。在9月1日举行的聘任仪式上，9位自然生态保护领域中的两院院士接受了聘任，他们将为新疆的自然生态保护事业建言献策，以促进新疆的自然生态保护事业走上可持续发展的道路。

据悉，这个设在新疆自然生态保护基金委员会的高级专家顾问团，由中科院地理所土壤地理与土地资源专家孙鸿烈院士任团长，副团长是中科院植物所生态学专家张新时院士。另外7位院士为：国家自然科学基金委员会主任、动物学家陈宜瑜，中国林科院森林生态专家蒋有绪，北京师范大学鸟类生态学家郑光美，中科院地质所地质学专家刘嘉麒，北京大学植被生态学专家方精云，中国林科院林业专家王涛，北京林业大学生物学、森林培育学专家尹伟伦。

受聘的院士们联名呼吁有关部门高度重视、社会各界予以响应，大力支持新疆的生态保护事业，给予资金支持，积极为构建新疆绿色、和谐的美好家园奉献一份力量。他们建议适时在新疆举行生态保护高峰论坛，让更多的国内外专家共同为新疆生态保护献计献策。

中国绿色时报　2009－09－03

主办全国生态文明学术研讨会

在刚刚闭幕的"全国生态文明与和谐社会"学术研讨会上，来自全国 30 多所高校、院所的 54 名专家学者发表了《鹫峰宣言》，建议拓展政府的生态文明建设职能，确立生态行政观和生态政绩观；主张促成科学技术的生态转向，促进传统产业向生态化产业转变。

由国家林业局主办，北京林业大学承办的这一高端研讨会在京郊鹫峰国家森林公园召开。专家们在《宣言》中达成的共识还有：全面实现生态系统的生态价值、经济价值和精神价值，满足人们的多重需要；理清各种权利和权益关系，健全与环境友好的制度体系、实现社会正义、环境正义和生态正义；树立生态世界观、生态价值观及其方法论；加强生态文明教育，发挥各种媒体的作用，激励全体公民及非政府组织积极参与等。

研讨会上，25 位专家学者紧紧围绕"生态文明与和谐社会"的主题发了言。内容涉及科技转向与生态文明、生命共同体中的环境正义与生态正义、生态文化的科学基础、生态文化在构建和谐社会中的地位和作用、和谐社会的生态支撑、工业文明与生态文明的可通约性探讨、生态政治与生态文化、生态文明建设的三个维度、生态传播存在的问题及对策等。

科技日报　2007 - 11 - 29
光明日报　2007 - 11 - 27

我国首份省级生态文明建设评价报告发布

中国省级生态文明建设评价报告日前由北京林业大学生态文明研究中心公开发布，这是我国第一份综合性省级生态文明建设评价报告，提供了生态文明建设的科学评价体系，为各省区市生态文明建设水平的定位、目标的确立、相关政策的制定提供了参考依据。

据介绍，北林大生态文明研究中心承担了国家林业局"生态文明建设的评价体系与信息系统技术研究"项目，构建了中国省级生态文明建设评价指标体系（英文简称"ECCI"），并在此基础上设计软件，开发数据库及基于互联网的信息平台。

专家构建了包括"生态活力"、"环境质量"、"社会发展"、"协调程度"四个核心考察领域，22项具体指标的体系框架，以国家公开发布的权威数据为基础，对我国各省区市 2005 年至 2007 年的生态文明建设情况进行了综合评价。有关负责人称，待国家有关权威数据发布后，将对 2008 年及以后各年的情况进行评价，每年向社会公布。

生态文明建设情况近三年的前三名分别是，2007 年：北京、海南、上海；2006 年：北京、上海、天津；2005 年：北京、天津、海南。

课题组有关负责人表示，我国的生态文明建设有待进一步推进，虽然在某些方面（比如人均预期寿命、自然保护区有效保护）达到了国际较高水平，但整体水平较发达国家仍有一定差距，在单位 GDP 能耗、单位 GDP 二氧化硫排放量、服务业产值占 GDP 比例、城镇化比例、城市垃圾无害化率、森林覆盖率、农药施用强度等方面，仍有很大改进空间。

中国政府网、人民网、新浪、网易　2009－09－25

我国省级生态文明建设评价报告发布

9月24日，北京林业大学生态文明研究中心公布的中国省级生态文明建设评价报告公开发布。这是我国第一份综合性省级生态文明建设评价报告，报告提供了生态文明建设的科学评价体系，给各省（区、市）生态文明建设水平的定位、目标的确立、相关政策的制订提供了参考依据。

北林大生态文明研究中心承担了国家林业局"生态文明建设的评价体系与信息系统技术研究"项目，在项目建设中构建了中国省级生态文明建设评价指标体系（ECCI），并在此基础上设计软件，开发数据库及基于互联网的信息平台。

专家构建了包括"生态活力"、"环境质量"、"社会发展"、"协调程度"4个核心考察领域，22项具体指标的体系框架，以国家公开发布的权威数据为基础，对我国各省（区、市）2005年至2007年的生态文明建设情况进行了综合评价。有关负责人称，待国家有关权威数据发布后，将对2008年及以后各年的情况进行评价，每年向社会公布。

据称，与以往的可持续发展评价体系和地方性生态文明评价指标不同，本项研究的突出特点在于：一是采用国家公开发布的权威性数据，强调客观性指标；二是对生态和环境进行了区分，突出生态系统活力在生态文明建设中的基础性地位，把指标体系按照生态活力、环境质量、社会发展和协调程度 4 个方面进行划分；三是把协调程度作为量化评价的一个重要方面，包括生态、资源和环境之间的协调，以及生态、环境、资源与经济之间的协调。

由于受到自然条件、社会发展、科学决策、投入力度等因素影响，各个省（区、市）的 ECCI 得分有一定差别。北京、上海、海南、天津、福建、浙江、四川等省（区、市）排名居全国前列。但专家指出，排名靠前只表明该地区生态文明建设的整体水平在当年领先，不意味着没有缺点，更不意味着已实现了生态文明建设的最终目标。生态文明建设评价，重点不在于排名，而在于客观衡量我国各省（区、市）生态文明建设的状况和水平，找准问题，确定建设目标和重点领域，为科学决策提供指南。

某些省（区、市）的 ECCI 得分与人们对当地环境质量的直接观感并不一致。专家解释说，这是因为生态文明不限于环境质量，而是要克服文明与自然的对立，实现社会发展与生态健康、环境美好、资源节约的统一。因此，各省（区、市）在生态文明建设中，应该有全局思维，从提高生态活力、保障环境质量、促进社会发展、提升和谐程度等方面全面落实，不能顾此失彼。既要反对GDP 崇拜，也要警惕就事论事、目光短浅的"唯环境观"，关键在坚持协调发展。

专家说，ECCI 得分采取的是相对评价法。因此各省（区、市）排名上升，既可能是自身努力建设的结果，也可能是其他省（区、市）建设水平相对下降造成的。而 ECCI 进步率则表示各省（区、市）生态文明建设状况的实际变动。对推进生态文明建设而言，促进各省（区、市）自身的实际进步，比提升相对排名更为重要。2007 年，所有省（区、市）均在协调程度上有进步，且幅度较大，这预示了全国生态文明建设的良好发展趋势，也说明尽管受到自然条件和社会发展基础的影响，只要当地政府和人民高度重视、加大投入力度、科学决策，是能够不断提高生态文明建设水平的。

鉴于我国各省（区、市）生态文明建设情况的复杂性，课题组把各省（区、市）的生态文明建设划分为9个类型，分别是社会发达型、均衡发展型、生态优势型、社会短板型、相对均衡型、环境短板型、低度均衡型、环境优势型、相对薄弱型。属于不同类型的省（区、市）都各有自己的比较优势，也存在某些方面的问题，不能盲目乐观，也不能妄自菲薄。各省（区、市）的生态文明建设，要立足于自己的相对优势，突出自身特色，扬长补短，最终实现可持续发展。

课题组称，我国的生态文明建设有待进一步推进，虽然在某些方面（比如人均预期寿命、自然保护区有效保护）达到了国际较高水平，但整体水平较发达国家仍有一定差距，在单位 GDP 能耗、单位 GDP 二氧化硫排放量、服务业产值占 GDP 比例、城镇化比例、城市垃圾无害化率、森林覆盖率、农药施用强度等方面，有很大的改进空间。

中国绿色时报　2009 - 09 - 29

北京日报　2009 - 09 - 29

科技日报　2009 - 09 - 29

光明日报　2010 - 01 - 24

北京生态文明评价三连冠

北京林业大学生态文明研究中心昨天公布的中国省级生态文明建设评价报告显示，北京的生态文明建设综合评价连续三年居全国之首。

据介绍，本项研究的突出特点在于：一是采用国家公开发布的权威性数据；二是对生态和环境进行了区分，把指标体系按照生态活力、环境质量、社会发展和协调程度等四个方面进行划分；三是把协调程度作为量化评价的一个重要方面，包括生态、资源和环境之间的协调，以及生态、环境、资源与经济之间的协调。

由于受到自然条件、社会发展、科学决策、投入力度等因素影响，各个省份的得分有一定差别。北京、上海、海南、天津、福建、浙江、四川等省市排名居全国前列。

课题组称，我国的生态文明建设有待进一步推进，虽然在人均预期寿命、自然保护区有效保护等方面达到了国际较高水平，但整体水平较发达国家仍有一定差距，特别是在单位 GDP 能耗、单位 GDP 二氧化硫排放量、服务业产值占 GDP 比例、城镇化比例、城市垃圾无害化率、森林覆盖率、农药施用强度等方面，还有很大改进空间。

北京晚报　2009 - 09 - 25

北京生态文明评价居全国之首

北京林业大学日前发布了中国省级生态文明建设评价快报。北京 2008 年生态文明建设指标再次居全国之首。这是 2005 年以来，北京连续四次在该项评价中获得第一。

这份报告显示，北京连续 4 年第一，浙江稳步提升，海南、广东、福建、四川、上海等紧随其后。

这个排行榜考察的数据包含 4 大领域：生态活力、环境质量、社会发展、协调程度，共 20 项具体指标。数据显示，在 2005 年至 2008 年间，除个别省份的整体水平出现过退步外，各省的生态文明建设整体水平进步显著，最大总进步率达到 18％以上。

研究人员将联合国、世界银行、经济合作与发展组织等国际机构发布的权威数据，与中国及各省区市的发展水平进行了比较。我国生态文明建设与国际先进水平仍有差距，且各省市之间的水平呈两极分化状况。

目前，我国的单位 GDP 能耗仍然非常高，亟待大幅降低。我国单位 GDP 二氧化硫排放量也远高于选取比较的国家。排放水平最低的西藏、北京、海南，也仍高于美国和日本的水平。

北京晚报　2010－01－25

首份省级生态文明建设评价报告公布

9月24日，北京林业大学生态文明研究中心首次公布了中国省级生态文明建设评价报告。这是我国第一份综合性省级生态文明建设评价报告，为各地生态文明建设目标的确立、相关政策的制定提供了参考依据。

该中心承担了国家林业局"生态文明建设的评价体系与信息系统技术研究"项目，构建了中国省级生态文明建设评价指标体系（ECCI），并在此基础上设计软件，开发数据库及基于互联网的信息平台。

专家构建了"生态活力"、"环境质量"、"社会发展"、"协调程度" 4个核心考察领域，22项具体指标的体系框架，以国家公开发布的权威数据为基础，对我国各省市自治区2005年至2007年的生态文明建设情况进行了综合评价。

有关负责人称，待国家有关权威数据发布后，将对2008年及以后各年的情况进行评价，每年向社会公布。

评价体系的三个突出特点

据称，与以往的可持续发展评价体系和地方性生态文明评价指标不同，本项研究的突出特点有三个：

一是采用国家公开发布的权威性数据，强调客观性指标。

二是对生态和环境进行了区分，突出生态系统活力在生态文明建设中的基础性地位。

三是把协调程度作为量化评价的一个重要方面，包括生态、资源和环境之间的协调，以及生态、环境、资源与经济之间的协调。

北京排名靠前

由于受到自然条件、社会发展、科学决策、投入力度等因素影响，各个省份的 ECCI 得分有一定差别。北京、上海、海南、天津、福建、浙江、四川等省份排名居全国前列，山西、甘肃、宁夏、贵州、河南、河北、内蒙古等省份却排名相对靠后。

2007 年，所有省份均在协调程度上有进步，且幅度较大，这预示了全国生态文明建设的良好发展趋势，也说明尽管受到自然条件和社会发展基础的影响，只要当地政府和人民高度重视、加大投入力度、科学决策，是能够不断提高生态文明建设水平的。

排名靠前不是功成名就

专家指出，排名靠前只表明该地区生态文明建设的整体水平在当年领先，不意味着没有缺点，更不意味着已实现了生态文明建设的最终目标。

专家说，评价体系采取的是相对评价法。因此各地排名的上升，可能是自身努力的结果，也可能是其他省份建设水平相对下降造成的。

某些省份的 ECCI 得分，与人们对当地环境质量的直接观感并不一致。专家解释说，这是因为生态文明不限于环境质量，而是要实现文明与自然的统一，实现社会发展与生态健康、环境美好、资源节约的统一。

生态文明建设评价，重点不在于排名，而在于客观衡量我国各省生态文明建设的状况和水平，找准问题，确定建设目标和重点领域，为科学决策提供指南。

进步率比排名更重要

专家指出，进步率是表示各省生态文明建设状况的实际变动，比提升相对排名更为重要。

从 2005 年～2006 年、2006 年～2007 年的进步率可以看出，除了个别省份在生态文明建设整体水平上有退步外，各省生态文明建设整体水平进步显著，最大总进步率超过了 16％，取得了可喜成绩。

三年间进步率较大且相对稳定的是西藏、上海、山东、吉林、安徽、福建。这些省份分属不同的得分等级。这说明，进步率尽管受到生态文明建设的自然基础和社会发展基础的影响，但主要依赖于当地政府的重视程度、建设投入力度和科学决策。

全国划分为九个类型

鉴于我国各省份生态文明建设情况的复杂性，课题组把各省份的生态文明建设划分为九个类型，分别是社会发达型、均衡发展型、生态优势型、社会短板型、相对均衡型、环境短板型、低度均衡型、环境优势型、相对薄弱型。属于不同类型的（省份都各有自己的比较优势，也存在某些方面的问题，不能盲目乐观，也不能妄自菲薄。各省份的生态文明建设，要立足于自己的相对优势，突出自身特色，扬长补短，最终实现可持续发展。

指标体系设计突出协调度

生态文明建设涉及的领域非常广泛，给定量评价造成很大困难。特别是制度层面和观念层面的建设，虽然是生态文明建设不可或缺的部分，甚至起着关键性的作用，可是对它们的评价难以量化，更缺乏权威数据的支撑。课题组通过分析评价生态文明建设中相对客观的器物和行为部分，进而对生态文明建设总体状况进行评价。

将生态文明建设评价总指标分解为 4 个核心考察领域：生态活力、环境质量、社会发展、协调程度，然后选取设立表现各个考察领域不同侧面的建设水平、具有显示度和数据支撑的若干具体指标，构建一个包括"总指标——考察领域——具体指标"三层的中国省级生态文明建设评价指标体系框架。

最具创新性的部分是，设计了协调程度的二级指标进行量化评价，并且协调程度部分所包含的指标数量也最多，突出它在生态文明建设当中的重要意义。将生态文明的协调程度分为生态、资源、环境协调度，以及生态、环境、资源与经济的协调度两个方面。最终选取设立了 22 项指标，并赋予了相应的权重。其中 17 个为正指标，5 个为逆指标。

与发达国家差距较大

课题组称，国际数据比较及相关性分析说明，我国目前的生态文明建设虽然取得了一定成绩，但尚处于初级阶段，整体水平较后现代化国家有一定差距。

课题组以联合国、世界银行、经济合作与发展组织等国际机构发布的权威数据为基础，与中国及各省区市生态文明建设各具体方面的发展水平进行比较。课题组选取了澳大利亚、巴西、俄罗斯、美国、南非、尼日尔、日本、瑞士、伊朗、印度等 10 个国家作为比较对象。

课题组对 13 个生态文明建设具体指标进行比较。结果显示，在生态、环境和资源压力较大的情况下，我国的生态文明建设不乏亮点，但与国际先进水平仍有差距。少数省份某些指标已有国际领先的方面，但大多数省份的建设水平仍亟待提高，并有部分省份某些指标的建设水平处于较落后水平。

森林覆盖率低　保护区成绩显著

2005 年我国的森林覆盖率（21.2%，含港澳数据）在联合国有统计数据的 213 个国家和地区中排名 134，距世界平均水平（30.4%）仍有较大差距。但一些省份的森林覆盖率已经达到世界领先水平。福建的森林覆盖率为 62.96%，达到世界第 25 位国家的水平，在相比较的 10 个国家中仅次于日本（68.2%）。而受自然地理等条件的限制，上海（3.17%）和新疆（2.94%）的森林覆盖率在相比较的 10 个国家中仅高于尼日尔（1%）。

在自然保护区的有效保护方面，我国取得了很好的成绩。2005 年～2007 年，中国自然保护区面积比例在联合国统计的 210 多个国家和地区中，排名稳定在 57 位。其中，2007 年西藏自治区已达到世界第 9 位水平。考虑到我国巨大的人口压力、经济压力、粮食安全压力，以及气候地理条件，在自然保护区有效保护方面所取得的成绩是非常值得肯定的。但也应看到，2007 年仍有安徽、福建、河北和浙江未达到比较的 10 国的最低水平（印度，4.6%）。

各省生态文明建设有优势

进步率分析表明，目前我国绝大多数省份的生态文明建设进步率明显，且 2007 年所有省份均在协调程度上有进步，且幅度较大。这预示了全国生态文明建设良好发展趋势，也说明尽管受自然基础和社会发展基础的影响，但只要当地政府和人民高度重视、加大投入力度、科学决策，就能够不断提高生态文明建设水平。各个二级指标的进步情况表明，生态活力、社会发展的进步程度幅度较小且相对稳定，而环境质量和协调程度的进步率变化相对较大。这带来的启示是，各个省份可重点从环境质量和协调程度这两个方面突破，提高其进步率，以提高生态文明建设的相对水平。

尽管各个省份目前的 ECCI 得分排名有前有后，但经过类型分析可以发现，绝大多数省份都各有自己的比较优势，也存在某些方面的问题，不能盲目乐观，也不能妄自菲薄。各省份的生态文明建设，一定要立足于自己的相对优势，突出自身特色，并通过优势方面带动弱势方面的发展，最终实现协调发展。

生态文明建设关键在协调发展

专家认为，生态文明建设一定要有全局思维，从提高生态活力、保障环境质量、促进社会发展、提升和谐程度等方面全面落实。既要反对 GDP 崇拜，也要警惕就事论事、目光短浅的"唯环境观"，关键在坚持协调发展，不能顾此失彼。

而目前实现协调发展的关键，在于处理好经济发展与生态环境之间的关系，即经济发展要尽量降低资源消耗和污染排放等方面的自然成本，走低碳经济、循环经济、生态经济发展之路，改变经济核算方式，加大对生态环境的反哺力度，实现可持续发展。

中国林业杂志　2010-01-04

中国生态文明建设进入量化时代

刚刚步入新年，北京林业大学发布了 2005 年至 2008 年中国省级生态文明建设评价（ECCI）快报。此报告根据国家统计局等部门刚刚发布的最新权威数据，对各省、自治区、直辖市（未含港澳台）的生态文明建设水平，进行了量化评价并排名。

据课题组负责人、北京林业大学人文学院院长严耕教授介绍，某省份的 ECCI 得分名列前茅，仅说明其生态文明建设水平，当年在国内相对领先，并非表示该省的建设已经达到生态文明所要求的高度；如某省份的排名比前一年有所上升的原因有二，可能因过去一年中建设力度加大、整体水平提高，也可能是其他省份水平相对下降。各省的排名有前有后，但总体而言，全国生态文明建设仍属起步阶段，任重道远。

谁排前列谁垫底？

这份报告显示，北京连续 4 年第一，浙江稳步提升，海南、广东、福建、四川、上海等紧随其后。排名相对落后的除了内蒙古、青海、宁夏、贵州、新疆、甘肃等边远地区外，还有河北和山西。

这个排行榜是在权威数据的基础上，根据 ECCI 计算出来的。

ECCI 包含 4 大核心考察领域：生态活力、环境质量、社会发展、协调程度，共 20 项具体指标。

排行榜的排名顺序，取决于各省总得分的高低。总得分采用相对评价法，确定每一具体指标原始数据的相对等级分，按第一等 6 分、第二等 5 分……第六等 1 分计算。然后，各等级分乘以权重，得出具体指标的得分。再将各项具体指标得分相加，乘以其二级指标的权重，得到二级指标得分。最后，将各二级指标得分相加，获得总得分。生态活力、环境质量、社会发展、协调程度 4 大核心指标，在生态文明建设中的重要性不同，其权重分别为 30%、20%、20% 和 30%。

进步率比排名更重要

课题组称，ECCI 年度排名只是各省之间的比较，对于各省的生态文明建设有参考价值。但比排名更重要的是提高进步率。因为进步率反映的是各具体指标的实际变动。

2005~2008 年间逐年进步率测评显示，除个别省份的整体水平出现过退步外，各省的生态文明建设整体水平进步显著，最大总进步率达到 18% 以上，成绩可喜，预示着我国生态文明建设不断朝着更好的方向发展。

总体进步的态势表明，虽然我国各省的生态文明建设起点并不相同，自然条件、社会发展水平也各异，但只要加强重视，提高原有水平是完全可以实现的。

从四个二级指标来看，各省份在社会发展方面全都进步，宁夏、陕西的进步率均超过了 10%。但同时也要看到，全国仍有云南、甘肃等 9 个省份的生态活力出现退步，进步省份的进步幅度也普遍不大。

在环境质量方面，尽管经过多年的治理，但迫于经济和人口的压力，全国除了黑龙江、山西、北京、江苏等10个省份外，其余省份均有退步。这说明我国仍普遍存在着经济社会发展与环境恶化之间的矛盾，反映了我国尚处于工业化发展阶段的事实。

可喜的是，全国绝大多数省份在协调程度方面普遍有进步，近一半省份的进步率超过了10%，浙江省甚至高达近30%。西藏自治区尽管有退步，但主要是由环境污染治理投资占GDP比重从2007年的0.15%下降到2008年的0.05%造成的，而西藏的环境质量本身是在全国领先的。在协调程度方面的全面进步，意味着经过一段时间的发展，中国有望进入经济社会发展与生态环境改善的双赢局面。

与国际的差距有多大？

中国各省生态文明建设水平与国际水平相比，处于怎样的位置，差距有多大？研究人员将联合国、世界银行、经济合作与发展组织等国际机构发布的权威数据，与中国及各省区市的发展水平进行了比较。根据发展水平、洲际分布和国情情况，研究者选取了澳大利亚、巴西、俄罗斯、美国、南非、尼日尔、日本、瑞士、伊朗、印度等10个国家作为比较对象，对13项有数据支撑的评价指标水平进行了国际比较。

比较结果显示，面对人口、经济、生态安全的压力，我国的生态文明建设仍不乏亮点。例如，一些省份的森林覆盖率世界领先。2005年，福建省的森林覆盖率为62.96%，达到同时期世界第25位国家的水平，在相比较的10个国家中仅次于日本（68.2%）。此外，我国在自然保护区建设方面成绩斐然。2005～2007年，中国自然保护区面积比例（未含香港）在联合国有相关统计数据的210

多个国家和地区中，排名稳定在 57 位。西藏自治区的自然保护区面积比例达到世界第 9 位的水平，高于比较的 10 个国家。

然而我国生态文明建设与国际先进水平仍有差距，且各省市之间的水平呈两极分化状况。少数省份的某些指标已居国际领先，但大多数省份仍亟待提高，部分省份在某些指标上比较落后。尤其是在农药施用强度、服务业产值占 GDP 比例、城镇化比例、城市垃圾无害化率、单位 GDP 能耗等 5 个方面，我国各省与国际水平有相当大的差距。

以服务业产值占 GDP 比例为例，2005 年，我国的比例为39.72%，在世界银行统计的 181 个国家和地区中排名 153。2005～2007 年，我国该项数据值均低于选择比较的 10 个国家，除北京、西藏和上海，其他省份该项比例都不到 50%，而 2005 年的世界平均水平已达 68.7%。

目前，我国的单位 GDP 能耗仍然非常高，亟待大幅降低。以2005 年为例，中国单位 GDP 能耗为 1.20 吨标准煤/万元，远高于选取比较的国家，一般为它们的 2 至 3 倍，甚至接近瑞士的 7 倍。国内 GDP 能耗最低的省份是广东（西藏无数据），其水平为 0.79吨标准煤/万元，也高于选取比较的所有国家。

与单位 GDP 能耗现状相似，我国单位 GDP 二氧化硫排放量也远高于选取比较的国家。2006 年，我国单位 GDP 二氧化硫排放量为 0.012015 吨/万元，是美国的 59.6 倍，日本的 19.8 倍。排放量最高的贵州达到美国的 313.2 倍，日本的 104 倍。排放水平最低的西藏、北京、海南，也仍高于美国和日本的水平。

协调程度是重中之重

研究人员通过相关性分析后认为，生态文明建设既要有全局思维，统筹兼顾，同时也要突出重点。以 2008 年数据为例，二级指标与总指标之间的相关性分析显示，协调程度、社会发展、生态活力这三个二级指标都与 ECCI 总分有很高的正相关，表明了协调程度、社会发展和生态活力对生态文明建设的重要意义，特别是协调程度更是重中之重。

较为特殊的是，环境质量与总得分之间关联不显著。进一步分析发现，环境质量较差的地区既包含社会较发达地区，也包含社会欠发达地区，而环境质量领先的省份却都是社会欠发达地区。这说明在目前的发展阶段，环境污染是全国普遍面临的问题。只不过欠发达地区的问题是，如何在促进社会发展的同时，不破坏环境；而发达地区的问题是，如何在社会高速发展的同时突破环境瓶颈，实现可持续发展。

对 20 个具体指标的相关性分析显示，相关度最高的 6 个指标分别为：单位 GDP 能耗，单位 GDP 二氧化硫排放量，服务业产值占 GDP 比例，城市生活垃圾无害化率，城镇化率和森林覆盖率。这 6 个指标囊括了节能、减排、产业结构升级、资源循环综合利用、城市化集约发展、生态建设等生态文明建设的核心内涵，突出了目前生态文明建设的重点。

中国生态文明的建设类型

生态文明建设并非一种模式。各省份在建设中需准确定位，明确优势和弱点，在建设中扬长补短。研究人员进行了类型分析后，提出了我国各省份目前生态文明建设的六种类型。

一是社会发达型。北京、上海、天津、浙江、江苏五省市属此类型。其社会发展和协调程度居全国前列，但有较大的经济和人口压力，使其生态活力和环境质量处于全国平均水平。

二是均衡发展型。如海南、福建、广东、重庆。这些省份自然地理条件优越，生态活力高，环境质量相对较好，经济社会发展也处于全国前列，并开始向协调发展迈进，整体情况较好。

三是生态优势型。包括四川、江西、吉林、广西、云南五个农业省份。它们自然地理条件优越，生态活力高。除农药施用强度较大外，环境质量较好。作为农业大省，目前它们的社会发展水平低于全国平均水平，生态优势尚未转化为经济效益，尚未实现经济与生态环境的协调发展。但由于自然资本充足，这些省份具有较好的发展前景。

四是相对均衡型。包括安徽、辽宁、陕西、湖南、湖北、黑龙江、河南、山东八个省份。这些地区或为农业大省，或为革命老区，或为东北老工业基地，经济社会发展水平一般，生态活力尚可，环境质量接近全国平均水平，实现了较低程度的均衡发展，但优势不够突出。

五是环境优势型。包括西藏、贵州、青海三个省份。这些地区受到自然条件限制，生态基础比较脆弱，生态活力较差，社会发展水平有待提高。在促进经济社会发展的同时，需要保护脆弱的生态环境，因此协调的压力较大。这些地区对环境的压力较小，环境质量居于全国前列。

六是相对薄弱型。包括新疆、河北、宁夏、内蒙古、甘肃、山西六个省份。这些省份受到自然条件限制，生态基础脆弱，生态活力较弱。它们或是农业大省，或是能源大省，环境污染严重，环境质量差，经济发展基本处于全国平均水平，不仅生态基础较薄弱，而且面临较大的经济发展压力，整体协调程度也偏低，生态文明建设各个方面的任务都很重。

追求生态与文明有机融合

ECCI 的目标绝不是只为各省开列一份年度排行榜，而是为各省生态文明建设明确方向。课题组通过研究，提出了三点看法。

首先，生态和环境是两个完全不同的概念。生态是指各种生命支撑系统、各种生物之间物质循环、能量流动和信息交流形成的统一整体。环境指的是人类生存的物质条件，是生态系统中直接支撑人类活动的部分。如果没有充分意识到这种概念上的区别，在实践中就会以环境改善取代生态建设，造成"局部环境好转，整体生态恶化"的情况。而在评价上，也容易仅以环境质量来衡量生态文明建设水平。

其次，生态文明是"生态"与"文明"的有机结合。钢筋水泥铸成的人工世界不是生态文明，刀耕火种造就的天然生活也不是生态文明。生态文明建设既要生态环境良好，也要社会高度发达。而且，对社会发展水平的评价也要超越"GDP 崇拜"，全面考察经济发展、福利水平、公平正义等方面。

第三，生态文明建设的关键在于协调发展。生态环境不断恶化，是工业化的传统模式不协调发展的结果。要实现生态环境改善与社会发展相互促进，必须坚持协调发展。生态文明就是协调发展的文明，包括生态、资源、环境之间的协调发展，比如，提高废气、废水、废渣的无害化和资源化处理能力，实现环境改善、资源再生、生态好转的统一。生态、环境、资源与经济之间更需要协调发展，也即在经济发展过程中，降低单位 GDP 能耗、水耗和污染物排放，降低生态、资源、环境成本，并在经济发展的基础上，加强对生态环境建设的反哺。

生态文明建设任重道远

研究者通过各省的相关评价得分以及相应分析，得出了如下一些结论。

我国目前的生态文明建设取得了一些成绩，但尚处于初级阶段，整体水平较西方发达国家有差距，在单位 GDP 能耗、单位 GDP 废气排放量、服务业产值占 GDP 比例、城镇化比例、城市垃圾无害化率、森林覆盖率、农药施用强度等方面，急需改善。

课题组认为，生态文明建设一定要有全局思维，不能顾此失彼，不仅要防止根深蒂固的 GDP 崇拜，也要警惕目光短浅的唯环境观。

生态文明建设关键在于协调发展，处理好经济发展与生态环境之间的关系，也就是说，经济发展要尽量降低资源消耗和污染排放等自然成本，走低碳经济、循环经济、生态经济之路，改变经济核算方式，加大对生态环境的反哺力度，实现可持续发展。

尽管各省份目前的 ECCI 得分排名有前有后，但进步率分析表明，目前我国绝大多数省份的生态文明建设进步明显，显示了良好的发展趋势。而为了阻止生态活力和环境质量方面的退步，必须在加快城市化进程的同时，提高建成区绿化覆盖率，提高地表水体质量。要以工业固体废物综合利用率、城市生活垃圾无害化率、环境污染治理投资占 GDP 比重、单位 GDP 废气排放量这四项指标为突破口，提高协调程度的进步率，促进整体进步。

类型分析表明，不同类型的省份各有自己的优势，也存在某些方面的问题，不能盲目乐观，也不可妄自菲薄。各省份的生态文明建设，需要立足于自己的相对优势，突出自身特色，通过优势方面带动弱势方面的发展。

科学时报　2010－02－05

生态文明教育是生态文明建设的基础

"建设生态文明，应以全社会牢固树立生态文明观念为根本前提。当前迫切需要在全社会深入开展生态文明教育，大力普及生态文明理念，为生态文明建设夯实基础。"北京林业大学党委书记吴斌在接受记者采访时开宗明义，亮明了自己的观点。

生态文明教育要先行

吴斌说，建设生态文明，要求从改变全社会的生产方式、生活方式、消费方式等方面入手，构建全新的人与自然和谐的关系，努力实现经济、社会、自然环境的可持续发展。实现这些转变，需要一种全新的价值观念的指导，需要教育的引领和推动。

他认为，教育是提升人类文明进步的重要力量和传播文明的有效途径。教育对建立全民生态文明观与价值观，推动生态文明建设，具有重要的基础性作用。其最终目标就是从意识、知识、态度与价值观、行为等层面，引导和帮助人们形成符合生态文明价值取向的正确的生产方式、生活方式和消费方式。因此，加强生态文明教育，提高全民生态素质，是建设生态文明最为基础的工作。

他说，开展生态文明教育重在帮助人们认识自然、尊重自然。只有在与自然和谐相处的前提下，人类文明才能持久和延续。必须通过教育，帮助人们反思在处理人与自然关系方面的失误，树立人与自然和谐相处的生态价值观，树立人类平等、人与自然平等的生态道德观，树立以人为本的生态发展观。

生态文明教育的四项重要内容

在吴斌看来，生态文明教育的内容十分丰富，主要包括四个方面：

一是普及生态环境现状及知识的教育。重在介绍全球和我国环境污染、生态危机的现状，传播最新生态环保动态，提高生态知识的知晓度，唤起公众的生态保护意识、环境忧患意识、能源节约意识、消费简约意识、亲近自然意识；

二是推进生态文明观念教育。如生态安全观、生态文明哲学观、生态文明价值观、生态道德观、绿色科技观、生态消费观等价值观念。这是生态文明教育内容的核心；

三是强化生态环境法制教育。普及国际环境保护公约等国际环境类履约情况，进行森林法、环境保护法等相关法律的宣传教育，彰显生态正义，引导公民自觉地履行生态环境道德义务，自觉地参与生态保护；

四是注重生态文明技能教育。如日常生活中的节能减排绿色技术、向自然学习的方法和技巧等。立足于对我国现实生态问题进行分析和反思，借鉴世界生态环境保护的丰富思想和实践。

生态文明教育是全民教育

吴斌说，生态文明教育主体和对象具有广泛性。除了由政府部门积极承担生态文明教育的主体任务外，企业、学校、非政府组织和社会公众也都是重要的教育主体，应承担生态文明教育更多的任务。

他指出，生态文明教育的专业化培养依靠高校。大众化教育则需要政府、高校、传播媒体、社会团体、企业的共同参与。

生态文明教育的对象除了以社会各阶层为对象的社会教育，以大中小学和幼儿为对象的学校教育，还应加强对各级政府部门负责人、企业高层管理者的教育。要努力推动生态教育向全民教育、全程教育和终生教育发展，在全社会倡导生态伦理和生态行为，提倡生态善美观、生态良心、生态正义和生态义务。

学校是生态文明教育的主阵地

学校是生态文明教育的主阵地。吴斌强调，教育工作者应抓住建设生态文明这一重大机遇，把生态文明理念的培育放在人才培养的重要位置，建立良好的生态文明教育机制，探索生态文明教育的有效途径，为全社会形成生态文明观念做出更大的贡献。

他提出的具体建议是：从少年儿童抓起。生态观念、意识的养成应从孩子入手。帮助学生自小养成良好的生态道德意识和行为习惯；完善学校生态文明教育格局。以培养学生的可持续发展理念为目标，推动生态文明进课堂、进教材，形成第一课堂与第二课堂有机结合，课堂教学与校园环境育人相互补充，基础教育与高等教育有效衔接的教育体系。

他指出，学校在生态文明教育中应遵循青少年学生身心发展的认知规律，进行系统的设计。要开设有关生态文明的基础性公共课程，开发生态环保类教材及课件，依靠传统学科课程渗透生态环保知识和生态文明理念。重视学生日常生活中的生态文明养成教育。努力营造绿色软环境，倡导绿色管理、绿色学习方式、绿色活动方式，形成可持续发展的绿色校园。引导学生参与绿色活动，培养生态文明实践能力。

政府要主导生态文明教育

吴斌呼吁，政府要强化生态文明教育的主导作用，推进生态文明教育制度化建设。将生态文明教育纳入政府生态文明建设规划之中，建立起社会、学校一体的生态文明教育体系，建立生态文明教育的公众参与机制，鼓励企业和各种社会团体参与生态文明教育。

他认为，国家林业局、教育部和团中央等启动的国家生态文明教育基地创建工作，是促进学校生态文明教育制度化发展的有力举措。

他希望政府进一步为生态文明教育提供更多的公共资源保障。他建议有关部门应为学生创设"户外教室"，免费开放公园、森林公园等社会公共资源，解决校园内部生态文明教育基础设施不足的问题。

中国绿色时报　2010－02－04

将生态文明教育作为终生教育

"建设生态文明，应以全社会牢固树立生态文明观念为根本前提。当前迫切需要在全社会深入开展生态文明教育，大力普及生态文明理念，为生态文明建设夯实基础。"北京林业大学党委书记吴斌今天接受记者采访时一再强调上述观点。吴斌说，建设生态文明，要求从改变全社会的生产

方式、生活方式、消费方式等方面入手，构建全新的人与自然

和谐的关系，努力实现经济、社会、自然环境的可持续发展。而实现这些转变，需要一种全新的价值观念的指导，需要教育的引领和推动。

吴斌认为，教育是提升人类文明进步的重要力量和传播文明的有效途径。加强生态文明教育，提高全民生态素质，是建设生态文明最为基础的工作。在他看来，生态文明教育主要包括四个方面：普及生态环境现状及知识的教育、推进生态文明观念教育、强化生态环境法制教育、注重生态文明技能教育。

吴斌表示，除了由政府部门积极承担生态文明教育的主体任务外，企业、学校、非政府组织和社会公众也都是重要的教育主体，应承担生态文明教育更多的任务。生态文明教育的专业化培养依靠高校，大众化教育则需要政府、高校、传播媒体、社会团体、企业的共同参与。生态文明教育的对象除了以社会各阶层为对象的社会教育，以大中小学和幼儿为对象的学校教育，还应加强对各级政府部门负责人、企业高层管理者的教育。要努力推动生态文明教育向全民教育、全程教育和终生教育发展。

光明日报　2010－02－24

绿色校园建设具有里程碑意义

雨夜，中国工程院院士尹伟伦办公室的灯光依然闪烁。他正忙着准备第二天的"弘扬生态文明和绿色校园建设"的报告。自从北京林业大学开展深入学习实践科学发展观活动以来，身为一校之长，他已经在繁忙工作之中，插空为几个学院的教师做了辅导报告。

谈起"弘扬生态文明，建设绿色校园"活动，尹院士说，这是一项由国家林业局倡导、教育部推动的具有里程碑意义的活动。它将生态文明、绿色文化融入育人环境之中，是落实科学发展观的重大举措，应该引起全国教育系统的高度关注。

在生态文明的框架下重塑观念

作为著名的林学家，尹院士对于我们所处生态环境的认识显然更加深刻。他说，生态环境的恶化，使整个人类的生存受到了严重威胁。牺牲环境和资源而片面追求经济效益的发展模式，已经不能再继续下去了。追求资源、环境和经济的协调发展成为大势所趋。在人类社会全面协调可持续发展中，弘扬生态文明成为社会的共识。人类已经开始步入生态文明的新时代。

尹院士强调，弘扬生态文明必须要重视森林的功能和林业的作用。整个地球，特别是陆地生态系统中，森林是主体、是核心。其生态功能对于整个人类的生存和发展都发挥着巨大的作用，有着重大的影响。随着社会的前进，人们对森林的认识不断深化，从以生产木材为主、追求速生丰产、注重单一功能，向发挥森林的多功能转变。

尹院士认为，应该用生态文明的理念，重新审视我们的生产方式、生活方式、教育方式，用生态文明的标准来重塑我们的价值观、道德观和世界观。

学生的生态文明教育尤为关键

尹院士说，学生阶段是一个人世界观、价值观、道德观形成最关键的时期。因此，加大对学生的生态文明教育，是面向全社会普及生态文明知识的最重要一环。通过绿色校园建设来弘扬生态文明有着特殊的意义。

他认为，对于绿色校园的理解和认识，不能停留在表面上。"绿色"不是一个颜色问题。"绿色"的背后，应该是整个生态的和谐。教书育人的过程，也应该是弘扬生态文明的过程，是让青少年对森林、对林业的再认识、再教育的过程。建设绿色校园，是对学生开展生态文明教育的最好形式，它关乎一个学生一生的生态文明素养。

尹院士说，绿色校园建设不仅仅为学生创造了优美的求学环境，提供了学习的素材和实践的平台，还可以通过参与植绿、护绿等活动，使学生的知识水平和生态素质同步增长，塑造其最基本和最重要的人格、道德。

尹院士指出，绿色校园建设的提出，是新时期对建设生态文明的创新思考，是对国家、对民族、对未来极端负责的重大举措。绿色校园建设将生态文明教育从孩子抓起落到了实处，有利于使生态文明的理念在中华民族中扎根、开花、结果，代代相传。

每个教育环节都应贯彻生态文明的理念

尹院士说，对生态文明的内涵会随着社会的进步不断丰富和延伸。我们的认识也需要不断完善和与时俱进的深化。

尹院士指出，生态文明不是一蹴而就，要靠持久的宣传和深入的教育。从污染环境、耗费资源，转变为环境友好、资源节约，是一场艰巨的革命。"弘扬生态文明，建设绿色校园"活动的开展，要求我们从今天做起，从自我做起，从青少年做起，从教育做起。要用生态文明的理念加以重新审视和全面改革，使之符合生态文明的要求。要对教学内容、课程体系、教学模式等进行全方位的修改和调整。让全面协调可持续发展的理念，通过教育的每个环节，深入每个学生的心灵，成为每个学生的根本素质。

"只有到那个时候，我们的生态文明才能真正实现。而绿色校园建设，正是朝着这个目标前进的最好形式之一。"

"绿色校园建设的意义在于，更新教育理念、塑造健康人格、培养生态素质。"尹院士说，这就是称其具有里程碑意义的理由所在。

中国绿色时报　2009－04－29

绿色校园建设重在寓教于景

听说全国绿化委员会、教育部、国家林业局联合开展"弘扬生态文明，共建绿色校园"活动的消息后，耄耋之年的园林设计大师孟兆祯院士对此十分赞成。他说，这一活动的开展，不但能直接推动全国的绿化事业，还有助于培养具有较强生态意识的接班人和建设者。

孟院士说，在我们国家日渐崛起的今天，倡导开展"共建绿色校园"活动，既符合国情，也符合可持续发展的要求。对于如何将这一活动富有成效地深入开展下去，他谈了三个方面的问题。

注重生态保护是中华民族的优秀传统

孟院士特别注意到温总理在政府工作报告讲了中华民族的复兴。复兴什么呢？当然包括复兴中华民族的文化。尧舜认为："天地之大德在于生"。天地就是指自然。自然对人类的贡献，在于提供给了我们生存繁衍的环境。管子有句话非常重要："人与天调，而后天下之美生"。这就是说，要创造艺术美，首先要与自然协调。

孟院士说，艺术的"艺"字，古写就是一个人跪在地下捧着一棵树苗欲种植。在古代，艺和术是不分的。什么是"艺"呢？人捧着树苗，就是人不满足于天然的恩赐，要自己种树来改造环境。本来树是自然生长的，但满足不了人的要求。所以，人要种树。这就是人造自然之始。

孟院士说，地球虽然大，但人口众多。对于这么庞大的人类群体，怎么样解决居住和生存是一个很突出的问题。生态环境是国民经济发展和人们安居乐业的基础。现在，我们如何继承和发扬中华民族重视生态建设的传统，是当前面临的重要问题。

城市绿地建设也要打假

城市的土地如此紧张，为什么还要用接近三分之一的土地来做绿地？孟院士强调，这是因为社会的生产、人类的生活需要与适宜的生态环境相协调。遗憾的是，人们往往偏重于抓生产、抓经济，而轻视了生产和经济的基础——生态环境。

中国有句老话，叫做"余荫子孙"。孟院士说，我们这一代要为后代的发展而努力，时髦的词是"可持续发展"。绿地的功能是综合的，绿化建设要讲求生态效益、社会效益和经济效益。

孟院士特别关注城市人口密集的问题。他说，世界上不少的旅游景点名字都和仙境有关。如"香格里拉"、"伊甸园"等。什么叫做仙境？就是每平方公里4个人。现在城市每平方公里数千人到上万人。所以必须保证城市的绿地系统能够得以实现。

孟院士认为，应该给绿地下个定义：必须是自然的土地，要让植物把根扎下去。有毛细管作用的，能够通地气的土地才是绿地。城市用地紧张，很自然地引发了一些危害科学发展的行为。在绿地建设领域，也必须打假。原因很简单，倘若不实事求是，不但起不到好作用，而且还会贻害无穷。

对于肆意侵占绿地的现象，孟院士深恶痛绝。他说，在城市建设中，本来被规划为绿地的地方，因为经济利益或其他因素就另做他用了。这种现象并不鲜见。在统计一个城市的绿地时，应该把负增长考虑进去，才能得出一个科学的数据。

绿色校园建设是综合概念

在孟院士看来，绿色校园建设是一个综合的概念。他说，环境本身就是综合的，中国的文化也是综合的，我们的绿色校园也好，生态文明也好，也是综合的，不能只强调其中的某一个方面。

学校是培养人的地方，归根结底，人的知识是多学科交融的。环境对我们来讲，不单纯是物质的环境，它不但能遮阴、增加湿度、提供氧气、消减噪音，还能给人以美感、修身养性。所以，绿色校园对于学生的身心健康和学习进步有着多重价值。

孟院士说，在绿色校园建设中，应该尽量保护自然的环境。尽量不要破坏原有的生态环境。尤其是一些富有特色的自然和人文景观，要注意加以保护。

孟院士说，有句话叫"寓教于景"，这个"教"不仅仅是课堂上的教学，还应该置于绿色校园的风光美景之中。因此，绿色校园的建设，不能仅仅看成物质建设，也要看成精神建设，要努力实现在蕴含丰富文化内涵的绿色校园中，"传道、授业、解惑"。

中国绿色时报　2009 - 05 - 05

专家眼中的绿色校园建设

由全国绿化委员会、教育部、国家林业局联合组织的"弘扬生态文明，共建绿色校园活动"启动之后，在北京林业大学引起了很大反响。许多专家、学者对这一活动的开展给予了高度评价。学校专门组织召开了专家研讨会，对绿色校园的深刻内涵、绿色校园建设的重要意义进行了讨论。

校党委书记、生态文明研究中心主任吴斌教授说：
绿色校园建设应注重文化内涵

过去的书院多为园林，有山有水有树木，有花有草有河流。人只有在这种地方，才能作诗，才能思考。一个外国教师蹲在树底下4个小时没动窝，一直琢磨着一个数学问题。如果，他在太阳底下晒着，恐怕是坚持不了4个小时的。

2007年秋，我在宁夏出差。一阵风吹过来，让我想到了校园里的银杏大道。我马上给学校发短信说，千万别扫掉银杏叶子，要让学生感受一个黄金铺地的秋天。

人从小时候就应该和自然亲近，培养对自然的崇敬、关怀和热爱。这对人格的完善和成长的意义，远远超出了栽几棵树本身。把树木和树人紧密结合，当做一种文化来建设，树栽得才有品位。绿色校园建设，是一个文化建设，是生态文明的载体。育人环境的重要性远远大于建设实验室、教室、运动场、图书馆……

绿色校园应该是学生的课堂，让学生们在自然中学会生存，学会处理与自然的关系。我特别佩服日本小学生，他们对植物、动物、鱼类了解的都特别清楚。我一直主张教学生学会学习，包括向自然学习，还要学会审美，从小学会对自然的欣赏。绿色校园建设不仅仅是增加绿色，还应该成为一种生态教育的方式，是育人的深化。

校党委副书记、中国林业教育学会秘书长周景教授说：
将绿色校园与生态文明紧密结合

维护生态平衡需要绿色。这个"绿"不是假绿，而应该是真绿、深绿、可循环的绿、可持续的绿。绿色校园建设最重要的是和生态文明紧密地结合。工业文明给我们留下很多财产，需要继承和发展，但更需要用生态文明的理念来替代一些过时的、落后的观念。"弘扬生态文明，建设绿色校园"这个活动好，好就好在将绿色校园建设定位于生态文明之中，而不仅仅是一般意义上的绿化。

我认为有几个方面需要加以注意：第一要把绿色校园建设和正在开展的深入学习实践科学发展观结合起来，真正树立起全面协调可持续发展的理念；第二要创新人才培养理念，注重绿色环境对人才培养的重要作用，使广大学生在绿色校园里健康成长；第三要传播绿色文化，建设生态文明，用绿色文化教育学生、影响学生。

研究生院常务副院长马履一教授说：
校园绿化和绿色文化应同步建设

首先是校园绿化规划。要从校园整体出发，做出一个具有生态、环境、人文、教育等特点的、系统的校园绿化规划。把一所学校的绿化现状进行新的审视，提出更系统的规划方案或框架。其中的每个细小组成部分，如一棵树、一块绿地、一个小景观等等细部的设计和施工，可由班级或学生个体参与完成，通过这样的活动将学生调动起来。

其次是校园绿色文化规划，不仅仅要营造绿色的校园，还要通过一系列的绿色文化活动，引导学生、教育学生、培养学生，这和校园绿化同等重要。

园林学院院长李雄教授说：
绿色校园建设的理念需要更新

一位哈佛的教授在北林大问我："校园在哪里？"可见中西方在"校园"的概念上的有很大差距。国外的大学校园是自然环境和人工环境的综合体，而我们多为单纯的人工环境。

绿色校园应该是民族文化的摇篮，通过绿色环境的建设强调民族性，要通过绿化和环境建设来弘扬和传播我们本土的民族文化。特别是在国际化的大背景下，强调我们的民族性是一个基本的立足点。

绿色校园建设是引导学生成长的过程，要把学生的成长和教育结合在一起，要想方设法把学生的成长记录下来，使学生留下更多的和绿色有关的记忆。

在绿色校园规划建设中，很多观念是需要转化的，不一定把空间都用来种植鲜花草坪就是好；绿色校园建设中，还要追求一种归属感。用营造纪念林、纪念树等方式加强绿色校园中的归属感和文化场所的记忆感，绿色校园建设中还要注重休憩与文化的结合。

经济管理学院党委书记陈建成教授说：
绿色校园是生态文明的重要载体

建设绿色校园对于弘扬生态文明具有十分重要的作用。首先，绿色校园是承载生态文化、传播生态文明的重要载体。要把生态知

识、森林知识、环境知识、文化知识、文明知识传授给学生，通过
校园的绿色文化来促进学生的全面成长。其次，绿色校园是实践生
态文明理论的重要课堂。绿色校园建设活动不仅能营造良好的学
习、生活环境，更能够锻炼学生的动手能力。第三，绿色校园是引
领生态文明方向的重要力量。可持续发展战略作为一项长期发展战
略，需要几代人的长期努力。青少年学生是未来所在，培养学生的
生态意识、环境保护意识特别重要。

人文学院院长严耕教授说：
绿色校园建设是树木和树人的统一

"弘扬生态文明、共建绿色校园"活动是一个契机。当逐一落
实它的具体内容，仔细体会它的立意时不难发现，其宗旨是学校及
师生都要在力所能及的范围内，以积极投身生态文明建设的实际行
动，深入学习和实践科学发展观，为中国未来的新型发展之路培养
新型人才，以充分发挥学校的社会职责。

这一大型的绿色活动，既是"知"与"行"的结合，也是"树
木"与"树人"的统一，与北京林业大学"知山知水，树木树人"
的办学理念高度一致。

中国绿色时报　2009 - 04 - 09

把绿色播进青少年的心灵

绿色校园的概念有多重含义。既有表层的指代，更有深层次的
涵义。

177

绿色校园的基础含义是绿色。校园里需要有较高的林木覆盖率，有适宜的花草，有符合校园特点的景观以及相应的人文标识等。离开了以绿色为主体的植物，绿色校园就无从谈起。

绿色校园还应该有深层次的涵义。绿色校园应该洋溢着人与自然和谐的绿色氛围，应该浸透着全面协调可持续发展的绿色理念；在绿色校园的设计中，既要追求绿化的需要，也要满足人的需要；既要着眼于当前的需要，也要统筹长远的发展；

绿色校园里还应该有绿色的行为。要注重培养广大学生的生态素养，增强他们的生态意识，引导他们养成热爱自然、保护生态的行为习惯，形成富有特色的校园绿色文化，帮助他们在优美的校园环境中陶冶情操、亲近自然，并自觉地、积极地、主动地参与绿化、环保活动。

绿色校园的建设不同于其他地方的绿化，其特殊性是由校园的特点和学生的特点决定的。校园是培养人的地方，所以更应该成为生态文明建设的重点。生态素养是人的各种素养的基础，学生时代正好是世界观、价值观、人生观形成的重要时期，是把绿色播进心灵的最佳时期。通过绿色校园的建设，对成长中的学生尤为关键，符合生态素养"从孩子抓起"的规律。对他们个人来说，这可能会影响到他们的一生；对整个国家、整个社会的未来而言，也是百年大计。

基于以上认识，我认为绿色校园建设中应该注意四个问题。

一、要进一步提升绿色校园建设的地位。要认识到绿色校园建设是学校科学发展的重要内容，是人才培养的重要内容，是校园文化的重要内容。要把绿色校园建设摆在办学的重要位置上来抓。不搞一阵风，不搞政绩工程，不搞表面文章。

二、在绿色校园建设中，要引入专家把关制度。在校园规划、改造及建设中，要认真听取专家意见和建议，要按科学规律办事。要尽快建立绿色校园建设指标体系，将其作为各地、各类校园建设的指南。

三、要注重引导广大学生参与绿色校园建设。学生应该成为绿色校园建设的生力军，而不是观众和游客。要根据学生不同年龄段的特征，设计相应的活动，采取不同形式，让学生加入到绿色校园建设的行列中来。结合绿色校园建设，开展生动活泼的活动，引导学生在爱绿、护绿中了解自然、热爱生态、养成良好的绿色行为习惯。注重发挥绿色校园对学生人格塑造和知识结构的作用，使其成为培养人才的另一个课堂。

四、要注重绿色校园文化的构建与传承。要紧密结合学校的特色，构建多姿多彩的校园绿色文化体系。特别注重增加绿色校园的文化含量，不能只有绿化没有文化。要注重和绿色校园协调一致的绿色文化建设，广泛宣传绿色校园的深刻内涵，特别是社会媒体应该加大宣传力度。要广泛普及绿色校园建设的知识，采取多种形式，通俗易懂、生动活泼地进行广泛宣传。

中国绿色时报　2009 - 04 - 14

建设生态文明首先要重视生态传播

胡锦涛总书记在党的十七大报告中明确提出，建设生态文明，生态文明观念在全社会牢固树立。这将成为新时期我国经济建设和社会发展的基本目标和重要任务。而建设生态文明，首先要重视和加强生态传播。

生态传播是指人类与生态直接或间接相关的信息传播活动。生态传播既是生态文明的一个重要组成部分，也是生态文明建设的助推器。

生态传播对生态文明建设的主要功能表现在四个方面。一是传递信息。二是实现教育。三是传承文化。四是协调关系。在信息时代，快速、全面、广泛地传播生态信息，是生态文明建设的必要条件；只有通过多种形式的传播活动全面地提升公众的生态素养，才能在全社会牢固树立生态文明观念；广大人民群众在建设生态文明中沉淀和凝聚起来的宝贵精神财富和文化产品，需要生态传播来承载和延续；公众在生态方面的知情权、话语权、监督权等等也主要通过生态传播加以实现。

生态传播对生态文明建设有显著的引领、促进和推动作用。一是引导舆论。生态文明的建设，首先取决于良好的社会氛围。通过生态传播形成良好的有利于生态保护的社会舆论和氛围。二是普及知识。在生态文明建设中需要普及大量的科学技术知识和理念。三是交流信息。在建设生态文明中，要实现多维的、全方位的信息交流与沟通。

目前，我国生态传播的现状不容乐观。主要问题是：一是像《中国绿色时报》这样从事生态传播的专业机构太少。二是社会普遍缺少生态传播意识，生态传播的观念淡薄。三是生态传播的形式单一，不能适应当代社会受众的需要。四是生态传播的研究滞后，在许多重要的领域都没有涉足。

生态保护的公益性，决定了生态传播的公益性和生态传播机构的公益性。生态传播机构不但总量需要增加，而且需要国家的投入和支持，而不能靠市场化运作。

加强生态传播的主要对策有：一是国家出台相应的政策扶持生

态传播媒体、生态教育机构开展生态传播活动；二是办好生态传播的专业性报纸，特别要重视发挥《中国绿色时报》等权威媒体的作用；三是创新多种传播形式，进一步增加和生态直接相关的电视节目，加强绿色网站建设，重视利用新媒体开展生态传播；四是明确社会媒体的生态传播任务，对全国媒体从业人员进行生态知识的普及；五是加大生态人才的培养和学术研究的力度。生态保护相关领域的人才多寡，是生态文明的一个重要指标。要加大对林业院校的经费支持；六是要构建生态传播人才的培养体系，开展有针对性的生态传播研究。

中国绿色时报　2007 - 10 - 26

发挥森林碳汇功能与工业节能减排同抓并举

"倡导节能减排是必要的，但即便再减排，二氧化碳仍然会有增长趋势。要从根本上控制二氧化碳的增加，必须重视发挥森林吸收二氧化碳的功能，使发挥森林的碳汇功能与工业节能减排同抓并举。"北京林业大学校长、中国工程院院士尹伟伦今天对光明日报记者表示。

尹伟伦说，就发展中国家的国情和具体实际而言，发挥森林的碳汇作用比工业节能减排更重要。发达国家早排放二氧化碳好多年，应该承担更多的减排责任，而发展中国家则更应重视发挥森林的碳汇作用。

尹伟伦告诉记者，不同质量的森林，其碳汇功能是有很大差别的。中国林业的发展在很大程度上受到土地的制约，宜林地的面积是一定的。当这些地方基本用来造林之后，重要的就是提高森林的质量了。尹伟伦呼吁国家尽早启动全国范围的森林质量工程，对现有的森林进行必要改造，该混交的混交，该补植的补植，该经营的经营。要尽量增加乔木的比例，以最大程度发挥森林的碳汇功能。

尹伟伦认为，林业在生态安全中的地位和作用已在全社会基本达到了共识。但在粮食安全、能源安全中，林业能发挥多大作用、应该发挥多大作用，人们还缺少必要的认识。这有待于借助林业的基础研究加以证明。因此，林业科研应该克服"重应用研究、轻基础研究"的偏差，重点解决生物能源、木本粮油等领域的基础性研究，力求取得重大突破。

光明日报　2010-03-02

低碳经济与林业发展研究走向深入

1月28日～29日，第四届中国林业技术经济理论与实践论坛在江西南昌举办，主题为低碳经济与林业发展。北京大学、江西财经大学等非林高校和科研单位的专家、学者在与会代表中占了很大比例。

中国林业经济学会副理事长王前进说，林业发展在低碳经济中到底占有怎样的位置，如何发挥林业在低碳经济中的重要作用，这些需要广大专家、学者加以研究，需要有科学的支撑和更有说服力的观点。

北京林业大学教授陈建成说，多行业、多学科、多领域的专家涉足林业与低碳经济关系的研究，既是林业发展的福音，也是科技进步的标志。

论坛的主题发言和大会交流的内容十分丰富，从一个侧面证明林业发展与低碳经济的研究正走向深入。专家们的研究涉及了低碳经济与生物质能源、欧盟低碳经济措施对其林产品部门的影响、林权制度改革、林业与应对气候变化相关问题、基于低碳经济的林分质量改造分析、中国森林碳汇的前景与障碍分析、森林旅游业低碳化探讨、林木生物质柴油产业化等。

中国绿色时报　2009－12－03

高度重视森林在低碳经济中的作用

在发展低碳经济中必须重视森林和林业的作用，在9月6日召开的"前沿论坛：森林与低碳经济"研讨会上，与会的许多领域专家反复强调了这一点。

全球气候变暖对人类的生存和发展提出了严峻的挑战，低碳经济随之受到了世界范围的广泛关注。为了进一步认识森林在发展低碳经济、减缓全球气候变暖中的特殊作用，北京林业大学和中国林业经济学会技术经济专业委员会联合举办研讨会，专家学者们从不同角度阐述了森林与低碳经济的关系，他们一致认为，缺少林业的参与，低碳经济的发展是不全面的。

专家指出，目前关于低碳经济较为流行的一些说法有明显缺陷，这些说法更多地着眼于低能耗、低污染、低排放，将核心放在能源高效利用、清洁能源开发和追求绿色GDP上，而没有肯定森林的碳汇功能及在发展低碳经济中的作用。这不单纯是个理论问题和认识问题，而且也会直接影响到相关的决策和政策的制订。

原国家环保局副局长张坤民说，森林具有以最小成本实现最大固碳效益的潜力。林业应该成为中国政府进一步加大支持力度的重点，应该深入研究和宣传森林的碳汇作用，大力发挥沙产业在再生能源中的作用，同时加强本部门、本行业的节能减排和消费行为的引导。

北京林业大学副校长宋维明指出，低碳经济的背景是气候问题。而在应对气候变化中，林业占有特殊地位。发展低碳经济，既要重视节能减排，也要重视碳汇。从某种意义上说，碳的排放是不可避免的。所以，在尽量减少碳排放的同时，必须重视发挥森林的固碳作用。

北京大学环境学院教授徐晋涛强调，通过扩大森林资源，减少温室气体排放，在目前来看是一种成本非常低的政策工具。中国社科院农村发展研究所副所长李周认为，对中国面临的各种环境问题需要统筹考虑，在应对气候变暖时要考虑中国的利益和目标，不能为了承担责任而承担责任。实现可持续发展最重要的还是要从自己做起。

北京林业大学经济管理学院副院长温亚利指出，森林不只是最大的陆地碳库，而且作为生物类材料具有环保性，是一种低碳经济材料。在低碳经济背景下，中国林业发展应该基于社会多功能需求定位下主动适应，而不是被动地应对。

北京林业大学经济管理学院副院长田明华认为，低碳经济的发展，会引导大量资金投向节能减排，这有可能会挤占政府投向林业的财政资金。从林业自身来讲，必须开展深入细致的研究，争取林业在低碳经济中的主动地位。低碳经济的发展，可能会使森林的多功能利用偏向吸碳和减排，因此要注意在低碳经济中林业多目标的协调。

北京林业大学绿色传播中心专家分析说，在传播方面，存在发展低碳经济和现实生活的反差、国外研究和国内研究的反差、官员的重视和百姓的忽视的反差、专家议论和公众了解的反差、学术研究成果和相关知识传播的反差。要加大传播的力度，不仅需要专业媒体的传播，更需要发挥大众传播媒介的作用。应该对决策者、传播者首先进行宣传教育，对低碳经济的直接建设者重点传播，在传播过程中，要注意通俗、易懂、贴近、科学。

中国林业经济学会技术经济委员会主任陈建成认为，林业要在发展低碳经济中争取主动地位，要在低碳经济中起引导性作用。他提出低碳经济模式核心在于低排放、高吸收和碳持续。森林在低碳经济模式中具有特殊的作用。林产加工等可通过新技术、循环经济、绿色经济和开发生物质能源来达到低排放，减少因非法采伐等引起的森林破坏、森林火灾和病虫害等；通过科学规划增加森林面积，利用科学经营提升森林质量，增强碳汇功能；建立造林与更新长效机制，处理好生态效益和经济效益的关系，使经营主体保持积极性，使森林经营与林农致富紧密结合，实现持续碳汇。

中国绿色时报　2009 - 09 - 15

林业在气候战略中应扮演重要角色

森林与低碳经济有什么关系？林业在发展低碳经济中应该发挥怎样的作用？北京林业大学和中国林业经济学会技术经济专业委员会近日联合举办前沿问题论坛，从不同角度就上述问题展开深入研讨。

森林碳汇应是国家支持的重点

原国家环境保护总局副局长、中国环境与发展国际合作委员会秘书长、清华大学和中国人民大学博士生导师张坤民说，森林具有以最小成本、实现最大固碳效益的潜力。林业应成为中国政府进一步加大支持力度的重点。

他认为，应该深入研究和充分发挥森林的碳汇作用。中国的林地面积是增长的，这是值得自豪的事情。把森林的碳汇作用和造林成本算清楚，有利于争取国家和政府的支持。

他建议，深入研究林业政策改革，进一步推动造林和林业管理，提高林业工人和林农的福利；进一步推动产业的发展。例如，甘肃的高速公路、铁路、飞机都很发达，但还很穷。"天上的太阳晒着，风又那么大，不用白不用。人进沙退。希望林业部门在这方面大有作为。"张坤民说。

张坤民去宝钢调研时，负责人介绍种了多少树、植了多少草皮、养了多少动物，表示自己是生态工厂。他认为，这些草地、树木、动物只能说明领导和职工热爱自然，不能说明工厂就是生态工厂了——企业实际的总排放量相当大。

森林的碳汇作用不容忽视

北林大党委书记吴斌是该论坛的倡导者。他说，森林的碳汇作用必须得到高度重视。低碳经济的背景是气候问题。所谓的低碳，一是减排，二是碳汇。既要尽量减少，又要尽量吸收。减排是必要的，但碳汇在某种意义上更加重要。发展经济、人类生活，使得碳的排放不可避免，但要尽量使碳汇和碳排放保持平衡。这就需要发挥林业的作用。

北林大副校长宋维明回顾了他参观巴西一家企业的情形。企业大量种树，而后采伐烧炭，接下来炼钢。他说，树在吸收碳，是碳汇，烧炭和炼钢则是排放碳，但只要"排"和"吸"保持平衡就可以了；在平衡过程中，实现了经济发展目标和就业，增加了 GDP，就完成了对人类和社会发展的贡献。

北京大学资环学院教授徐晋涛说，林业在发展低碳经济中饰演非常重要的角色。由于森林破坏导致的温室气体排放占 1/5，如果能够把这个趋势遏制住，温室气体减排就取得了非常大的成功。同时，扩大森林资源、改善土地利用方式，也可减少温室气体排放。这是一种成本非常低的政策工具。林业应该在国家气候战略中扮演非常重要的角色。

把林业放在低碳经济背景下思考

北林大经管学院副院长温亚利提出，要把林业低碳经济的发展战略纳入国家框架下思考，而国家框架必须纳入全球框架中。中国林业发展，应该是基于社会多功能需求定位下尊重自然，不是被动地应对，而是主动地去适应。

温亚利指出，要把林业放在这个背景下去思考。从林业自身的角度看，一方面森林是最大的陆地碳库，另外是生物质能源，作为生产资料和生活资料均具有环保性，在利用中消耗的能源低，是一种低碳经济材料。但不同的树种，在固碳方面的作用是不一样的，对环境的影响也不一样。

北林大经管学院副院长田明华认为，低碳经济的发展，会引导大量资金投向节能减排，有可能会挤占政府投向林业的财政资金。从林业自身来讲，必须开展深入细致的研究，把握林业在低碳经济中的地位，争取林业在低碳经济中的主动地位。低碳经济的发展，可能会使森林的多功能利用偏向吸碳和减排，因此要注意在低碳经济中林业多目标的协调。

提倡零碳，保持低碳，走向活碳

中国林业经济学会技术经济委员会主任陈建成说，低碳经济模式核心在于低排放、高吸收和碳持续。森林对此都能发挥重要作用，林业要在低碳经济当中争取主动地位。林业部门要加强对低碳经济的研究。

通过森林提供的能源，减少化石燃料排放的温室气体；林区烧柴、林产加工等则可以通过新技术、循环经济、绿色经济和开发生物质能源来达到低排放，减少因非法采伐等引起的森林破坏、森林火灾和病虫害等降低碳排放；通过科学规划增加森林面积，通过科学经营提升森林质量、建设健康森林，可以实现高吸收；建立造林与更新的长效机制，处理好生态效益和经济效益的关系，使经营主体保持积极性，使森林经营与林农致富紧密结合，实现碳持续。

陈建成认为，尽管零排放是不可能的，但"零碳"作为人类的理念和目标却有积极、现实的意义；保持低碳，意味着经济社会发展过程中不断降低碳的净排放量。对高碳单位实行碳税调节、指标减排、制度约束；走向活碳，则要求把经济发展与生态保护等统一到可持续发展上来，建立碳信用、发行碳股票、促进碳交易、推进碳贸易、实现碳致富。

科学时报 2009-11-25

我们面临的气候变化

有人说这次南方大雪，是全球变暖的一个标志，这种说法准确吗？

刚刚过去的一年，被称为"气候变化年"。日前，中科院院士、气候学家秦大河做了一场科普报告："科学家看待气候变化的报道"，进行了科学而有权威的解读。

天气、气候和气候系统不是一回事儿

秦院士强调，一定要把天气、气候、气候系统分开。有人说这次南方大雪，是全球变暖的一个标志。这不是很准确。这种极端天气事件确切地讲，是在全球变暖的大背景下天气出现了一次异常。如果把一切东西都归结于全球变暖，是有问题的。

秦院士告诉记者们：

气候系统由五个圈层组成，包括大气圈、水圈、冰雪圈、生物圈和岩石圈；

天气是指短时间发生的气象现象。比如中央气象台发布的是天气预报，像雷雨、冰雹、台风、寒潮、大风等；

气候则指长时期内天气的平均或统计状况，通常由某一时段的平均值以及距平均值的离差，主要反映一个地区的暖、干、湿的基本特征。

二氧化碳增加的拐点是工业化开始

在秦院士眼里，气候变暖和气候变化的原因有自然的，也有人为的。由人类活动加剧的时期引起的，叫人为原因引起的气候系统变化。温室气体增加，就受土地利用值变化，如城市化的影响很大。

秦院士说，现在气温升高了，不仅仅是今天排放的二氧化碳的影响，可能也是昨天排放的二氧化碳，甚至还是 100 年前、200 年前排放的结果。不论是发达国家还是发展中国家，只要排放，都会导致全球变暖。减少二氧化碳排放，人人有责。

秦院士提供的数据是：过去公元一千年二氧化碳的浓度大概在 280ppm 左右；

到了 1957 年、1958 年直线上升；2005 年底到了 380ppm。这个拐点在 1750 年。1750 年被定义为人类工业化开始，标志是瓦特发明了蒸汽机，人类开始大量地使用化石燃料，导致了二氧化碳等温室气体，包括废气排入大气当中，二氧化碳浓度大大增加。

科研数据 1.6：0.12，人类对气候的影响更大

据秦院士介绍，2001 年以来，科学家们对温室气体、太阳活动、陆地表面属性和气溶胶某些方面的相关模拟，做出了相应的量化估算。得出的结果是，人类活动的影响增加了 1.6 瓦/平方米，而自然界只有 0.12。他说，毫无疑问，人类活动远远大于自然界。

人类活动是导致全球变暖的主要原因，科学家对此仍有争论。但现在还没有拿出比这个更权威的数据。谁能修正 1.6：0.12 的数据，谁就为科学和知识创新作出了新贡献。人类活动最主要的一

项，就是向大气中排放了大量的温室气体，比如二氧化碳达到了增温效应的六成。所以，决策者要求减排二氧化碳是有道理的。

2007 年是中国气温最高年，天气预报准确率百分之七八十。

秦院士说，目前地球气候系统正经历着一次以变暖为主要特征的显著变化，产生了一些重大影响，比如水资源紧缺、生态系统破坏、土地沙漠化等等，必然给经济、社会等各个方面带来影响。科学家关注科学探测，比如——

地表平均温度上升：1906 年－2005 年全球地表平均温度上升了 0.74 摄氏度。

海平面上升：1961 年－2003 年每年是 1.8 毫米，1993 年－2003 年平均上升速率为 3.1 毫米。

北半球积雪退缩，北冰洋海冰面积在以每 10 年 2.7％的速度递增。

公众和政治家更关心天气预报。与经济、社会发展。2007 年是中国有气象记录以来气温最高的一年。秦院士说，对气候系统未来情景的预估，有很大的不确定性，不可能做到百分之百的预报准确。天气预报准确率大概在百分之七八十左右。

北京日报　2008－02－20

低碳经济是绿色生态经济

炎热的伏天里，谈论如何应对全球性的气候变化，显然是个时宜的话题。北京林业大学教授贺庆棠的观点是，大力发展低碳经济，靠绿色的生态经济在日益恶化气候条件下谋求科学发展。

未来的半个多世纪全国平均气温再升 2℃～3℃

贺庆棠援引我国发表的"气候变化国家评估报告"的数据说，我国近百年气温升幅为 0.5℃～0.8℃，比同期全球升温 0.6℃值略高。未来 50 年至 80 年间，全国平均气温将升高 2℃～3℃。他指出，未来气候变暖将对我国农牧业生产、水资源、海岸带经济和环境、森林和生态系统以及卫生、旅游、电力、工业生产等方方面面产生重大影响。

他认为，气候变暖和人类活动有直接的关系。人类通过工业包括各种工厂及汽车等大量燃烧以煤、石油、天然气等石化燃料，向空气中不断排放二氧化碳等温室气体，造成温室效应增强，从而使气候变暖。我国正处于工业化、城市化和现代化进程之中，或即将成为世界二氧化碳排放大国。面对这种情况，倡导发展低碳经济，建设低碳社会，走低碳发展道路，成为我国必然的选择。

经济活动低碳化能源消费生态化

贺庆棠指出，低碳经济是绿色生态经济，是低碳产业、低碳技术、低碳生活和低碳发展等经济形态的总称，是经济发展的碳排放量、生态环境代价及社会经济成本最低的经济，是一种能够改善地球生态系统自我调节能力的可持续性很强的经济。

他将其特点归纳为：其一，它包括生产、交换、分配、消费在内的社会再生产全过程的经济活动低碳化，把二氧化碳排放量减少到最低限度乃至零排放，获得最大的生态经济效益；其二，它是社会再生产全过程的能源消费生态化，形成低碳能源和无碳能源的国民经济体系，保证生态经济社会有机整体的清洁发展、绿色发展和可持续发展。

他说，作为发展中大国，我国能源消耗巨大，来自能源、环境的压力十分巨大。发展低碳经济不仅是我国转变发展方式、调整产业结构、提高资源能源使用效率、保护生态环境的需要，也是在国际金融危机的情况下增加产品国际竞争力、扩大出口以及缓解在全球温室气体排放等问题上所面临的国际压力的需要。我国应把加快实施低碳经济发展纳入国家战略，及早开展发展低碳经济的各项行动，使整个社会生产与再生产活动尽早步入低碳化轨道。

低碳消费方式包括五个层次

贺庆棠称，低碳消费方式是一种基于文明、科学、健康的生态化绿色消费方式，谋求人与自然、人与社会经济、人与生态环境和谐共生式发展。

低碳消费方式涉及到方方面面。据贺庆棠介绍，广义的低碳消费方式包括五个层次：一是"恒温消费"，使消费过程中温室气体排放量最低；二是"经济消费"，即对资源和能源的消耗量最小、最经济；三是"安全消费"，即消费结果对消费主体和人类生存环境的健康危害最小；四是"可持续消费"，对人类可以持续发展危害最小；五是"新领域消费"，转向消费新能源，鼓励开发新低碳技术，研发低碳产品，拓展新的消费领域。

贺庆棠说，推行低碳消费方式需要政府引领、企业主导、社会组织和公民广泛参与。要全社会行动，积少成多，使低碳消费方式成为新时代价值取向的"风向标"。要人人参与，从节能减排做起，从小事做起。

发展低碳经济要处理好几大关系

贺庆棠认为，发展低碳经济，要处理好几个重要的关系。

首先是低碳经济与可持续发展经济的关系。低碳经济在本质上就是可持续发展经济，是生态经济可持续发展的新发展。

其次是低碳经济与绿色经济的关系。两者在本质上完全一致，低碳经济是绿色经济发展的理想模式。

其三是低碳经济与循环经济的关系。发展低碳经济是发展循环经济的必要选择、最佳体现与首选途径，同时又向循环经济发展提出了新要求。发展循环经济要求发展低碳经济，低碳经济发展是循环经济发展的重要特征。

其四是发展低碳经济与建设生态文明的关系。工业文明时代的经济是以化石燃料为核心的不可再生能源为基础的碳基能源经济，是不可持续发展的经济；生态文明时代的经济是以非化石燃料为核心的可再生能源为基础的低碳无碳能源经济，是可持续发展的经济发展低碳经济。发展低碳经济，推进能源经济革命的根本转变，体现着工业文明向生态文明的转型。

中国绿色时报　2009－08－04

森林旅游业能否低碳化

在低碳化的大背景下，森林旅游业该如何发展？北京林业大学经管学院教授陈建成、福建农林大学副教授陈贵松的看法是，森林旅游业低碳化是大势所趋，促进森林旅游业低碳化是当务之急。森林旅游企业要积极跟进；要引导消费者改善消费行为；政府要发挥主导作用，出台鼓励节能减排和实用可再生能源的政策，采取减免税收和财政补贴等措施，引导和助推森林旅游业低碳化的发展。

林业是发展低碳经济的先锋

这两位研究者指出，森林旅游过程中包含的吃、住、行、游、购、娱等每个环节都与低碳经济有关。每个环节都有不同程度的污染，直接危害或给森林环境带来潜在威胁。专家认为，森林旅游业要勇于承担低碳化的任务。在减少交通工具对大气的污染、旅游饭店的节能和减少碳排放、减缓一次性用品对环境的压力等方面，都有很大潜力可挖。

多年来，森林旅游业不断向生态旅游、绿色旅游、可持续旅游方向发展，为低碳化的实施奠定了基础。将森林用于发展旅游，不但能以较低的成本达到减少排放和增加碳汇的目的，还会带来扩大就业和增加收入等多种效应。森林旅游与木材加工和造纸业等第二产业相比，对资源的消耗和环境的破坏要小得多。他们认为，森林旅游业应当成为林业低碳经济发展的先锋产业。

森林旅游企业要实行低碳化运营

这两位专家呼吁，森林旅游企业经营者要改变"旅游是无烟工业"、"环境投资是旅游企业的负担"等观念，要认识到管理不当，旅游也能造成生态环境的破坏；投资环境是旅游业竞争的重要手段，为营造良好的生态环境、系统选择低碳运营方式。要努力实现交通、建筑、能源、用品、商品、废弃物的低碳化。

要提倡选用无污染或低污染的交通工具。在建筑设计上引入低碳理念，建设依赖于自然的旅游住宿设施，注重自然通风采光的设计，考虑再生能源和新型建筑保温材料的使用等；尽量使用自然能源、生态能源、清洁能源以减少石油消耗的增长、优化能源结构、推进能源低碳化。节约用水，减少使用洗涤剂，在确保设施和服务不降低标准的前提下，物品反复使用；发展地方特色的旅游商品，生产以绿色、生态为导向的土特产品和旅游纪念品，合理利用当地原生态、无污染的原材料；废弃物低碳化。

专家解释说，所谓低碳化旅游方式，就是将旅游活动、度假方式等消费行为的排碳量控制在合理的水平。要引导绿色消费，倡导节约消费，实现消费方式的转型与可持续发展；使用绿色包装，要求包装材料和包装产品在整个生产和使用过程中对人类和环境不产生危害；注重回收利用。在消费过程中，选择可回收、可再利用、对环境友好的产品。

政府要采取低碳化激励措施

这两位专家认为，低碳化需要政府应用经济手段，采取管理措施，进行宣传教育，助推森林旅游业低碳化。

要运用市场机制和经济手段，通过税收、经济补偿等方式，影响旅游企业经营者的行为，对高能耗、高排放、高污染的旅游企业，按照其开发利用资源的程度，污染破坏资源与生态环境的程度，征收排污税等。

他们希望，政府实行低碳化管理。制定符合森林旅游业低碳化发展需要的森林旅游产品质量标准、服务标准和管理标准，使森林旅游开发、经营、消费和管理制度化、标准化、规范化，鼓励森林旅游企业研发低碳旅游产品、服务及项目，开展低碳旅游证书等考评活动，以激励和督促森林旅游企业尽量控制温室气体的排放。森林旅游主管部门要协调旅游、环保、能源、交通、财政等相关部门，共同为森林旅游业的低碳化经营服务。

中国绿色时报　2009 - 12 - 09

清除你我的碳足迹

近来，一个个和碳汇有关的名词逐渐流行起来。但就是什么是"碳汇"、"森林碳汇"、"林业碳汇"、"碳汇林业"，教科书上都很难找到确切的解释。

6月3日，国家林业局植树造林司副司长、国家林业局气候办（碳汇办）常务副主任、教授级高工李怒云应邀来到北京林业大学，为海南林业干部培训班做报告，不仅清晰地解读了这些新的名词，也使大家了解了林业碳汇在应对全球气候变化中的功能与作用。

让百姓都了解碳汇

不仅仅是老百姓，就是一些业内人士对碳汇的概念也说不清楚。身为我国最早研究林业碳汇的专家之一，李教授完成了《中国林业碳汇》《林业投资项目社会影响评价》等专著，还编辑了《造林绿化与气候变化》一书。她总是抓住一切机会，向人们宣传普及林业碳汇知识。

她告诉我们，联合国气候变化框架公约给出了碳汇的定义：是从大气中清除 CO_2 的过程、活动和机制。

李教授接着又介绍了她们在工作实践中总结出来的几个新概念：

森林碳汇则是指森林生态系统吸收 CO2 并将其固定在植被和土壤中的过程、活动和机制。属于自然科学的范畴。

林业碳汇：通过造林、再造林、森林管理等活动吸收 CO2 并与碳贸易结合的过程、活动和机制。属于自然科学和环境经济学的交叉领域。

碳汇林业：在可持续发展原则下，将增加森林碳汇明确纳入林业发展目标；综合运用市场、法律和行政手段，促进森林培育、保护和可持续经营等活动。在提高森林生态系统整体固碳能力的同时，实现森林的经济、生态服务和促进当地发展的价值。鼓励企业、公民以不同方式参与以增加碳汇为目的的林业活动，为企业和公民展示社会责任，充分发挥林业在应对气候变化中的作用，促进经济社会的可持续发展。

森林固碳成本低于工业减排

李教授说，森林是陆地生态系统的主体。森林植物通过光合作用，把大气中的二氧化碳固定在植被和土壤中。这个过程称为"汇"，即森林具有碳汇功能。

森林以其巨大的生物量，成为陆地生态系统中最大的碳库，可在一定时期内对稳定以至降低大气中温室气体浓度发挥重要作用。

李教授提供的数据表明：森林生物量约占陆地植被总生物量的 80%，而森林植物中的碳含量约占生物量干重的 50%。全球总碳量约 2.48 万亿吨，其中 1.15 万亿吨贮存在森林中。

在适应与减缓全球气候变化中，森林具有十分重要和不可替代的作用。积极开展造林绿化，增加森林植被，减少森林火灾和对森林的不合理采伐等，都可以增强森林对二氧化碳的吸收和固定。值得重视的是通过植树造林固定二氧化碳，成本远低于工业减排。

把森林的生态效益"卖"出去

据李教授介绍，全球首个、也是目前惟一的《京都议定书》规则的林业碳汇项目在中国成功实施：广西 4000 公顷森林所吸收的二氧化碳，由世界银行生物碳基金购买。15 年内购买 60 万吨碳汇额度（碳信用指标）。此举意义重大。

李教授指出，现在越来越多的人知道森林具有多种生态价值，但是这种价值却没有得到应有的补偿。全社会都在无偿享受森林的生态服务，却没有人"买单"。特别是生态区位重要的许多地方如大江大河源头的生态公益林，虽然有一部分国家生态效益补偿基金，但也是"杯水车薪"。因此通过碳交易的方式，把森林的生态效益"卖"出去，就能让当地农民更多地从生态补偿中受益。

消除碳的足迹

李教授说，作为一个负责任的大国，中国政府重视植树造林，目前是全球人工林最多的国家，为缓解气候变暖做出了贡献。她给百姓提出的口号是：选择低碳生活，参与碳补偿，消除碳足迹。

利用碳汇的概念，去年国家林业局、中国绿化基金会和中国石油天然气集团公司等发起建立了中国绿色碳基金，帮助企业和个人志愿出资造林吸收二氧化碳。企业从中收益的不仅是良好的企业社会责任，还有经过计量、核证并在网上公示的碳汇量。

李教授介绍说，除企业出资外，有许多个人出资到中国绿色碳基金"购买"碳汇，消除自己的"碳足迹"。目前，个人出资从百元到 2 万元，其中还有些中小学生。

"钱不再乎多少，重要的是有这种消除"碳足迹"的意识。目前，个人的资金已安排在北京八达岭林场营造碳汇林，为绿色奥运做贡献。出资人可得到中国绿化基金会开具的收据和购买碳汇凭证。在中国碳汇网上可以查询到详细信息。

中国绿色时报　2008－06－16
科学时报　2008－06－20

生态文明要从绿色生活做起

3 月 20 日，北京"绿色奥运"演讲团成员郭耕做客北京林业大学，做了题为《生态文明与绿色生活》的演讲，引发了人们的思考。

中国正成为世界工厂，快而不好

郭耕指出，我国进出口总额位居世界第三，但巨大的贸易顺差在很大程度上是以资源损耗、环境破坏、生态负担为代价的。我国相当部分出口产品属高污染、高消耗、低附加值产品。在国内资源补偿机制缺位的情况下，无异于牺牲我国资源去补贴外国消费者。"十一五"发展规划把到 2010 年单位 GDP 能耗减低 20％、主要污染物减低 10％作为约束性指标。党的十七大提出"生态文明"，意义更加深远。

灭绝意味永远，濒危则还有时间

面对物种空前的快速灭绝，生物多样性丧失、灭绝多米诺骨牌现象，郭耕说："灭绝意味永远，濒危则还有时间"。

已经有无数的动植物朋友离我们而去，金丝猴、华南虎、白鳍豚等物种正面临灭绝的危机。由于长江污染，水环境已不适宜白鳍豚生存。家园没了，我国特有的白鳍豚成了"活着的死物种"。我们需要认识到，濒危意味着还有采取措施的时间，必须尽快行动起来保护它们。

与天奋斗，其乐无，穷！

阿基米德的一句"给我一个支点，我可以撬起地球"，误导人们走进了人类中心主义。地球是人类惟一的家园，但地球不惟一属于人类。

"与天奋斗，其乐无，穷！与地奋斗，其乐无，穷！与人奋斗，其乐无，穷！"一座海岛驯鹿的繁殖量大，向海岛索取太多，超过了其承载力，最后驯鹿灭绝。复活节岛一度繁荣却因这种繁荣建立在森林砍伐、土地滥用、过度渔猎基础上，欲壑难填终于导致环境承载力的丧失。郭耕指出："人类的文明从砍第一棵树始，到最后一棵树消亡终。"他建议建立一座以"森—林—木—十"为形象的雕塑，警示人们保护自然。

别和动物抢衣裳

郭耕认为，衣食住行购等方面都可以做到绿色生活。衣——少买件衣服，不穿裘皮衣。"每个人有多少件衣服可换，但小豹猫只有一件衣服，怎能和它抢呢？"食——少浪费一两粮食，不吃保护动物。住——随手关灯，节约水电，生活垃圾减量。行——少开一天车，公交为首选。

郭耕的座右铭是："低调做人。天地间，影响越小越好；高调做事，社会上，作为越大越好。"

中国绿色时报 2008-03-26

森林，最大的有机碳库

人们从来没有像今天这样关注"二氧化碳"。因为其浓度的不断攀升，全球变暖等一系列问题随之而生，已经严重威胁到人类的生存和发展。如今，与之较量的名词"低碳经济"、"低碳生活"等逐渐热了起来。

二氧化碳浓度正逼近极限

地表气温和二氧化碳的浓度有着直接的对应关系。而温度的升高，使得冰川雪山融化，海平面上升，大面积土地被淹。海平面每上升一米，就有海拔 4 米的陆地受威胁。我国 13 亿人口，有 8 亿居住在海拔较低的地区，包括沿海的富裕城市。气候的变化，还易引起洪涝、干旱、饥饿、疾病等灾难。

联合国早在 1992 年就制订了气候变化框架公约，其目的是要把温室气体浓度稳定在一定水平上，防止气候系统产生威胁人类的干扰，使生态系统有足够的时间，自然地适应气候变化，确保粮食生产不受威胁，经济得到可持续发展。

欧盟有科学家认为，不能让地球有超过两摄氏度的升温。为此，需要把二氧化碳浓度稳定在百万分之四百五十以上，而现在距这个浓度已经咫尺之遥了。

全球开始向低碳经济迈进

正是在全球气候变暖对人类生存和发展的严峻挑战的大背景下，提出了"低碳经济"的理念。

"低碳经济"最早见诸于政府文件是在 2003 年的英国能源白皮书我们能源的未来：创建低碳经济；2006 年，前世界银行首席经济学家斯特恩带头呼吁全球向低碳经济转型；2007 年 7 月，美国参议院提出了低碳经济法案；2007 年 12 月，联合国气候变化大会正式通过一项决议，要求发达国家在 2020 年前将温室气体减排 25％至 40％，为全球进一步迈向低碳经济起到了积极作用；联合国环境规划署确定 2008 年"世界环境日"的主题为"转变传统观念，推行低碳经济"。同年 7 月，G8 峰会上八国表示将寻求与联合国气候变化框架公约的其他签约方一道，共同达成到 2050 年把全球温室气体排放减少 50％的长期目标。

不能只讲减排、不讲固碳

较为流行的"低碳经济"概念是：以低能耗、低污染、低排放为基础的经济模式。认为低碳经济的实质，是能源高效利用、清洁能源开发、追求绿色 GDP 的问题，核心是能源技术和减排技术创新、产业结构和制度创新及人类生存发展观念的根本性转变。

这一观点越来越暴露出局限性。在前不久北京林业大学召开的

"森林与低碳经济"高端论坛上，专家们提出，在发展低碳经济中，森林的碳汇作用不容忽视。

在陆地生态系统中，森林是最大的有机碳库。森林面积虽然只占陆地总面积的1/3，但森林植被区的碳储量几乎占陆地碳库总量的56％。树木通过光合作用吸收了大气中大量的二氧化碳，减缓了温室效应。这就是森林的碳汇作用。清华大学和中国人民大学博士生导师张坤民教授认为，森林具有以最小成本、实现最大固碳效益的潜力。

森林有重要的碳汇和碳源

森林生态系统是陆地中重要的碳汇和碳源，在这个系统中，森林的生物量、植物碎屑和森林土壤固定了碳素而成为碳汇，森林以及森林中微生物、动物、土壤等的呼吸、分解释放碳素到大气中成为碳源。如果森林固定的碳大于释放的碳就成为碳汇，反之成为碳源。在全球碳循环的过程中，森林是一个大的碳汇，但随着森林破坏、退化的加剧以及一些干扰因素（如火灾）的影响，森林生态系统就可能成为碳源，这将加剧全球的温室效应。北京大学教授徐晋涛说，因森林破坏导致的温室气体排放占五分之一。如果能够把破坏森林遏制住，温室气体减排就取得了非常大的成功。扩大森林资源，是一种成本非常低的政策工具。

科学研究表明，森林蓄积每生长1立方米，平均吸收1.83吨二氧化碳，放出1.62吨氧气。造林就是固碳，绿化等同于减排。人工林的固碳作用更加显著，如人工桉树林生产力相当于天然林（针叶林的20至30倍，5至7年就可以成材，生物量相当于原始林在自然情况下100至150年的产量。据预测，到2050年我国人工林可达158万平方千米。若人工林平均蓄积量提高一倍，将使人工林固碳总量达到 88.4 亿吨。

提倡零碳，保持低碳，走向活碳

低碳经济模式核心在于低排放、高吸收和碳持续。中国林业经济学会技术经济委员会主任陈建成教授提出了零碳、低碳和活碳的观点。他说，尽管"零碳"即零排放，是不现实的，但作为人类的理念和目标却有积极、现实的意义。

保持低碳，即意味着社会发展过程中不断降低碳的净排放量，对高碳单位实行碳税调节、指标减排、制度约束，同时保护森林，增加绿地面积，发挥森林的固碳作用。

走向活碳的含义则是，把经济发展与生态保护等统一到可持续发展上，建立碳信用、发行碳股票、促进碳交易、推进碳贸易、实现碳致富。

日常生活工作中的低碳经济

离开房间时把灯关了吗？

一位清洁工对刚刚讨论完可持续发展的专家说，你们离开房间时把灯关了，行吗？中国社科院研究员李周用这个故事说明，发展低碳经济不能只是夸夸其谈，而要落实到实际行动上。

日常生活中二氧化碳的排放比比皆是

一辆每年行程 2 万公里的汽车释放二氧化碳 2 吨。发动机每燃烧 1 升燃料，释放二氧化碳 2.5 公斤；电脑使用一年间接排放 10.5 公斤二氧化碳；洗衣机间接二氧化碳排放量年均 7.75 公斤；用飞机运输 1 吨进口水果，飞行里程为 1 万公里，排放二氧化碳量为 3.2 吨……

每个人都有自己的碳足迹，所以减排人人有责，低碳生活方式应该成为时尚。不使用一次性筷子、自带水杯、随手关灯、尽量步行等，都能减少碳的排放。

除此之外，还可以采取碳补偿的方法：捐资给专门机构，用以植树或其他减排项目，来抵消自己二氧化碳排放量。联合国开发计划署中国区亲善大使周迅，曾购买 238 棵树苗，来抵消她 2008 年的航空飞行所排放的二氧化碳。

北京日报 2009 - 09 - 23

我国加紧选育转基因花卉新品种

一项旨在尽快选育出转基因花卉新品种的重大科研项目刚刚正式启动。这项研究被列入国家高科技研发计划（863 计划），将对我国花卉业的发展起到推动作用。

这项研究针对菊花、百合等花卉在产业化过程中存在的问题，展开针对性育种，培育抗旱、耐寒、抗热、抗病毒的转基因菊花、百合新品系，从而解决花卉产业生产中高耗水、高耗能、高农药残留等问题。通过研究，有望培育出观赏价值高、常规育种无法得到的花色改变的新品系，以适应花卉市场追求新颖、变异的潮流。

花卉的遗传改良始终是花卉产业的重要内容，是花卉企业获得可持续发展能力的源泉。但我国花卉育种薄弱，尚未建立起行之有效的花卉育种技术体系。大量花卉品种主要依赖进口，使我国成了"洋花"低档品种的倾销地。不但浪费了外汇，还影响了我国花卉企业的自主发展。

不断成熟的基因工程，对重要商品花卉种质资源打破种间杂交障碍，改良和创造优、新、特观赏植物品种提供了快捷途径。在传统的花卉育种的基础上，应用转基因技术培育具有更高抗性和新颖花色的花卉新品种已成了趋势。

由北京林业大学主持的该课题，将利用已有的研究基础及技术条件，克隆具有自主知识产权的与花卉抗逆性相关的基因，如抗旱，耐热，抗寒、抗病、抗病毒基因及花色合成相关基因；针对菊花和百合的不同品种，研究并建立可行的安全选择标记或消除抗生素标记基因的遗传转化体系；建立菊花、百合转基因的高效再生体系和遗传转化体系，并争取对转基因植株进行环境释放和安全试验。

中国绿色时报　2009 - 03 - 17

自然保护区建设关键技术研究启动

被列入"十一五"国家科技支撑计划的"自然保护区建设关键技术研究与示范"项目的研究，日前拉开了序幕。这项重大研究项目的意义在于，为方兴未艾的我国自然保护区建设工程提供系统而全面的技术支撑。

据了解，这个项目由国家林业局组织，北京林业大学主持，中国林科院、中科院等单位参加，专项经费总额达 2800 多万元。研究对象和示范基地均为典型的自然保护区，研究内容涵盖了我国自然保护区工程建设和管理面临的主要问题。

通过这个项目的实施，将研发出自然保护区最小面积确定技术、功能区划技术、生态系统健康监测和诊断技术、生境动态监测技术、濒危物种生境修复技术、濒危物种种群复壮技术、受损生态系统修复技术、旅游环境容量评估技术、社会经济活动环境影响评价技术、外来入侵的生态风险评估和预警技术，并且建立自然保护区保护价值评价指标体系。

科研人员还将结合我国自然保护区建设实际，制定7项以上的自然保护区行业标准。其中包括自然保护区体系构建技术规范、功能区划技术规范、生物廊道设计技术规范、生物资源监测技术规范、濒危物种种群恢复和生境修复技术规程、干扰生态系统修复技术规程、适应性经营技术规范等。

结合研究，科研人员将建立10多个示范型的自然保护区，示范内容涉及功能区划技术、生境与生物资源监测技术、濒危物种种群复壮和野化、干扰生态系统修复技术、适应性经营等，这些示范型的自然保护区将为占国土面积15％的自然保护区建设提供样板。

中国绿色时报　2009-03-31

柴达木有了植被恢复新技术

柴达木盆地农田与草地退化植被恢复技术及示范研究取得重大成果，为当地乃至西部沙漠化、荒漠化的治理提供新的技术支持。日前，这项成果通过了青海省科技厅组织的专家鉴定。

这一研究属于国家"十五"重点科技攻关项目"防沙治沙关键技术研究与开发"示范区课题，是由青海省水利科研所、北京林业大学、中科院地理所等单位共同承担的。

据悉，科研人员首次开发了 OH 固沙植生技术，其特点是技术成本较低、材料可降解，施工简单方便，固沙效果明显。通过研究，引进筛选出了草种 10 种、木本 35 种、药材 4 种，研究提出了6 种当地优良灌木、9 种外域树种和 6 种优良草种的繁育技术。

据了解，科研人员开展的研究包括，退化农田、草地及沙地节水保障体系建设研究、植被恢复技术研究、生态防护林体系技术研究及沙产业技术开发、优良种质资源繁育技术、优良牧草栽培技术及牧业定居圈养催肥技术研究、绿洲建设风险分析等专题，对我国高寒地区防沙治沙以及生态保护与建设具有指导意义和示范作用。

柴达木盆地是青藏高原北部边缘的一个巨大山间盆地。由于自然因素与不合理人类活动的影响，柴达木盆地生态环境的恶化问题愈加突出，对整个盆地的社会与经济的可持续发展产生了较大影响。作为青海省经济开发的重点地区，其严酷的自然条件和不断恶化的生态环境已成为制约柴达木盆地发展重要因素之一。

科研人员还对高寒干旱区的生态需水、防护林和节水灌溉体系建设、化学固沙、优良种质资源繁育、绿洲生态风险评价等进行了系统的研究与试验示范。

科技日报　2008 - 04 - 08
中国绿色时报　2008 - 03 - 11

研发全国通用林场网站平台

一个在全国范围内适用的林场网站平台日前问世，使缺少技术力量和资金的林场，可轻松拥有自己的门户网站。

在"十一五"科技支撑项目"速生丰产林生产经营过程信息化关键技术研究与应用"课题支持下，北京林业大学教授吴保国的研究团队成功地开发了这一网络平台。

国家林业局国有林场和种苗工作总站及中国林场协会首批在500个林场推广，让这些林场便捷地自己定制富有特色的门户网站，借助网络扩大林场的影响，销售特色林产品，提供森林旅游、生态建设、招商引资等资讯，让更多的人了解林场、林场文化和林场产品，从而将我国林业信息化的建设落在了基层和实处。

据介绍，这一通用林场网站平台，采用了先进的网站开发技术，便于系统的扩展与升级，并且分离了表现层和数据层。

通用林场网站的栏目包括林场简介、林场动态、特色产品、森林旅游、生态建设、森林资源、林场企业、供求信息、网站公告、站内搜索、友情链接和管理员登录等。各个林场可根据具体情况突出个性，自行设计主栏目下的子栏目。

科技日报　2009 - 01 - 23

北方都市绿地灌溉可节水三成

一项可以使绿地灌溉节水率达30％的科研成果，日前通过了教育部科技发展中心组织的专家鉴定。

这项科研成果是"北方都市绿地植物耗水规律与生态用水研究"，由北京林业大学草坪研究所所长韩烈保教授主持、北京林业大学等单位共同完成。经过8年示范推广，这项成果已在2.3万亩绿地中应用，每年节水120万立方米。

　　课题组对北方都市绿化用抗旱植物进行了筛选，研究了绿地植物的耗水规律，明确了绿地再生水灌溉方式，提出了城市节水绿地乔灌草优化配置模式。在此基础上，课题形成了城市再生水灌溉绿地技术、城市绿地节水灌溉效益综合评价和城市绿地生态用水综合技术 3 套技术体系。

　　科研人员提出了从植物、水源、工程以及管理等方面实施综合节水的新理念，集成了景观绿地植物配置、水源开发与灌溉技术相结合的绿地生态用水技术体系，探索了城市绿地节水示范区企业化管理运行机制，为北方缺水型城市绿地生态用水提供了示范样板和基础数据。

中国绿色时报　2009－05－05

我国相思树研究处国际领先水平

　　我国在厚荚相思的无性系组培快繁体系和转基因技术研究方面达到了国际同类研究领先水平。一项名为"相思抗逆性选择及再生和转基因技术研究"成果日前通过了国家林业局科技司组织的鉴定。

　　在北京林业大学副教授谢响明主持下，广东省林科院、北林大、中国林科院热带林业研究所完成了这项研究，其成果已被国内外同行引用和借鉴。

　　据悉，相思是全球热带、南亚热带地区退化地植被恢复和短周期工业用材林建设的重要树种，尤其在印尼、马来西亚等东南亚国家相思已占人工林总面积的 60% 以上，在我国华南地区相思年造林面积超过 2 万公顷。研究其抗旱、抗寒等抗逆性以及降低木质素的转基因定向培育技术，对于加强东南沿海速生丰产林建设、提升纸浆工业的国际竞争力等具有重要意义。

研究中，首次建立了以相对电导率、相对水分含量和相对水分亏缺为关键指标的相思抗逆性评价体系，显著提高了筛选效率。科研人员综合选出了速生高抗性的厚荚相思种源 2 个、家系 6 个，可承受水分亏缺达 80％以上的严重胁迫，在苗期可抵抗-5℃的低温。

该研究系统评价了 3 个重要相思树种及种源、家系水平的抗寒与抗旱性差异，揭示出种间抗寒与抗旱性从强到弱的排列顺序为厚荚相思、大叶相思、马占相思。抗逆最强的厚荚相思的抗旱与抗寒差异主要存在于种源和家系间，家系内个体间差异不显著。

研究人员在国际上首次建立了以成熟叶片为外植体的器官发生途径的高效再生体系，不定芽再生率高达 56％，生根率高达 96％；移栽成活率高达 80％。这是迄今为止国际上报道的豆科树木最高再生体系。

研究中首次克隆了厚荚相思 CAld5H 基因的 cDNA 片段，为进一步研究其功能，培育材性优良的转基因相思奠定了基础。这一成果填补了国际有关相思的 CAld5H 基因空白，丰富、充实了国际树木基因库。

另据介绍，该项目首次用抑制消减杂交技术获 1100 多个阳性克隆，分离、克隆了 17 种抗寒相关基因；在国际上率先报道厚荚相思无性系叶状柄的高效再生体系和农杆菌介导的转基因体系，并获得转 4CL1 反义基因的相思新品系 10 个以上。

中国绿色时报　2009 - 06 - 17

三倍体毛白杨制浆产业化走上快车道

三倍体毛白杨纸浆材新品种开发与推广项目取得可喜成果，推进了林纸一体化进程。据悉，该项目已在鲁、冀、晋等地推广造林510万亩，以三倍体毛白杨为原料的制浆产业化步伐加快，生产木浆2万余吨，取得了显著的经济、社会和生态效益。这个被列为国家林业局林业科技推广计划的项目，刚刚通过了专家验收。

早在2000年，北京林业大学朱之悌院士即提出"南桉北毛，黄河纸业"的三倍体毛白杨产业化设想。2001年4月21日，时任国务院总理朱镕基作了重要批示。国家林业局召开专门会议，听取了北林大专家意见，很快下达成果推广与研究经费，用于支持三倍体毛白杨纸浆材新品种产业化推广，以及区划试验、良种复壮体系建立、速生丰产林栽培模式等研究。

在朱院士的精心策划和全力推动下，三倍体毛白杨纸浆材新品种迅速走上了产业化的快车道，建立了技术过硬的纸浆林产业化技术队伍，成立了"百万吨三倍体毛白杨纸浆原料林产业化集团协作组"，充分发挥学校的品种和技术优势，依托企业的龙头带动作用，形成实质性校企协作、优势互补的组织形式，协力推进三倍体毛白杨产业化进程等。

2005年1月朱院士因病逝世后，康向阳教授等项目组成员继续全力推进科研开发与培育推广工作，完成了项目规定的计划任务指标。

据悉，科研人员选育出的7个新三倍体无性系生长速度快，树干通直，侧枝细，顶端优势明显，材积生长量是对照毛白杨的 1.5 倍~4.7 倍；研究出了三倍体毛白杨超短轮伐经营技术体系。3 年轮伐时每亩可获超过 5 立方米的木材，且完全满足造纸对纤维的要求。与以往的 6 年周期相比，超短轮伐可栽植两轮，每亩多生产木材约 3.5 立方米。

据悉，项目组利用涉及 8 省、12 地、10 余个三倍体毛白杨品种的无性系对比与区域化试验林，初步确定三倍体毛白杨的适宜栽培区域为气候相对干燥的冀、晋、京、鲁西北及豫北等地，重新确定了三倍体毛白杨的分布范围和良种区划，为这些地区筛选出了丰产的三倍体毛白杨无性系，实现了适地适品种栽培。研究中初步确定了三倍体毛白杨短轮伐期纸浆林数量成熟与纤维工艺成熟相关的最佳采伐年龄以及栽培模式。

科研人员采取三倍体毛白杨 DNA 指纹图谱识别、根萌复幼、建立品种园等技术措施，从控制源头入手解决了品种纯化与幼化问题。研究建立了一套三倍体毛白杨品种鉴别及幼化调控技术体系；开展了三倍体毛白杨"免耕法"根萌育苗以及容器育苗技术研究，从技术和制度上保证提供纯化、幼化、速生三倍体毛白杨良种壮苗。

中国绿色时报　2009 - 06 - 29

人造板产品甲醛释放量可降低 40%

一项新技术发明的推广应用，可使人造板产品的甲醛释放量普遍降低 40% 以上。这项被称为"人造板优质高效胶粘剂制造及应用关键技术"的重大成果，刚刚获得了国家技术发明二等奖。

以北京林业大学教授李建章、永港伟方科技股份有限公司高工雷得定为首的课题组，通过产学研联合攻关，攻克了人造板胶粘剂制造及应用关键技术难题取得的科技成果。应用这项技术成果，可使人造板产品的物理力学性能达到国家标准优等品要求，甲醛释放量降低 40％以上，每立方米减少施胶量 10 千克，或少消耗木材 30 千克，降低生产成本 15 元。

据介绍，这一技术成果的应用对发展资源节约型、环境友好型的木材加工业有重大作用，直接影响着林业的可持续发展及人居环境质量。其优势在于，提升了胶粘剂及人造板制造技术水平，促进了我国人造板工业技术进步，打破了由于生产技术导致的绿色贸易壁垒，降低了产品成本，提高了产品附加值，极大地提高了产品国际市场竞争力。

中国绿色时报　2010－01－18

新发明攻克人造板甲醛污染关键技术

北京林业大学材料学院教授李建章研发的新技术发明实现了产业化，取得了巨大效益。记者日前走访相关企业中了解到，这项被称为"人造板优质高效胶粘剂制造及应用关键技术"的成果，不但获得了国家技术发明二等奖，还在生产中广泛应用，促进了我国人造板产业升级。

甲醛污染、资源浪费是当前人造板工业存在的两大难点。据悉，应用该发明成果的技术及产品，可以有效降低人造板甲醛释放

215

量、胶粘剂消耗量、木材消耗量，提高产品力学性能与合格率，使产品具有较强的国际市场竞争力。产品质量可达欧洲 E0 级标准，胶合板、细木工板达到国际最严格的 F4 星标准。

应用此项技术后，纤维板、刨花板的甲醛释放量普遍降低 40% 以上；制造纤维板、刨花板，在密度相同情况下，与国内同类技术相比，用胶量降低 5% 以上，每立方米节省胶粘剂 10 - 15 公斤，降低生产成本 15 元以上。在用胶量相同、密度不同情况下，每立方米节省木材 30 公斤，降低成本 15 - 20 元；能够提高产品合格率 6%、提高生产效率 2%，每立方米增加利税 8 元以上。

据介绍，"人造板优质高效胶粘剂制造及应用关键技术"已在我国 26 个省市的 230 多家骨干大中型企业实施推广。近 3 年来，应用该发明技术，全国总计生产纤维板超过 2600 万立方米，约占我国纤维板总产量的 30%，企业降低生产成本超过 4 亿元，新增利税 30 多亿元。总计减少甲醛排放量 1700 多吨（不包括人造板生产车间的甲醛排放），减少胶粘剂耗费量超过 10 万吨、木材耗费量超过 30 万立方米，产生了巨大的经济效益和社会效益。

该项目以全面提升我国人造板制造技术水平，增强产品国际市场竞争力为目的，发明了甲醛活化制备环保型脲醛树脂技术等 6 项新技术，并取得了自主知识产权，创造性地解决了长期困扰我国木材加工业发展的人造板环保、性能及成本之间的矛盾，显著推动了木材加工行业科技进步。

人民网　2010 - 05 - 26

高效胶粘剂引领人造板产业升级

北京林业大学材料学院教授李建章研发的新技术发明实现了产业化，取得了巨大效益。记者日前走访相关企业中了解到，这项被称为"人造板优质高效胶粘剂制造及应用关键技术"的成果，不但获得了国家技术发明二等奖，还在生产中广泛应用，促进了我国人造板产业升级。

甲醛污染、资源浪费是当前人造板工业存在的两大难点。据悉，应用该发明成果的技术及产品，可以有效降低人造板甲醛释放量、胶粘剂消耗量、木材消耗量，提高产品力学性能与合格率，使产品具有较强的国际市场竞争力。产品质量可达欧洲 E0 级标准，胶合板、细木工板达到国际最严格的 F4 星标准。

据了解，应用此项技术后，纤维板、刨花板的甲醛释放量普遍降低 40％以上；制造纤维板、刨花板，在密度相同情况下，与国内同类技术相比，用胶量降低 5％以上，每立方米节省胶粘剂 10 公斤～15 公斤，降低生产成本 15 元以上。在用胶量相同、密度不同情况下，每立方米节省木材 30 公斤，降低成本 15 元～20 元；能够提高产品合格率 6％、提高生产效率 2％，每立方米增加利税 8 元以上。

据介绍，目前，"人造板优质高效胶粘剂制造及应用关键技术"已在我国 26 个省（区、市）的 230 多家骨干大中型企业实施推广。近 3 年来，应用该发明技术，全国总计生产纤维板超过 2600 万立方米，约占我国纤维板总产量的 30％，企业降低生产成本超过 4

亿元，新增利税 30 多亿元。总计减少甲醛排放量 1700 多吨（不包括人造板生产车间的甲醛排放），减少胶粘剂耗费量超过 10 万吨、木材耗费量超过 30 万立方米，产生了巨大的经济效益和社会效益。

业内专家评价，该项目以全面提升我国人造板制造技术水平、增强产品国际市场竞争力为目的，发明了甲醛活化制备环保型脲醛树脂技术等 6 项新技术，并取得了自主知识产权，创造性地解决了长期困扰我国木材加工业发展的人造板环保、性能及成本之间的矛盾，显著推动了木材加工行业科技进步。

中国绿色时报　2010－06－03

洞庭湖将成国家湿地公园

八百里洞庭将变身为国家湿地公园。这项公园规划设计将由国家林业局 GEF 湿地项目办和北京林业大学生态旅游发展研究中心共同完成。目前，实地考察工作已经结束。建成后，这将成为我国面积最大的国家湿地公园。

北京林业大学副教授张玉钧说，公园规划设计将遵循"保护优先、科学修复、适度开发、合理利用、持续发展"的原则，恢复原生湿地状态，为洞庭湖的生物多样性保护与可持续利用提供基本保障。

在生态旅游规划中，将突出湿地的自然生态特征和地域景观特色，维护湿地生态系统结构和功能的完整性，通过人工适度干预，促进修复或重建湿地景观，注重挖掘、展示湿地文化，让公众在领略湿地自然风光的同时更加了解湿地。

中国绿色时报　2009－01－14

云南丽江要建世界报春园

从刚刚结束的项目中期汇报会上获悉，云南省丽江市拟建世界报春园生态旅游景区。目前，相关规划已基本完成。

报春花是世界三大园艺植物之一，也是中国三大天然名花之一。丽江是我国报春花集中分布的区域，有资料表明，其境内分布有 40 种（包括亚种和变种）报春花。

2004 年，北京林业大学与有关部门合作，在丽江开始保护报春花资源的科考等活动，逐步形成了建设世界报春园的设想。2009年 8 月，当地政府委托北京林业大学园林学院、亚洲绿色文化国际交流促进会联合编制项目方案。

北林大园林学院教授张玉钧介绍说，项目组历时 1 年，进行了现场考察，搜集了相关资料，设计了项目方案，进行了效益和风险分析，完成了世界报春园生态旅游景区规划建设可行性研究报告。

项目组提出，世界报春园经过 3 年建设，将在引种和培育的基础上，开展以报春花为主体资源的生态旅游活动，以带动社区经济、社会、文化发展。

中国绿色时报　2010 - 08 - 05

中国进入城市森林建设新时代

4月27日~28日，第七届中国城市森林论坛在湖北省武汉市召开。由关注森林活动组委会牵头，国家林业局、全国政协人口资源环境委员会等单位主办的这届论坛，以"城市森林·低碳城市·两型社会"的鲜明主题，吸引了来自全国各地的450多名政府官员、专家学者、管理人士和企业代表。

在武汉的大街小巷，映入笔者眼帘的是本届论坛的醒目标识。路边矗立的大幅广告牌上写着"让森林回家"，正好与"让森林走进城市，让城市拥抱森林"的论坛宗旨相吻合。武汉市申报承办这届论坛后，迅速开展了创建国家森林城市主题曲征集活动。经专家评选，《请森林回家》最终被确定为主题歌曲。论坛间隙，这首歌一直在会场回荡。

中国城市森林论坛每年举办一次，连办7年影响逐年扩大。全国政协副主席白立忱肯定说，论坛极大地推动了创建国家森林城市活动，为探讨城市森林建设重大课题搭建了重要平台，为交流城市森林建设经验开辟了重要阵地，对改善城市人居环境、提高人们生活品质发挥了积极作用。

中国城市森林论坛已经成为我国城市森林建设与研究方面的最高级别的政府论坛之一。而今年，参会者之众堪称历届之最。在发展低碳经济的大背景下，这届论坛比以往更受关注，也是大势所趋。

论坛受到行业外的高度关注

亲历这届论坛后，留下的最深刻印象是：论坛突破了林业行业的界限，受到了有关部门和各级政府的高度重视。全国政协副主席白立忱出席并讲了话；全国政协常委、人口资源环境委员会副主任、民建中央副主席王少阶主持论坛；湖北省委书记罗清泉，省委副书记、省长李鸿忠，湖北省委副书记、武汉市委书记杨松出席论坛或致辞……

据统计，至少有 76 个城市的市长们带领下属参加了论坛，这些下属来自建委、发改委、交通局、水务局等部门。政府官员与专家学者、林业部门的代表共商林业建设大计，扩大了城市森林建设的影响力和辐射力，起到了提升林业地位、扩大林业影响的作用。

论坛的专题演讲中，除了有关专家的学术报告外，市长们的发言颇有分量。他们阐述对城市森林的认识，介绍林业建设的具体举措，畅谈森林给城市带来的巨大变化，历数建设城市森林的收获和体会，在与会者中引起了共鸣。林业发展必须要有政府的高度重视。只是林业部门自己唱独角戏，林业发展的目标是难以实现的。而越来越多的市长们对林业的重视，预示着林业大发展、大繁荣的时代已经到来。

社会媒体的高度关注，也是本届论坛向社会辐射的一大亮点。除了中国经济网等网络媒体现场直播外，新华社、人民日报、中央电视台、香港文汇报等媒体记者悉数到场，一些地方媒体也派出了强大的记者阵容。全方位、多角度、立体化的报道，使得创建城市森林的舆论掀起了一个高潮。笔者注意到，经济日报社是论坛的主办者之一，自然有利于通过大众传媒对论坛盛况进行报道。媒体参与主办城市森林论坛，成为营造有利于林业发展舆论环境的有益尝试。

打低碳牌成为论坛的新亮点

与炙手可热的低碳经济结合，赋予了城市森林建设新的内涵，也更加吸引了社会的关注。在论坛上，领导人讲低碳，部门负责人谈低碳，专家学者论低碳，低碳成了使用频率最高的词汇，同时森林碳汇也成了流行语。这届论坛的最大贡献之一，是帮助全社会科学地解读森林与城市的关系，使得人们更加重视森林的碳汇功能。

在发展低碳经济中，城市起着怎样的作用？森林城市建设又能有怎样的作为？论坛上达到的共识是，城市作为经济社会发展的中心，在推动整个社会向低碳转型过程中处于引领和先导地位；打造低碳城市，必须把发展城市森林作为重要基础和手段，坚持不懈地对城市绿地系统进行以森林为主的生态化改造。

颇有见地的观点是：加强城市森林建设既是一个重要的生态问题，也是一个重要的民生问题。要把满足民众的生态需求，作为城市森林建设的主要目标。要以增加城市碳汇能力为目标，加大科研力度，使城市生态系统单位面积吸碳和固碳量得到全面提升。

在城市森林建设方面达成的共识还有：城市森林建设应该纳入经济社会发展、城市建设和现代林业建设的总体规划中；切实把城市森林当做城市有生命的基础设施，不搞短期行为、运动式推进；从城市经济社会发展的现实要求出发，从自然生态系统的内在要求出发，确保城市森林建设的质量和成效。

论坛特别注重面向大众传播森林碳汇的理念。据测算，25棵大树就可吸收一个城市居民一年的二氧化碳排放量；如果把在电动跑步机上45分钟的锻炼改为到森林公园里的慢跑，可以减少近1千克的二氧化碳排放。全国绿化委员会副主任、国家林业局局长贾治邦的这段话，形象地解释了森林的碳汇功能，被许多媒体在报道中广泛引用。

增加城市碳汇能力是低碳的关键

论坛的成果集中体现在与会代表一致通过的中国城市森林论坛武汉宣言。宣言呼吁全社会行动起来，发展城市森林，打造低碳城市，为应对气候变化作贡献。

细细研读这份宣言可以看出，论坛对发展城市森林、打造低碳城市的重要性认识上升到了新的高度：城市碳汇能力是城市发展的重要支撑，城市碳汇贮备是关系城市未来的战略贮备。发展城市森林，是增强城市碳汇能力，提高城市碳汇贮备的重要途径。

宣言中说，发展城市森林，打造低碳城市，是实现经济可持续发展的基础，是产业结构调整的有力举措，是消除个人碳足迹的有效途径。林业的第一、第二、第三产业都是绿色低碳产业。发展城市森林可以为人们提供低碳休闲、低碳居所、低碳环境，使人们的生活既低碳又舒适，为人们消除碳足迹提供了基础和条件。

宣言呼吁，各级政府要行动起来，把城市森林建设作为城市经济社会发展的重要基础，大力抓好植树造林，推进身边增绿；学校要行动起来，加强林业和生态植树普及，教育青少年从自我做起、从现在做起，植绿爱绿护绿，培养低碳意识；企业要行动起来，大力发展绿色环保能源，加强新能源技术和减排技术创新，开发低能耗、低污染、低排放的低碳技术和产品，积极履行造林绿化义务，建设绿色企业园区，实现绿色发展；每个公民要行动起来，树立节能减排人人有责的理念，使低碳行为融入日常生活之中，体现在衣食住行之上，积极参与义务植树活动，抵消碳足迹，努力实现个人生活的低排放、零排放。

低碳经济语境下林业更为重要

对林业的认识由浅入深，标志着人类社会的进步。在低碳经济的背景下，需要对林业的地位和作用有更新的认识。

全国政协副主席白立忱在论坛上强调，森林是人类社会存续发展的基础和条件。在新的历史条件下，林业作为生态建设的主体、作为建设生态文明的基础，承担着建设和保护森林生态系统、管理和恢复湿地生态系统、改善和治理荒漠生态系统、维护和发展生物多样性的重大职责，对实现生态良好、应对气候变化、提升人类福祉具有不可替代的作用。要切实提高认识，增强推进林业和生态建设的自觉性和紧迫感；围绕实现森林资源"两增"目标，全面推进林业改革和建设；广泛开展宣传教育活动，形成全社会支持林业和生态建设的新局面。

贾治邦局长清醒地意识到了肩负的重任。他说，应对全球气候变化把林业和生态建设推到了时代的最前沿，加强林业和生态建设已经成为应对气候变化的国家行为。在应对全球气候变化的新形势下，发展城市森林、打造低碳城市已经成为推进可持续发展的迫切要求，也是转变经济增长方式的重要内容和调整能源消费结构的战略选择，更是实现绿色生活方式的有效途径。

中国科学院院士蒋有绪说，一个国家、一个地区、一个城市，森林植被所增加的碳汇可以抵消工业生产和社会消费排放碳总量的相当一部分。根据他的估算，2050 年我国森林总碳汇将达到 13.5 亿吨，比 2003 年新增碳汇 3.5 亿吨。2050 年我国陆地总碳汇将在 10～19 亿之间。当然这个抵消比例因不同地区、城市而不同，但不管怎么说都能占到 10% 左右。这是相当可观的！

中国工程院院士李文华认为，在城市化发展当中，生态环境付出的代价相当大。城市森林建设，改变了过去林业忽略城市的倾向，开辟了造林的新领域。城市森林建设要因地制宜，因为城市不能千篇一律。要探索生态经济与经济发展相结合的途径。要科学核算森林价值，加快生态补偿试点。城市森林建设，除了城外城内整体绿化美化之外，还有潜在的碳汇能力。屋顶绿化、墙壁绿化、阳台垂挂植物等等都应引起高度重视。

新增 8 个国家森林城市引人注目

"国家森林城市"是目前我国对一个城市在生态建设方面的最高评价，是最具权威性、最能反映城市生态建设整体水平的荣誉称号。

在建设城市森林的进程中，已有贵阳、沈阳、长沙、成都、广州、杭州等 6 个省会城市和包头、许昌等 8 个地县级城市获得这一荣誉。本届论坛上，又有 8 个城市获此殊荣。它们是武汉市、西昌市、新余市、本溪市、呼和浩特市、宁波市、漯河市、遵义市。

过去武汉被人叫做火炉，如今人称"水乡林城"。近 7 年来，武汉投资 300 多亿元发展城市森林。目前，城市建成区绿地率达到 33.02％，绿化覆盖率达到 37.42％，人均公共绿地面积达到 9.21 平方米。实施了"绿满滨水"、"显山透绿"、"景观道路"、"亲民绿化"四大工程，加大了公共休闲绿地和小森林建设。立交桥、屋顶、墙面、阳台等立体绿化取得成效。全市 2087 个建制村实施了村湾绿化，建设了庭院经济林、绿色通道和村湾风景林。

红都遵义走出了一条适合山区城市发展的生态文明建设之路。目前，全市森林覆盖率 48.56％，建成区绿地率与绿化覆盖率分别为 34.6％和 36.5％，人均公共绿地面积 9.5 平方米。绿色屏障完善，绿色廊道贯通，城市山清水绿相得益彰，乡村竹海茶海林海莽莽，使革命圣地焕发出新的生机。

宁波在森林中呼吸。这里的森林覆盖率达 50.2％，人均公共绿地面积为 10.74 平方米。该市把发展城市森林作为加快建设现代化国际港口城市、全面提升城市发展水平的重大机遇，努力建设低碳和谐城市、滨海绿色城市。城区 28 条主要内河进行了综合整治，种植了多种水生植物，实现了河岸绿化、河堤美化、水面净化一体化。"水清、岸绿、花香、鸟语"已成为港城亮丽的风景。全面启动了"增绿、增色、增香"工程，形成了"春花、夏荫、秋色、冬景"的城市道路绿化体系。

城市森林建设，使本溪实现了由"黑色城市"向"枫叶之都"的亮丽转身。如今的本溪，"绿色"成为最显著的城市特色，"森林"成为叫得响的城市名片，成为本溪发展不可或缺的"绿色动力"。城区绿化覆盖率达到 55.5％，大气质量优等的天数为 343 天。该市投资近亿元，着力打造集枫叶景观、枫叶文化和枫叶旅游于一体的枫叶名城。全市建设枫叶景观园 108 个，栽植红叶树 80 余万株，形成了"两纵一横"总长 220 公里的枫叶景观带，还建设了一批枫叶之路、枫叶之园、枫叶之村和枫叶之馆。连续举办了 7 届国际枫叶节，打造了"枫叶之都"品牌。

像呼和浩特市这样一个干旱少雨、欠发达、生态脆弱地区，能够跻身国家森林城市行列，不容易，不简单，不寻常。这是国家创建城市森林考察组给予的评价。在年降雨量不足 400 毫米的情况下，呼和浩特市创造出了西北干旱地区造林的成功模式，14 个定量指标均已达到国家森林城市标准。

数据可以证明漯河市城市森林建设取得的成绩。截至目前，全市森林覆盖率 26.2％，城市绿化覆盖率 41.7％，绿地率 35.5％，人均公共绿地面积 14 平方米。该市充分发挥滨河自然优势，大力实施"森林进城、森林围城"等一系列生态林业工程，着力塑造"碧水穿城、林茂花艳、建筑精巧、环境秀美"的森林城市风貌，在全市形成了道路林荫化、农田林网化、乡村林果化、城市森林化的城乡绿化格局，进一步提升城市形象，提高城市品位，增强城市竞争力。

新余市市民出行 500 米内就有休闲绿地。该市启动了"百万树木进城入院"工程，加快了城区街道、公园、小区、庭院的绿化和美化。目前城市建成区绿化覆盖率为 47.56%，绿地率 46.23%，人均公共绿地 14.99 平方米，初步建成了一个城市生态隔离带、森林公园、城郊生态林和兼用林等各种生态要素有机结合的城市复合生态系统。

在西昌，有着一片广袤的森林之肺。那里是中国最大的飞播林区，被世界教科文组织作为"人类改造自然的典范"。联合国的专家惊叹：没见过这样大规模造林来保护一个城市的。这个全国最大的彝族聚居区，已经成了名副其实的"春天栖息的城市"。城市森林覆盖率 54.9%，城市建成区绿化率 98%，人均公共绿地 9.8 平方米。"水韵林城满眼春"，成了这座城市的最好写照。

城市森林建设期待纵深发展

更令人欣喜的是，更多的城市在努力向森林城市迈进。许多城市都把"创森"当成了近期奋斗的目标。笔者在网络上搜集了论坛结束后各地的一些报道，看到许多城市都借论坛东风，启动了创建森林城市活动。而湖北有关负责人则展示绿色远景目标图说，到2020 年全省 17 个市州将全部达到国家森林城市建设标准。

笔者在论坛上一直和中国林科院研究员王成、北京林业大学教授张志强坐在一起。他们均为国家森林城市建设专家组成员，全程

227

参与了森林城市标准的制订以及评审。他们既是历届论坛的亲历者，也是城市森林建设的见证人。他们认为，经过近10年的研究与实践，符合中国特色的城市森林建设指导思想日渐清晰，"林水相依、林水相连、依水建林、以林涵水"的林水结合建设理念得到广泛认同。

城市森林建设，离不开科技的支撑。据悉，2002年以来，国家林业局与地方政府先后立项支持一些城市开展了城市林业（森林）发展研究与规划。通过这些研究，使我国城市森林建设规划编制有了比较科学完整的技术体系，满足了各地城市发展城市森林、创建国家森林城市的现实需求。

"十五"以来，在国家林业局的支持下，专家们在全国19个城市开展了城市森林建设研究。"十一五"期间，针对不同地区城市特点，国家林业局进一步支持开展了北方、中部、长三角、珠三角、西部等典型地区城市森林建设研究与示范，进行了节水型城市森林、近自然水岸林、贯通性绿色生态廊道建设、城市生态风景林改造、功能型城郊森林组团结构配置与优化等研究。

专家认为，目前中国城市森林处于方兴未艾的发展时期，如何制定符合地区城市特色、具有实际可操作执行的发展规划非常重要。

在专家们看来，城市森林建设涉及内容广、学科交叉多。生产上急需的城市森林营建技术需要加紧研究。构建群落结构稳定、生态效益完备、生物多样性高、森林景观丰富的城市风景林，迫切需要解决群落建构中树种选择与配置的关键技术。同时，城市人工景观林如何提高生态功能和景观效果也需要综合技术的支持。

中国林业杂志　2010-6A

城市森林环境效益评价空白填补

城市森林在城市环境中有怎样的影响？在我国，长期以来既缺少城市森林面积、蓄积量、覆盖率等方面的统计数据，更缺少城市森林对城市经济、生态环境、社会发展等方面影响的研究。不久前出版的由北京林业大学张颖教授编写的《中国城市森林环境效益评价》，填补了这一空白。

研究表明，按建成区绿化覆盖面积计算，我国城市森林的面积为 1.02 万平方公里、蓄积量为 3520.02 万立方米。2007 年的全国城市森林平均覆盖率已达 34.27%。据测算，每年我国城市森林产生的环境影响总价值每年达 1103.55 亿元。其中经济环境影响占 20.37%；生态环境影响占 64.79%；社会环境影响占 15.98%；生态风险损失占 −1.14%。

该书对我国城市森林研究有 3 个方面的创新：首次对我国城市森林面积、蓄积量和覆盖率等进行了较全面的计算，首次对其环境影响进行了全面、系统的评价，首次对其生态风险损失进行了评价。

根据数据显示，我国每年城市森林火灾、病虫鼠害、城市征占用地和乱砍滥伐造成的风险损失为 12.61 亿元。其中，征占用地和乱砍滥伐的损失所占比重最大。以北京市森林生态风险损失为例，在北京城市森林风险影响因素中，社会经济因素影响最大，占 54.4%，自然因素占 38.7%，人为干扰胁迫因素占 17.6%。张颖教授建议，在北京森林风险防控中，要重视社会经济的影响，监控好自然因素的变化,使森林风险损失减少到最小。同时,应加强对森林火灾的防控,加大营林基本建设的投资力度。

中国绿色时报　2010－08－12

专家警示房地产开发蚕食城市森林

哪些因素给北京的城市森林带来风险?北京林业大学的一项最新研究成果给出了答案:社会经济因素对北京城市森林影响最大,占54%,其次是自然因素占28%,人为干扰胁迫因素占18%。

专家指出,北京城市森林主要的生态风险是火灾、病虫害和人为干扰。城市森林、绿地被占用,是主要的人为干扰胁迫影响。北京城市森林集中的地方,遭受了房地产开发商的大肆蚕食。一些国家森林公园周边成为房地产开发商的众矢之的。

新中国成立前,北京森林覆盖率仅为1.3%。目前,全市林木覆盖率为47.5%,森林覆盖率为34.3%。其特点是公益林多、幼龄林多和树种少。

北林大张颖教授认为,北京的森林资源结构存在三大问题,主要表现在:森林分布不均。主要集中在西部、北部山区。森林面积占总面积的75%。人口集中的城区、平原区的森林资源明显不足;树种较为单一,林分质量不高,容易引发大规模的病虫灾害;灌木林比重大。

北京晚报　2010－08－16

如何走好城市森林之路？

城市森林是现代化城市的重要标志，也是防治城市环境污染的根本。但在我国，既缺少城市森林面积、蓄积、覆盖率等方面的统计数据，更缺少城市森林对城市经济、生态环境、社会发展等影响的研究。北京林业大学张颖教授率先开展了相关研究，填补了这一研究领域的空白。

张颖教授对我国城市森林的研究在三个方面有所创新：首次对我国城市森林面积、蓄积和覆盖率等进行了较全面的计算；首次对其环境影响进行了全面、系统的评价；首次对其生态风险损失进行了评价。

他刚刚公开出版了《中国城市森林环境效益评价》专著，披露了一组重要数据，证实了城市森林对城市环境有着极其重要的作用。

城市化呼唤城市森林

中国城市发展进入了加速期。

1993 年，我国的城市化率还仅为 28％。15 年后，增长到了45.68％。即便如此，我国城市化率仍比世界的平均水平低 10 个百分点，比发达国家的平均水平低 30 个百分点。

换句话说，我国的城市化率还会进一步提高，而随之带来的城市环境问题将更加突出。遗憾的是，我国的城市森林覆盖率与世界发达国家 60％以上的城市相比，还有非常显著的差距。

张颖教授计算后得出的数据是，我国城市城区绿化覆盖率为 36.54％，城市森林覆盖率为 34.27％。2007 年，我国城市森林面积为 0.95 万平方公里，不足国土面积的 0.1％。其蓄积量为 3278.45 万立方米。

城市森林是城市生态系统的初级生产者，在改善城市生态环境质量、维护城市生态系统稳定、促进城市可持续发展中发挥着不可替代的作用。离开了城市森林，城市危在旦夕。

城市森林对经济环境影响最大

张颖教授说，城市森林对环境的影响主要表现在，对城市生态环境的影响和对城市居民的生理健康、社会福利和经济繁荣的影响等方面。

研究结果表明，目前在我国城市森林环境影响中，城市森林对经济环境的影响最大，其次是对人口发展的影响，第三是对社会环境的影响，最后是对生态环境的影响。这和人们的想象有很大差距。

城市森林对经济环境的影响主要表现在两个方面；其一，对林业产值的影响；其二，对森林资源资产的影响。张颖教授的研究结果是，我国城市森林每年增加林业产值 219.86 亿元，每年新增森林资产价值 4.97 亿元。

城市森林对生态环境的影响主要表现在保护生物多样性、固碳制氧、减少污染物、减小噪音和增加局部水分上。经计算得出，我国城市森林每年保护生物多样性的价值为 251.23 亿元，与固碳、净化空气、局部降温、增加水量改善水质等价值之和为 715.02 亿元。

城市森林对社会环境的影响主要包括提供就业机会，森林游憩，森林的科学、文化、历史价值和增加所在地商业销售额的价值等。经计算，我国城市森林每年提供就业机会的价值为 1.57 亿元，森林游憩价值为 153.47 亿元，森林科学、文化、历史价值为 0.56 亿元，增加所在地商业销售额的价值为 20.71 亿元。

我国城市森林产生的环境影响总价值每年达 1103.55 亿元。其中，经济环境影响占总价值的 20.37％；生态环境影响占 64.79％；社会环境影响占 15.98％；生态风险损失占总环境影响价值的 — 1.14％。

专家提供的数据是，每年城市森林的火灾、病虫鼠害、城市征占用地和乱砍滥伐的风险损失为 12.61 亿元。其中，征占用地和乱砍滥伐的损失所占比重最大。加强城市森林征占用地和乱砍滥伐等人为干扰胁迫等风险管理是当务之急。

北京城市森林两多一少

专家还以北京为例进行了城市森林的个案研究，给北京的城市森林发展把脉。

新中国成立前，北京的林业基础相对薄弱，人工林不足 300 公顷，残存次生林 2 万多公顷，森林覆盖率仅为 1.3％。经过多年的努力，北京森林面积大为增加。目前，全市林木覆盖率为 47.5％，森林覆盖率为 34.3％。其特点是两多一少：

公益林多。公益林占森林总面积的 66.5％，商品林占 33.5％。公益林比重大，体现了首都林业以改善生态环境为首要任务的宗旨，随着绿色北京的建设，公益林比重还会继续加大。

幼龄林多。在林龄结构中，幼龄林面积占森林总面积的 61.8％，中龄林占 23.1％，近熟林占 9.2％，成熟林占 1.2％。幼龄林比重较大，使得加强幼林的抚育、提高林分质量成为重要任务。

树种少。北京的森林中，柞树比重最大，占 28.6％；其次是油松和侧柏，分别为 18.7％ 和 16.7％；杨树为 11.6％。除此之外，还有一些阔叶树（8.0％）、刺槐（5.7％）、山杨（5.1％）、桦树（3.1％）和落叶松（2.5％）。树种相对单调，物种多样性低。

首都森林资源结构有待改善

张颖教授研究分析后认为，北京的森林资源结构存在三大问题，主要表现在三个方面。

一是森林分布不匀。主要集中在西部、北部山区。森林面积占总面积的 75％。人口集中的城区、平原区的森林资源明显不足。这在很大程度上限制了北京市森林生态效益的发挥。

二是树种较为单一，林分质量不高。人工林大多为低矮的单层林结构，物种多样性低，稳定性差，容易引发大规模的病虫灾害。

三是灌木林比重大。灌木从 2000 年起大幅度增加，有林地面积大幅度下降。其原因是城市森林受到城市化的影响较大，人为活动已经对城市森林的林相产生了干扰。

城市森林风险亟待规避

相对于一般的森林来说，城市森林的风险影响因素与城市活动关系更为紧密，与人的关系更为密切，受城市不利的环境影响更大。北京城市森林主要的生态风险是火灾、病虫害和人为干扰。

影响森林火灾的气候因素有空气湿度、气温和风等。地形条件有坡度、坡向、坡位、海拔以及河流湖泊的相对位置等。影响因素还包括树种、林相、郁闭度等。

影响病虫鼠害的因素主要有城市森林生态系统的完整性、城市森林的栽培和管理、病虫鼠害自身性质的变化等。城市的热岛效应、环境污染等都会使森林降低抵抗病虫害的能力。

城市森林、绿地被占用，有林地改为灌木林等，是主要的人为干扰胁迫影响。北京城市森林集中的地方，遭受了房地产开发商的大肆蚕食。一些国家森林公园周边成为房地产开发商的众矢之的。

张颖教授的研究结果表明，在北京城市森林风险影响因素中，社会经济因素影响最大，占到了 54.4%，自然因素占 38.7%，人为干扰胁迫因素占 17.6%。因此，在防控北京城市森林风险中，要主抓社会经济的影响，要监控自然因素的变化，减少人为的干扰和蚕食。

研究还证实，森林火灾和林业产值有紧密关系。在进行林业生产的同时，应加强森林火灾的防控；病虫鼠害的发生概率和营林建设投资总额有一定关系，要加大营林基本建设的投资。

城市森林发展呼唤政策支持

发展城市森林，首先要改变人们对城市森林的认识。张颖教授指出，公众和居民团体是参与或支持城市森林发展的基础。要出台相应的公众教育政策，加强对公众的引导。要制订切实可行的教育方案，以说服和动员居民和其他公众参与城市森林建设和保护。通过培训班、发放宣传品、提供相应的信息和知识等，帮助他们有效地参与城市森林建设。编制城市森林经营管理规划和方案，开展有关的业务和技术指导，免费提供苗木等。

专家还建议，要出台相应的政策，鼓励公众团体和个人非营利组织等购买城市空地、公园用地、保护区或野生动物栖息地的使用权，进行植树造林，促进城市森林的健康发展。支持和鼓励非营利性土地信托种植。重视道路、人行道等公共用地森林的发展。

城市森林发展需要法律、法规保障。要制订有关城市森林保护和造林条例，增加法律、法规的灵活性，补充相应的条例。要通过城市森林相关政策的制订和实施，动员公众、官员、科技人员、规划师等各方面的力量，投身城市森林的建设和保护事业。

科学时报 2010－08－13

中国退耕还林累计造林 4 亿亩

从 12 月 22 日召开的"中国北方退耕还林工程建设与效益评价学术研讨会"上获悉，我国北方退耕还林工程效益阶段性监测已经完成。退耕还林工程实施 9 年来，已累计造林超过 4 亿亩，投资总量达 4300 多亿元，涉及 1 亿多农民。

为了科学、全面、系统地总结退耕还林工程的效益，国家林业局退耕还林办公室和北京林业大学承担了工程效益监测与评价课题，选择了四个生态类型区的 10 个工程县作为评价基地。课题组利用 1999 年和 2007 年两期 TM 遥感影像数据，对整个县域的土地利用及覆盖的动态变化进行了研究。重点监测不同类型退耕还林地土层土壤含水量、土壤有机质含量、机械组成等理化性质的变化等。

北京日报 2008－12－24

加强退耕还林工程三大效益科学评价

退耕还林工程已实施近 10 年，效益如何？站在新的历史起点，如何巩固既有成果，继续推进工程可持续发展？12 月 22 日～23 日，我国北方退耕还林工程建设与效益评价研讨会在北京召开。

国家林业局副局长李育材出席会议。他说，我国北方地区生态环境脆弱，治理难度大，退耕还林工程的实施效果对全国生态系统具有重要影响，加强北方地区退耕还林工程的科学技术研究，特别是对其生态效益、经济效益和社会效益进行系统而科学的评价，有利于完善退耕还林工程的实施和管理体系，有利于提高全国退耕还林工程建设的宏观决策水平。

针对退耕还林工程下一步的重点工作，李育材提出，要大力推进工程荒山荒地造林和封山育林，认真组织实施巩固退耕还林成果专项规划，继续组织开展阶段验收，进一步研究落实提升工程质量的各项措施，强化工程关键环节监管。

2006 年，国家林业局退耕办联合北京林业大学等单位开展北方地区退耕还林工程生态功能评价研究，选择了西部风沙区、黄土高原区、土石山地区和北部草原区 4 个生态类型区的 10 个工程县，作为效益监测与评价研究基地，目前已完成了全部外业调查工作，取得生态、经济和社会效益等方面的一系列监测数据。

这次研讨会由国家林业局退耕办主办，中国林学会、中国水土保持学会、中国治沙暨沙业学会和北京林业大学协办，围绕退耕还林工程建设技术与模式、管理机制、生态效益监测与评价、社会效应与经济价值分析 4 项议题，展开学术交流。

中国绿色时报　2008 - 12 - 25

完成北方退耕还林工程效益阶段性监测

国家退耕还林工程实施已有 9 年，开始进入成果巩固阶段。科学评价退耕还林工程建设的效果，对北方地区生态建设有着极为重要的现实指导意义。记者从日前召开的中国北方退耕还林工程建设与效益评价学术研讨会上获悉，我国 10 个工程县退耕还林工程效益监测已经完成。

为了科学、全面、系统地总结退耕还林工程的效益，国家林业局决策启动了退耕还林工程效益监测与评价课题。该课题依据全国退耕还林工程区的布局、气候生态类型区特征和研究区典型代表性，选择了西部风沙区、黄土高原区、土石山地区、北部草原区等 4 个生态类型区的 10 个工程县作为效益监测与评价基地，全面展开了全国退耕还林工程建设与效益评价工作。

目前课题组已经完成了青海大通县、宁夏盐池县、新疆奇台县、辽宁彰武县、陕西吴旗和安塞县等 10 个工程县的退耕还林效益监测工作，取得生态、经济和社会效益等一系列监测数据。

科学时报　2009 - 01 - 05

退耕还林工程建设与效益评价研讨会召开

12月22日至23日，中国北方退耕还林工程建设与效益评价研讨会在北京召开。这次研讨会由国家林业局退耕办主办，中国林学会、中国水土保持学会、中国治沙暨沙业学会和北京林业大学协办。这也是我国首次召开退耕还林工程领域的学术研讨会。

国家林业局副局长李育材出席会议，并发表重要讲话。李育材说，退耕还林是党中央、国务院做出的重大战略决策，退耕还林工程是迄今为止我国政策性最强、投资最大、涉及面最广、群众参与程度最高的一项生态建设工程。工程实施9年来，退耕还林工程已累计造林超过4亿亩，投资总量达4300多亿元，涉及1亿以上农民，是我国森林、荒漠、湿地生态系统建设的主战场，在我国现代林业3大体系中地位举足轻重，取得了令人瞩目的辉煌成就，为我国生态状况的改善和国家的经济建设做出了突出贡献，对培育森林资源，增加农民收入，促进农业和农村经济发展，发挥了越来越重要的作用，取得了显著的阶段性成果。

李育材指出，北方地区退耕还林工程在我国的林业生态建设中占有举足轻重的地位，北方生态环境脆弱，治理难度大，其退耕还林工程的实施效果对全国具有重大的影响，因此，加强北方地区退耕还林工程的科学技术研究，特别是对其生态功能进行客观准确的评价，有利于完善退耕还林工程的实施和管理体系，有利于提高全国退耕还林工程建设的宏观决策水平。

李育材说，关于退耕还林所取得的生态效益、经济效益和社会效益，以往没有系统和科学的评价。退耕还林工程迫切需要一个完整而系统的评价体系对整个工程的效益进行全方位的评价。这是进一步总结退耕还林工程工作的需要，是进一步优化退耕还林工程建设模式的需要，是科学评价退耕还林工程实施效果的需要，是切实巩固退耕还林工程建设成果的需要。

李育材对退耕还林工程建设与效益评价的研究工作提出了要求。他强调，要进一步深入开展退耕还林工程建设的技术与模式研究。进一步深入开展退耕还林工程建设管理机制的研究。进一步深入分析退耕还林工程的社会效应和经济价值。要认真总结分析，努力提高课题成果的技术水平。

针对退耕还林工程下一步的重点工作，李育材指出，要大力推进工程荒山荒地造林和封山育林，积极争取并落实2009年退耕还林工程荒山荒地造林和封山育林任务；要认真组织实施好巩固退耕还林成果专项规划。继续组织开展好阶段验收工作。进一步研究落实提升工程质量的各项措施。要强化工程关键环节监管；要做好退耕还林工程10周年总结宣传工作。

全国北方各省市自治区退耕还林管理部门负责人，退耕还林效益监测重点县有关部门负责人和技术骨干，10多所高校、科研院所、勘察设计院的专家学者共计130多人参加了会议。

退耕还林工程于1999年开始启动，目前已经取得了显著性成果。为了全面总结退耕还林工程的建设经验，系统评价退耕还林工程的实施效益，为退耕还林工程的健康发展和成果巩固提供科学依据，国家林业局退耕办联合北京林业大学、中国林学会、中国水土保持学会、中国治沙暨沙业学会联合举办了这次研讨会。

研讨会的内容有四个方面。

一是退耕还林工程建设的技术与模式。包括退耕还林工程育苗

240

技术、退耕还林工程营造林技术、退耕还林工程的技术模式等；

二是退耕还林工程建设管理机制。包括退耕还林工程管理模式、退耕还林工程后续政策等；

三是工程生态效益监测与评价。包括退耕还林工程监测技术、生态效益评价方法，退耕还林工程的防风固沙、保持水土、涵养水源、保育土壤、净化大气环境、固碳释氧、景观生态等效应，退耕还林工程与保护生物多样性等；

四是工程社会效应与经济价值分析。包括退耕还林工程社会效应分析与评价、退耕还林工程经济效益分析与评估等。

林业信息网　2008 - 12 - 24

我国园林教育科研值得反思

新中国成立 60 年之际，中国工程院院士、北京林业大学教授陈俊愉回首中国园林教育走过的道路感慨万千，对未来的发展寄予厚望。

我国高校开园林课始于 70 年前

已是 92 岁高龄的陈老是我国园林教育发展的见证人。他说，我国高校开设园林课程较晚，直到上世纪 30 年代，当时的金陵大学、岭南大学、中央大学等才陆续开设了造园学、花卉学、观赏树木学、苗圃学、花卉促成栽培学等课程。

新中国成立后，武汉大学、复旦大学等在园艺系设置了观赏组，开设园林有关的课程，但很快就被叫停。1951 年，北京农业大学园艺系与清华大学营建系合办了全国第一个造园专业，到 1953 年培养出了 8 名毕业生。

1957 年秋，北京林学院（现北京林业大学）开办城市及居民区绿化系，是我国高校设系之始；1964 年，改为园林系。1962 年前后，南京林学院（现南京林业大学）沈阳农学院等先后建园林专业。1966 年至 1974 年，全国高校园林教育几乎全部中断。

改革开放以来，我国的园林教育得到了长足的发展。北林大的园林系扩充为园林学院，设有园林、风景园林、观赏园艺、旅游管理 4 个专业，形成了培养本科生、硕士生、博士生的完整体系。其他一些高校也纷纷开办了园林专业。

园林的综合性强调不够

投身园林教育半个多世纪的陈老，越来越认识到园林是一门综合性极强的学科。综合培养园林人才是大势所趋。

他说，专业不必分得太细，办园林教育、搞园林事业，要求知识面广，每门不一定学得很多、钻研很深，但需要掌握园林的全面知识。在高年级时以及做毕业论文、毕业设计时，应有所侧重，走上工作岗位或读研究生时再专精攻读，知识面广、基础扎实才有后劲。

现行教育忽视观赏植物

陈老认为，园林教育和科研中，应该以观赏植物作为基本素材，并围绕观赏植物来探讨其选择、繁殖、配置、引种育种、抚育、应用和生产推广。只有这样，园林才有了特色和主心骨。但在我国现行的园林教育科研中，却不太重视观赏植物的应用。

陈老曾到美国参观多处园林设计事务所，那里每个设计所都有做大苗假植用的苗圃。美国俄亥俄州立大学园林设计系学生每人都要掌握 800 种园林乔灌木。而我国的园林设计却和苗圃脱节，和施工分家，必然降低设计质量。

园林植物造景的灵魂何在？

陈老强调，园林在可持续发展和保护生物多样性中有特殊地位，在提高环境质量、维护生态平衡、保证人们身心健康、改善景观风貌和传承文化等方面有强大的作用。

城市园林建设的目标是：空气清新，环境优美，生态良好，人居和谐。陈老认为，园林植物造景的灵魂是既要提倡植物多样性，又善于把它们合理搭配成稳定的人工群落。要从生态文明的高度来认识园林建设，提倡树木花草的复层混交、自然而大方的植物配植风格。要有基调、有骨干，巧妙搭配、多种手法。这是克服当今我国城市园林中"生物少样性"的良方，也是园林可持续发展的重要保证。

勿用金碗去讨洋垃圾

陈老对目前以洋花、洋草为主的倾向极为不满，称之为：用金碗去讨洋垃圾。

他呼吁，加强对国产名花的系统研究，从而带动中国从世界园林之母，向主动生产中华特产观赏植物大国迈进。要采取有效措施，真正保护好中华特产花卉种质资源。要奖励花卉新品种的培育和推广，让民族花卉在国内成为园林的主体。

他建议，组织全国的精英，花大力气研究"中国现代园林新风格"，使我国焕发出园林之母的青春和活力，为祖国和世界园林做出更大的贡献。

最大障碍是学术空气不浓

陈老指出，现在提高园林教育科研的最大障碍是学术空气不浓。要百家争鸣，多搞交流，尽快将学校机关化转变为学术民主化。

他说，要大力建设好园林场圃、植物园，保证理论和实际的结合，让学生参与校园建设。提倡师生与公园、苗圃合作，向园林管理人员和一线的工作人员学习。

他强调，园林教育要贯彻低碳的理念。规划设计要节能减排，做出的规划要节约而且实用。在教学环节中要贯穿爱祖国、爱人民的教育，通过业务实际体现爱国主义。这样培养出来的园林人才，才是国家、社会、人民所需要、所欢迎的。

中国绿色时报　2009 - 10 - 20

不该被忘却的达尔文

或许被人们疏忽了，今年是进化论奠基人达尔文诞辰 200 年，也是他的《物种起源》一书出版 150 年。

中国工程院院士、北京林业大学教授陈俊愉约见记者时对其给予了高度评价，称其进化论揭开了生物进化新的一页，为园林园艺发展指出了新的导向。

达尔文影响了中国园林园艺

达尔文从未来过中国，却很重视中华园林及其动植物物种。在其著作里，他提到过中国的竹子、牡丹，也对中国的金鱼和鸽子相当重视。他把这 4 种中华物种当做人工选择的世界杰作。

陈俊愉指出，达尔文的进化论对我国产生了多方面的巨大影响。早期，我国接受达尔文进化论多侧重于社会达尔文主义。近年来，我国在古生物学发现与研究上屡有卓越贡献，是对进化论相关理论的重要填补。

陈俊愉认为，长期以来，我国古代在农业生物学、在园林园艺植物对培育和选择技艺的杰出贡献，尤其是用达尔文进化论原理来加以对照和总结，社会对此显得重视不够，报道较少，论述力度不足。这是今后应大力改进的。

推广进化论忽视了人工选择

陈俊愉认为，我们推广达尔文的进化论时，强调自然选择多，忽视了人工选择。其实，只有既重视自然选择，又不忽视人工选择，才是达尔文进化论的全貌。

陈俊愉指出，达尔文著作甚丰，可惜我国由于种种原因，强调了自然选择和适者生存，而对家养条件下动植物的变异，即人工选择与培育下的巨大变异与育种成果，注意和重视不够。

在陈俊愉看来，在达尔文的进化论和变异研究结论中，我们最应该学习的是两点。其一，学术中的战斗性，他的论述和结果是冒着生命危险、顶着神主宰世界的老调子奋斗而产生的；其二，既重视自然选择，又认真总结人工选择动植物变异的成果。

陈俊愉说，今天我们园林园艺工作者纪念达尔文及其进化论，就要从根源和发展上来学习其精髓并加以应用。

中国选种育种理论基础深厚

陈俊愉说，我国自古代起，对动植物在家养驯化条件下的选择与培育就极为重视，积累了丰富的经验，形成了中国式选种、育种理论基础。我国古代在园林、园艺、茶、芳香植物等方面，主要在人工选择与培育驯化上下工夫。利用大部分园林园艺植物是天然异花授粉的特点，取得了辉煌的成就，验证了达尔文的进化论。对此，陈俊愉举出了许多有说服力的例子。

欧阳修在《洛阳牡丹记》中，介绍了牡丹从野生到家生，从单瓣经重瓣到重台的演化过程，以及通过嫁接繁殖、推广新品种的途径。其中，"潜溪绯"就是由紫花株中出现的芽变，经嫁接繁殖后成为新品种的。

刘蒙在《菊谱》中，论述了因菊属植物多自花不孕，在天然杂交的情况下，选择和培育可在选育新品种中起到显著作用。

范成大《梅谱》中，有全球最早的杏梅——梅杏中间杂种记录，距今已有 800 余年历史。

陈淏子在《花镜》中提出在一定环境下采用合理恰当措施如嫁接等，则"人力可以回天"。

中国绿色时报   2010－10－13

专家呼吁走公路生态绿化之路

在开展公路建设的同时，也要注重绿化，以实现生态保护。在10月19日～20日举行的全国公路生态绿化研讨会上，与会专家形成这样的共识。

专家认为，公路生态绿化作为路域植被系统建设、水土流失防治、景观塑造、改善生态环境的有效手段，在生态公路建设、创建和谐路域环境方面发挥着越来越重要的作用。

研讨会上，17位国内知名专家学者和日本专家做了专题发言，主题涵盖生态公路建设与公路生态绿化、公路生态绿化规划设计、公路生态绿化植物选配、公路生态绿化新材料新工艺、公路生态绿化评价指标体系与评价方法等多个方面，强调路域绿化与绿色通道建设的协调和配合，重视公路生态绿化对于构建绿色生态网络的功能，注重路域绿色生态系统的减少污染气体排放和增加碳汇功能。

本次研讨会由中国水土保持学会工程绿化专业委员会、交通运输部公路科学研究院和北京林业大学联合主办。全国60余家科研单位、高校和企业的160余名专业技术人员参加了研讨和交流。

中国绿色时报 2009－10－27

公路绿化需强调生态意识

在公路绿化中，要坚持人与自然和谐的发展理念，充分体现生态优先的意识，保护和恢复生态环境，力求构建出高生态质量的路域环境。在 10 月 19 日召开的全国公路生态绿化理论与技术研讨会上，北京林业大学党委书记、水土保持专家吴斌教授再次强调了"公路生态绿化"的新理念。

据悉，早在 2005 年，吴斌即提出了"公路生态绿化"的概念，并得到了北京市交通委员会的支持。他领衔开展的公路生态绿化研究也在进行中。

吴斌说，公路极大地促进了国民经济的发展，促进了物资的运输、人员的流动和文化的交流。路况如何，直接影响着人们的生活质量和国民经济的发展。公路不能只是钢筋、水泥、桥梁和山洞，设计理念还应体现强烈的生态意识。公路建设不仅要尽量减少对生态环境的破坏，还要通过公路绿化保护和恢复生态。如果公路与人、与自然的关系处理得好，它完全可以成为生命线、风景线，成为动植物的生态走廊。

在公路建设中，常常造成生态系统的破碎化和片段化，使动植物系统的连续性遭到破坏。吴斌说，"公路生态绿化"理念的提出，目的是在公路修建过程中，通过先进的技术，将对生态的破坏降低到最小程度，并实现生态环境的恢复和补偿。

此前，他曾亲眼目睹公路边坡滚下的石头砸飞了卡车上的货物，并拍摄和搜集了一些公路破坏生态的图片，以证实公路建设对自然植被造成的破坏和对动物及其栖息地的破坏。

吴斌将"公路生态绿化"初步定义为"绿化结构完整、植物选配科学生态、以人为本的节约型公路绿化"。他说，公路既是交通的枢纽和链接点，更承载着人文和自然的内涵。如何在修路的同时，使人和自然各有所得，不相干扰；如何使人与自然的和谐体现在道路和行驶的过程中，都值得探讨。

吴斌提出，要从公路的生态规划设计、生态施工和生态管理三方面来实现生态公路的建设。他认为，在建设公路实现经济效益的同时，还应为动植物提供栖息地和适宜的生长环境，起到降噪、滞尘的作用。在实践中，要强调营造季相鲜明的景观，可在公路沿线因地制宜地设置停车港湾和观景平台，并配置相应的休息和景观设施。

中国绿色时报 2009 - 11 - 05

尽快破解林木良种匮乏难题

两会期间，全国政协委员、中国工程院院士、北京林业大学校长尹伟伦建议尽早出台良种法，加大林木良种研究和培育力度，扶持良种生产，开展良种鉴定技术研究，实行林木良种的补贴制度。

尹伟伦说，农业种子的优劣决定当年收成，林木种苗优劣则对林业生产和生态建设产生十几年甚至几十年的影响，而且改正难度极大。有些地方造林成活率低、林地产出率低，原因之一就是种苗的质量不高。要保证造林成活率，提高林地生产力，必须进一步强化林木种苗基础。目前，世界上林业发达国家早已应用二代、三代高世代良种，林木良种使用率超过 80%，有的国家超过 90%，做到了颗粒精选。而我国初级良种尚未完全普及，与发达国家的差距很大。

尹伟伦建议，应尽早出台良种法，给在造林中使用良种提供法律上的保障，从根本上落实"不是良种不能造林"。对林木良种基地、种子园、母树林等要给予补贴，确保林木良种选育、生产的可持续性；对利用良种进行育苗的单位进行补贴，以调动育苗单位的积极性，不断提高基地供种率；与造林补贴相结合，将使用良种壮苗作为造林补贴的必要条件。他建议，进一步完善和加强林木良种审定制度、林木种苗生产标签制度、林木种苗经营许可制度、植物新品种保护制度等。

中国绿色时报　2010 - 03 - 17

大学生去基层推广林业技术一举多得

针对基层农林业科技推广体系面临网破人散的局面和大学毕业生就业困难的形势，全国政协委员、中国工程院院士、北京林业大学校长尹伟伦日前建议，制定相应政策，鼓励大学生到基层农林业推广站就业。

尹伟伦建议，教育部门在农林高校专门设立"农林基层推广场站大学生"招生计划，在招生政策、国家助学贷款、就业政策等方面进行系统的政策支持，以鼓励吸引农林高校的毕业生到农林基层推广场站工作。这既可缓解大学生就业压力，又能提升农林基层推广场站技术人员的整体素质。他认为，应该加强农林业技术推广站的定编和岗位设置，改善工作条件，保证生活待遇，创造条件让大学毕业生能够安心基层、大有作为、健康成长。

我国基层的农林业科技推广体系非常不健全，尤其缺乏具有一定专业学历水平的农林业推广技人员，严重制约了农林业现代化水平的提升。尹伟伦对此深感忧虑。他说，这也是吸纳农林院校大学毕业生的极好机会，既满足了农林业科技推广的需要，又能为大学生提供专业对口的岗位。既为农林业基层补充了科技力量，也有助于青年学生深入基层实践锻炼、增长才干，是解决当前大学生就业困难的有效举措。

尹伟伦说，要进一步明确农林业技术推广机构的公益性，将其纳入基层农业公共服务机构建设框架内加以整体规划设计。重新核定各级推广机构编制，通过优化队伍知识结构、学历水平、专业对口等方面的调整，将大学毕业生安置在能发挥才干的工作岗位；完善管理机制，切实保障工资待遇和科研成果转化的项目经费，实现精简机构、高效运行、务求实效的目的。

尹伟伦认为，要高度重视高等农林院校在农林业技术推广体系建设中的技术引领和人才深造培养作用。通过提供政策支持，增加农林高校的农业推广、林业工程等农林专业学位教育的招生计划，为在基层技术推广站的大学毕业生，有继续攻读研究生的深造机会，为农林技术推广体系培养高层次技术骨干。

尹伟伦建议，国家应出台相关政策以极大地调动大学毕业生到基层去、到林区去、到祖国最需要的地方去的积极性。在基层场站工作 3 年后的大学生，有理论知识和基层锻炼的实践经验，报考公务员和研究生应优先录用、录取；对表现优秀者可在当地优先提拔使用。

中国绿色时报　2009－03－23

下一个比尔·盖茨出在生物领域

"每一次科学技术的突破或重大的进展都必然导致产业变革或结构调整，从而推动国家经济的发展乃至世界经济的大发展和大超越。比尔·盖茨曾预言，超过他的下一个世界首富必然会出自生物技术领域。"中国工程院院士王涛这席话，赢得了北京林业大学新生们的热烈掌声。

日前，中国工程院院士王涛再次走进北京林业大学校园，面对刚刚跨入校门的新生们表述了肺腑之言。她希望新一代林业大学生迅速成长，早日成为我国林业和生态建设的栋梁。身为该校生物学院名誉院长，王涛对大学生十分关心。尽管工作十分繁忙，但她常常挤出时间和大学生交流。她说，你们是林业和生态建设的后备军，是林业现代化建设上最活跃、最具发展潜力的群体。希望你们珍惜大学时代，树立学林爱林、献身林业的思想。

王涛对生物科学与技术的理解给大学生们留下了深刻的印象。她指出，生命科学和生物技术正在成为新的科技革命的重要动力，生物经济将引起全球结构的深刻变化和利益格局的重大调整。基因组学、后基因组学、单倍子组学、干细胞技术、转基因技术、生物芯片技术等不断取得重大突破，正在使人类对生命世界的认识水平和改造能力发生质的飞跃。

谈到当前的发展时，王涛说，生物技术已经成为许多国家政府研究与开发的战略重点；生物技术产业已经成为国际科技竞争乃至经济竞争的焦点；生物经济正在成为网络经济后又一个新的经济增长点。生命科学和生物技术对人类社会所产生的作用要远远超过信息技术。生物技术革命所产生的深远影响远远超出人们的想象，生物技术引领的新的科技革命将加速形成，生物技术正在成为新的经济增长点。发展生物经济已经成为应对金融危机的重要措施之一。

王涛强调，21世纪全球可持续发展战略使林业科学研究的思路或方向发生了重大的变革，也使原有的林业科学领域增添了新的内容。随着生命生物学向组织细胞或分子水平的深化，生命科学相关的生命生物学微观研究领域成为林业科学研究新格局中一个重要的组成部分，因此，当代大学生要担负新的使命，要为林业科学的发展做出新的贡献，用出色的成绩向祖国交出优秀的答卷。

中国绿色时报　2009-11-26

发展林业要注意统筹兼顾

为了尽快解决我国林业发展中存在的问题，贺庆棠教授提出了首先要更新四个观念。贺教授曾长期担任北京林业大学校长职务，还任过中国老教授协会副会长，他至今仍心系林业发展，不顾年事已高，常常赴一线调研，撰写有关林业发展的论文。他论文中的观点在北林大校园引起了很大反响。

正确认识森林的多功能

贺教授说，充分认识森林的多功能是人类进步的一大标志。森林是地球上重要的生态系统，也是陆地生态系统的主体。森林生态系统是有生命的、开放的、动态的、组织结构严密的地球生态系统。森林是可再生资源，只要科学经营与合理利用，就能源源不断为人类提供木材和林产品，也能同时提供生态、环境保护等多种效益和功能。高质量的森林生态系统一定是经济贡献大、生态效益好，而且是多功能的。绝不能片面强调其中一点，而忽视森林多功能。

贺教授强调，只要充分掌握森林生态系统的特点和自然规律，通过对森林科学经营，优化其结构，就能大大提高森林产量和多功能效益。这对当今天然林保护工程、退耕还林工程以及大面积人工林和低价值次生林的改造和新造林都有重要的现实意义。

不能笼统提发展生态林业

我国国土范围广，地形复杂，南北气候跨温带和亚热带，从东到西干湿分明。贺教授指出，在如此复杂多类型的土地上发展林业，必须因地制宜地发展多功能林业，绝不能单向定位，更不能笼统提发展生态林业。

他说，森林是多功能复杂的生态系统。每个林分，每片森林都具有生态、经济、社会、文化、休闲、娱乐、健康、医疗及科研等多种功能效益。尽管人们根据经营和利用目的的不同，突出森林的某种功能，但把森林多功能效益视为其本性和特点加以全力开发，可大大提高森林的多功能、多效益，做到一举多得，一林多用。单打一地仅发挥森林某种功能是片面的、不可取的。

他认为，只强调林业的生态地位，忽视了林产业的发展，也是不正确的。在当今我国少林缺材的情况下，应该注重木材的生产。要用科学发展观统筹兼顾。

森林经营性采伐不应禁止

在贺教授看来，除自然保护区核心区的森林禁伐以外，各种森林在其生长过程中的不同阶段都牵涉到不同类型的采伐问题。这与森林收获时的最终采伐目的意义是完全不同的。它是在森林经营过程中培育结构优化的森林的重要手段。

他说，留优汰劣、促进森林结构优化，是森林经营不变的原则。抚育采伐、间伐、卫生伐等都是培育经营森林的重要手段。这些采伐均为森林经营性采伐，具有抚育保留木、利用采伐木的双重目的。对任何森林经营性采伐都绝对禁止，或者都纳入采伐限额的做法，不符合森林经营的自然规律。

林业工作要顺其自然

贺教授强调，林业工作一定要顺其自然，充分发挥自然力的作用。在宜林的地方利用自然力天然下种、天然更新，封山育林、退耕还林，或靠自然力为主搞"近自然的林业"，或靠自然力与人工促进相结合，人工加速天然更新和森林演替。这样形成的森林优于单纯的人工林。

他指出，在恢复退化的森林生态系统及低价值次生林改造中，封山育林是最好的办法之一。在沙漠化地区，封沙育草育灌效果比人工栽植更好。在光热水分条件适宜的地方，应通过封林保护、禁伐、禁猎、禁牧、排除人为干扰，用自然力或适当人工促进完成树木杂草花木自我更新与生长演替，而对于一些自然条件差，不能恢复森林或本来不长树的地方，应着眼于育灌育草，顺其自然，因地制宜，不可强求一律。

他说，大自然的自我修复能力所形成的自然美，所形成的森林，都是不可能人工全面再造的。生物多样性、生态系统和食物链，是人类难以全面"克隆"和再造的。要提倡尽量利用自然之力，必要时加入人工力量，将二者结合，以促进林业的又好又快发展。

中国绿色时报 2009 - 06 - 01

加倍关注西部生态环境问题

中国西部生态文明建设暨绿色陕西高峰论坛日前在陕西省西安市举行，与会专家围绕"共创生态文明 促进低碳发展"主题进行交流和研讨后达成共识：要加倍关注西部的生态环境问题和生态文明建设。

专家认为，西部大开发战略实施以来，西部地区生态环境建设成效显著，但西部经济快速发展的同时给生态环境增添了新问题。生态保护与建设是西部发展的永恒主题，建设生态省是西部实现又好又快发展的希望所在，要坚持在保护中开发、在开发中保护，寓资源开发于生态建设中，融产业发展于生态建设中。西部发展林业碳汇潜力巨大，要进一步加大对生态建设的投入，扩大森林面积，大力提高森林质量，切实把增加森林碳汇放到与工业减排同等重要的位置。

专家指出，西部各地地貌形态、自然景观不同，在生态环境建设中必须因地制宜，区别对待。对于一些重要的、敏感的地区必须设立生态环境保护区，实施抢救性保护或强制性保护；对一些生态环境异常脆弱的地区来说，在情况不明、没有把握时，以维持现状为保护的上策；对一些目前生态环境比较好的地区，可以建立一批以生态环境保护和建设为主要目标的生态特别县；对于极具稀有性、濒危性、特异性的经济资源，要立足长远，坚持保护优先的原则，反对急功近利；对于矿场资源丰富且具有开发条件的地区，划定矿场资源开发区，同时开征资源开发生态恢复补偿费，在开发的同时搞好生态环境的恢复和建设。

专家指出，解决西部的生态环境保护和建设问题，要摒弃旧的落后的传统做法，以高科技、高起点、高标准为引领，以市场经济为导向，把生态环境建设与农民脱贫致富相结合，与西部特色产业发展相结合。按照发展生态工业、生态农业和建设生态城市的理念，组织区域经济发展；按照自愿开发的物质流管理与政策流的衔接，探索东西部的生态补偿，完善生态建设的政策机制。

专家强调，西部改善生态环境关键在人，必须坚持生态文明观念的教育与普及。

中国绿色时报　2010 - 01 - 11

为森林上政策性保险迫在眉睫

在 2008 年年初的低温雨雪冰冻灾害中，林业受灾最严重、影响最长远、恢复最艰难。许多林农不仅生活遇到困难，未来几年的收入也受到严重影响，可谓一年遭灾，三年受贫。

全国政协常委、东北林业大学副校长赵雨森教授日前接受记者采访时说，林业极易遭受各种自然灾害的侵袭。火灾、洪涝、风雹、低温冻害、病虫害等自然灾害经常给林业、给林农造成巨大的经济损失。

赵雨森指出，林业生产经营面临的巨大自然灾害风险，是林农和林业生产经营者难于获取贷款等融资支持的重要原因，是巩固林权制度改革成果、实现林业可持续发展的制约瓶颈。如何对林业生产经营的自然灾害风险进行合理分担和配置，是林权制度改革配套金融改革的重要内容。

赵雨森用三个"有利于"来概括森林保险的重要性。他说，森林保险作为重要的林业风险保障机制，有利于林业生产经营者在灾后迅速恢复生产；有利于减少林业投融资的风险，改善林业投融资环境，保障林业投资改革；有利于保险业拓宽服务领域、优化区域和业务结构，培育新的业务增长点。发展森林保险对实现林业、银行业与保险业互惠共赢、同促发展有着重要的意义。

1984 年，中国人保在湖南试办林木火灾保险业务，后逐步扩展到吉林、山东、福建、广西等主要林区。但由于森林保险业务复杂、林业产权的不明晰及缺乏政策扶持等原因，森林保险业务时断时续，发展缓慢。再加上森林保险风险大，使得森林保险业务经营效益差，亏损严重。

福建省南平市 2004 年森林保险赔付率高达 796％，近三年的平均赔付率为 176％。保险公司为提升经营效益，或提高保险费率或限制责任范围，进一步抑制了投保需求，限制了承保面的扩大，形成恶性循环。

林农希望低保费、低保额；保险公司则要保成本、扩大承保面。保费高，限制了林农投保的积极性，降低了对森林保险的有效需求。保费低，又限制了保险公司提供保险的积极性，减少了对森林保险的现实供给。国内的商业保险都不轻易进入。目前，国内市场上基本上只有中国人保开办森林保险业务。

赵雨森指出，目前我国森林保险的发展状况严重滞后于林业发展对风险保障的巨大需求，森林保险覆盖面很低。中国人保自1984 年至 2007 年的 24 年间，平均每年承保林木仅 1300 万亩，占我国森林面积 1.75 亿公顷（2005 年林业普查数据）的 0.5％，占人工林保存面积 5325.7 万公顷（2005 年林业普查数据）的 1.6％。

赵雨森建议，开展政策性森林保险业务，要遵循政府引导、政策支持、市场运作、协同推进的方针，坚持低保额、低保费、保成本、广覆盖的原则。

赵雨森说，森林保险业务的特殊性决定了森林保险的发展离不开政府的扶持。有必要尽快建立并完善配套的政策性森林保险保障体系。

作为全国政协常委，赵雨森在今年的两会提案中提出了五条具体建议。

一是将森林保险纳入国家政策性保险保费补贴范围。由中央财政在地方财政提供保费补贴的前提下，对各地森林保险业务给予一定比例的保费补贴。建议中央和地方财政对商品林的保费补贴比例不低于 70％。据估算，中央财政补贴 44 亿元，可转移 6316 亿元的林业风险责任，可覆盖全国实行林权制度改革全部森林面积；中央财政补贴 70 亿元，可转移 10000 亿元的林业风险责任，可覆盖全国集体林的全部森林面积。

二是建立森林保险风险补偿机制。为提高承办森林保险的保险公司防范重大林业灾害的能力，建议在各省设立森林保险风险准备金。一方面从财政支持林业发展的资金中划拨部分资金，另一方面对保险公司承办政策性森林保险所形成的保费盈余进行滚存。保险公司当年赔付率超过既定限额的部分，由风险准备基金按一定比例予以补贴。

三是对森林保险实行税收优惠。对保险公司经营的政策性森林保险给予免征所得税的优惠，降低保险公司承办政策性森林保险的经营成本。

四是各省通过直接指定或招标的方式确定承办政策性森林保险的保险公司。各省在确定指定的保险公司时，应综合考虑保险公司的资本实力、市场信誉、专业经验、林区服务网络等因素，确保政策性森林保险业务的顺利推进。

五是因地制宜地确定政策性森林保险的责任范围和保险费率。建议以火灾为基本险责任，各地根据当地面临的主要灾害风险设置综合险责任；不同地域的政策性森林保险在规定的费率区间内可实行不同的保险费率。

中国绿色时报　2009 - 03 - 18

扎龙生态移民为啥没动静

眼瞅着原定的期限就快到了，但列入《全国湿地保护工程实施规划》（2005～2010 年）的"扎龙保护区核心区生态移民项目"至今没有启动。对此，全国政协常委、东北林业大学副校长赵雨森教授忧心忡忡。

赵雨森说，扎龙是我国最大的以保护丹顶鹤等珍稀水禽及其生态系统为主的湿地类型保护区，在世界鹤类保护与湿地保护中占有重要地位。扎龙湿地在保持水源、净化水质、蓄洪防旱、调节气候等方面具有巨大的生态功能，对减缓黑龙江省西部地区沙化东移、保护黑龙江省的自然生态起着重要作用。

他在调查中了解到，扎龙保护区核心区内有 13 个自然屯，人口约 5400 人。居民主要经济来源是收割苇草、捕鱼和种地，是典型的"吃资源村"和"靠天吃饭村"。丰年人均收入在 1500 元左右，灾年收入寥寥。赵凯村连居民用电都没有，没有一条道路与外界相通。居民住宅砖瓦化程度不足 2%。生活能源全部来自苇草和秸秆。为了生存，当地人不得不加大湿地资源的开发利用力度，使资源濒临枯竭，生态系统严重退化，鹤类等珍禽栖息地不断缩减，生物多样性受到破坏。

赵雨森说，黑龙江省从 2002 年开始，连续每年为扎龙湿地进行生态补水，一定程度上遏止了湿地面积缩减和生态功能退化的趋势。但已定的核心区生态移民项目迟迟没有启动，成为保护区保护和发展的瓶颈。在这次全国政协会议上，他专门写了提案，建议尽快启动这个项目，促进鹤类等珍禽栖息地的恢复，使核心区农民早日摆脱贫困。

中国绿色时报　2009 - 03 - 13

大小兴安岭的保护要特事特办

"建议国家对大小兴安岭生态功能区实施特殊政策！"全国政协常委赵雨森在全国政协十一届二次会议上的大会发言引起了很大反响。会议间隙，他挤时间接受了本报记者的采访，详谈了自己的看法。

在去年的全国政协会议上，他和几位委员联名提出了关于建立国家级大小兴安岭生态功能特区的提案，得到了全国政协的高度重视，被列为重点提案督办落实。今年他进一步呼吁，国家对大小兴安岭生态功能区实行特事特办方针，其紧迫之情溢于言表。

作为东北林业大学的知名专家，他对大小兴安岭的一草一木不但了如指掌，而且满含深情。他说，大小兴安岭对遏制东北、华北地区气候非正常变化，维护东北地区农牧业健康发展，历来都发挥着无可替代的生态屏障作用。但现状越来越令人担忧：

"边缘近千公里的次生林向后退缩了 50 公里；优势树种面积不断萎缩；与 20 多年前相比，森林总蓄积量减少近 40%，草地面积减少 60%，湿地面积减少 50%，水土流失面积已占全区域土地面积的 10.3%；昔日的黑土地出现了严重沙化；提供千亿斤商品粮和肉蛋奶生产供应基地面临严重威胁。"赵委员描绘的大小兴安岭现状的确让人心悸。

他说，2007 年国家将大小兴安岭规划为生态功能区。但由于历史和体制上的原因，林区财政十分困难，职工生活水平比当地农民还低。当前，生态功能区保护和建设遇到的许多实际问题都是地方政府所无力解决的。因此，建议国家大小兴安岭生态功能区实施特殊政策。

为此，赵委员曾多次深入林区调查，广泛听取各方面意见，形成了六条具体建议。

大小兴安岭生态功能区的森林面积为 1356 万公顷，占全国的 6.5%。他建议国家尽快健全和完善生态保护的长效工作机制，由国家财政出资建立生态保护补偿基金，面向全社会征收生态保护税，专门用于恢复森林生态功能和功能区保护建设的劳动支付，切实解决区域间经济社会发展的不协调和不公平问题。

"从国家长远发展战略考虑，尽快停止商业性采伐！"开发建设以来，大小兴安岭已向国家提供了 4.7 亿多立方米的木材。现在大兴安岭成过熟林每公顷蓄积量已由过去的 135.8 立方米，下降到 74.6 立方米，小兴安岭已由 194.4 立方米下降到 73.6 立方米，远远低于国家林业局规定的安全蓄积量。他说，如不坚决贯彻保护优先的方针立即停止商业性采伐，木材资源特别是珍贵树种的木材资源将很快枯竭。但只要从现在开始停止商业性采伐，科学育林管护，再过 20 至 40 年，大小兴安岭森林蓄积量就能从现在的 8 亿立方米增加到 15 亿立方米以上。每年又可为国家生产木材 1200 万立方米。

他说，停止商业性采伐后，约有 10 万人应实施生态移民。建议国家比照资源型煤城棚户区改造政策，分期分批给予政策性补贴，鼓励林区居民向小城镇居住和就业。

他建议，继续减轻林业企业的负担，把现在由林业企业负担的社会性和行政性开支，改为由国家和省级财政共同承担，统筹解决国有林区拖欠职工工资和富余职工安置等历史遗留问题，补足大小兴安岭全面停止商业性采伐后每年发生的森林管护费缺口和减少的育林基金，为停止商业性采伐创造必要的经济环境。

鉴于大小兴安岭木材生长期比其它地区要长 20～30 年的特殊情况，他建议把 2010 年到期的天保工程至少延长到 2030 年，增拨林木管护的专项经费，把在大小兴安岭生态功能区的综合补贴标准再提高 30%。

大小兴安岭地区具有森林特有的生物资源和毗邻俄罗斯的区位优势，在良好的生态基础上发展具有自然垄断性的林特产品和特殊旅游，形成发达的绿色产业体系，具有很大潜力。他建议尽快把这一地区纳入国家级的生物产业园区和风景名胜区的发展规划。

赵委员强调："在 30 至 40 年内，国家每年支持大小兴安岭资金不过 40 亿元，换来的却是具有无穷价值的生态环境和可持续的木材供应基地。从现实和长远意义来看，完全可以和宏大的三峡工程媲美！

中国绿色时报 2009-03-09

全面实施造林补贴时机成熟

全面实施造林补贴政策的时机已经成熟，应根据国情和林情制定、完善造林补贴体系，尽快将这项惠民强林政策付诸实施。全国政协常委、东北林业大学副校长赵雨森在接受采访时，明确表达了这个观点。

赵雨森说，目前我国尚有 0.57 亿公顷宜林荒山荒地、0.54 亿公顷左右的宜林沙荒地，有相当数量的 25 度以上的陡坡耕地和未利用地。我国现有宜林地中，质量好的仅占 13%，60% 的宜林地分布在内蒙古和西北地区，营造林难度越来越大。由于这些宜林地多处于经济发展水平相对滞后的地区，尚不富裕的农民群众很难支付得起高昂的造林成本。因此，需要制定更有力的扶持政策，以推动这些地区的造林绿化。

林业具有初期成本投入大、收益周期长等特点。赵雨森介绍，由国家和地方各级政府通过财政补贴来扶持林业的发展，是世界各国普遍的做法。特别是在森林资源扩张阶段，各国均采取高额的造林补贴政策。世界主要国家都根据国情和不同发展阶段的情况制定和执行了造林补贴制度。

赵雨森说，国内外实践经验表明，国家对弱质产业和公益性事业给予财政补贴，是一项非常有效的政策措施。当前，加快森林资源建设，增强碳汇功能，提高应对气候变化的能力，全面实行造林补贴政策是十分必要的。我国综合国力的不断增强，也为全面实行造林补贴政策奠定了坚实的经济基础。

赵雨森提出了三条具体建议：一是进一步扩大造林补贴的范围。建议进一步扩大造林补贴的覆盖面，特别应对以个人或家庭为单位的小规模经营者给予更多支持；二是确定科学的补贴标准，国家对重点林业生态建设工程中人工造林的补贴标准额度偏低，不足以调动广大林农造林的积极性；三是稳定造林补贴的资金来源，建议采取以中央财政补贴为基础，省、地、县财政配套的方式，各级地方财政配套的比例应根据该地区经济发展水平和所处的生态区位等区别对待、合理调整。

中国绿色时报　2010 - 03 - 16

大兴安岭休养生息刻不容缓

大兴安岭生态功能已极其脆弱，实行全面的生态休养生息刻不容缓。全国政协常委、东北林业大学副校长赵雨森日前呼吁。

赵雨森说，大兴安岭的生态状况十分令人忧虑。由于长期高强度的过量采伐，成过熟林资源早已采伐殆尽，现在采伐的基本是中幼龄林。虽然近十年来通过实施天保工程和各级管理部门努力，大兴安岭生态恶化趋势有所减缓，但形势仍十分严峻。

赵雨森在调研中发现，大兴安岭主要问题有四个：一是功能定位仍不明晰，商业材采伐始终无法完全停止；二是政企合一的体制延续至今，使林区经济不得不靠"砍树养人"；三是经济水平低，基础设施、公共事业滞后，林区职工年均工资收入不到全省人均水平的 50%；四是经济结构调整艰难，替代产业远未成型，林区经济对木材的依存度高。

赵雨森建议，将大兴安岭与小兴安岭作为一个国家层面的整体生态功能区，上升为国家战略，以生态效益为核心和主导，定位大小兴安岭地区的功能和未来发展方向，并将全面的生态休养生息作为首要任务，全面停止商品材生产。

赵雨森说，国家要加大投入，支持大兴安岭实现全面的生态休养生息。他提出的具体建议是：停止商品材生产，国家应给予相应补偿，以解决停产带来的职工生计问题；对于公益营林建设以及中幼龄林抚育、次生林改造等，国家应设立专项资金予以资助；国家和黑龙江省应在一定时期内以转移支付的方式，分担林区的预算开支，着力培育地方经济，争取早日实现自立。

赵雨森还提出，大兴安岭各林场职能部门，大学毕业生寥寥无几，有的甚至连中专毕业生都没有。这样的人才结构，根本无法适应需要。建设适宜产业，培育替代产业，打造新型的区内经济结构，科技是引导，教育是基础。对此，国家也应给予相应的扶持。

中国绿色时报　2010 - 03 - 31

专家学者认为森林培育学科建设必须加强

全国具有森林培育学科的 19 所高校、科研单位的学科负责人 11 月下旬在北京林业大学聚首，讨论我国森林培育学科如何实现更好更快发展大计。与会者一致认为，要实现森林可持续发展，必须加强森林培育学科建设。

据悉，北林大、东林大、中南林业科技大学均拥有国家级森林培育学科。有国家林业局重点学科和省重点学科的院校分别为 11 所和 18 所。有 16 所高校、科研机构设有该学科博士点，21 所高校有硕士点。

由国家林业局人事教育司主办的这个高级研讨班主要议题包括：森林培育学学科建设在国家林业生态建设、产业建设和生态文化建设中的地位与作用、森林培育学学科与林学一级学科的现状与发展趋势、森林培育学学科体系建设及其可持续发展、森林培育学学科区域合作交流机制与学科队伍建设、森林培育学学科创新型林业人才培养等 5 个方面。

经过多年建设，全国的森林培育学科建设已取得显著成效。突出表现为：新的学科分支不断产生，如城市林业、能源林业等的出现，推动了学科的不断向前发展；主持和承担国家科研项目，并取得大批科研成果，为我国林业发展作出了积极贡献；培养出了大批优秀高层次的专业人才；师资队伍的结构较为合理；实验室平台和基地平台建设取得了突破性进展；国际合作与交流进一步加强。

专家认为，目前我国森林培育学科建设中还存在一些问题。森林培育重大技术研究突破性进展不显著，科学创新不明显，各类获奖成果层次还有待进一步提高；森林培育基础理论研究比较薄弱，对树种生物学生态学习性和造林地立地条件的研究缺乏长期的试验项目、长期试验基地和先进的实验手段，造成应用技术效果不显著；人才培养模式需要改革，培养水平有待进一步提高；森林培育学科教材体系建设滞后，研究生教材陈旧，且特色教材和著作数量较少；我国森林培育学科体系不够完善，缺乏学科领军人物；学科与同行的交流较少，缺乏长期有效的交流合作机制。

专家们对学科建设提出的对策有：加速培养具有区域特色的国家级的领军人才和学术带头人，加强团队建设和创新能力的建设；建立学科创新型人才培养模式，加强各院校之间研究生的联合培养；加强各单位间的学术队伍、人才培养的合作与交流、科研资源共享，联合编著教材；加强森林培育学科建设的投资力度，增设学科建设专向经费。支持农业院校林学学科的发展；建立支持基础研究的机制；培养能够从事培育基础研究的人才；重视科技成果转化及后续问题的研究，建立长效机制。

沈国舫院士回顾了从"造林"转变到"森林培育"的奋斗历程，并以新疆林业为例，阐述了森林培育在森林可持续发展中的战略地位。他指出，加强森林培育学科建设有利于推动我国林业事业更好更快发展。

尹伟伦院士强调，森林培育学是林学专业的骨干和核心学科，在生态环境建设与林业产业链中处于重要地位。他提出，要加速培养高水平的学术人才队伍，要与时俱进地凝练学术前沿方向，要配备适应学术研究需要的先进仪器设备。

中国绿色时报　2008－12－04

专家为中国森林保护建言

在日前举行的中国森林保护学术论坛上，专家们建议，要进一步加强学科建设，加大林业有害生物防治工作力度，以保障现代林业又好又快发展。

专家们提出，要加紧建立森林病虫害可持续控制基础理论的基本构架，争取在可持续控制的关键技术上有所突破；要强化基础研究，积极争取国家重大基础研究项目，提高知识创新的支撑力度；重点开展重大森林生物灾害形成的机理、森林生态系统自我调控生物灾害的功能与机制、生物防治和营造林等措施持续调控生物灾害的机制等重大问题研究；加强具有林业特色的生物灾害控制策略和理论体系的研究；深化重大生物灾害控制技术体系研究。

有专家建议，要进一步加强不同学科、不同行业间及国际间的交流与合作，特别要注重国家与地方院所、区域间的合作；要力争早日建成森林保护国家重点实验室；利用现代生物学和分子生物学、生态学和微生态学的观点和方法，以加速森林保护学科的发展。

中国是一个森林生物灾害频发、生态环境脆弱的国家，森林生物灾害成为制约林业可持续发展的关键环节之一。我国森林保护学科萌生于上世纪初，经过多年发展，如今已具备了参与国家重大基础研究计划的实力。去年，北京林业大学、东北林业大学和南京林业大学的森林保护学科均进入了国家重点学科行列。中国林科院建立了国家林业局外来有害生物鉴定中心和以森林生态系统健康维持为主的森林生态系统定位观测站。

我国的森林保护工作者提出了林业有害生物的生态控制理念，并积极引进森林健康的理念，在我国森林经营和有害生物管理领域进行了试点示范。以 3S 为基础，集合常规抽样和调查技术，科研工作者开发出了重大森林病虫害中长期测报技术，提高了马尾松毛虫和松材线虫等病虫害的预测水平和防治决策能力；利用信息素监测和防治透翅蛾、木蠹蛾等，针对美国白蛾等害虫研发了生物防治剂和相关施用技术；从造林树种的选择、改进造林树种的配植方式等方面入手，有效控制了杨树天牛危害。

论坛上，专家们达成共识，森林保护学科今后将更加注重四个方面的研究：不断深化以 3S 技术和昆虫信息素为支撑的森林生物灾害监测和预警体系研究，积极开展森林生态系统调控病虫害的功能研究，加强人为措施持续控灾功能及实现途径的研究，高度重视外来有害生物的预防和控制，开发有害生物的快速检测技术，加强生物入侵的风险分析和损失评估。对生物多样性和生态服务功能影响的评估和完善风险管理预案也应该成为新的研究热点。

中国绿色时报　2008 - 11 - 05

中国森林保护学科风雨 50 年

在刚刚闭幕的中国森林保护学术论坛上，一批老专家的心情格外激动。因为，他们与中国森林保护学科一起，走过了半个世纪的风雨历程。

经过几代人的努力，中国森林保护学科造就了一支结构合理、创新意识强的人才队伍，为祖国培养了大批专业人才，提出了适合中国国情的森林保护策略和方法，为我国林业建设和保障国家生态安全做出了重大贡献。

从无到有，为护卫森林立下功劳

中国森林保护学科的萌生可追溯到 20 世纪初。50 年前，北京林学院（现北林大）、南京林学院（现南林大）开设森保专业。

1959 年开始试招研究生。这些被看成是我国森林保护学科发端的重要标志。

岁月荏苒。2007 年，北林大、东林大、南林大的森林保护学科均进入了国家重点学科行列。北林大的建立了教育部重点实验室。中国林科院建立了国家林业局外来有害生物鉴定中心，及以森林生态系统健康维持为主的森林生态系统定位观测站。2 所大学的森林保护学科研究团队跻身教育部创新团队。

中国森林保护学科具备了参与国家重大基础研究计划的实力。近 10 年来，获了 80 多项国家自然科学基金重点等项目和面上项目的支持。

我国的森林保护工作者提出了林业有害生物的生态控制理念，并积极引进森林健康的理念，在我国的森林经营和有害生物管理中进行试点示范，取得了长足进步。

广大科研工作者围绕制约我国林业生产的重大森林病虫害问题开展科学研究，攻克了我国重大森林有害生物控制中的一批重大科技理论与技术问题。以 3S 为基础，集合常规抽样和调查技术，开发出了重大森林病虫害中长期测报技术，提高了马尾松毛虫和松材线虫等病虫害的预测水平和防治决策能力；利用信息素监测和防治透翅蛾、木蠹蛾等取得了突破，研制出对重大林木还差美国白蛾等害虫有明显防治效果的生物防治剂和施用技术；从造林树种的选择、改进造林树种的配植方式等方面入手，使杨树天牛猖獗危害得到了有效控制。

任重道远，中国森林保护学科有待加强

中国是一个森林生物灾害频发，生态环境脆弱的国家。森林生物灾害是制约我国林业可持续发展的关键环节之一。森林保护学科

的专家们达成共识：要进一步加强学科建设，强化林业有害生物的防治工作，以保障我国现代林业的又好又快发展。

专家认为，要加紧建立森林病虫害可持续控制基础理论的基本构架，争取在可持续控制的关键技术上有所突破；强化基础研究。积极争取国家重大基础研究项目，提高知识创新的支撑力度；重点开展重大森林生物灾害形成的机理、森林生态系统自我调控生物灾害的功能与机制、生物防治和营造林等措施持续调控生物灾害的机制等重大问题研究；加强具有林业特色的生物灾害控制策略和理论体系的研究；深化重大生物灾害控制技术体系研究。

专家们建议，进一步加强不同学科、不同行业间及国际间的交流与合作，特别要注重国家与地方院所、区域间的合作。要力争早日建成森林保护国家重点实验室。

专家们说，既要借鉴相关学科的研究成果，更要注重学科自身的特点，利用现代生物学和分子生物学、生态学和微生态学的观点和方法，以加速森林保护学科的发展。

展望未来，森林保护学科研究四大趋势

我国森林保护事业正处在迅速发展的阶段，但起步较晚，基础较差，尚不能完全满足林业迅速发展的需要。与会专家认为，在今后的研究中应该特别注重四个方面。

一是不断深化以 3S 技术和昆虫信息素为支撑的森林生物灾害监测和预警体系研究，开发重大病虫害的中长期测报技术体系，提高预警水平和防御决策能力。

二是积极开展森林生态系统调控病虫害的功能研究。他们认为，森林生态系统是实现病虫害生态调控的基础，充分保护和恢复其功能，是实现森林有害生物可持续控制的核心所在。

三是加强人为措施持续控灾功能及实现途径的研究，特别是各类昆虫信息素和昆虫生长调节剂方面的研究。

四是高度重视外来有害生物的预防和控制。开发有害生物的快速检测技术，加强生物入侵的风险分析和损失评估。特别是对生物多样性和生态服务功能影响的评估、完善风险管理预案应该成为新的研究热点。

中国林业杂志 2008－12A

"绿量"能否代替"森林覆盖率"

由头：有人说"绿量"比"森林覆盖率"更精确

2月25日，《光明日报》刊登《中国国家地理》杂志社总编单之蔷的名为《再谈"绿量"之精确》的博文摘要。单认为，"绿量"这个概念比"森林覆盖率"要精确。"绿量"是卫星通过遥感精确计算出来的，是个精确数。"森林覆盖率"是单位面积的地面上森林树冠的投影面积，是个估算值，是个约数。因此，他认为，考察一个地区的生态状况，用"绿量"要比用"森林覆盖率"更好。

解释："绿量"是对绿化评价指标的有效补充

北京林业大学教授王百田认为，"绿量"作为绿化评价指标，是衡量地区生态状况的有效补充。他说，以往使用森林覆盖率、绿化覆盖率、人均绿地面积等绿化指标，是以二维面积为绿地的评价标准。这些指标在衡量一个地区绿化的基本状况、指导城市绿地规划及落实国家绿化方针政策方面发挥了重要作用。当然，这些指标在评价不同植物种类、不同绿化结构的绿地功能水平，特别是在系统统计分析园林绿化的生态效益时，二维绿化值很难对其进行准确的测算。

王百田介绍，"绿量"又称三维绿色生物量，是指所有生长中植物茎叶所占据的空间体积。"绿量"针对不同植物种类、不同绿地结构间存在的功能差异，以植物所占据的绿色空间体积作为评价标准，能更确切地反映绿地植物构成的合理性及生态效益水平。

说法："绿量"有利于促进绿化结构的调整

在北京林业大学副教授齐实看来，将"绿量"作为绿化评价指标之一，将更大限度地优化地区绿化结构。他说，一个地区植被长势越好，叶子越多，"绿量"就越大。根据生态学的竞争和共生原理，将乔、灌、草植物配置在一个相互协调的生物群落中，使其具备复合的季相色彩，让不同生态特性的植物能各得其所，这样能充分利用能源空间，产生最大的"绿量"，也能较大程度地提高绿化生态效益。

"绿量"指标更适合某一地区的绿地设计。王百田说，绿地的规划与设计不再仅是考虑绿地的景观效果，而要尽量增加"绿量"，注重绿地的功能性，充分利用不同植物、不同绿地结构的功能特征，最大限度地发挥其环境效益。

点评：森林覆盖率和"绿量"要协调使用

单之蔷提出的以"绿量"替代森林覆盖率，代表了目前流行的一种观点，但北京林业大学两位专家认为，"绿量"更适合作为园林绿化评价指标。他们提出，地区生态建设，首先应考虑绿地的生态功能需要，充分利用各种植物的功能特点，合理配置，构建合理的绿地结构，在保证植被覆盖率的同时，尽可能提高"绿量"。

在植物生长过程中，"绿量"是动态的、渐变的，很难定量。在实际操作中，如仅以"绿量"为指标，绿化规划设计有一定难度。其次，"绿量"虽有积极意义，但在衡量生态效益中很难体现出乔、灌、草等不同类型、不同种类植物的生态特点。如果仅用其作为评价指标，容易产生偏颇。

目前来看，森林覆盖率作为定量指标来指导地区生态规划建设，作用尚不能被"绿量"所取代。正确的选择是，作为评价指标，两者互为补充、协调发展。在达到一定森林覆盖率的前提下，尽量增加"绿量"。同时，不能片面地追求"绿量"，过多地种植草本、灌木，忽视了对乔木作用的发挥。

中国绿色时报　2008 - 04 - 03

国有林场改革，路在何方？

新时期的中国国有林场向何处去？北京林业大学经济管理学院的3位博士对此进行了深入研究。其最新成果荟萃在刚刚出版的《新时期国有林场改革与可持续发展研究》一书中。

在王自力、田明华、李红勋3位博士的眼里，国有林场是以生态公益林管理为主要经营内容的基层林业单位，是我国生态安全的重要屏障，是重要的后备森林资源基地和木材生产基地。其改革和发展对我国林业事业的繁荣有着十分重要的意义。

他们作出的努力包括：系统归纳国有林场改革与可持续发展研究中涉及的主要经济和管理理论；选择了广东、辽宁、湖北等地的4个国有林场作为典型案例进行了全面调查；总结了我国国有林场建设取得的成就以及重要地位和作用，探讨了普遍存在的困难与问题；较全面地对影响我国国有林场可持续发展的因素进行了分析。

研究者首次把利益相关者分析的思想和方法，引入到国有林场研究中，以分析国有林场改革和发展过程的阻力和动力因素。

他们指出，体制不顺，动力不足，是制约国有林场可持续发展的主要原因。他们分析了国有林场的宏观管理体制和微观运行机制，借鉴国外国有林场管理与经营体制经验，比较分析了国有林场与集体林场、私营林场的成效，研究了优秀国有林场经营与管理经验；对影响国有林场可持续发展的自然因素、社会因素、政策因素等外部因素，资本、资源、人员、技术等内部因素，以及国有林场自身性质与定位、管理体制、经营体制等体制因素进行了分析，运用利益相关者理论构建了国有林场改革的利益相关者分析框架，通过确定利益相关者的位置和国有林场改革对主要利益相关者的影响，来构建国有林场改革动力。

研究者认为，国有林场事业化管理体制和经营机制是制约其可持续发展的重要原因。生态建设不是国有林场事业化的理由，多元化发展混业经营使国有林场难以事业化，国有林场事业化面临诸多体制难题，进而提出企业化才是国有林场改革与发展的方向。这是以往关于国有林场研究中没有过的。

由于国有林场复杂多样，不可能只存在一种改革和发展模式。他们研究分析了我国国有林场体制改革与发展可供选择的模式，并提出了生态经营型林场的概念。在构建国有林场可持续发展的动力系统基础上，他们对 3 种类型的国有林场进行了管理体制和经营机制的构建，分析了不同区域条件下的国有林场可持续发展的模式选择和总体推进战略。完整描述了 3 类国有林场生产经营过程及环节，构造了它们完整的投入产出链。

在研究中，还首次提出了生态经营型国有林场的概念，以区别于常规的生态公益型、商品经营型，进而将其与商品经营型并称为企业型国有林场，与生态公益型国有林场所代表的事业型林场相对应。

他们建议，取消国有林场的行政级别，减少管理层次，改变现有的国有林场归属于不同级别林业管理部门的状况，使国有林场成为真正的企业经营主体。

对于政府在国有林场改革和发展中的职能，他们提出了一系列创新性观点：各级政府应对其各自确认的生态公益林全部分类、足额补偿，行使公共物品出资人职能，构建一个生态公益林的供给和需求市场……

研究者对国有林场可持续发展的保障框架也提出了建议。如林业部门要进行林场分类经营改革、林业行政管理体制改革、林地林权制度改革等，各级政府要进行的社会保障体系改革、财政政策改革等。他们提出，应统一国有林场的隶属关系，理顺国有林场管理体制，各级政府应承担起对生态公益林而不是国有林场的出资职能，切实解决国有林场的历史负担问题，完善社会保障体系，积极运用市场化手段构建国有林场的可持续发展机制。

科学时报　2009－11－19

中国绿色时报　2009－11－19

民族品牌香精何时飘"香"世界

"一方面我国缺少特色民族品牌的香精,一方面香料资源却在严重浪费。"北京林业大学林产化工专家陈素文呼吁,尽快建立林化特种再生资源深度综合开发利用实体,发挥产学研紧密结合的优势,全力打造出民族品牌的香精产品。

香味难觅:
我国缺少特色香精

据陈素文介绍,尽管我国具有丰富的香料资源,但缺少民族品牌的香精及其产品。如今,天津香精厂、北京丽源香料厂纷纷倒闭,曾经大量出口亚洲、东南亚的檀香型香精、檀香皂等早已退出市场。国外产品乘虚而入,目前国内香精产品几乎全部进口。

我国天然林业特种资源丰富,品种繁多。但长期以来,对香料资源的深度综合利用不够,只是简单的初级加工,或者将原料出口创汇,或者盲目单纯生产某种大宗的普通香料。初级加工和原材料廉价出口,不但在国际市场上容易受到打压限制,也不利于我国经济的发展。

与这种浪费宝贵资源的现象相伴而生的是,我国的香精生产却需要大量从国外进口原料。不但价格高、利润小,而且受制与人,缺少主动权,很难发展起自己的民族品牌来。

缺少合作：
品牌香精难产主因

我国香料产品加工呈现各自为政的局面，不能形成优势互补，是没有建立自己特色民族品牌的主要原因之一。

陈素文说，研究者掌握了配方，却难以转化成产品。香料生产者只停留在初级加工的水平上，香精生产者则一味地从国外进口原料。如此状况，很难孕育出中国自己的特色品牌来。

她说，香料只是香精的原材料，属于中间产品，不能直接参与市场竞争。而香料则有数十种到上百种不同功能的香料经科学复配而成。若缺少关键的香料品种，则无法调配出满足市场需求的产品。香精的档次除确定香料的品种和质量外，还在于调香师的水平。

她指出，普通的香精产品生产越多，在国际市场上越无竞争力。因此，单靠规模经营某几种或单一的大宗产品来求效益，不是明智的选择。

她认为，我国具有丰富的林化特种再生资源的优势，理应以树立民族品牌香精为目标，带动香料生产，控制原料品味和资源的合理利用，生产出附加值高、适合市场需求的产品。

科学发展：
推出民族品牌指日可待

模拟天然檀香醇香精，需要 50 多种香料品种，其中不少资源匮乏难求，有的则高价难购。但我国是世界松脂生产大国，其副产品松节油的主要成分恰好是半合成数百种香料的基本原料。其中不乏生产世界香料珍品的原材料。

经过多年的科研努力，陈素文已经研发出了相应的加工技术，成功合成了 20 多个有价值的香料。课题组还合成了 5 种我国市场短缺的香料，为复配出我国民族品牌的香精奠定了基础。

陈素文说，她已经研发出了"松柏神韵檀香型香精"的生产技术。此类产品广受我国和东南亚人喜爱，目前国际市场无货供给。

打造出我国民族品牌的香精，必须要和生产厂家联合。陈素文热切希望与具有一定基础设施、有相应的技术人员的企业联手，形成产学研紧密结合的实体。

这位已过七旬的老专家总是感到时间紧迫。她希望，能尽快将自己的研究成果转化成现实的生产力，以品牌香精带动各地香料特种资源的生产加工，以振兴我国特种经济林产业。

中国绿色时报　2008 - 11 - 13

中国森林能否走向健康

"中国森林健康网"日前建成开通。这个网站是由国家林业局与美国林务局合作开发的。其目的是进一步加大森林健康理念推广力度，扩大宣传中国森林健康事业。"中国森林健康网"的开通，成为森林健康理念从示范区的特定范围向全国辐射的一个标志。

"森林健康"渐成流行语

森林健康是针对人工造林结构单一、抵御病虫害能力低、水土保持能力差而提出的营林理念。这个理念最早起源于美国，旨在倡导"让不健康的森林恢复健康；让健康的森林持续健康；让新培育的森林从开始就健康"。其核心是实现森林最佳的服务功能，通过对森林的科学营造和经营，按照自然的进程维护森林生态系统的稳定性、生物的多样性，增强调节能力，减少因火灾森林病虫害及环境污染、人为过度采伐利用和自然灾害等因素引起的损失，使可持续的生态系统得到适时更新，从破坏中恢复和保持生态系统的平衡，满足多目标、多价值、多用途、多产品和高服务水平的需要。

其实，我国林业专家早就提出过森林永续利用的思想。其中就包含了保持森林生态系统稳定和可持续的森林健康内容。相比较而言，森林永续利用的着眼点放在了森林的经营上，而森林健康则更加体现了人对森林的关注。但从字面上来讲，"森林健康"容易产生"森林对人体健康的影响"的歧义，需要进行大力宣传之后才能让人正确的把握。

我国急需"森林健康"

我国森林的现状是：长期以来，森林经营水平比较低，森林质量不高。这已经成为制约我国林业发展的重要因素。作为世界上人工林面积最大的国家，我国仍有相当一部分森林面积面临着结构简单、抵抗病虫害能力低下、森林火灾风险较大等突出问题。

我国的经济建设、社会发展和人们生活质量的提升，都在客观上要求森林经营必须由粗放型向集约型转变，由追求数量向提高质量转变。因此，森林健康理念的推广，适应了这一需要，具有重要的意义。不仅仅需要较高的森林覆盖率，更需要森林的健康。这是时代的呼唤和要求。

森林健康试点初见成效

2002 年，中美合作启动了森林健康示范项目，陆续在江西、贵州、陕西等 9 省市建立了 9 个项目示范区。2007 年的调查数据显示，在首批启动的试点中完成人工造林 1216 公顷，低效林改造 920 公顷，组织培训 1500 人次。示范区森林质量明显提高，生态环境显著改善。在项目建设的同时，通过制作森林健康标志、纪念品、印制趣味宣传手册等对森林健康的理念进行推广和宣传，调动了公众参与的积极性，直接推动了当地经济建设和生态文明建设。

评价指标体系有雏形

如何科学评价我国森林的健康状况，是森林健康之路上必须解决的问题。制定一系列符合我国森林实际的评价指标，成为当务之急。国家林业局组织专家研究制定区域森林健康指标体系。2007 年，在京召开了"中美合作森林健康评价因子研讨会"，从生态和社会经济两个层面遴选了森林生理要素、生态要素等评价因子，初步确立了中国区域性森林健康评价指标体系。

划分多种经营类型

我国幅员辽阔，森林类型多样，单一的森林健康经营类型难以符合中国森林的实际。我国通过深入研究、积极探索，充分考虑了不同示范区社会经济的发展情况和森林生态效益的独特能力，形成了不同的森林健康类型。其中有：贵州麻江天然次生林及封育低效林改造及经济林建设森林健康类型，云南丽江天然林旅游区森林健康类型，陕西佛坪珍贵野生动物栖息地森林健康类型，北京八达岭国有林场经营及景观游憩林、水源涵养林建设类型等。不同的森林健康经营类型根据制定的不同目标，采取了不同的方法，促进了森林健康。目前，各示范区森林资源质量和数量普遍得到提高，林分质量不但得到有效改善，病虫害和火灾威胁也大大减少。

我国森林健康尚有差距

目前，美国已经形成了覆盖全国的森林健康监测网络，欧洲也建立了森林健康监测体系。与发达国家相比，我国的森林健康监测与评价相对落后。

探索建立综合性的森林健康评价体系也是一项重要任务。示范区要以初步确定的评价指标体系为基础，适时开展林木健康、土壤健康等单项监测与评价，积极探索森林环境、森林结构、森林功能综合性的森林健康评价体系，探索森林健康评价方法和制度。

森林健康路正长

目前，我国已建立了9个不同类型的示范区，但仍不能满足中国森林健康事业又快又好发展的需要。各示范区将加大建设力度，提高建设标准，抓紧森林健康经营关键技术体系的集成与示范，创建一批精品试区，树立我国不同区域森林健康的建设样板，奠定全国推广森林健康理念的基础。

中国已将2008年确定为"森林健康年"。有关部门将组织中美森林健康互访考察，召开区域行森林健康评价体系研讨会，制作森林健康宣传手册等活动，进一步推动中国森林健康工作。

科学新闻杂志　2008－06－07

京西大觉寺假古松早就该拔

北京西山大觉寺八绝之一的"松柏抱塔"景观还在，但松早已不是真的百年松，取而代之的是棵人造古松。近日，不少网友呼吁应拔掉人造古树。大觉寺相关负责人却表示，人造古树是为了保持古迹景观的完整性，并称经过多名专家论证，获得园林、文物部门首肯。

对于网友的呼吁，我表示支持。对于所谓的专家意见，我却不以为然。这棵假树原本就不该出现，拔掉它更是大势所趋。

大觉寺在北京的古寺中，以植物种类繁多、古树名木多著称，约有古树 160 多株。人总有一死，树亦如此。如果保护得当，树就能多活几年，这是不言而喻的事情。

2003 年，松柏抱塔中的古树死亡。大觉寺管理者按原样复制了古树，却弄得假难乱真，反而败了游人的兴致。

我曾看过那棵假树，一眼就可以看出是棵假的不说，风吹雨打之后，假树越来越不像样子。竖在那里，的确大煞风景。

古树文化，是中国传统文化中非常重要的部分。这也正是人们珍惜、爱护古树的理由。树和人一样，都有自己的生命周期，而且具有不可复制性。古树一旦死亡，就是不可挽回的损失。弄个假树竖在那里，起不到应有的效果，没有环境效益不说，闹不好还会影响经济效益。

我联想到黄山的"梦笔生花"。笔峰顶上原有一株黄山松，被列为黄山九大名松之首。1982 年，寿逾 600 岁的松树"寿终正寝"。"梦笔生花"的"花"不在了，整座笔峰为之失色。有关部门先是摆了棵假树在那里，虽是远观，难辨真假，但每当游人得知看到的只是棵假松时，无不大呼上当。后来，黄山市根据原有树形，精心选择替代树，用钢缆巧妙吊装到笔峰之上。新栽的松树渐渐恢复元气，游客又看到了真实的"梦笔生花"。

对于像"梦笔生花"这样的特殊景区，采取移栽的方法来替代古树不失是个法子，但我并不赞成不管具体情况，一味地移栽大树替代死树。对于人类来说，应该把重点更多地放在古树的保护上，尽量延长其生命。用仿真树来替代寺院中的古树更不足取。倒不如竖个牌子，把昔日的照片贴在那里，让大家在缅怀历史中珍惜尚存的古树。

大觉寺管理者称，曾特别请文物、园林以及有关方面的多位专家进行论证，整个操作过程也有档案可查，有规可循。这个我信。现如今，找个替自己说话的专家容易，但坚持真理、维护科学的严肃性却很难。

中国绿色时报　2008 - 11 - 11

北京晚报　2008 - 11 - 20

时刻不忘节约用水迫在眉睫

早就有人警示过，别让人类最后的一滴眼泪成为地球上的最后一滴水。但许多人不以为然，对于水资源的极度消耗缺少必要的警觉，更没有采取什么节水措施。即便是这个冬天北京几乎就没下雪，连续 100 多天没降水，人们似乎也无动于衷。对此，有媒体不但没有做必要的提醒，反而给予抚慰，显得太不合时宜了。

2月6日，几乎所有的媒体都报道了国家首次启动最高级别抗旱应急响应的消息。但令人遗憾的是，北京晚报在报眼位置做的标题新闻中，如此重要的、值得警醒的新闻却成了小字的引题。大号的黑体字是：旱情不会影响北京用水供给。二版的今日聚焦，竟连那个引题都没有了。通栏大标题的引题是：本市出现 38 年来最长无降水记录，本报记者采访有关部门释疑北京旱情，主题还是更加醒目的"旱情不会影响北京用水供给"。

看报看题。如果读者没有更多时间再看那一整版内容的话，会留下个啥印象？尽管破了 38 年的干旱记录，尽管全国都启动了最高级别的抗旱应急响应，首都北京的用水供给照样不受影响！那还有什么必要总是想着拧紧水龙头、为了节约每一滴水而麻烦自己呢？

全国大旱，北京也不例外，即使最近降了点小雨雪。而且作为一个完整的生态系统，现在就算北京不太旱，也会受到许多直接和间接的影响，这个道理并不难理解。这是第一层意思。从这个意义上来说，将全国的严重旱情和北京用水供给放在一起说事儿，显然是不妥当的，而且还易造成事不关己、人危我安的印象。

北京大旱是不容否认的事实，北京用水供给暂时不会受到旱情的影响也是事实。但究竟哪个事实更重要？是安抚民心最重要，还是提醒公众把节水摆到重要位置上是当务之急？在北京晚报看来，是前者。在作为读者的我看来，却是后者。

总体来看，我国公民整体的节水意识还十分淡薄。特别在日益严重的水资源短缺、气候变暖、环境不断恶化的情况下，仍没有树立起珍惜水的观念，更没有落实到具体的行动上。眼下旱情已经发展到了如此严重的地步，不以此为契机向社会和公众发出必要的警示，还待何时呢？媒体应该成为社会的先导，媒体对社会有着最显著的影响，我以为作为京城最重要的媒体之一都发出这样的声音，本身就说明对于水，我们还缺少最基本的认识。

其实，有关部门和专家还是有建议的，可惜的是被记者编辑放在了数千字稿件的最后，而且是寥寥数语、一带而过。这短短的几句话是：建议市民提高节约用水意识，通过避免过长时间冲淋、减少洗车次数、一水多用等方式合理有效地用水。专家的观点是：运用已有技术和方法，城市可减少 30％用水、农业减少 10－50％用水，工业减少 40％－90％用水，而且丝毫不会影响经济和生活质量的水平。

如果把稿子的角度放在节水上的话，恐怕就完全是另外一个样子了。其标题即便不像本文题目这样耸人听闻，起码应该体现出"全国北京持续大旱，节约用水迫在眉睫"之类的意思来。

危机信息的种类不同，其报道的原则也有很大差异。水资源短缺的信息和与地震相关的信息不同，即便是如实地报道，也不会引发社会恐慌和不安定。对此，媒体的朋友们大可不必多虑。

北京晚报　2009－02－19

开幕式上植树种草

举世瞩目的北京奥运会开幕式令人赞叹，媒体和公众自有评说。我特别希望强调的是"自然"那部分内容。观看彩排时就为之倾倒，正式演出时为之震撼，反复收看视频时还是激动不已。

一群孩子在场地中央的画轴上用彩笔描绘美丽的大自然，口里咏诵着童谣：大气变暖了，冰川融化了，地球变小了，鸟儿不见了。我们来植树，我们来种草，大地变绿了，天空变蓝了，春天又来了，鸟儿回来了。

尽管孩子那稚嫩的声音或许有些观众都没有听得很清楚，对整个世界来说，这依旧是振聋发聩的警钟。真正美丽的大自然，用彩笔描绘不出来，需要全世界的人用爱心来呵护、用双手来保卫。在面向世界的盛大庆典中，向地球人发出这样的动员令，提醒人们在狂欢时勿忘恶化的生态环境。

绿色奥运列在三大理念之首，说明了它是科技奥运、人文奥运的基础和保障。在惜时如金的开幕式上，能够给生态保护一席之地，可以说是主创人员为传播绿色奥运理念作出的一大贡献。

俗话说，童言无忌。由孩子口中说出对环境的忧虑，更让人心悸、心酸、心动。不植树、不种草，这些孩子的明天将是多么的混浊和黯淡。连孩子都懂的道理，成年人更不应该掉以轻心。为了子孙后代的幸福安康，为了人类的繁衍生息，必须把植树、种草当成最基本的、最重要的战略。

大气变暖，冰川融化，土地减少，物种濒危，是全球性生态危机悲惨现状的集中概括。而把植树种草当成恢复生态、保持平衡的最重要的举措，则抓住了保护环境的关键，是符合科学规律的，是实现人与自然和谐的必由之路。离开了植树种草，离开了林业事业的发展，要么就是治标不治本，要么就是难以做到纲举目张。只有科学地植树种草，继续大力发展林业事业，大地才能变绿，天空才能变蓝，生物才能欣欣向荣，人们才能安居乐业，社会才能可持续发展。

艺术和学术比起来，更加具有亲和力和感召力。它更加通俗易懂，更加贴近公众，更易于老百姓接受。这首童谣朗朗上口，易于传播，便于流行。长期以来，林业知识和理念离百姓总是有一段距离。对于林业重要性的认识虽然有所提高，但在林业圈子之外，还是不容易得到必要的呼应和更强烈的反响。即便是在泛娱乐化的今天，林业也还没有搭上通向百姓心灵深处的这趟快车。奥运会开幕式加入自然的内涵，具有很强的导向意义，应该成为艺术创作的风向标和样板。

朗朗上口的童谣具有很强大的辐射力。只是这类有教育和指导意义的童谣，需要大力加以推介和传播，才能够引起更多人的重视和关注。

建议一：将这段童谣收入小学生的课本，让它成为更多孩子的口头禅和流行语；建议二：更多的文学艺术工作者能够给予植树种草更多的关注，采取更多的形式，利用更多的场合，采取更多的手法，加大宣传的力度，改善传播的效果，使绿色的理念更加贴近百姓、更加深入人心，进而成为全社会的共同行动。

北京青年报　2008 - 08 - 10

中国绿色时报　2008 - 08 - 12

"鸟巢"，护卫自然的动力

北京奥运会正在如火如荼地举行，主场馆"鸟巢"成了媒体和观众最为关注的地方。那独特的造型，已经被广泛移植到天安门广场、农村的空地、中央电视台的演播厅、开幕式演出中，一部名为《鸟巢》的奥运电影也将在近日登陆央视电影频道。人们在热捧"鸟巢"的同时，或许应该思考思考如何深刻解读其象征意义？

在北京奥运主场馆"鸟巢"建设的同时，导演宁敬武用来自贵州苗寨的灵感搭建起一个胶片上的"鸟巢"。电影讲述了生活在原始森林的苗族少年响马，千里跋涉、历经艰辛到北京目睹世界上最大的"鸟巢"的故事。我感兴趣的是，不知道"鸟巢"为何物的响马，却熟知并热爱各种鸟类；与北京奥运会遥不可及的森林之人，却懂得适可而止地利用自然资源。而我们每个从"鸟巢"走过的人、每个在"鸟巢"前后留念的人，每个在"鸟巢"中观看体育大赛的人，可曾细细琢磨过这个"鸟巢"究竟意味着什么？

我以为，"鸟巢"首先应该成为一个巨大的警示牌。当今世界，是鸟类及其他生物逐渐灭绝的时代。究竟有多少鸟类因自然灾害和人为灾害断子绝孙，恐怕科学家也说不大清楚。如今都市的孩子们，春归大地时，很难看到在屋檐下筑巢的燕子；秋天的天空中，再也见不到"一会儿排成一字型、一会儿排成人字型"的大雁。就连过去司空见惯的麻雀都成了稀罕物。高高的白杨树上，看不到鸟儿衔枝做窝的影子。如果人们只能见到鸟巢造型的建筑，而在自然界中难觅原生态的鸟巢，不能不说是一种悲哀。

达尔文说，一种植物只有在多数个体能够共同生存的优异条件下，才能生存而不至于完全灭绝。这句话同样适用于鸟类。联合国环境规划署的报告称：目前世界上每分钟有1种植物灭绝，每天有1种动物灭绝。这种远远高于自然灭绝速率上千倍的局面，是有关地球生命生存状况与质量的严重警告。植物也好，鸟类和其他动物也好，都不是人类生活中可有可无的陪衬和点缀，而是与整个人类同呼吸、共命运的战友和伙伴。尽管生物种类的减少并不能全部归罪于人类，但人类在保护生态环境上多有作为，鸟类和其他生物就有可能多一份生的希望。

所以，当我们从"鸟巢"经过的时候，当我们走进"鸟巢"的时候，当我们在"鸟巢"前摄影留念的时候，都该在心底里为已逝的鸟类默哀，该为保护现存的鸟类宣誓。我们该用自己的实际行动，护卫鸟类的巢穴。因为，这也是护卫人类自己美好而和谐的自然家园。

我以为，"鸟巢"还应该成为一个绿色的科普基地。如果仅仅是把"鸟巢"当做盛大体育赛事的场所或者一个标新立异的建筑，那简直太可惜了。"鸟巢"更应该成为普及鸟类知识的最好的课堂。尽管构造这样的建筑会消耗更多的钢铁和人力，但我们还是应该感谢设计师的创意。体育场馆的鸟巢造型，应该寄托人类对自然的渴望和追求，呼唤人类对自然的热爱和责任。在这一点上，我们应该感谢宁敬武导演。他用自己的电影语言阐释了"鸟巢"的本来含义。我想，只要我们认真仔细地品味，还会在这个源于自然的建筑艺术造型中品味出更多的科学道理。希望更多的人参与其中，以"鸟巢"为载体或契机，用多种表现形式，传播和推广绿色的理念和精神。

如今，随着鸟类与人类渐行渐远，人们对鸟类的认识和了解也越来越少。不信？我们可以作个自我测试。问问我们自己能叫出几种鸟的名字，看看我们自己能说出几种鸟的习性？如果"鸟巢"带给人们的不仅仅是欣赏体育竞技和大型演出的愉悦和快感，而是一种人与自然和谐相处的激励和促进，那肯定是鸟类的福音，也是人类的幸事！

科学时报　2008 - 08 - 15

鸟巢不仅是体育竞技场

随着北京奥运会的成功举办，主场馆"鸟巢"成了媒体和观众最为关注的地方。一部名为《鸟巢》的奥运电影，也将在近日登陆央视电影频道。

人们在热捧"鸟巢"的同时，或许应该思考思考，如何解读其象征意义？

在奥运主场馆"鸟巢"建设的同时，导演宁敬武用来自贵州苗寨的灵感搭建起一个胶片上的"鸟巢"。电影讲述了生活在原始森林的苗族少年响马，千里跋涉、历经艰辛到北京目睹世界上最大的"鸟巢"的故事。

我感兴趣的是，不知道"鸟巢"场馆为何物的响马，却熟知并热爱各种鸟类；与北京奥运会遥不可及的森林之人，却懂得适可而止地利用自然资源。我们每个从"鸟巢"走过的人、每个在"鸟巢"前后留念的人、每个在"鸟巢"中观看体育赛事的人，可曾细细琢磨过这个"鸟巢"究竟意味着什么？

我以为，"鸟巢"首先应该成为一个巨大的警示牌。当今世界，是鸟类及其他生物逐渐灭绝的时代。究竟有多少鸟类因自然灾害和人为灾害断子绝孙，恐怕科学家也说不大清楚。如今都市的孩子们，春归大地时，很难看到在屋檐下筑巢的燕子；秋天的天空中，再也见不到一会儿排成一字型、一会儿排成人字型的大雁。就连过去司空见惯的麻雀，都成了稀罕物。如果人们只能见到"鸟巢"造型的建筑，而在自然界中难觅原生态的"鸟巢"，不能不说是一种悲哀。

达尔文说，一种植物只有在多数个体能够共同生存的优异条件下，才能生存而不至于完全灭绝。这句话同样适用于鸟类。联合国环境规划署的报告称：目前，世界上每分钟有1种植物灭绝，每天有1种动物灭绝。尽管生物种类的减少并不能全部归罪于人类，但人类在保护生态环境上多有作为，鸟类和其他生物就有可能多一份生的希望！

所以，当我们从"鸟巢"经过的时候，当我们走进"鸟巢"的时候，当我们在"鸟巢"前摄影留念的时候，都该在心底里为已逝的鸟类默哀，该为保护现存的鸟类而宣誓。我们该用自己的行动，护卫鸟类的巢穴。

我以为，"鸟巢"还应该成为一个绿色的科普基地。"鸟巢"不仅应该成为盛大体育赛事的场所，一个标新立异的建筑，更应该成为普及鸟类知识的最好的课堂。体育场馆的"鸟巢"造型，应该寄托人类对自然的渴望和追求，呼唤人类对自然的热爱和责任。在这一点上，我们应该感谢宁敬武导演，他用自己的电影语言，阐释了"鸟巢"的本来含义。我想，只要我们认真仔细地品味，还会在这个源于自然的建筑艺术造型中品味出更多的科学道理。

我建议，在"鸟巢"中选择适当的位置和时机，搞一些与鸟类相关的艺术品展示，举办一些和鸟类直接和间接相关的摄影、图片展览，在更多的细节中，渗透一些鸟类知识的传播和普及。如此，是鸟类的福音，也是人类的幸事！

中国绿色时报 2008-08-18

从水立方读出水的珍贵

北京奥运会水立方赛场，成了各国运动员的福地。不仅仅是菲尔普斯一人独得8块金牌成了最大的赢家，各种肤色的浪里白条们也刷新了一项又一项记录。

每当听到振奋人心的喜讯时，每当看到画面上那汪碧蓝如洗的水时，我的心情都会变得复杂起来。因为，我和大家一样，都知道水对于人类来说究竟意味着什么。

水立方这个名字起得好，既形象又生动，和鸟巢相互呼应，成为北京奥运场馆的一个重要标识。无独有偶，北京奥运协办城市天津的奥林匹克中心体育场也设计成了"水滴"。这两个重要的奥运场馆，都直接和"水"相关，其设计构思虽不得而知，但我以为，其中必定充满了设计师对水的珍视和尊重，也折射出了人们对水的渴望和期盼。

设计师尊崇水的生态背景是，整个世界赖以生存的水在不断地减少。我去过的许多地方，河流已经干涸，泉水已经枯竭。尽管今年下了几场大雨，北京人饮用水源的密云水库却依然只有半盆水。有些地方比如无锡，虽不知道水量是否有所减少，但太湖水质大为下降是铁的事实。至于全国，水污染后难以饮用的河流湖泊，也不在少数。

有句十分形象的宣传语，似乎并没有引起人们的重视：地球上最后一滴水，是人类的眼泪。我们在欣赏水立方、水滴精采绝伦的造型时，我们在观看运动健儿激烈角逐之余，是否也该想想，人类、世界赖以生存的水是不是在与我们渐行渐远？

水量的减少有自然因素，但即便是由自然因素引起，人类也并不是没有作为的。在水危机这只狼已经来了的时候，缺少危机感，陶醉于甚至麻醉于水立方、水滴的建筑里坐享其乐，那将使我们面临更严峻的危机。

在水的保护上，首先，应该重视植树造林的作用。尽管有人时不时发出几声造林会减少水量的声音，但结构合理、适地适树的植被，其涵养水源、保持水土的作用，起码在现阶段的技术水平上是可以得到证实的。特别需要重视的是，水源涵养林的营造和保护。其次，应该在节水上下功夫。绿化时多选择耐旱植物，尽管减少人为灌溉，必须用水时尽量使用循环水。这当然不仅仅是林业面临的任务，农业等其他行业同样不能免责。最后，要全面提高整个社会对水危机的认识，让每个人都能看好自家的、公共的水龙头。光讲大道理恐怕不行，要采取必要的措施。比如制定相关政策，收取水资源使用保护费，以弥补水源涵养林的营造和管护费用之不足，等等。还可以设立一两个无水日，让每个人都体验一下，无水给我们带来的痛苦和灾难。

相对于北京奥运会而言，水滴里的鏖战已经结束，水立方的搏击也会停止，但人类保护水的战役才刚刚开始。

中国绿色时报　2008－08－21

林业与体育的相融相交

林业和体育并非风马牛不相及，而有着许多相同、相似之处，更有着相融、相交的广阔前景。

林业和体育一样，具有极强的实用性。它们都直接与人类健康息息相关，不但造福于人类，而且事关人类的繁衍、发展。体育锻炼可以给人以健康的体魄，而林业发展则给人一个更适合发展的环境和空间。体育可以给人以旺盛的斗志和向上的精神，而林业则可以护卫人类的家园。离开了体育，人类或许百病缠身、萎靡不振，但离开了林业，人类也就失去了赖以生存的土壤和可供呼吸的空气。

林业和体育一样，具有极强的社会性。两者都需要公众的广泛参与。如果仅仅是一两个人独占鳌头，整个体育赛事也就失去了应有的魅力。只有越来越多的人参与，奥林匹克运动才能不断繁荣。离开了整个人类对环境、对生态的关注和爱护，不但林业得不到应有的重视和发展，人类的生存环境也会日益恶化。只有林业人重视是不够的，必要要整个社会达到高度的共识。

林业和体育一样，具有极强的公益性。运动场上出现的，或许只是最杰出、最优秀的运动员代表，但背后却有强大的群众基础。体育供人们欣赏，更促进人们锻炼。许多体育项目本身并不能直接创造经济效益，需要国家、政府和社会的支持和扶助。林业也是这样。每个地球人都在享受着生态环境带来的一切，却没有支付一定的费用。尽管林业本身能创造一定的经济利益，但对于那些生态林而言，则更多的需要各界经济上的资助。

林业和体育一样，具有极强的世界性。奥林匹克运动是整个人类的体育盛会。在北京奥运会上有 204 个国家、地区组队参赛，跨越了政治、战争、种族、经济等所有的鸿沟。人类共有一个地球。在保护生态环境上只有共同的利益，而没有你我之分。也就是说，林业可以成为各国、各地区人民求同存异、携手并肩的另一个纽带和桥梁。借助林业，人类可以更好地沟通和联络，共同护卫美好的

"地球村"。

回顾奥林匹克发展的历史不难发现，林业和体育完全可以做到相融相交，特别是北京奥运将绿色奥运作为三大理念之后，更为林业和体育的紧密结合展示了更为广阔的前景。

奥林匹克兴起之初，即和林业有不解之缘。日月轮回，岁月沧桑，橄榄枝从 3000 年前的古希腊传到现代，一直伴随着奥林匹克的兴旺和发达。橄榄枝的价值不仅是和平的象征，更是人类对自然的崇敬与向往。从第二届奥运会奖牌上出现了手举橄榄枝的运动员图案起，各种颜色的橄榄枝就再也没有离开过奥运会的奖牌、海报和宣传画。实际上，正是植物的旺盛生命力，给了人类体育竞技的力量，给了人类生存和发展最宝贵的资源。

北京奥运会，开创了林业和奥运结合的新篇章。乘着奥运的翅膀推动生态建设，借奥运会的举办建造美好家园，成为潮流和人们的具体行动。体育和林业之间达成了高度默契，形成了完美统一。体育不再仅仅是竞技场上的角逐和竞争，而是环境绿化美化的推动力和生产力。离开了优美的环境和良好的生态，离开了人与自然的和谐，离开了社会的可持续发展，再激动人心的体育竞技都会显得苍白无力。绿色旗帜的飘扬，给奥林匹克运动注入了新的生机和活力。人们开始认识到，体育和林业不再是两个互不沾边的领域，而是在许多地方都相交的神圣事业。

林业的发展，需要从奥运发展中汲取智慧和力量。源自一个国家的体育运动习俗，百年后演变成了全球性的盛典。除了体育运动本身的魅力之外，还有许多可圈可点之处。奥运理念的推广，奥运精神的传播，都有许多成功的经验和法宝。将这些经验和法宝吸收和消化，对于扩大林业的影响，吸引更多的人加入建设生态文明的行列，具有重要的现实意义和深远的历史意义。无论是"更快、更

高、更强"的奥运精神，还是"同一个世界，同一个梦想"的奥运
口号，都非常简洁生动而具有感召力，显然容易家喻户晓、深入人
心。"要健美，跑步吧"，这句格言据说被铭刻在奥林匹亚山的壁石
上，成为永远的经典格言。这些在传播学上都有可供借鉴的实际意
义。既和本国的荣誉挂钩，又倡导在竞技中维护世界和平等关系的
妥善处理，也特别值得学习和研究。

　　令人惊心动魄的奥运角逐已经告一段落，但北京奥运带给我们
的记忆和思考不能灰飞烟灭。我们需要的是，将绿色奥运的精神继
续发扬光大，全力推进绿色事业的腾飞。

中国绿色时报　2008－08－26

让绿色奥运旗帜永不褪色

　　如果仅仅把北京奥运会看成一项盛大的体育赛事，那显然是有
悖奥运精神的。随着第 29 届奥运会各项比赛烽火的点燃，绿色奥
运不再仅仅是中国对世界的一种承诺，而将成为奥运理念的精髓永
远传承下去。

　　所以，我们的目光不应该仅仅聚焦在竞技场上的角逐，我们的
注意力不应该仅仅凝聚在金牌榜的排名，而应该把绿色奥运这篇大
文章做得更足。

　　首先，要充分认识绿色奥运在整个奥林匹克运动中的地位和作
用。

　　绿色奥运被置于科技奥运、人文奥运之前，充分说明了绿色奥
运是灵魂、是统帅、是保障、是归宿。绿色奥运不仅仅为各项赛事

的举行创造一个优美的环境和舒适的条件，而且倡导在实现科技奥运和人文奥运的征程中，全面地追求人与自然的和谐，最终实现人类和自然可持续发展的目标。

毫不夸张地说，离开了绿色奥运的统领，科技再先进、再发达，也会是灰色甚至是黑色的，不但不能促进人类的健康和发展，反而会加速对自然的破坏，从而加速自身的衰亡；离开了绿色奥运的内涵，人类的文化即便表面看起来绚丽多彩，其实质也是苍白的。无论哪个国家、哪个民族，违背自然规律、与自然为敌的文化都是缺少生命力的，最终都会被历史所淘汰、为人类所唾弃。从这种意义上说，绿色奥运的地位和作用无论怎样强调都不过分。

反之，如果将绿色奥运当成是一种权宜之计，或者只是一种哗众取宠的口号，那么奥运会无论怎样的风起云涌、怎样的竞争激烈，也难以实现其"更高、更快、更强"的宗旨。因为，高，不仅仅是人们摆脱地球引力的不懈努力，更是在适应自然中寻求人类发展的持续奋斗；快，不仅仅是人类奔跑、畅游速度的较量，更是对人类社会健康前进的一种期盼；强，不仅仅是投得更远、举得更多、打得更狠、摔得更重，而是在与自然共荣中锻造人类生存、繁衍的勃勃生机。

其次，要全面认识、科学把握绿色奥运的丰富内涵和精神实质。

毫无疑问，绿色奥运的内涵十分丰富。它既包括了在奥运场馆建设中全面采用绿色建材，大力使用绿色技术，也包括了蓝天碧水、清新的空气和优美的环境；既包括运动员远离兴奋剂、裁判员公正执裁，也包括观赛的文明和阳光般的风采。仅仅强调其中任何一方面，对绿色奥运内涵的理解都是不全面的，不但容易滋生政绩工程、孕育表面文章，还极易将绿色奥运的理念庸俗化，甚至出现打着绿色奥运的幌子干违背自然规律的事情。

我们还必须看到，在绿色奥运中，"绿色"显然应该放在首位并加以强调。也就是说，生态是否安全、自然是否和谐、环境是否优美，应该是绿色奥运的核心和实质。而为了保障生态安全、自然和谐、环境优美，显然不能忽视林业的主导作用。因为，在贯彻可持续发展战略中，林业居重要地位；在生态建设中，林业居首要地位；在经济发展中，林业居基础地位。离开了林业的繁荣，绿色奥运算不上是真正的实现。

绿色奥运不仅仅是举办地实行机动车单双号行驶，因为这毕竟是不得已而为之的阶段性举措，尽管可能会有一定的效果，但并不能从根本上解决环境问题；绿色奥运不仅仅是在广场摆几处花坛、在街头放几溜盆花，因为除了具有较高的装饰价值和美化效果之外，这些花草对整个环境质量的改善效果微乎其微；绿色奥运也不仅仅是建筑材料和技术的环保，这些虽然重要但还是属于被动应对的范畴。倡导绿色奥运，最重要的是，在遵从自然规律的前提下，大力地植树造林和有效地促进生态自然修复，使生态环境的质量有根本性的提升。这才是真正实现绿色奥运的必由之路。

再其次，要抓住北京奥运的契机，力争使绿色奥运精神在我国传承下去。如果真正理解了绿色奥运的精神实质，就会深刻地认识到：

绿色奥运的理念不仅仅关系到一届奥运会举办的成功与否，更关系到人类的未来和发展。绿色奥运的精神和理念，不应该随着奥运会的结束而消失，而需要作为人类最宝贵的遗产，永远传承下去，不断发扬广大。

作为作出了绿色奥运承诺的国家和人民，需要在本届奥运会结束之后，继续高举绿色奥运的旗帜前进。抓住绿色奥运的契机，提升全民的绿色理念，全面推进林业和绿化事业，以促进生态环境的不断改善。这才是对奥林匹克精神最全面、最深刻的理解，这才是绿色奥运这篇大文章的破题之举，这才是我国对奥林匹克运动、对全球生态环境保护作出的最卓越的贡献。

中国教育报　2008 - 09 - 01

奥运带来大收获

　　奥运赛事渐近尾声，奥运会即将完美闭幕。北京奥运会，不仅仅给奥林匹克史留下了不朽篇章，也在中国和世界的历史上写下了辉煌而灿烂的一页。中国为期盼了百年的奥运付出了许多，但我们从北京奥运上收获得更多。

　　通过北京奥运会的举办，扩大了中国在全球范围的影响，提升了中国在国际舞台上的形象。尽管中国近年来取得了翻天覆地的变化，但世界上还是有许多人不了解中国、不熟悉中国。北京奥运会的举办使整个世界的目光在这片有着五千年文明史的土地聚焦。世界各国无数的媒体都把镜头对准"鸟巢"、对准"水立方"、对准奥林匹克场馆群、对准在960万平方公里土地上生息的中国人。数以万计的各国运动员在奥林匹克竞技场上角逐，与此同时，从多角度、多侧面、多层次地走进中国、接近中国、了解中国。奥运圣火熄灭之后，他们在北京的所见所闻所思所想还会通过多种方式向世界各个角落传播。不敢说通过一次奥运会，世界对中国就了解得很充分了，但起码通过奥林匹克盛会这个平台，给了北京、中国一次向整个世界全面展示自己的机会。

通过北京奥运会的举办，进一步推动了中国的精神文明、物质文明、生态文明、政治文明的建设。为了办一届最出色的奥运会，中国投入了大量的人力、物力，建造了一大批世界一流水准的体育场馆，城市地上地下交通大为改善，城市景观和城市生态进一步向良性方向发展。更重要的是，北京市民、中国人民的素质得到了提升。在城市的每一个角落，都能看到中国人发自内心的微笑，都可以得到志愿者们热情的服务。绿色奥运、科技奥运、人文奥运，不再是一句口号，而成为越来越多的中国人点点滴滴的具体行动，机动车单双号行驶、限制使用塑料袋、节能减排等越来越为市民所接受。

北京奥运会的举办，给中国留下了一笔宝贵的文化遗产。奥运精神得到了极大的普及，中国人的国际意识进一步确立。我们不但在家门口欣赏到了世界一流运动明星精湛的技艺和杰出的表现，还亲身感受到了国际大家庭的温馨与和谐，领略了各国运动员的品质与风采。在承办北京奥运的过程中，北京乃至中国积累了承办世界最大规模赛事的经验教训，经受了全方位的考验和锻炼。让世界震撼的开幕式表演和点火仪式，被世界所接受的北京奥运标识和口号，志愿者队伍建设以及绿色奥运理念等等，都是北京奥运会给中国留下的一笔笔宝贵遗产。北京奥运会在中国建设和发展历程中，已经起到、还将继续起到积极的、巨大的推动作用和激励作用。

科学时报　2008－08－22

从志愿者讲述的故事说起

志愿者讲述了一个小故事：澳大利亚女曲对阵韩国获胜之后，几位观战的澳洲青年兴冲冲不愿离去。志愿者真诚地向他们表示祝贺，引导他们退场。他们竖起大拇指，连声说：中国才是最大的赢家。在这几位澳大利亚青年看来，澳大利亚运动员取得的只是一场比赛的胜利，而中国则通过举办北京奥运会，赢得了全世界的喝彩。

是的，中国应该是北京奥运会最大的赢家。通过举办奥运会，中国扩大了在世界上的影响，提升了在国际舞台上的形象。尽管中国近年来社会经济发展取得了巨大的成就，但世界上还是有许多人不了解中国，甚至有人会发出"中国人还梳大辫子吗"、"中国有电梯吗"之类的疑问。北京奥运的举办，使世界的目光在中国聚焦，世界各国媒体都把镜头对准鸟巢，对准水立方，对准在 960 万平方公里土地上生息的中国人。数以万计的各国运动员在奥林匹克竞技场上角逐，与此同时，从多角度、多侧面、多层次地走进中国、接近中国、了解中国。奥运圣火熄灭之后，他们在北京的所见所闻所思所想，还会通过多种方式向世界各个角落传播。不敢说通过一次奥运会，世界对中国就了解得很充分了。但起码借助奥林匹克盛会这个平台，给了北京、中国一次向整个世界全面展示自己的机会。

通过北京奥运会的举办，进一步推动了中国的精神文明、物质文明、生态文明、政治文明的建设。为了办一届最出色的奥运会，中国投入了大量的人力、物力，建造了一批一流水准的体育场馆，城市地上地下交通大为改善，城市景观和城市生态进一步向良性方向发展。更重要的是，北京市民、中国人民的素质得到了提升。在城市的每一个角落，都能看到中国人发自内心的微笑，都可以得到志愿者们热情的服务。绿色奥运、科技奥运、人文奥运不再是一句口号，而成为越来越多中国人点点滴滴的具体行动。中国从来没有这样向世界媒体开放，各种信息公开透明，新闻发布及时迅速。这些都在历史上写下了重要的一笔。

通过北京奥运会的举办，给中国留下了一大笔宝贵的文化遗产。奥运精神得到了极大的普及，中国人的国际意识进一步确立。我们不但在家门口欣赏到了世界一流运动明星精湛的技艺和杰出的表现，还亲身感受到了国际大家庭的温馨与和谐，领略了各国运动员的品质与风采。在承办北京奥运的过程中，北京、中国积累了承办世界最大规模赛事的经验教训，经受了全方位的考验和锻炼。让世界惊叹的开幕式表演和点火仪式，被世界所接受的北京奥运标识和口号，都是北京奥运给中国留下的一笔笔宝贵财富。北京奥运在中国建设和发展历程中，已经起到、还将继续起到积极的、巨大的推动作用和激励作用。

鸟巢上熊熊燃烧的圣火，会随着奥运会的完美闭幕而熄灭。中国为期盼了百年的奥运付出了很多，但我们从北京奥运会上收获了更多。北京奥运会不仅在奥林匹克运动史上写下了不朽的篇章，也在中国和世界历史上写下了灿烂的一页。

北京青年报　2008－08－24

谁是最大的赢家？

志愿者讲述了一个很小的故事：澳大利亚女曲对阵韩国获胜之后，几位观战的澳洲青年兴冲冲地不愿离去。志愿者真诚地向他们表示祝贺，引导他们退场。他们竖起大拇指，连声说：中国才是最大的赢家。

在这几位澳大利亚青年看来，本国运动员取得的只是一场比赛的胜利，而中国则通过举办北京奥运会，赢得了全世界的喝采。

是啊，中国应该是北京奥运会最大的赢家。尽管美国的菲尔普斯一人独得 8 枚金牌，尽管牙买加的博尔特轻松飞出 9.69 秒的百米新记录，尽管 204 个国家运动员各有精彩绝伦的表现，但北京奥运最大的赢家还是中国。之所以这样说，不是因为狂妄自大，而是通过承办这一盛大赛事，中国的确收获的最多。

通过北京奥运的举办，扩大了中国在全球范围的影响，提升了中国在国际舞台上的形象。尽管中国近年来取得了翻天覆地的变化，但世界上还是有许多人不了解中国、不熟悉中国，甚至有人会发出"中国男人还梳大辫子吗"、"中国有电梯吗"、"中国人吃人肉吗"之类的疑问。北京奥运会的举办使世界的目光在这片有着 5000 年文明史的国度聚焦。世界各国无数的媒体都把镜头对准鸟巢、对准水立方、对准奥林匹克场馆群、对准在 960 万平方公里土地上生息的中国人。数以万计的各国运动员在奥林匹克竞技场上角逐，与此同时，从多角度、多侧面、多层次地走进中国、接近中国、了解中国。奥运圣火熄灭之后，他们在北京的所见所闻所思所想还会通过多种方式向世界各个角落传播。不敢说通过一次奥运会，世界对中国就了解得很充分，但起码借助奥林匹克盛会这个平台，给了北京、中国一次向世界全面展示自己的机会。

通过北京奥运会的举办，进一步推动了中国的精神文明、物质文明、生态文明、政治文明建设。为了办一届有特色、高水平的奥运会，中国投入了大量的人力、物力，建造了一大批世界一流水准的体育场馆，城市地上地下交通大为改善，城市景观和城市生态进一步向良性发展。更重要的是，北京市民、中国人民的素质得到了提升。在城市的每一个角落，都能看到中国人发自内心的微笑，都可以得到志愿者热情的服务。绿色奥运、科技奥运、人文奥运，不再是一句口号，而成为越来越多的中国人点点滴滴的具体行动。机动车单双号行驶、限制使用塑料袋、节能减排等越来越为市民所接受。大学生志愿者在志愿服务中成长、成熟、成人、成才，学到了在课堂上、书本里学不到的东西。中国从来没有这样向世界媒体开放，零拒绝、零投诉成为北京接待各国媒体的硬指标，各种信息公开透明，新闻发布及时迅速。

通过北京奥运会的举办，给中国留下了一大笔宝贵的文化遗产。奥运精神得到了极大的普及，中国人的国际意识进一步确立。我们不但在家门口欣赏到了世界一流运动明星精湛的技艺和杰出的表现，还亲身感受到了国际大家庭的温馨与和谐。在承办奥运的过程中，北京、中国积累了承办世界最大规模赛事的经验教训，经受了全方位的考验和锻炼。让世界震惊的开幕式表演和点火仪式，被世界所接受的北京奥运标识和口号，志愿者队伍建设以及绿色奥运理念等等，都是北京奥运给中国留下的一笔笔宝贵遗产。北京奥运在中国建设和发展历程中，已经起到、还将继续起到积极的、巨大的推动作用和激励作用。

　　毋庸讳言，在北京奥运中还有一些难尽如人意之处，在不同程度上反映出了这样那样的问题，但这也是一笔宝贵的财富。中国拿北京奥运当成一面镜子、一把尺子，照出了自己的差距，量出了自己的不足，找到了进一步努力的方向和目标。

　　鸟巢上熊熊燃烧的圣火，随着奥运会的完美闭幕而熄灭。北京奥运会，不仅仅给奥林匹克史留下了不朽的篇章，也在中国和世界的历史上写下了辉煌而灿烂的一页。

中国绿色时报　　2008 - 08 - 27

天空中弥漫着生态保护的气息

　　轿车在维也纳城里穿行。从在当地留过学的同行那里得知城里一个高耸的标志性建筑竟然是垃圾焚烧发电厂时，大家都惊呆了。它不仅仅是实用、艺术和建筑学的完美融合，更是环境保护理念的弘扬和彰显。

　　垃圾焚烧发电厂就建在市中心的维也纳广场，是维也纳的标志性建筑之一。那里既是垃圾焚烧厂，又是远程供热中心，在环境保护方面发挥了重大作用。过路人听不到噪音，也闻不到臭味，想必对环境没有污染，否则市民们早就不干了。

　　据介绍，那里每天要烧掉 1200 吨可燃烧的垃圾。到 2005 年，供热用户已达 25 万多户，占维也纳的 1/3，单位用户也达到了 5211 家。相比油价，垃圾焚烧的热能价格并不算贵。为鼓励市民使用，上世纪 90 年代以来，对个人用户一直没有涨过价。

　　垃圾发电不仅是先进的垃圾处置方式，而且还能产生巨大的经济效益与资源效益。据说，每吨垃圾可发电 300 千瓦时以上。4 吨垃圾的发电量就相当于 1 吨标准煤的发电量。焚烧垃圾产生的灰渣还可用于制砖，余热可用于供暖。

在维也纳城里，分类回收的垃圾箱到处可见，而且都是一排排的。电池、塑料、易拉罐、浅色玻璃、深色玻璃等严格分类。一般居民家庭也有好几个。经常可以看到先生、女士一手拿着公文包，一手拎着几个玻璃瓶子在街上走老远，放到分类垃圾箱里。家长都会告诉孩子，垃圾也是有用的，不能乱丢。

维也纳农大山地灾害研究所的办公楼，房顶和四周用的都是玻璃钢材料，采光特别好。推开洗手间的门，随后灯才亮。原来，安装的是声控灯。人来就亮，人走即灭，既方便使用，又可节能。

狗，是奥地利人喜爱的朋友，电梯里、办公室、公车上、地铁里，随处可见。有个留学生告诉我，一次他吃过橘子后随手把橘子皮丢给趴在办公室的一条狗，受到了奥地利老师的善意批评。"你肯定不会把橘子皮给一个小孩子吃吧?!"问得他哑口无言。狗虽很多，但却没有带来污染。在街心花园的每个入口处，都专门设立了十分显眼的标志，提醒人们爱护公共环境，并放置着黑色塑料袋，可供随时取用。一些著名景点常常能见到拉客观光的传统马车，但马尾下面的污物收集袋解决了马粪问题。

对环境保护问题的研究，奥地利也很深入具体。就连我们脚下的停车位都是农大学生的一个研究项目。怎样使车位既容易下渗降水，又呈现绿色，还要坚固、耐碾轧，研究者颇费了一番心思。有遮阳和没有遮阳的情况下，停车位地表选用什么植物，也是研究的内容之一。据说这项研究的经费达 2000 万欧元呢。对城市来说，这个项目的应用前景十分广阔。奥地利的公路两旁已经和正在加紧修建隔音墙。有关部门出台了规定，公路和居民区距离小于规定距离时，就必须要建隔音墙以防噪音污染。

地诺尔州的高山之上，只见一条瀑布飞奔而下。陪同人员告诉我们，时至今日，那里也没有开发成旅游点。因为按照欧洲水体保护框架指南的规定，只能使其呈现为原生态。我们在森林的边缘上看到拓展训练基地，每条绳索都没有直接捆在树上，全都细心地用了垫子。

奥地利人喝的水都是阿尔卑斯山的天然之水。境内大小河流密布，却没有任何污染。上世纪 70 年代以来，奥地利开始了大规模的治理河流行动，严格企业的排放行为。我们考察了众多类型的河道，河水清澈见底，水中常有鱼儿游荡。传说中蓝色的多瑙河实为绿色，流经市区后继续东去，滋润着下游的奥地利人安逸的生活。

行走在奥地利的土地上，我感受到了天空中弥漫着的生态保护气息。

中国绿色时报　2008－12－11

还河流一件绿色的衣裳

不少人把河说成是人的母亲，把人们赖以生存的河流叫做母亲河。然而，河与人的关系并不如此简单。河水泛滥之后，会给人带来灾难，于是就有了治理这个河、那个河之说。中国早就有大禹治水的故事，奥地利的河流治理也有悠久的历史。在治理中，河流被人改变了模样，甚至面目全非。随着时代的前进和社会的进步，究竟该还这些被治理过的河流一件怎样的衣裳，成了科学家们研究的问题。

在奥地利科学访问的日子里，我看了好多条经科学家治理过的河流。其中，维也纳河是排在多瑙河后的第二大河流，下游不远就是城区。左边是高速公路，右边是快速铁路，都是首都通向西部的大动脉。因此，这条河流的安危就成了至关重要的事情。

我去的季节是枯水期，水流不算大，一旦来了洪水可就不得了了。奥地利人从 100 多年前就开始治理，不但筑起了坚固的堤坝，就连河床底部都整齐地铺上了大石头。虽然安全没有了问题，几十年一遇的大洪水也能抵挡得住，但这样的"硬治理"，显然缺少自然的韵味。不仅如此，水质难以自然净化而变坏，生物多样性荡然无存，带来了一系列深层次的生态环境问题。

我们沿河而上，眼前竟出现了与整条河流完全不同的景观。如果不是有人提醒，说什么也不会想到，这里原来也是人为治理痕迹凸显的景观，只是采取了"近自然治理"方法加以改造而已。近自然治理的效果不仅仅是看起来赏心悦目，更重要的是使生态环境大为改善。

漫步河边，如同置身自然的怀抱。植物茂密不说，河流有宽有窄，河底有深有浅，河水有动有静，还有生长着茂密植物的小岛。水流徐缓、植物掩映之处，有鱼儿自在地生活。旁边就是一条为游人铺建的小路，或骑车，或散步，有这样的水景相伴岂有不美之理！

看着清澈见底的维也纳河水，我在想，要成大事，起码要有三个条件：一是有钱，有经济实力；二是有政府的重视、支持；三是有先进发达的技术。

由政府出资，维也纳农业大学的专家主持治理了这段河流的近自然改造。在 10 年的时间里，这说长不长、说短不算短的 2 公里河段才被改造成了如今的模样。它的另一个意义在于：作为治理的样本与原来的景观对比，进一步说服政府继续投资，对整条河流加以类似的改造。

奥地利专家对治理河流的考虑是：既要安全，又要讲究生态因素和经济因素。在保证不遭受水的侵害的前提下，尽量保持河流的原貌，使之具有最大的生态功能。经济因素则表现在为游人提供游憩上，即便是种植了植物，也要尽量地通透，让人能看到和感觉到水的存在，并适当和水亲近。"如果只是河水，人们容易产生畏惧感"。

看起来心旷神怡，但改造起来并非易事。光有政府投钱不行，还要有先进的科学技术。选择什么植物，既喜水耐涝，还要具有较强的韧性、抗倒伏，洪峰过后依然能够生长。如此等等，众多问题都需要耐下心来加以研究。

早在1998年，在奥留学归国不久的高甲荣就在北林大学报上发表论文，首次将"近自然治理"的概念引进中国，也进行了一些有益尝试。但总体来说，中国的河流整治至今依然是人为的痕迹太重。究其原因，一是缺少必要的认识，二是经费不足，三是有些河流整治没有和生态环境联系在一起，更没有林业科技人员的介入。

回到北京，又看到了京密引水渠：不但用石头水泥砌了堤坝，还用高高的铁丝网拉大了人与河的距离；还有学院路上的小月河，那还叫条河吗？充其量只是任人宰割的一个物件罢了。看来，还自然的河流一件生态的衣裳，不但在奥地利需要继续努力，在我国更是任重道远。

中国绿色时报　2009－02－18

北京生态公益林抚育有了地方标准

北京山区生态公益林抚育技术规程有了地方标准。2008 年 12 月 29 日，"北京市山区生态公益林抚育技术试验示范"项目通过验收。

这一项目是国家林业局重点科研项目，由北京林业大学和北京市园林绿化局共同承担。课题组以提高北京山区生态公益林的质量为目标，结合中幼林抚育工程，从公益林区划、效益评价、抚育理论及技术和效果、抚育模式等方面进行了系统研究。该项目在综合评价生态公益林抚育效果、引入林木生长空间竞争指数等方面均有突破。

北京现有林木 84.7 万公顷，其中 90％以上属生态公益林。2002 年，北京启动中幼林抚育工程，投资额达 2.4 亿元。这项研究为该工程提供了理论指导和技术支撑。

该项目对油松、侧柏林的评价结果表明：按照新技术标准抚育后的林木，各项指标均有明显改善，树高和直径生长速度均提高15％以上，示范林的生物多样性指数和综合效益提高幅度都超过20％。课题组研究后认为，北京山区发展生态公益林的重要方向是：将大面积的针叶纯林调控为松阔镶嵌混交模式。

项目研究完成了北京市公益林暨国家公益林区划界定，营造了2.24 万公顷示范试验林，完成了北京市重点公益林的效益评价，提出了生态公益林的补偿机制和途径。

据项目负责人马履一教授介绍，课题组结合生产实际，组装配套了 8 套中幼林抚育模式，还提出了油松下层抚育法、侧柏机械抚育或综合抚育法，提出了两个树种林分的林木分级标准，制订了不同立地条件下两种人工林的合理经营密度。科研人员提出北京山区主要风景游憩林抚育模式 6 套，建立了相关模型，提出了抚育的合理密度、修枝高度、灌木合理盖度和高度等关键技术指标。

据悉，这一成果已广泛应用于北京的中幼林抚育工程中，面积达 20 万公顷。

中国绿色时报　2009 - 01 - 13

科学家揭开移栽油松大量致死之谜

几百棵移栽油松的离奇死亡，催生了一项课题。10 月 8 日，课题通过专家验收。油松致死的害虫被发现了，它叫吉丁虫。吉丁虫的天敌也被发现了，它叫长尾刻柄蜂。

研究过程中，科学家的另一项发现更具警示意义：大树移栽会造成树木体内大量失水，既而带来树木体温升高，抗虫性减弱，从而导致树木大量死亡。大树移栽应该慎重。

起因：油松大面积死亡

2001 年 3 月，北京植物园移植了 481 株大油松树，一下子竟死了将近一半，罪魁祸首是松黑木吉丁。

这是吉丁虫首次在北京地区的油松上成灾。当时的查寻结果中，科研人员没有发现国内相关文献的报道。国外的研究则主要针对遭受过火灾的林分。

油松是北京主要造林树种。北京植物园联手北京林业大学，迅速拉开了揭开油松大面积死亡之谜的序幕。

松黑木吉丁虫首次在北京地区的油松上成灾的条件、机理及防治课题立项之后，虫子却没了踪影，连做试验的标本都很难寻觅。近两年，却又在附近发现了 160 多棵受灾严重的油松。

来势汹汹、逃之夭夭的松黑木吉丁，究竟从何而来，又藏身何处？

发现：吉丁虫发育加速

专家们几次前往油松的原产地，却空手而归，在弱树、死树上查没有收获，招引也不见松黑木吉丁虫的踪影。

反复调查之后，研究人员得出结论：在平常年份，松黑木吉丁虫只是在枯枝、弱枝上栖息、生活和繁衍，不引起灾害，因而很难被发现。

研究结果证实：油松失水后树势衰弱，树体温度升高，是吸引此虫上树危害的诱因。树的含水量减少、光合作用减弱，满足了虫的营养条件，是成灾爆发的主因。衰弱树的体温升高、日温差增大，使该虫生长发育加速。

周章义教授和北京植物园副主任程炜牵头的课题组经过 3 年多的研究，在国内首次发布了松黑木吉丁虫在我国的分布、生活习性及在北京的年生活史；在国内首次利用油松根系环剥、断根、嫁接等复壮处理技术，促进新根的发生、增强树势。令人欣喜的是，他们还找到了控制松黑木吉丁的天敌长尾刻柄蜂。

提醒：移大树最怕失水

10月8日，验收专家组对课题进行验收，北京林业大学校长尹伟伦任组长。他说，这项研究成果达到了国际同类研究的先进水平。专家们表示，这项研究还给大树移植敲响了警钟。

专家组成员、原北京植物园主任张佐双清楚地记得，当年栽树时，他发了有生以来最大的火。因为移来的油松全是假坨，一碰就散，里面包的竟是石头。"这样的移植，能活一半就是奇迹了！"当时，他只想到缺少根系的油松难以成活，却没有想到这诱导了松黑木吉丁虫的成灾。

研究表明，移栽油松体内水分的大量丧失，是虫灾暴发的主要原因。由于水分丧失，树的体温显著增高，抗虫性减弱，促进了虫的加速发育，使其转移到移栽油松的主干上产生危害，从而导致树木的大量死亡。

研究人员告诫，大树移栽，一定要尽量减少水分的丧失，尽量在雨季移栽，减少起树、运输和假植的时间，及时给树灌水或树冠、树干喷水。在移植时，掩埋深度不能超过树原来所处的地面高度。

建议：早关注树木体温

周章义教授说，树和人一样，发烧了可能会生病。他认为，可以利用树体"发烧"的程度为树诊断病情。

在研究中，课题组研究了松黑木吉丁与油松体温的关系，还解决了树体温度受环境气温影响的问题，用体温和气温的差值来反应树木衰弱程度。

课题组提出，在城市夜景中，在树上挂彩灯已成时尚，但会使树的体温升高。这对园林树木生长、生理和抗逆性是否产生负面影响，需尽快加以研究。

周章义还提到，修路时多余的土堆在树干周围会使树温度升高，带来树木死亡。课题组建议，树木主干被土或垃圾掩埋带来的树体温度管理，也应纳入研究范畴。

中国绿色时报　2008 - 10 - 17

北京油松大面积死亡谜底揭开

北京的主要造林树种油松树近年频频死亡，甚至天安门广场附近的大量油松也更换了。林业专家近日首次揭开谜底——不当移植树温升高诱发虫害。

北京林业大学周章义教授、北京市植物园程炜副研究员领导的课题组在国内首次报道了松树害虫"松黑木吉丁"在我国的分布、生活习性及在北京的年生活史，并提出不当移植和树温升高是树木死亡的诱因。

北京油松大面积死亡成谜
吉丁虫首次成灾忽隐忽现

2001年3月，北京市植物园移植481株大油松树，一下子竟死了差不多一半。这是吉丁虫首次在北京地区的油松上成灾。当时的查询结果中，没有发现国内相关文献的报道。国外的研究则主要针对遭受过火灾的松树。

为了护卫油松这一北京的主要造林树种，北京市植物园联手北京林业大学，迅速拉开了揭开油松大面积死亡之谜的序幕。结果发现其罪魁祸首是"松黑木吉丁"。

科研立项之后，虫子却没了踪影，连做试验的标本都很难寻觅了。几次前往油松的原产地，空手而归。在弱树、死树上查，没有收获。用招引的方法，也没有见到松黑木吉丁虫的踪影。直到2006年，才又在香山、植物园附近发现了160多棵受灾严重的油松。

来势汹汹、忽隐忽现的松黑木吉丁，究竟从何而来，又藏在何处？

油松失水树体升温易引虫
找到有效天敌长尾刻柄蜂

反复多次调查之后终于发现，油松与松黑木吉丁等蛀干虫之间的生态社会现象。最终，研究人员做出结论：在平常年份，该虫只是在枯枝、弱枝上栖息、生活和繁衍后代，不引起灾害，因而很难被人发现。

研究结果证实：油松失水后树势衰弱，树体温度升高，是吸引此虫上树危害的诱因；树的含水量减少、光和减弱，使该虫的营养条件得到满足，是成灾爆发的主因；衰弱树的体温升高、日温差增大，使该虫生长发育加速。

经过3年多的研究，周章义教授、程炜副研究员领导的课题组，在国内首次利用油松根系环剥、断根、嫁接等处理技术，促进新根的发生、增强树势，成为减少和预防该虫危害的有效措施。令人欣喜的还有，他们找到了控制该虫的有效天敌——长尾刻柄蜂。

给大树移植敲响警钟
保护根系减少水分丧失

作为验收专家组组长，北京林业大学校长尹伟伦院士认为，这项研究成果达到了国际同类研究的先进水平。验收后专家们说，这项研究还给大树的移植敲响了警钟。

专家组成员张佐双清楚地记得当年栽树时的情景。移来的油松根系已被破坏，根部的包土全是假坨，一碰就散，里面包的竟是几块石头。气得他发了有生以来最大的火。"这样的移植，能活一半就是奇迹了!"当时，他只想到缺少根系的油松难以成活，却没有想到这还直接诱导了松黑木吉丁虫的成灾。

研究的结果表明，移栽使油松体内水分大量丧失，是此虫爆发的主要原因。由于水分丧失，树的体温显著增高，抗虫性减弱，促进了该虫的加速发育，使其转移到移栽油松的主干上产生危害，从而导致树木的大量死亡。

研究人员告诫：大树移栽时，一定要尽量减少水分的丧失，尽量在雨季移栽，尽量减少起树、运输和假植的时间，及时给树灌水或树冠、树干喷水。在移植时，掩埋深度不能超过树原来所处的地面高度。

但是，当今许多的大树如油松、雪松、橡树乃至水杉等的移植中，有些不分季节和环境，已造成了许多大树衰亡。

树上挂彩灯树下乱堆土
都会使树的温度升高

课题组提出，城市夜景中，在树上挂彩灯已成时尚。一些著名夜景演出如"印象桂林"等，也是靠强光打出实景山水树木效果。这些无疑都会使树的体温升高。这对园林树木生长、生理和抗逆性是否产生负面影响？如何加以防治？目前尚无人理会，急需尽快加以研究。

周章义教授说，树和人一样，发烧了可能会生病。他认为，可以利用树体"发烧"的程度为树诊断病情。

在研究中，课题组研究了松黑木吉丁与油松体温的关系，发现油松体温升高之后，树木生理发生了系列变化，促进了昆虫的生长、发育与繁殖，从而促使昆虫种群密度的暴发。他们还解决了树体温度受环境气温影响的问题，用体温和气温的差值来反映树木衰弱程度，相关性很紧密。

林业专家去北京香山的路上，也发现好几棵大松树突然死亡。原来，修路时将多余的土堆到了树干周围，从而使其温度升高。课题组建议，树木主干被土或者垃圾掩埋后带来的树体温度管理，也应纳入研究的范畴。

专家呼吁：需要拯救和护卫的，不仅仅是北京的油松，还有更多的植物！

附：油松

松科常绿乔木，树冠在壮年期呈塔形或广卵形，在老年期呈盘状或伞形，树皮灰棕色，不规则厚鳞片状开裂，小裂缝红褐色；枝粗壮，冬芽长圆，端尖，红棕色，叶2针一束，雄球花橙黄色，雌球花绿紫色，种子卵形，有翅，淡褐色，花期4月至5月，果次年10月成熟。强阳性树种，性强健耐寒，能耐－30℃低温。对土壤要求不严，能耐干旱瘠薄土壤，不耐盐碱。用种子繁殖。

北京日报　2008－10－25

喇叭沟门保护区科考报告问世

北京喇叭沟门自然保护区森林覆盖率达 63.14％，植被覆盖率为 84.1％，是北京生物多样性最为丰富的地区。新近问世的北京喇叭沟门自然保护区综合科学考察报告显示，这里不仅有 300 多种野生动物、619 种植物，还有北京面积最大的蒙古栎林、白桦林。

北京林业大学自然保护区学院利用 3 年时间，开展了怀柔喇叭沟门地区生物多样性保护与可持续利用的研究，对区内的自然植被、野生动植物资源、自然保护区的管理现状等进行了全面的综合科学考察，并完成了科考报告。报告内容包括自然环境概况、植被与植物资源、脊椎动物、昆虫、大型真菌、旅游资源、社区及社区经济、自然保护区评价、和保护规划。报告还附有保护区的野生植物、野生脊椎动物、昆虫、大型真菌名录、植被分布图、功能区划图，为保护区建设和发展提供了有力的科学支撑。

考察报告显示了大量第一手数据和资料：保护区分布着约 980 公顷的成熟林和近熟林，在华北具有代表性；生长着 4000 公顷高山杜鹃，在北京地区面积最大；有国家重点保护植物软枣猕猴桃、北京市一级保护植物大花杓兰，并首次发现了桔梗的白花变型；有黑鹳和白肩雕两种国家一级保护动物，以及北京地区体型最大的猛禽秃鹫。

中国绿色时报　2009－06－25

北京植物保护尚有空缺

北京林业大学等单位的专家们，对北京地区植物多样性的关键地区进行了全面的评价与分析。结果证实，北京的植物多样性保护还存有一些空缺。刚刚出版的北京山地植物和植被保护研究一书，披露了这个结论

三种植物最珍稀

崔国发教授等专家在研究中选出了 25 种植物作为评价北京植物多样性关键地区的参考树种，从保护的意义和价值角度予以评分。其中，珍稀植物野大豆、黄檗和紫椴被评为 10 分，核桃楸为 7 分，13 种植物为 4 分。

被评为最高分的这三种植物，均为国家重点保护植物，野大豆和黄檗还被列入中国植物红皮书，是北京地区优先保护物种。

怀柔延庆最关键

专家们研究了植物物种关键地区的评判方法，绘制了整个北京市的植物多样性保护关键地区分布图。一级关键区主要分布在怀柔和延庆。这两个区县占有了约 70％的一级关键地区。怀柔主要集中在喇叭沟门自然保护区及其以南地区，与密云接壤的云蒙山自然保护区；延庆的一级关键地区主要分布在大滩、莲花山自然保护区。除此之外，门头沟的一级关键地区在百花山，房山只有霞云岭

森林公园及其附近区域。近城区的海淀有小面积一级关键地区，主要位于西山和百望山森林公园。

自然保护区有空缺

调查发现，延庆自然保护区数量最多、面积大，分别占全市总数的 45％、37.28％。数量较多的是密云和房山；面积较大的是平谷、门头沟和怀柔。

专家们根据北京市植物多样性保护关键地区的评价结果，与目前的保护现状进行对比，一一找出了北京市自然保护区建设的空缺。

喇叭沟门等 7 个自然保护区覆盖的一级关键地区的比例还不到一半。也就是说，还有一半以上的一级关键地区没有被自然保护区所覆盖。延庆大滩自然保护区北部和东部存有较大面积的一级关键地区未被覆盖，这也是北京一级关键地区分布较为集中的地区之一。

专家指出，北京的森林公园中有四个同时也是自然保护区，其余与一级关键地区重叠非常少。应在这些森林公园内急需保护的区域建立自然保护小区，或将其设置为自然保护区。

北京日报　2009－08－05

中国绿色时报　2009－08－18

北京首次提出优先保护植物名录

北京地区有多少种植物急需优先保护？北京林业大学等单位的专家经过科学计算后列出了 144 种。在这个刚刚披露的"红皮书"

中，有 48 种濒危植物被列为一级保护，其中有不为人熟知的木贼麻黄、麻核桃、青檀、大花银莲花、类叶牡丹、野罂粟、毛樱桃、野大豆、红花鹿蹄草。这些优先保护的植物涉及 57 科，既显示了北京地区珍稀植物种类的多样性，又揭示出其植物保护事业任重而道远。

据介绍，在世界、国家或地区尺度上评价物种的"濒临灭绝危险"程度，进而提出植物保护的级别，是国际社会和各国生物多样性保护工作的重点之一，也是该领域研究的前沿。北京地区提出自己的优先保护植物名录，这在历史上还是第一次。

北京林业大学教授崔国发等专家采取数量化评价方法，经过对 1165 种野生植物"濒危灭绝危险"进行全面量化评价，确定了这个名录，不但填补了北京地区植物保护研究的一项空白，还为植物重点保护实践提供了科学依据。

此前，专家应用国内分布频度、北京地区分布频度、调查区分布频度等 9 个指标，计算植物的濒危系数，对具有代表性的喇叭沟门自然保护区植物的濒危状况进行了评定，并通过计算急切保护值的方法，确定了当地各种植物的保护级别。

在进一步研究中，专家建立了符合物种优先保护原则的评价指标体系，反映出了物种自身的适应能力以及自然环境、人类活动、社会经济等对其的影响。根据植物生存的影响因子，专家确定了"植物濒临消失风险"的指标，分别确定了各物种的濒临消失风险指数、遗传损失指数的计算公式。这两个指数相加之和，即为优先保护指数。

专家根据计算结果，把植物濒临消失的风险状况分为极易消失、容易消失、可能消失和安全种 4 个级别。在调查中新发现的刺楸，具有较高的经济价值，仅分布在云蒙山的桃源仙谷景区，种群成熟个体仅有 20 株，受人为影响严重，濒临消失风险指数极高，被列为极易消失种。无梗五加的风险指数也高达 0.92。被列为极易消失种的，还有拐枣、北黄花菜、柘树等。

专家呼吁，对于一级保护植物，应实施严格保护，严禁利用。除建立自然保护小区进行严格的就地保护外，对零星分布的单株应设置围栏，并采取人工扩繁措施，建立人工种群，以确保该种安全存活。对于二级保护植物，可适度开发利用，但应加强管理，控制其开发利用的强度。

专家警示说：一级保护植物刺楸分布在风景区，抗人为干扰能力极差；黄檗具有较高药用价值，调查中发现有人扒皮挖根；濒临消失的野大豆被发现用于牲口饲料。这些问题亟待引起关注，尽快加以解决。

专家强调，优先保护植物名录的问世仅仅是濒危植物保护的第一步，更重要的是将其落到实处。

北京日报　2009 - 07 - 29
北京晚报　2009 - 07 - 29
中国绿色时报　2009 - 08 - 03

北京首绘植物保护战略图

北京林业大学的专家指出，植物多样性是生物多样性的关键环节，是一个地区最重要的自然遗产之一，是人类生存和发展的基础。在 2010 国际生物多样性年的大背景下，如何保护北京的植物多样性？

北京有多少种植物？植物王国有什么样的"国民"？哪些植物已经濒临灭绝，哪些应该优先保护？

北京林业大学教授崔国发率专家组，首次描绘出了北京植物多样性保护的战略图。

这份战略图包括：分级建立五个关键自然保护区、五个重要保护区、五个一般保护区、十个自然保护小区，设立三大自然保护区域，并规划出连通保护区之间的四条生物廊道。

关键自然保护区百花山居首
有北京珍稀濒危兰科植物 22 种

建立自然保护区是生物多样性保护的重要手段。在哪里建，建什么类型的，是生物多样性保护的关键。从 2003 年起，北京林业大学的专家们就开展了北京地区森林植物濒危程度研究。研究组评价了北京植物濒临消失风险，提出了优先保护植物名录，分析了植物多样性的分布规律，起草了具体生物多样性保护规划方案。

百花山自然保护区居首。因为这里是北京植物多样性最丰富的地区之一。区内有蕨类和种子植物 100 科 365 属 707 种，国家重点保护植物在该区有黄檗和紫椴，还有北京市珍稀濒危的兰科植物 22 种。

喇叭沟门自然保护区。专家建议，将保护区面积由原来的 1.8 万公顷，扩大为 2.6 万多公顷。他们认为，这个自然保护区是北京北部生态屏障的关键部分，具有丰富的动植物种，保存良好的森林植被，是北京自然保护区体系建设的重要节点，有必要晋升为国家级自然保护区。

雾灵山自然保护区。区内的密云铁角蕨为中国特有种，国家重点保护植物有野大豆、黄檗和紫椴。由于其与河北雾灵山国家级自然保护区连为一体，可建立跨省保护区，使其成为国家级自然保护区的一部分。

大滩自然保护区。位于延庆，目前只是县级，但其所在地区是北京市植物多样性保护一级关键区集中分布的地区，应该是北京市生物多样性保护的重点地区之一，专家建议提升为市级保护区，进一步加大保护力度。

磨盘山自然保护区。将延庆的八达岭森林公园、昌平的沟崖自然风景区、虎峪自然风景区合并，建立市级自然保护区，因境内最高峰位于磨盘山，专家建议命名为磨盘山自然保护区。

重要自然保护区优先建设
松山保存北京最大天然油松林

专家眼中的重要自然保护区是：植物多样性保护二级或一级关键地区，或植物群落保护一级关键地区。是北京植物多样性保护的重点，应优先建设。

松山自然保护区保存着北京地区面积最大的天然油松林，是北京地区维管束植物最丰富的地区之一。其中，北京水毛茛为中国特有种。专家建议，将已经建立的松山国家级自然保护区与延庆玉渡山县级自然保护区合并，扩建后的国家级自然保护区总面积由4760公顷增加为1.6万多公顷。

位于平谷东北部的四座楼自然保护区，是北京东部地区仅有的两个森林生态系统类型的自然保护区之一，对北京生态环境保护起着重要的作用，在北京市整体的自然保护区体系建设中能够起到连接作用。

蒲洼自然保护区位于房山区，主要保护对象为典型的暖温带森林生态系统和珍稀野生动植物种及其栖息地。

延庆县境内的白河堡自然保护区不仅是珍稀植物分布的关键地区，也是白河和白河堡水库的重要水源涵养林区，专家认为可将其北延，扩大面积至1.2万多公顷，提升为市级自然保护区加以保护。

在慕田峪风景区的西北部、怀柔区和延庆县接壤地带有大面积的一级关键地区，目前没有建立保护区。专家提出，要在这里开展综合科学考察，建立黑陀山自然保护区。

一般自然保护区拾遗补缺
新建上方山和黄石立自然保护区

专家划分"一般自然保护区"的原则是：覆盖面积较大的植物多样性保护二级或者三级关键地区；其邻近地区有较大的关键或重要自然保护区存在；在整个北京市的自然保护区体系建设中能够起到连接作用。

专家们确定的一般自然保护区有密云县云峰山，房山区上方山，延庆县太安山、莲花山，密云县黄石立等五个自然保护区。

因区内大面积的油松林是密云水库重要集水区的水源涵养林，云峰山自然保护区有重要意义。

专家提议新建的自然保护区，是上方山自然保护区和黄石立自然保护区。在上方山自然保护区内，槭叶铁线莲为中国特有种，还分布一些较特殊植物，如独角莲和省沽油是北京仅有的较大种群分布，反映了该地区植物多样性和特殊性。密云西北部的冯家峪境内，分布有一级关键地区，还有较大面积的二级、三级关键地区，但没有建立自然保护区，专家建议尽早划为黄石立自然保护区加以保护。

327

10个自然保护小区4350公顷
保护北京11种珍稀植物物种

因人口密集，许多具有保护价值的地段被分割成面积较小的区域，难以建立自然保护区。专家建议，这类地段可建设自然保护小区。不仅灵活机动地保护了物种多样性，还为自然保护区体系中的廊道选择和建设提供了帮助。

自然保护小区以保护一种或者几种珍稀濒危的植物物种为主要目标，还应加强对植物物种相对丰富的植被片段的保护。

专家认为，满足三个条件之一，即可设立自然保护小区：一是多种北京珍稀濒危植物物种的集中分布区；二是相对隔离、独立成片的天然林片断；三是某一北京稀有植物群落的集中分布区。

专家划定了10个自然保护小区，总面积为4350公顷。其中怀柔4处、门头沟和密云各2个，延庆和海淀各1个。这10个小区至少保护了北京市11种珍稀植物物种，如羊耳蒜、野大豆、青檀、核桃楸、刺五加、黄檗、元宝槭、鸡爪槭、草芍药、紫椴等。

设立三大"自然保护区域"
延庆密云京西南发挥整体效益

专家提出了创新性构想：在生物多样性富集区域和生态环境保护关键区域，通过加强区域内多个自然保护区和生物廊道的整体建设，推动整个区域的生物多样性保护能力的提高和生态环境的改善。专家认为，可在北京设立三大自然保护区域。

1. "三山夹两水"——延庆县自然保护区域。整个自然保护区域方位基本涵盖了整个县，森林生态系统类型的自然保护区构成三山，湿地自然保护区构成两水。

2. "三山围一水"——密云县自然保护区域。以密云水库为中心，森林生态系统类型的自然保护区三面环绕，呈掌状分布。4 个森林生态系统类型的自然保护区，除保护北京生物多样性外，还是密云水库重要的水源涵养林区。

3. "四水绕三山"——京西南自然保护区域。包括百花山、蒲洼等以森林生态系统为主的自然保护区和永定河、清水河等湿地。这里是重要植物多样性保护区域，也是北京重要水源涵养林区。

四条生物廊道让物种相互交流
最小宽度等于豹的活动直径

为了使物种间能够相互交流，专家提出了在保护区之间设置生物廊道的设想。在保护对象相近、生态功能相似且距离较近的自然保护区之间，利用保护区之间的自然植被或人工植被创建生物廊道。一方面为野生动植物的迁徙和扩散提供通道，另一方面为自然保护区整体生态功能的发挥起到促进作用。

专家们根据自然保护区在北京的布局情况，划定了四条生物廊道，以北京地区分布的最大的野生动物——豹的活动直径为最小宽度。

北京日报 2010 - 01 - 20

京郊多种玫瑰吧

娇娇玫瑰耐旱抗寒，根系长达 80 年，保持水土改善环境。花卉专家说：

北京妙峰山栽植香料玫瑰历史悠久，为历代诗人所赞扬。鉴于

329

玫瑰的经济价值和北京浅山区的实际，北京林业大学教授程金水建议：扩展玫瑰种植业及观光旅游。

玫瑰浑身都是宝

保持水土改善环境 1776 年玫瑰传至英国，继而遍布全世界。专门提取香料的玫瑰花是名贵的高级香料，内含 50 多种成分至今不能人工合成。玫瑰花可熏制玫瑰酒，是芬芳佳酿。花瓣可用来研制玫瑰酱。玫瑰花还可制作几十种菜肴。玫瑰干花蕾可以入药。玫瑰果富含多种维生素、胡萝卜素、葡萄糖等，经加工可制成浓缩糖浆、果汁，也可制成用于医疗保健的片剂、粉剂。玫瑰的根皮可作染料。种植玫瑰可以保持水土改善环境。玫瑰根系寿命较长，曾发现有 80 年的老根。地上植株寿命也能达到 8 至 10 年。在地下，玫瑰可形成纵横交错的网络，保持水土的作用显著。

玫瑰原产中国华北

北京有 500 年玫瑰史据记载，北京门头沟妙峰山栽植玫瑰已有 500 多年的历史。玫瑰生产是当时庙宇中可观的收入。妙峰山的玫瑰专供当时的宫中制作食品和化妆品等，玫瑰生产形成了一定规模。

程教授介绍说，玫瑰原产中国华北，抗寒性强，分布面宽，有不同生态类型。它是较耐干旱的植物，对土壤要求不严。因其是土生土长的树种，具有大面积推广的基础。我国玫瑰品种有 26 个，玫瑰花产量提高数倍，繁殖速度加快，几乎一年四季均可生产。

九种玫瑰宜浅山区推广

可开辟玫瑰游玫瑰宴程教授认为，在北京浅山区发展玫瑰生产要做好规划。每个村子都要因地制宜，确定各自的特点。程教授为北京浅山区种植玫瑰推荐了 9 种花期长、观赏性好、有特色的品种。它们是：董粉娇蓉、紫枝、叠云积雪、冰清玉蝶、多季千叶、几度夕阳、霞光、刺果玫瑰、苦水玫瑰。它们或灌丛健壮、或枝型紧凑、或花朵艳丽、或果实满枝。不但是玫瑰中的佳品，还适应北京山区的环境条件。

玫瑰是爱情的象征，其文化有厚实的社会基础，有了玫瑰园，即开辟玫瑰观花游、闻香游、采摘游、玫瑰宴等活动。

北京日报　2007 - 03 - 28

远古之桑会变沙害为沙利

"五亩之宅，种之以桑"是孔孟理想的田园。北京大兴至今仍有古桑园。

有资料统计，北京沙化土地面积有 5.4 万多公顷，潜在的沙化土地 10 万公顷还多。如何有效地治理和利用这类土地，任荣荣教授建议：积极发展桑产业大有可为。

桑树属旱生性树种沙地桑产业一举多得随着北方干旱的加剧，北京的森林植物地理景观也开始向半干旱化的森林灌丛草原带转变。任荣荣教授建议，应大力发展在半干旱气候条件下的旱生性树种，北京古生的各种桑树应当成为首选。

北京位于中国北方半干旱地区南部，桑树生长量及营养物质高于南方地区，是极有前途的乡土生态经济林树种，北京大兴至今仍有郁郁葱葱古桑园。北京地区可以重点利用沙地、沙化地发展桑产业，将沙害变成沙利，既可有效地改善生态环境，又能为市民提供大量的功能性食品。

桑药食同源含五大功能物质有利"三高"病人稳定好转任教授说，桑树是集文化、生态、保健、经济于一体的中国特有树种，桑叶、桑果含有三大类营养和五大类功能性物质。据介绍，桑树全株均可入药。其桑叶蛋白质含量丰富，氨基酸间的比例适宜，其中有的是人体不能合成的必需氨基酸；桑叶中含有 50 种不同的微量元素和维生素，尤其富含能维持肌体免疫系统等正常所需的 B 族和 C 族维生素，桑叶中还富有黄酮类化合物等多种功能性成分；桑椹、桑叶、桑白皮等治疗糖尿病已有 2000 多年的历史。桑果是世界上公认的第三代黑色水果；生产的桑叶茶、桑果汁、桑果酱、桑椹酒等均可药食两用。

食用桑椹酵素有利于"三高"病人的病情稳定和好转。如果北京郊区果桑面积由现在的 1 万亩发展到 50 万亩，并建设大型的生产工厂，则年产值可超过百亿元人民币。

饲料桑可保食品安全桑树食用菌是山珍之菌利用桑树药食同源的特点，发展畜牧业，可以保证畜牧产品的安全。利用桑叶饲料饲喂的鸡下的蛋，胆固醇含量下降 16.9。在常规蛋鸡的饲料中加入一定量的桑饲料，1 个月后，所产鸡蛋即可成为"功能蛋"。用来饲养牛、羊、猪以及水生动物鱼类等都可使其产品成为功能性食品。

早在唐朝，人们就开始将桑树干枝作为培养药食用菌的首选树种。桑树食用菌含有很高的保健药用价值，是山珍之菌。利用桑树纸条粉碎培养出的食用菌无毒、口感好，营养丰富，产量高。

北京日报　2007 - 09 - 30

植树造林别忘鸟

　　北京林业大学的专家们用两年时间，对北京城区绿化带内的植被构成和栖息鸟类的关系进行了调查，提出了一个新话题——城市绿化不要忘了保护鸟类。

　　李镇宇教授等专家认为，目前我国城市绿化中，较多的考虑了人的意识和改善环境的效果，而忽视了对鸟类的保护。本次调查在北京公园绿地、防护绿地等 21 个绿化带展开，专家直接观察鸟类取食，对鸟类粪便进行分析后发现，毛白杨、白蜡、刺槐、侧柏等高大或郁闭的树木，不仅是鸟类筑巢和避敌场所，同时也能为鸟类提供食物。89 种树木中有能够为鸟类提供食物的树种，即食源树种，有的可提供花芽，有的可提供果实和浆果。

　　绿化带内植物除了为栖息的鸟类提供食物和筑巢场所外，还是许多鸟类理想的夜宿和藏身之地。鸟类食源植物多、数量大的绿化带内栖息的鸟类的种类较多。目前绿化存在的问题是，植被种类少，植物间搭配不合理，缺乏灌木层，草本植物相对单一。平房营经济林是单一的银杏林，林下几乎没有杂草。东四环路沿线和通惠河、东坝河两岸除几种乔木外，林下植被主要是草坪。

　　专家建议，选择北京的绿化植物时，要多树种搭配、多层次种植，适当增加水面、朽木、石头洞穴、悬挂人工巢箱等。尽量减少药物喷洒，以避免鸟类食物中毒。

北京日报　2007－09－30

保护北京的古树

北京的古树名木，是这座六朝古都的历史名片。专家最近提供了数据——20年前普查，全市百年以上的古树名木为4万多、近5万株。其中300岁以上的一级古树6213株，全市共有百余处古树群。近年又对郊区进行了二次普查，生长在郊区的古树名木有1.8万多株，其中百岁以上的有2310株；2005年市区古树名木的普查数是22262株。

北京的古树名木有的植于唐、辽、金，有的植于元、明、清，规模最大、现存数量最多的，是明朝永乐年间后种植的。据施站长介绍，以往主要依据树龄确定古树并定级。但很多树的树龄并不好测，只能依据胸径大小来推断，极易错定和漏定。目前北京古树名木死亡现象时有发生。海淀永丰小学校内的槐抱榆、延庆大庄科蟹子石的古油松已经枯死。门头沟灵水的两棵古树柏抱桑、柏抱榆危在旦夕。每棵古树每年管护费是20元，施站长建议将这项投资提高10倍。还要鼓励各界人士和单位认养古树名木，扩大投资渠道。

1965年，为了保护好两棵古银杏，周恩来总理决定延长了玉泉路和八宝山间的地铁站距离，古树今仍绿，成为北京市民口口相传的保护古树名木的佳话。

北京的森林

门头沟百花山林区：主要为天然林，低海拔处以山杨和白桦为主，高海拔处多是云杉和冷杉。

海淀鹫峰国家森林公园：主要为人工林，主要树种有红枫、橡栎、银杏等。

延庆喇叭沟门乡原始次生林自然保护区：主要树种自然林以栎树、山杨、白桦为主，人工林以油松、落叶松、河杨为主。

灵山森林保护区：位于门头沟与河北交界处，有京西小西藏之称，主要树种为白桦树。

樱桃沟：位于海淀区寿安山麓，主要树种有黄栌、红枫、橡栎、水杉等。

蟒山国家森林公园：位于昌平十三陵水库坝东。主要树种有黄栌、红枫、橡栎、柿树等。

白龙潭：位于密云县城东北 25 公里处，主要树种有黄栌、橡栎等。

云岫谷：位于密云县新城子乡遥桥峪村，主要树种有：红枫、橡栎、银杏、落叶松等。

北京日报　2007 - 09 - 30

北京寺庙树种单一

北京的寺庙园林中树种单一，最新的一项调查显示，15 座被调查的寺庙总共只有 59 种树种，最少的一座寺庙仅有 4 种树种。为此专家建议，北京寺庙园林应增加植物种类，如秋色叶树种、观花的小乔木等。

由北京林业大学副教授陈瑞丹等组织的这项调查，囊括了潭柘寺、白云观、雍和宫、白塔寺、卧佛寺等北京 15 座有名的寺庙。

调查结果显示，15 个寺庙的树种使用的多样性较低，每个寺庙所用的树种，都没有超过北京地区常用树种的一半。最多的白云观为 29 种，最少的三山庵只有 4 种。

在这些寺庙中，栽植较多的树种是油松、侧柏、桧柏、槐，使用频度达到了 70% 以上。此外，北京寺庙中常绿树使用比重大，常绿和落叶树种的比例大都达到了 1 比 2 以上；乔木占主要地位，使得群落层次较为单一。

陈瑞丹等建议，寺庙的树种应以中国原产及历史悠久的树种为主。雪松、火炬树等引进树种，其姿态和韵味与寺庙园林景观有冲突，应尽量不用。

北京晚报　2010 - 03 - 22

北京寺庙园林树种应多样化

北京寺庙园林中应增加植物种类，如秋色叶树种、观花的小乔木等。北京林业大学副教授陈瑞丹等刚刚发表了论文，在对 15 个寺庙实地调查研究后提出了上述建议。

研究者在北京各区域随机选择了 15 个寺庙进行调查，其中包括潭柘寺、白云观、雍和宫、白塔寺、卧佛寺等。

调查结果显示，15 个寺庙的树种使用的多样性较低，加在一起有 59 种。每个寺庙所用的树种，都没有超过北京地区常用树种的一半。最多的白云观为 29 种，最少的三山庵只有 4 种。

在这些寺庙中，栽植较多的树种是油松、侧柏、桧柏、槐，使用频度达到了 70% 以上。

北京寺庙中常绿树使用比重大。常绿和落叶树种的比例，大都达到了 1：2 以上。乔木占主要地位，使得群落层次较为单一。

研究者将寺庙使用树种较少的原因归结为寺庙园林中简朴肃穆的种植形式。

研究者称，寺庙的树种应以中国原产及历史悠久的树种为主。雪松、火炬树等引进树种，其姿态和韵味与寺庙园林景观有冲突，应尽量不用。

他们还建议，适当增加寺庙中群落中间层次的植物种类。如玉簪、马蔺、土麦冬等地被植物，完善植物配置结构，减少游人的踩踏；适当限制上香人数和上香数量，为植物创造良好的生存环境。

中国绿色时报　2010 - 03 - 30

北京引种的彩叶植物只有 48 种

一项名为"北京彩叶植物的种类及在城市绿化中的应用"的最新调查显示：北京引种的彩叶植物仅有 22 科、48 种，不仅品种匮乏，在配置方式上也不够丰富。

这项调查由北京林业大学教师指导学生开展。调查结果显示，北京引种的彩叶植物主要集中在忍冬科、蔷薇科、小檗科、木樨科、漆树科、槭树科、蝶形花科等。从种类上来看，北京引种的彩叶植物主要分为秋色叶类、常色叶类和春秋色叶类，乔木种类占到了 41.7%、灌木种类 43.8%、草本种类占 8.3%、花卉藤本占 6.2%。此外，北京引进彩叶植物分布特点为广泛而集中，在调查的 15 个区县中，均有彩叶植物分布，但主要分布在公园和风景区，小区及主干道应用较少。

专家提出，生物多样性是促进城市绿地自然化的基础，也是提高绿地生态系统功能的前提。在首都的园林绿化中，除了使用大量绿色植物外，还应引进多种彩叶植物。同时，专家认为北京彩叶植物应用中存在配置方式不够丰富的问题。此外，北京彩叶树种的引种驯化较为缓慢，引进的彩叶植物数量少，品种较为贫乏，缺少四季变化的彩叶植物。

北京晚报 2010 - 04 - 19

首都既要绿化也要彩化

北京应该科学地引进彩叶植物，要在绿化的基础上逐步达到美化。北京林业大学组织开展了"北京彩叶植物的种类及在城市绿化中的应用"调查后，提出了这样的建议。据悉，对北京彩叶植物种类的研究，此前还未见系统报道。

专家说，生物多样性是促进城市绿地自然化的基础，也是提高绿地生态系统功能的前提。在首都的园林绿化中，除了使用大量绿色植物外，还应引进多种彩叶植物。

在专家眼里，彩叶植物是指生长期内，叶片与自然绿色有明显区别的植物类群，具备一定的变色期，较长的观赏期和整齐的落叶期。

据悉，国外彩叶植物的引用与推广比我国早。西方国家一般城市的园林绿化中使用的彩叶植物达千种以上。在欧洲一些城市，每当季节转化时，城市植物也会变化颜色。我国对引种和推广彩叶植物缺少重视，所以发展迟缓，种类较少。

新近公布的调查结果显示，北京引种的彩叶植物有 22 科、48种。主要集中在忍冬科、蔷薇科、小檗科、木樨科、漆树科、槭树科、蝶形花科等。

北京引种彩叶植物主要分为秋色叶类、常色叶类和春秋色叶类。其中乔木占 41.7%，灌木 43.8%，草本 8.3%，花卉藤本 6.2%。

在调查的北京 15 个区县中，均有彩叶植物分布，但主要分布在公园和风景区，小区及主干道应用较少。

专家认为，北京彩叶植物应用中存在配置方式不够丰富的问题。主要公园的彩叶植物较多，但缺少孤植、环植等配置手法。道路绿化带、隔离带彩叶树种应用较少，色彩单调。

目前，北京彩叶树种的引种驯化较为缓慢。引进的彩叶植物数量少，品种较为贫乏，缺少四季变化的彩叶植物。应用较多的主要是紫叶小檗、紫叶李、金叶女贞等。

专家指出，彩叶植物的生态效益研究较为薄弱。一说彩叶植物就仅考虑观赏功能，忽略了其生态功能的发挥。

专家认为，要加强彩叶植物的管护，掌握其生物学特性。一些植物幼叶美丽，但随着植株生长，开始逐渐变绿，如及时、多次修剪，可保持其色彩。彩叶树木有些需要强光下照射，有的需要在弱光下才能长好。

据专家介绍，彩叶植物可按照不同的方法进行分类。一是按季节分类可分为春色叶类、秋色叶类，如银杏、元宝枫等为秋色叶；二是按植物色素种类可分为黄色类、橙色类、紫色类、蓝色类、多色类等；三是按植物色素分布分类，如单色叶类、双色叶类、斑叶类或花叶类、彩脉类、镶边类等。

中国绿色时报　2010－06－04

拿什么拯救北京湿地？

北京林业大学研究人员对北京 24 块湿地进行了全面的调查，对 7 个重要湿地的植物多样性和植被类型进行了分析，首次划分出北京湿地优先保护级别

随着城市快速发展，北京的湿地正在迅速消失，水资源的过度利用更加剧了湿地的退化。统计显示，目前北京的湿地仅存 5 万公顷，仅占原有湿地面积的 3%。湿地质地变差，原有功能逐步丧失，生态系统非常脆弱。

拿什么拯救北京的湿地？北京林业大学保护区学院教授雷霆、崔国发、北京市园林绿化局卢宝明等专家近日公布了最新研究成果，首次划分了北京湿地保护优先级别，为湿地保护、恢复和合理利用做出规划。

北京河流形成在 1.5 亿年前
天然湿地约占七成

研究显示，1.5 亿年前，我国东部地区发生了剧烈的造山运动，海水退出北京地区。崎岖不平的地表逐渐变成河流、湖泊和坑塘洼地。被人们熟知的永定河、潮白河、拒马河等河流，都是形成于这个时期。

历史上北京的湿地面积占到地域总面积的 15%，有许多坑塘、湖泊和洼地。但由于水资源消耗速度过快，大部分湿地都干涸消失了。只有一些坑塘被改造为公园或水库而保存下来了。

目前，城区湿地有昆明湖、太平湖、团结湖、什刹海、中南海、玉渊潭等；郊区湿地大部分为水库，如有金海湖、野鸭湖、汉石桥湿地和南海子等。

据专家介绍，北京的湿地分为河流湿地和库塘湿地两个类型，其中天然湿地约占七成。北京境内分布河流200余条，有潮白河上游、永定河、北运河、大清河、蓟运河5个湿地区域；水库58座，总蓄水能力72亿立方米。

近年来，由于水资源缺乏，水体污染、环境破坏、人为干扰过度等原因，湿地面积缩小，类型单一。

水体污染、旅游过度等
五大问题威胁北京湿地

北京湿地具有很高的经济、社会和生态价值，但目前已遭到一定程度的破坏。专家认为，北京湿地存在的问题主要有五个方面。

其一，水资源缺乏。人类工业、农业、生活用水均取自湿地。北京是个极度缺水的城市，水资源过度利用和干旱成为威胁湿地的主要因素。湿地缺水会导致生态系统退化，旱生和中生植物在湿地植被中的比重增加，最终造成湿地消失。根据实地调查结果，城近郊10处湿地不同程度缺少，占调查总数的41.67%，其中潮白河、清水河、汉石桥湿地、拒马河等湿地水资源缺乏较为严重。河流湿地出现断流现象，部分河段干涸沙化；汉石桥湿地依靠人工供水维持其湿地生态系统。

其二，水体污染。工业污水、生活污水的排放，农田面源污染、游客丢弃物等，污染物含量超过湿地自净能力，是造成北京湿地退化的主要原因之一。调查区域中6处湿地有不同程度的污染，占总数的25%。其中北沙河、北运河、温榆河、凉水河4处湿地水体污染较为严重，湿地生物难以生存。

其三，资源过度利用。北京湿地普遍存在水资源过度利用的问题，部分湿地已经因缺少而产生退化现象。放牧在调查区域也较为普遍。金海湖、金牛湖、拒马河、野鸭湖、永定河等湿地均有放牧现象。面积较大的库塘湿地常有捕捞现象。野鸭湖官厅水库渔民较多，拒马河、汤河、潮白河等河流湿地沿岸有挖砂活动，野鸭湖、官厅水库有挖泥炭现象，对湿地生物生境造成了极大的影响。

其四，旅游开放强度过大，超过湿地承载力，对湿地造成不可逆转的影响。调查区域有 14 处湿地进行了旅游开放，占总数的 58.33％，其中金海湖、拒马河、龙庆峡水库、野鸭湖、玉渡山水库开放强度较大，对湿地生态系统产生负面影响。

其五，占用湿地。北京湿地周边是人类集中居住的区域，农田、建筑、水利设施、公路等对湿地植物及其生境破坏较为严重。调查区域内 66.67％的湿地周边有农田分布，其中金牛湖、拒马河、清水河、汤河等湿地周边农田面积较大，白河堡水库、凉水河等湿地沿岸被水利设施占据或使用混凝土进行加固，对湿地生物赖以生存的水陆交界区域造成较大破坏。

24 处湿地划分为 4 个保护级别
密云水库、金牛湖等关键保护

专家们以湿地植物总体多样性、濒危植物多样性和典型湿地植物多样性聚类分析结果为基础，根据优先保护级别赋分及权重确定原则，得出北京市 24 处湿地的分值，将其划分为 4 个保护级别。

★★★★★

关键保护湿地：密云水库、金牛湖、野鸭湖、怀沙怀九河。

入选理由：湿地水量充足，周边农田、居民区和旅游设施相对较少，水陆过渡区面积较大，湿地植物多样性高而且受人类干扰较少，湿地生态系统稳定，具有较高生态价值。密云水库是北京市重要的饮用水水源地，野鸭湖和金牛湖湿地是较重要的水禽保护区域，怀沙怀九河是水生野生动物保护区域，应当建立省级以上湿地自然保护区。

★★★★

重点保护湿地：怀柔水库、永定河、汉石桥湿地、妫河、拒马河、翠湖、玉渡山漱口、潮河8处湿地。

入选理由：湿地植被保存良好，生态系统较稳定，具有较高的保护价值。由于湿地周边居民、农田较多，人口集中，人为干扰对其湿地生态系统造成了影响，应尽快采取保护措施，建设新的自然保护区，对已有保护区加大投资和管理力度。

★★★

一般保护湿地：包括潮白河、金海湖、北沙河、汤河、清水河、龙庆峡水库、三里河、温榆河、妫水湖等9处湿地。

入选理由：湿地植被已经遭到一定程度破坏，其中三里河、妫水湖是人工建造的湿地公园。清水河因常年缺少造成湿地退化，龙庆峡水库湿地旅游开放力度较大，湿地植被覆盖度较小，种类单一，生态系统处于不稳定状态。应该模仿自然湿地生态系统物种结构引入湿地乡土植物，采取一定的人工干预措施，将旅游活动控制在湿地环境承载力范围内，并考虑净化北沙河湿地水体、控制金海湖湿地旅游和放牧活动，对潮白河和清水河湿地补水，促进湿地植被恢复。

★★

湿地修复区域：包括白河堡水库、凉水河及北运河等3处。

入选理由：植被覆盖率极低，物种单一且受到严重的人为干扰，生态系统极不稳定，应当尽快采取补救措施，降低污染物排放量，减少水陆过渡区域人为设施，人工引入乡土湿地植物进行植被恢复，以期形成略微稳定的湿地生态系统，发挥其生态功能。

分级建立自然保护区

建四处湿地恢复小区

课题组专家认为，建设自然保护区，是保护湿地生物多样性最有效的手段之一。

密云水库和野鸭湖湿地生境保持了良好的自然状态，植物总体多样性和典型湿地植物多样性较高。密云水库水体和周边的湿地生态系统进行严格保护具有极为重大的意义，而野鸭湖湿地水体面积大、岸线长，拥有多样的湿地类型，如沼泽、滩涂、泥炭地、盐碱地等，有完整、典型的湖泊和沼泽湿地生态系统。湿地植被分布面积较广，生物多样性密集，是多种珍稀濒危鸟类的重要停歇地和栖息地。建议在这两处建立国家级自然保护区。

专家建议建立市级自然保护区的湿地有 7 处。这些湿地水量充足，水陆交界带虽然受到人的干扰，但影响较小，植物多样性较高。其中汉石桥湿地、怀沙怀九河、拒马河已建立市级自然保护区。其它还有金牛湖湿地、怀柔水库湿地、永定河湿地、妫河湿地等。

潮河、金海湖、汤河、玉渡山水库沿岸居民区集中，旅游活动多，水陆交界区域受到较严重的影响，湿地生态系统呈半自然状态，植物多样性较低，专家建议建立县区级自然保护区。

建议在北沙河中上游、潮白河俸伯桥、河南闸区域、龙庆峡水库上游入水口小面积典型湿地，建立湿地保护小区，由当地林业部门管理。

专家还建议在妫水湖、三里河建立县级湿地公园，翠湖保持市级湿地公园不变。建议增加引种植物的多样性和数量，招引鸟类栖息，形成稳定的湿地生态系统。

专家认为，还可以建立几处湿地恢复小区。包括清水河湿地、白河堡水库湿地、温榆河湿地、凉水河湿地、北运河湿地等。

北京日报　2010－06－09

绿色中国杂志　2010－08A

深圳仙湖植物园风景宜人

1992年1月22日，邓小平同志在深圳仙湖植物园里流连忘返，连说"这里的风景真好！"并还在仙湖岸边亲手种下了一棵高山榕树。原本个把小时的停留成了大半天，许多影响中国改革进程的讲话，都是在这里的青山绿水中说的。1982年深圳曾将植物园的位置选在一座山上。北京林业大学的孙筱翔教授看后连连摇头："连个水坑都没有，怎么能建植物园？"他硬是坚持把植物园换了地方，使其东倚深圳最高峰梧桐山，西临深圳水库。如今，仙湖植物园植物种类已达6000多种，成为科研、科普、康体、养生的多功能景区。

北京日报　2009－08－18

精心构建中国新的风景园林画卷

被联合国教科文组织授予"设计之都"的深圳，其景观设计多出自北京林业大学的专家之手。他们完成的数以百计的设计，不但为深圳创造了优美的风景、近自然的环境，还为构建中国新的风景园林体系做出了贡献。在迎接新中国成立 60 周年的日子里，记者奔赴中国改革开放最前沿，在深圳风景园林的画卷中寻觅春天的故事。

老专家确定首批公园设计方案

1982 年，时任深圳市委书记的梁湘同志建议，请当时全国唯一设有风景园林规划设计专业的北京林业大学帮助建设城市公共绿地。在著名风景园林专家孙筱祥、杨赉丽教授的率领下，10 多名骨干教师和研究生首次踏上了深圳的土地。

北林大专家组翻山越岭，走遍了特区那尚未开发的山山水水，确定了首批市级公园的规划定位、主题思想和设计草案。

专家们和特区第一批创业者们一起，讨论了深圳市的城市绿地和公园布局，承担、参与了深圳最早建设的仙湖植物园、东湖公园、荔枝公园三大公园的设计，并对后来建设的莲花山公园、洪湖公园、儿童公园、人民公园、中山公园、锦绣中华等进行了规划，这些规划与设计对深圳城市公园体系的确立起到了关键的作用。

早期的孙筱祥教授和后来加入的孟兆祯院士，以及建筑专家白日新教授、结构专家黄金琦教授、园林专家杨赉丽教授等专家为深圳园林建设作出的贡献，可以说是奠定了深圳园林建设的基础。

新一代背着小挎包到深圳创业

何昉曾经作为学生参与了深圳的早期园林设计工作。上世纪90年代初，何昉带着自己留校工作近10年积攒下的3000元钱，单枪匹马，白手起家，在深圳亮出了北林大园林规划建筑设计院深圳分院的牌子。荔枝公园盆景园的数万元设计费，是他挖到的第一桶金。他骑着辆破自行车跑施工现场，在条件异常艰苦的条件下，凭着从老先生那里学到的专业设计知识和敢闯敢干的精神，画出了一张张图纸，完成了大量的设计。他的设计队伍不断壮大，设计业务不断增多，他的设计院很快就被评为深圳市优秀设计院。

20世纪末，深圳分院改制为"北林苑景观规划设计有限公司"，完成了属地化及股份制管理。新生的北林苑利用高校背景及技术和人才优势，迅速发展为拥有200多名员工的专业设计团队，高水平、高质量地完成了大梅沙海滨公园、市中心公园、锦绣中华、欢乐谷主题公园等500多个项目的规划设计。

进入21世纪，该院除了风景园林设计外，还承担了生态、旅游、建筑、城市规划、水土保持设计项目，成为国内首屈一指的专业化风景园林规划设计为主的特色综合设计院。

小平同志称赞：这里的风景真好

仙湖植物园闻名中外，成了深圳的骄傲。1992年1月22日，小平同志在植物园里流连忘返，连说"这里的风景真好！"原本安排在这里停留一个小时，他却在这停留了大半天，他还在仙湖岸边亲手种下了一棵高山榕树。

起初，深圳将植物园的位置选在现在的莲花山上。老教授孙筱翔看了后，连连摇头。"连个水坑都没有，怎么能建植物园？"他以渊博的知识和超常的智慧，说服了市委领导班子成员，让植物园换了地方。现在的植物园，东倚深圳最高峰梧桐山，西临深圳水库。专家们从 1982 年开始规划设计，如今，仙湖植物园植物种类已达6000 多种，这里成为了科研、科普、旅游为一体的多功能的著名植物园和风景区。

到过深圳的人都要去登莲花山。人与自然共存是北林苑的设计师们对莲花山设计的核心理念。他们不但将莲花山公园打造成了深圳新中心区的绿核，还将莲花山创建成了深圳的"活的博物馆"。莲花山山顶矗立着中国改革开放的总设计师邓小平的雕塑像，游人们拜谒之余，俯瞰新深圳的景色美不胜收，这里已经成为深圳十景之一。

深圳处处都能看到北林苑的作品

北林苑为深圳特区园林城市的创建立下了汗马功劳。正是他们出色的工作使他们成为本土风景园林规划设计事业的先行者，北林苑率先成为审美观和价值观广为东方文化所接受的原创设计师团队。

在何昉的带领下，北林苑积极吸纳国际先进的设计理念，力求打造设计精品，完善设计服务，显示本土优秀设计力量，这个设计院已经逐渐成长为全国卓有声誉的园林景观品牌设计院。

在深圳处处都能看到北林苑的佳作。近年来，他们完成了1000 多项设计，其中 100 多项获得了重要奖励：大梅沙海滨公园获中国风景园林学会优秀园林工程一等奖；万科东海岸项目获国际花园社区可持续发展金奖，并获联合国全球人居环境景观规划设计奖；罗湖口岸/罗湖火车站景观改造工程获美国城市土地研究院卓越奖（亚太地区）、广东省优秀勘察设计一等奖；梅林一村环境设计获国际花园城市决赛国际最适宜人居社区银奖和最佳健康生活方式奖第一名……

处于改革前沿的深圳，为景观设计师们提供了施展才华的舞台，设计师们则用双手描绘出深圳最新最美的风景画卷。

中国绿色时报　2009-08-24

设计一个不过时的深圳

本想将何昉教授的事业比喻成"为深圳设计不过时的衣裳"。仔细想想，不大贴切。风景园林设计不仅仅是装点和塑造城市外在的景观，还可以有效改善当地的生态环境。

深圳从一个小渔村发展成现代化大都市，其中自有风景园林设计师的奉献，而何昉更是功不可没。所以，前不久深圳市为他颁发政府特殊津贴就在情理之中了。

怕吃苦我就在北京呆着了

在瘦西湖畔长大的何昉，早在上世纪80年代初就和深圳结下了不解之缘。他还是北京林业大学园林专业的学生时，就随孙筱翔、孟兆祯等大师远赴刚刚成为特区的深圳，参与了早期的城市公园规划设计。当时老师们都是五六十岁的人了，但和学生们一起爬山、跑现场、吃方便面。老师们不但在业务上言传身教，而且把不怕吃苦、敢于创新的精神传给了何昉，成为他日后打拼的力量之源。

1992 年，邓小平同志再次踏上深圳的土地，在改革开放前沿掀起了新的发展浪潮。此时，何昉只身一人南下，随身带的只有一个小挎包，里面装着留校工作后积攒下的 3000 元钱。

钱很快就花完了。他不是买两根香蕉充饥，就是到朋友那里蹭饭，到处跑项目，整天帮别人画设计图。活没少干，钱没挣着。但他没有气馁，整天像只陀螺似地转。多跑，就能多长见识；多干，就能积累经验，"怕吃苦我就在北京呆着了！"

来深圳，他图的就是在宽松的氛围中打拼，图的就是在没有束缚的环境中驰骋。他知道，这对一个设计师来说是多么重要。他挖出的"第一桶金"，是帮荔枝公园设计盆景园。好不容易拿到第一笔补贴后，第一件事儿就是买了一辆自行车。

当时不足 3 万人的深圳，已经迅速发展成现在近 1000 万人的新移民城市。何昉也随之成长为"城市大公园"的规划设计师。深圳的改革氛围，为他提供了原创的土壤。当地飞速发展的经济，则为他施展园林设计的才华创造了必要的条件。他充分利用当地多元文化的优势，把最美的景观奉献给这个改革重镇。

在被誉为"设计之都"的深圳，何昉和他率领的"北林苑景观及建筑规划设计院"团队，同样在风景园林领域写下了一个又一个的"第一"：我国第一个风景式植物园——仙湖植物园，我国第一个成功运营的主题公园——锦绣中华，我国第一条城市景观大道——深南大道，我国第一个永不落幕的园博园，我国第一个政府审批的郊野公园……

要出引领潮流的思想

在设计中，将绿色溶解在城市的格局中，确保城市基本生态的安全。在深圳，绿色占到了总面积的一半。

此外，何昉还率先在全国开始了城市生态恢复和水土保持规划建设，与绿地系统规划一道，搭建健康的城市建设基础。

他的设计灵感来自脚下的土地。他总是挤时间往外面跑，社会调查、专业调查，跑遍了名城、名县，就跑名镇、名村。一到周末，设计院的大巴就拉着大伙儿出发了，那里有不竭的设计思路和创新的源泉。他吸吮岭南文化的丰富营养，弘扬北方皇家园林的精华，继承江浙造园的传统，更注重打造适合深圳本土的设计风格。

他经常问自己和周围的人："你的设计要表现什么？"他的要求是：不但要出设计，还要出引领潮流的思想！他常说的话是："要让自己的设计几十年后都不过时。"

他十分清楚团队的重要。他说，事业越大越需要团队的力量。而他自己，总是走在团队的最前面。当年那股独闯天下、不怕吃苦的精神，已经升华为"敢为天下先"、"既要做事更要做人"的精神。

做过大学教师的经历，使得他格外重视研究。他把深入研究，当成出成果、出思想的法宝。他的许多设计都是研究后的结晶。潜心研究，使得他和他的团队保持了可持续发展的后劲。他承担了当地最大的研究项目——中水在城市中的利用，还联合医院的博士们一起研究设计全新的康复花园。

当年的单枪匹马，早就发展扩大为200多人的国内首屈一指的规划设计院。而且同时拥有风景园林、生态和水土保持规划设计的3个甲级资质。在他的带领下，北林苑积极吸纳国际先进的设计理念，竭力打造设计精品，完善设计服务，显示本土优秀设计力量，成长为全国首屈一指的园林景观品牌设计院。近年来，他们完成了1000 多个设计项目，有 100 多项获得了国内外重大的奖励。不但在深圳风景园林设计领域独占鳌头，还在全国其他许多城市留下了杰作。

当年，他来深圳的时候，没有想到能做多少、能走多远。如今，回过头来才发现，自己收获了许多。走在深圳的大路上，他感到欣慰，因为，这里的许多风景，都是他和他的同行者们规划的、设计的、描绘的、创造的。

从简单绿化型，到实用庭院型，再到生态体验型，进而到原创多样型，这就是何昉追求的风景园林设计的最高境界。让中国园林重新回归在世界园林设计的地位和影响，引领人居环境设计的潮流，是他不懈努力的方向。为此，他还会再吃苦、再拼搏、再创业。

中国绿色时报　2009 - 11 - 27

深圳创造有文化底蕴的绿化景观

深圳建立特区 29 年来，在风景园林行业创造了诸多的中国第一：全国第一个风景式植物园——仙湖植物园，第一个成功运营的主题公园——锦绣中华，中国第一条真正现代意义上的景观大道——深南大道，中国第一个永不落幕的园博园——第五届中国国际园林花卉博览园，中国第一个政府审批的郊野公园——马峦山郊野公园。

在这诸多第一的背后，是广大景观设计师扎根岭南自然文化的原创土壤，充分利用多元文化的边缘、发达的经济和"新移民城市"的优势，逐渐形成了别具一格的深圳风格，在构建城市生态大公园的道路上迈出了可喜的步伐。

岭南园林艺术不亚于江南园林

"岭南丰厚的文化和优美的风光是我们原创的土壤。"尽管生在扬州，求学在北京，但在深圳承担了大量景观设计项目之后，北林苑景观与建筑规划设计院院长何昉对岭南文化却有了深刻的解读。

岭南峦岭叠翠，川流千派，濒临苍海，打造了像丹霞山、鼎湖山等岭南独到的风景名胜；岭南人强烈的商品意识和极强的价值观念，更是开创了务实特色的岭南园林。

何昉告诉记者，岭南地区同样有以南越王赵佗为代表的皇家文化，有以存放六祖慧能真身的1500多年历史的南华寺为代表的宗教文化，其灿烂辉煌的商业文化更为世人所熟知。

公认的北方、江南、岭南园林三大流派中，江南园林最大的贡献就是将画境、生境、意境三者完美体现，而岭南园林的独到之处则是创造了融功能、实用、艺术为一体的园林流派。

自南越王赵佗（2100年前）筑番禺宫苑，为岭南最早的实物园林，由此揭开了岭南园林的史册；从岭南四大名园梁园里的十二石斋上，可以了解典型的岭南石庭院的建造手法，其造园用石之功力，证明岭南园林的艺术造诣，一点都不亚于江南园林。

文化多元经济繁荣是原创孵化器

深圳长期以来深受广府文化和客家文化、潮汕文化以及改革开放影响，从广府人、客家人、潮汕人到不断融入深圳的全国各地的打工族和创业者、海外归侨和商人，深圳正逐渐形成与香港、台湾类似的新移民文化。何昉说，这也为深圳新移民城市融入了更多的新思想、新活力和新机遇！这些都成为孕育更完善的创新政策、更多的文化艺术交流、更富激情的设计理念和作品等土壤。

深圳是中国内地首个人均 GDP 过万美元的城市。何昉认为，发达的地区经济和持续的经济发展，对增加城市艺术创作氛围、完善艺术创新扶持政策机制等方面有着非同寻常的推动意义。发达的地区经济势必成为包括风景园林在内的一系列创新设计发展的助推力，更是诞生原创设计的孵化器。

风格在借鉴和创新中形成

深圳自古留下了诸多历史印迹；在改革开放中扮演中国之窗和大陆门户的角色，更加便于接受海外文化和全球经济、技术的连接。

中英街所在的沙头角，有 8 块界碑是清政府签订《香港英新租界合同》的历史见证，连同街头的古树等，在设计中都加以保护，并围绕不忘历史、面向未来进行了新的景点设计。

由于较为相似的文化经历，以及较为密切的经济发展历程，深圳、香港、澳门和台湾四地在创新发展现代风景园林方面有着更多的可比性。何昉说，深圳的景观设计努力在学习、借鉴、吸收港澳台设计精华的基础上，创造自己独特的风格。现代深圳风景园林的新时代已经到来！

中国绿色时报　2009－10－22

城市景观设计应以生态为先

　　每次去深圳，都会陶醉在绿色的怀抱中。作为改革开放的最前沿，深圳不但是中国内地首个人均 GDP 过万美元的城市，而且景观设计在国内也属一流，树立了经济发展和生态环境建设相互促进的典范。深圳成功的经验很多，我以为最重要的一条是在城市景观设计中坚持了生态为先的原则。

　　究竟何为景观设计？各方人士都有不同的解释。在我看来，其真谛就是通过人为的手段，保护现有的生态环境，恢复被破坏了的生态环境，使生态环境向良性发展。忘记了这一点，任何花里胡哨的设计都没有任何意义。这些花里胡哨即便在短时间内得到了某些人的赞赏，或者成为所谓的政绩工程，但迟早也会被社会和人们所唾弃。

　　深圳的仙湖植物园也好，莲花山也好，不但是这座新兴城市风景最优美的地方，也是生态环境质量最好的地方。横贯全城的深南大道不少地段的绿地面积超过了硬地面积，成为城市不可或缺的绿肺。毫不夸张地说，任何一个经受过时间检验的景观设计，都首先是尊重自然、关爱环境、维护生态之作。这在飞速发展的深圳已经得到了证实。

　　如何实现景观设计以生态为先？重要的是设计师要树立牢固的生态意识。先从生态考虑，而不是让生态为城市建设让路。令人遗憾的是，很多设计师缺少生态意识，缺少必要的生态环境知识。他们的景观设计作品，或许在其它方面都没有挑剔的，唯独在处理与

355

生态环境的关系上不合格。这尤其需要引起高度的警惕和重视。

仅仅是景观设计师有生态意识和环境知识还是远远不够的,还特别需要决策者在这方面能高屋建瓴、从善如流。深圳建设之初,就选择了北京林业大学的专家主持特区的景观设计,并善于听取专家的意见和建议,才使得"生态为先"落到了实处。政府的官员们接受了专家的意见,重新选择了建设的地址,才有了今天的仙湖植物园。何昉告诉我,他的设计在深圳都能得以实现。如果其他城市也能像深圳一样,尊重优秀景观设计师的意见,遵从生态规律,而不是瞎指挥,乱拍板,我们国家的城市景观一定会有大的变化。

景观设计与其他设计最大的不同就在于不可逆性,生态环境一旦被破坏就无法挽回了,这就要求在城市景观设计之初,就坚决贯彻落实生态为先的原则。对于景观设计而言,亡羊补牢,为时已晚。切记!切记!

中国绿色时报　2009－08－24

首尔环境因奥运而改善

20 年前,韩国首尔承办了奥运会,使环境条件得到很大改善。5 月下旬,在中韩比较现代化论坛召开的首次学术会议上,韩国釜山大学历史科教授崔德卿,专门介绍了首尔奥运会对首尔环境改善的影响。这是迄今为止为数不多的有关奥运会对举办国环境改善方面的报告,其中不乏值得北京借鉴之处。

虽然首尔的面积只占韩国的 6%,但人口却占到全国的 1/4,加上郊区人口,这个比例接近 1/2。近代以来,首尔也同样面临着人口急速增长、住宅难、交通堵塞、汽车尾气等各种污染问题。在为举办奥运会做准备的过程中，首尔环境问题得到了解决。

据崔教授介绍，从 1982 年起，首尔开始城市绿化 5 年计划，在以首尔为中心的 100 公里范围内，种植了数万株树木。韩国将 1987 年定为城市环境改善和全国国土园林化年。1982 年～1988 年间，韩国制订了建设城市公园的计划，新建公园 389 处，改建 152 处。对原有的一些公园进行了修整，提供了公园的舒适感和利用率，不但为迎接奥运会创造了条件，也为市民的安居奠定了基础。

奥运会期间，首尔通过调整排放设施的运转时间和汽车通行时间来应对污染问题。1987 年至 1988 年奥运年期间，首尔采取液化天然气、液化石油气等净化燃料等一系列措施，使得二氧化硫的含量大幅下降，空气质量改善效果十分明显。

汽车尾气中的氮氧化物、碳氢化物、烟灰等气体污染物与阳光反应后，生成二次强酸性物质和城市烟雾，会对运动会、特别是马拉松比赛造成严重影响。对此，首尔加强宣传，鼓励驾驶员自主维护车辆，减少污染气体排放量；向赛场周边的运行车辆发放宣传单，组织全国公交车联合会等运输行业的代表座谈，开展面向运输行业和国民的宣传。

大城市的灰尘主要来自排放单位的增加、蜂窝煤使用量的增加、老化的除尘设施、防护设施不正常运转等。崔教授介绍，首尔当年给灰尘源设施制定了标准，清除工地和公路的灰尘，覆盖停车场、设置洗车轮的设施，对排放单位加强指导和检查；改善预拌混凝土厂、蜂窝煤厂等排放单位的防尘设施；引进了大气污染遥测系统，加强了大气污染监测。

中国绿色时报　2008－07－14

专家商讨后奥运旅游发展与对策

北京奥运会后如何推进中国旅游业发展？在国际金融危机影响下，中国旅游经济应采取什么对策？12月20日，百余名专家、学者聚首北京林业大学，对这些热点问题进行深入研讨。

"后奥运时代旅游发展与对策"，是2008年旅游研究北京论坛最鲜明的主题，业内专家就后奥运时代旅游效应、后奥运时代旅游产业发展、后奥运时代旅游管理学科构建等话题作了主题报告。论坛还特别安排了研究生发言板块，知名专家学者与学生面对面研讨新问题。

中国森林旅游业的发展现状及对策，引起了与会专家、学者的热议。湿地公园与生态旅游、自然休憩地娱乐冲击与管理等话题，也引起了与会者的普遍关注。

据悉，这一论坛由北京旅游学会、北大旅游研究中心、北京林业大学园林学院、清华景观学系和国际旅游学会共同主办。

中国绿色时报 2008－12－23

公众热议中国旅游日

2月2日，"中国旅游日：《徐霞客游记》的呼唤"论坛在人民网演播厅举行，将日渐升温的中国旅游日的争论掀起了新的高潮。

国务院提出设立"中国旅游日"之后，有关部门开始征集"中国旅游日"。提出的 3 个要素是：与旅游有一定纪念、宣传等关联意义、时间上适宜全民外出旅游、有利于加强国民的旅游意识、发挥旅游的教育功能。

1 月 20 日，中国旅游局组织的网上投票结束，名列前三的是江阴提出的 3 月 29 日，宁海提出的 5 月 19 日，天台提出的 5 月 20 日。巧合的是，这 3 个日期，都和一个人有关。这就是中国享有盛名的"驴友"徐霞客。

人们对这 3 个日子的看法并不一致。3 月 29 日，是徐霞客离开家乡踏上旅程的日子。反对者则认为，当时的徐霞客的出游和其他游子出门没有别样。这样的日子显得"含金量"不足；宁海则抓住《徐霞客游记》开篇的第一句话大做文章，力主将 5 月 19 日定为旅游日。遗憾的是，"自宁海出西门"只不过在开篇之作《游天台山日记》中做个铺垫。

从目前的意见看，天台提出的 5 月 20 日占了上风。除了开篇之作即是游天台山外，还有《游天台山日记后》被收入《徐霞客游记》中。可见天台山在"游圣"心目中的地位。

此外，天台丰富的旅游资源也成了其申请的砝码。天台山是国家级森林公园、国家级重点风景名胜区，具有"山水神秀"的自然优势；是中国佛教第一宗天台宗的祖庭国清寺及道教南宗的祖庭桐柏宫所在地，还是"活佛"济公的故里，具有"佛宗道源"的人文优势；自古天台山就是旅游胜地，仅唐代使人慕名前往者就有 400 多人，留下了 900 多首吟诵天台山的诗作。李白写下了"龙楼风阙不肯住，飞腾直欲天台山"的名句。历史积淀也成了天台的另一大理由。

徐霞客研究专家、中国人民大学教授毛佩琦公开表示，支持 5

月 20 日成为"中国旅游日"。他认为,天台山是一个著名风景区。这个风景区不仅有山川的秀美,还有深厚的文化积淀,是中国很多文人游离之地,有文化内涵。山川之美、丰富的文化内涵有利于宣传;其次,徐霞客留下完整的游记。他一生心无旁骛、专门旅行,是一个彻底的旅行家。他身上体现了科学追求和探险精神。如果把徐霞客的旅行的某个节点作为旅游日来纪念的话,有利于弘扬科学和探索精神;再次,中国旅游日的具体日期应和旅游相关。至少是天清气爽的时候。5 月 20 日较为合适,再往前冷,再往后热了。所以把旅游日定在和徐霞客登天台山这个日子是恰当的。

持这一观点的并不在少数。中华文化促进会旅游研究中心首席专家李庚、中国社科院中国民俗文化研究员胡小伟、中国新闻社副总编辑张明新、北京林业大学教授张玉钧等都公开表示支持这个观点。

北京交通大学旅游发展与规划研究中心主任王衍用则倾向于 3 月 29 日。他的理由是,5 月 20 日,对于旅游产业的启动而言晚了些。

作为绿色文化传播的研究者,记者也参加了论坛,并提出了自己的观点:中国旅游日的设立不要太注重结果,更需要注重各界探讨的过程。这是对全民进行一次中国传统文化的教育、热爱自然和生态的教育、科技探险教育的极好机会。要强调对公众的价值,而不要过分强调地方利益;要注重社会效益,而不要过分强调经济效益;要自然而不要过分牵强。

在设立中国旅游日的过程中,特别需要注重时代化、通俗化、大众化的问题。不少 80 后、90 后沉溺于网络,蜗居或宅着。如何利用旅游日的设立将他们引领出来是个大问题。对他们来讲徐霞客并没有太大的影响力。练好内功也非常重要。有没有优质的旅游资源和良好的旅游设施、一流的旅游服务、丰富的旅游文化，是吸引人、留住人的根本所在。

中国绿色时报　2010 - 03 - 02

中国旅游日呼之欲出？

春节前夕，"中国旅游日：《徐霞客游记》的呼唤"论坛在人民网演播厅举行，将日渐升温的中国旅游日的争论掀起了新的高潮。一些人士出于各自的考虑，提出了某些具体的日期，并为此争论不休；笔者则提出，要更加重视旅游日确定的过程，而不要过份看重究竟定哪一天。

有关部门征集"中国旅游日"时提出的三个要素是：与旅游有一定纪念、宣传等关联意义、时间上适宜全民外出旅游、有利于加强国民的旅游意识、发挥旅游的教育功能。

符合这三个要素的，显然不止一个日子。1 年 365 天，究竟选哪一天？争论已经开始，争论还将继续……

哪天为中国旅游日，引起全国热议

国务院提出设立"中国旅游日"之后，人民网等网站闻风而动，公开征集建议日期。一时间，各地纷纷响应，网上海选更是热火朝天。1 月 20 日，中国旅游局组织的网上投票结束，名列前三的是江阴的 3 月 29 日，宁海提出的 5 月 19 日，天台提出的 5 月 20 日。巧合的是，这三个日期，都和一个人有关。这就是中国最富盛名的"驴友"徐霞客。

3月29日，是徐霞客离开家乡踏上旅程的日子。反对者则认为，当时的徐霞客的出游和其他游子出门没有别样。这样的日子显得"含金量"不足；宁海则抓住《徐霞客游记》开篇的第一句话"自宁海出西门"大做文章，力主将"癸丑之三月晦"（即1613年5月19日）定为旅游日。有些遗憾的是，开篇之作是《游天台山日记》。"自宁海出西门"只不过是个铺垫。

从目前的意见看，天台提出的5月20日占了上风。除了开篇之作即是游天台山外，还有《游天台山日记后》被收入《徐霞客游记》中。可见天台山在"游圣"心目中的地位。

除此之外，天台丰富的旅游资源也成了其申请的砝码。天台山是国家级重点风景名胜区，国家级森林公园，具有"山水神秀"的自然优势；是中国佛教第一宗天台宗的祖庭国清寺及道教南宗的祖庭桐柏宫所在地，还是"活佛"济公的故里，具有"佛宗道源"的人文优势；自古天台山就是旅游胜地，仅唐代使人慕名前往者就有400多人，留下了900多首吟诵天台山的诗作。李白写下了"龙楼凤阙不肯住，飞腾直欲天台山"的名句。历史积淀也成了天台的另一大理由。

"5·20"力挺派公开亮剑

如果说，天台县的观点多少还有些地方利益和乡情色彩的话，那么一批专家的力挺就显得有些客观了。论坛中，徐霞客研究专家、中国人民大学教授毛佩琦公开表示，支持5月20号成为"中国旅游日"。另一位专家提出不同观点后，他马上给予反击，并激动地再次申述自己的理由。

毛教授认为，天台山是一个著名风景区。这个风景区不仅有山川的秀美，还有深厚的文化积淀，是中国很多文人游离之地，有文化内涵。山川之美、丰富的文化内涵有利于宣传；其次，徐霞客留下完整的游记。他一生心无旁骛、专门旅行，是一个彻底的旅行家。他身上体现了科学追求和探险精神。如果把徐霞客的旅行的某个节点作为旅游日来纪念的话，有利于弘扬科学和探索精神；再次，中国旅游日的具体日期应和旅游相关。至少是天清气朗的时候。5 月 20 号较为合适，再往前冷，再往后热了。所以把旅游日定在和徐霞客登天台山这个日子是恰当的。

持这一观点的并不在少数。中华文化促进会旅游研究中心首席专家李庚、中国社科院中国民俗文化研究员胡小伟、中国新闻社副总编辑张明新、北京林业大学旅游教授张玉钧等都公开表示支持这个观点。

北京交通大学旅游发展与规划研究中心主任王衍用则倾向于 3 月 29 日。他的理由是，5 月 20 日，对于旅游产业的启动而言晚了些。

哪一天不重要，重要的是探讨的过程

作为绿色文化传播的研究者，笔者也参加了论坛，并提出了自己的观点。我认为，中国旅游日的设立不要太注重结果，更需要关注各界探讨的过程。

在探讨"中国旅游日"设定的问题上，要注意几个问题。一是要注重过程，而不要过多地注重结果。最后定哪天很重要，但整个探讨的这个过程更重要。这是对全民进行一次中国传统文化的教育、热爱自然和生态的教育、科技探险的教育的极好机会；二是要强调对公众的价值，而不要过份强调地方利益；三是要注重社会效益，而不要过份强调经济效益；四是要自然而不要过份牵强。

363

通过"中国旅游日"的设立，把地方、媒体、专家和公众的积极性调动起来是非常有意义的事情。有争议也是非常好的事情。有人说3月29号，有人说5月19号、5月20号。在相互争论的过程中，大家摆事实、讲道理，有助于让更多的人了解。

论坛开幕前一天，主办者还通知我在某宾馆开会呢。事到临头，才改在人民网演播厅。我为主办者的这一变动感到兴奋。因为，借助大众媒体的进行传播，将会获得更为理想的效果。对山水文化、绿色文化、旅游文化进行扩大宣传中，必须借助大众传播。

除此之外，还特别需要注重时代化、通俗化、大众化的问题。不少80后、90后沉溺于网络，蜗居或宅着。如何利用旅游日的设立将他们引领出来是个大问题。对他们来讲徐霞客并没有太大的影响力。这是需要探讨的问题；传播的形式要多种多样。除了论坛形式之外，还可以搞很多活动，通过活动扩大它的影响力；练好内功也非常重要。有没有优质的旅游资源和良好的旅游设施、一流的旅游服务、丰富的旅游文化，是吸引人、留住人的根本所在。

中国历史上有些影响的只有徐霞客的这本游记。现代人的传播手段比徐霞客时代丰富得多了。对于旅游文化传承来讲，有待于当代人的积极参与。要想法设法鼓励大家游，鼓励游客把旅游中的所见、所闻、所感记录下来。

期待通过中国旅游日的设立，涌现出更多的王霞客、李霞客、张霞客来！

绿色中国杂志　2010－2

人民网　2010－02－03

插花入选非物质文化遗产公示名单

插花艺术列入国家级非物质文化遗产公示名单中，记者从申报推荐单位获悉，北京林业大学已详细制定了从 2008 年到 2012 保护的五年计划，领军人物王莲英教授寄希望通过申报，使插花艺术得到国人的关注。

传统插花艺术历史 3000 年

中国的传统插花艺术，萌芽于春秋战国时期，距今已有 3000 多年历史。期间，经历了汉代初始期、南北朝发展期、隋唐兴盛期、宋代极盛期、元明成熟期、清后代衰落期等阶段。这种古老的艺术以群体传承的方式，见证着中国历代王朝的兴衰、传统文化艺术发展的进程以及历代风土民情的变迁。它早已成为民众寄情花木、以花传情、借花明志、装点生活的重要载体，与民生紧密相连。

传统插花艺术七大价值显著

传统插花艺术具有极高的史学价值。传统插花艺术在 3000 多年的发展中，见证了中国历代王朝的兴衰、传统文化艺术发展的进程、历代风土民情的变迁，具有极高的史学与民俗研究价值。传统插花艺术具有重要的文化价值。它几乎涵盖了我国所有民族、人群和时代。它受儒、释、道以及诗、书、绘画、文学等传统文化与艺术的滋养，具有深厚的艺术底蕴、独特的表现形式和审美情趣。

传统插花艺术具有突出的艺术价值。它具有独特的美学价值。它吸取了园林、盆景、雕塑、书法、绘画等姐妹艺术的精华，与花材和容器完美融和，不仅仅是手工艺作品，而是既有形式美，又有思想美和意境美的艺术创作和艺术欣赏活动，是一种自娱娱人的高雅艺术，具有独特的艺术魅力。

传统插花艺术临近濒危

中国是东方式插花艺术的起源国，但而今说到东方式插花世人只知道日本花道。实际上日本插花缘于我国隋唐时期，在各个发展阶段受到中国插花艺术的不同影响。自 20 世纪以来，日本将插花作为国粹极力提倡，其文化影响力遍及世界各地。西方以及日、韩等凭借经济强势抢占了插花艺术的话语权，甚至操纵了世俗的审美观。相形之下，我国作为东方式插花艺术的起源国，传统插花艺术却几近断流。

由于国人对传统插花艺术缺乏了解、专业研究人员的匮乏、研究资金短缺以及深入资源普查、挖掘难度大等原因，使得传统插花艺术还未真正进入大众生活之中。目前大陆研究发展传统插花艺术的学术组织只有北京插花艺术研究会一家。系统梳理与传承、保护传统插花艺术这一珍贵的、具有重要价值的文化遗产，尚有许多工作要做。

北京晚报　2008－02－14

传统插花艺术入选北京文化遗产

我国传统的插花艺术新近入选北京市级非物质文化遗产名录。这对于继承和发展这一优秀的传统艺术，具有十分深远的意义。这个项目是由北京林业大学与北京插花艺术研究会联合申报的。传统插花艺术入选市级文化遗产，专家们的心情十分复杂。在他们看来，保护这一濒危的优秀文化遗产刻不容缓。

中国传统插花艺术历史 3000 年

中国的传统插花艺术萌芽于春秋战国时期，距今已有 3000 多年历史。期间，经历了汉代初始期、南北朝发展期、隋唐兴盛期、宋代极盛期、元明成熟期、清后代衰落期等阶段。这种古老的艺术以群体传承的方式，见证着中国历代王朝的兴衰、传统文化艺术发展的进程以及历代风土民情的变迁。它早已成为民众寄情花木、以花传情、借花明志、装点生活的重要载体。

中国传统插花艺术七大价值显著

极高的史学价值。传统插花艺术在 3000 多年的发展中，见证了中国历代王朝的兴衰、传统文化艺术发展的进程、历代风土民情的变迁，具有极高的史学与民俗研究价值。

重要的文化价值。它几乎涵盖了我国所有民族、人群和时代。它受儒、释、道以及诗、书、绘画、文学等传统文化与艺术的滋

367

养，具有深厚的艺术底蕴、独特的表现形式和审美情趣。

突出的艺术价值。它吸取了园林、盆景、雕塑、书法、绘画等姐妹艺术的精华，与花材和容器完美融合，不仅仅是手工艺作品，而且是一种既有形式美，又有思想美和意境美的艺术创作和艺术欣赏活动，是一种自娱娱人的高雅艺术，具有独特的艺术魅力。

很好的社会价值。它不但对古代东方插花艺术的发展发挥了重要作用，其注重意境创设、简约环保的创作技法等，还被西方现代插花所借鉴。

除此之外，传统插花艺术的实用价值、经济价值和科学研究价值也十分显著。

中国传统插花艺术特色鲜明

专家告诉我们，中国传统插花艺术不同于现代西方插花。与现代西方插花相比，它具有独特的风格和鲜明的特征。这主要表现在7个方面：

一是追求花材的自然之美，不刻意改变其天然姿态，而是顺乎花枝的自然之势，"虽由人作，宛自天开"；二是追求花材的意趣美，讲求以花传情；三是善用木本花材，以线造型；四是采用不对称式构图形式；五是赋予花材丰富的内涵与象征性，寄托情思；六是注重将花材与花器、几架、配件以及作品环境的统一，体现整体和谐美；七是兼顾中国人的独特赏花方式，分曲赏、酒赏、香赏、谭赏、琴赏和茗赏等。

中国传统插花艺术临近濒危

中国是东方式插花艺术的起源国，但如今说到东方式插花，世人只知道日本花道。实际上日本插花缘于我国隋唐时期，在各个发展阶段受到中国插花艺术的不同影响。自 20 世纪以来，日本将插花作为国粹极力提倡，其文化影响力遍及世界各地。西方以及日、韩等凭借经济强势抢占了插花艺术的话语权，甚至操纵了世俗的审美观。相形之下，我国作为东方式插花艺术的起源国，传统插花艺术却几近断流。

由于国人对传统插花艺术缺乏了解，专业研究人员匮乏，研究资金短缺以及深入资源普查、挖掘难度大等原因，使得传统插花艺术还未真正进入大众生活之中。目前大陆研究发展传统插花艺术的学术组织只有北京插花艺术研究会一家。系统梳理与传承、保护传统插花艺术这一珍贵的、具有重要价值的文化遗产，尚有许多工作要做。

北林大教授领军倾力挽救

据了解，1987 年北京林业大学王莲英教授、秦魁杰教授牵头成立了北京插花艺术研究会，一直致力于传统插花艺术的研究、保护和传承。20 年来，在挽救中国传统插花艺术这一瑰宝上做出了重大贡献。专家们编辑出版了《中国插花》、《传统插花艺术》和《中国古典插花名著名品赏析》等书籍；挖掘、整理了历代插花艺术图片百余幅；培训了两期中国传统插花艺术学员共 40 余人；3 次在全国插花大赛上专门设立传统插花艺术形式的作品展览，并以图片展的形式展示了 3000 多年的历史进程；连续 4 年举办牡丹专题的传统插花艺术展览；多次举办传统插花艺术专题报告会，还在港澳地区和日韩等国进行专题讲座和插花表演。

资深插花艺术家王莲英教授、秦魁杰教授是我国传统插花艺术研究、保护和传承的带头人。他们发表了大量论著，王教授作为北京插花艺术研究会会长，在对传统插花历史、理论与技艺进行挖掘与整理的同时，极力弘扬与传承，并带领多名研究生对传统插花艺术理论与技艺进行研究。

申报国家级文化遗产报告已递交

中国传统插花艺术入选北京市级非物质文化遗产名录，为申报国家级非物质文化遗产奠定了基础。据悉，北京林业大学已提交了申报国家级非物质文化遗产的论证报告，详细制定了从 2008 年到 2012 保护的五年计划。领军人物王教授等寄希望于通过非物质文化遗产名录的申报，得到国人的关注与政府的支持。

中国绿色时报　2007－11－13

科学时报　2007－11－30

插花艺术萌于春秋战国

中国的传统插花艺术，萌芽于春秋战国时期，距今已有 3000 多年历史，见证了中国历代王朝的兴衰，几乎涵盖了我国所有民族、人群的植物学认知和审美情趣。它受儒、释、道以及诗、书、绘画、文学等传统文化与艺术的滋养，并吸取了园林、盆景、雕塑、书法、绘画等姐妹艺术的精华，与花材和容器完美融和。

与现代西方插花相比，中国传统插花艺术具有独特的风格：一是追求花材的自然之美，不刻意改变其天然姿态，而是顺乎花枝的自然之势，"虽由人作，宛自天开"；二是追求花材的意趣美，讲求以花传情；三是善用木本花材，以线造型；四是采用不对称式构图形式；五是赋予花材丰富的内涵与象征性，寄托情思；六是注重将花材与花器、几架、配件以及作品环境的统一，体现整体和谐美；七是兼顾中国人的独特赏花方式，分曲赏、酒赏、香赏、谭赏、琴赏和茗赏等。

日前，北京林业大学与北京插花艺术研究会联合申报，将传统的插花艺术入选北京市级非物质文化遗产名录。

北京日报 2007 - 11 - 14

传统插花入选国家级"非遗"名录

6月14日是我国第三个文化遗产日。国务院在这一天公布了第二批国家级非物质文化遗产名录。北京林业大学申报的传统插花榜上有名。这也是我国林业系统本次申报的惟一的项目。

据了解，中国的传统插花艺术萌芽于春秋战国时期，距今已有3000多年历史。它具有极高的史学价值、文化价值、美学价值、社会价值、实用价值、经济价值和科学研究价值。与西方插花相比，中国传统插花艺术具有独特的风格和鲜明的特征。主要表现在：追求花材的自然之美；追求花材的意趣美；善用木本花材；采用不对称式构图形式；赋予花材丰富的内涵与象征性；注重花材与花器、几架、配件以及作品环境的统一；兼顾中国人的独特赏花方式，分曲赏、酒赏、香赏、谭赏、琴赏和茗赏等。

我国作为东方式插花艺术的起源国，传统插花艺术却几近断流。由于国人对传统插花艺术缺乏了解、专业研究人员的匮乏、研究资金短缺以及深入资源普查、挖掘难度大等原因，使得传统插花艺术还未真正进入大众生活之中。目前大陆研究发展传统插花艺术的学术组织只有北京插花艺术研究会一家。系统梳理与传承、保护传统插花艺术这一珍贵的、具有重要价值的文化遗产，尚有许多工作要做。

据了解，1987年北京林业大学王莲英教授、秦魁杰教授牵头成立了北京插花艺术研究会，一直致力于传统插花艺术的研究、保护和传承。他们发表了大量论著，在对传统插花历史、理论与技艺进行挖掘与整理的同时，极力弘扬与传承，并带领多名研究生对传统插花艺术理论与技艺进行研究。

进入国家级非物质文化遗产后，插花艺术保护工作任重道远。据了解，北林大将启动普查工作，从考古文物及现存史籍中进行抢救性的挖掘、整理历代插花资料与图片、系统梳理；将中国传统插花艺术纳入大、中、小学素质教育体系，在有关大专院校开办插花艺术专业；利用多种形式加大宣传和推广力度；在继承的基础上，创作符合国情和大众的插花艺术形式；加强国内外学术交流与合作，让中国传统插花艺术在世界插花领域重现辉煌。

中国绿色时报　2008－07－01

我国开建雁鸭类保护与监测网络

中国雁鸭类监测与保护网络建设已经启动，成为我国及毗邻国家雁鸭类保护与监测工作的一个新起点。

我国雁鸭类资源丰富，分布范围广，迁徙距离长。野生雁鸭类监测在禽流感防控中占有重要地位，建设监测与保护网络一直受到国家林业局和相关国家、国际组织的密切关注。

该网络将成为东亚—澳大利亚迁飞鸟类伙伴关系的重要组成部分，是一个开放性的、吸收民间参与的、政府专家支持的非赢利性组织。网络的建立，有助于实现资源共享、交流和公布数据，培训参与人员，加强技术指导和支撑，为国内外雁鸭类保护者创造交流合作的条件。

前不久，来自美、俄、韩、日、蒙等国及香港的百余名鸟类学知名专家聚集在北京林业大学，以"中国雁鸭类网络—现状和行动计划"为主题，共同商讨促进网络建设大计，研讨并制定雁鸭类保护、监测与培训的行动计划，加深了网络成员间及与东北亚各国的了解与交流。

中国绿色时报　2009 - 02 - 11

我国启动网络保护监测野生雁鸭

我国启动了雁鸭类监测与保护网络的建设。中国的雁鸭类资源丰富，分布范围广，迁徙距离长，野生雁鸭类监测在禽流感防控中占有重要地位，这个网络将成为东亚-澳大利亚迁飞鸟类伙伴关系的重要组成部分。

在前不久召开的"首届中国雁鸭类保护与监测网络国际研讨会"上，来自美、俄、韩、日、蒙等国及香港的百余名鸟类学知名专家聚集在北京林业大学，以"中国雁鸭类网络-现状和行动计划"为主题，研讨并制定雁鸭类保护、监测与培训的行动计划。

国际湿地公约秘书处、亚太地区高级代表 Young 先生强调了亚洲雁鸭种群数量下降的严重性。他说，雁鸭类是禽流感的宿主，需要进行详细的研究及保护。

北京日报 2009－02－18

中国大鸨保护与监测网络建立

一种不被众人所熟悉的野生动物在我国将受到前所未有的重视。刚刚建立的"中国大鸨保护与监测网络"，使这一国际瞩目的濒危物种在全国范围内受到重点保护和监测。

大鸨在我国约有 500 只，是国家一级重点保护野生动物。作为极度濒危鸟类，国际鸟类保护委员会已将大鸨列入世界濒危鸟类红皮书。这种禽鸟体高 60—70 厘米，体重在 10 公斤上下，是世界上能飞起的最重的鸟类之一。

有关专家介绍说，随着环境的变迁，人为干扰的加剧，大鸨的种群数量在迅速下降，其生存状况越来越不容乐观。目前已建立了以大鸨等珍稀鸟类为主要保护对象的图牧吉、达赉湖、科尔沁、特金罕山、达来诺尔、灵丘、衡水湖、野鸭湖、黄河三角洲等国家级和省部级保护区，也采取了相应的保护措施，但要改善大鸨的生存状况还需付出长期的艰苦努力。

受国家林业局野生动植物保护司委托，北京林业大学筹建了这个保护与监测网络。

北京日报 2009－04－23
中国绿色时报 2009－05－14

中国大鸨仅存数千只　加强就地保护最重要

世界珍稀物种、国家一级重点保护野生动物大鸨在中国仅有数千只，且数量呈逐年下降的趋势。分布区退缩、种群数量下降和栖息地破碎化严重，是大鸨面临的三大威胁。

近日在北京林业大学召开的"首届中国大鸨保护国际研讨会"上，来自俄罗斯、美国、西班牙、英国的代表和中国专家共商大鸨濒危机制及其保护措施。

大鸨为古北界种类。在中国境内分布有两个亚种：其一是指名亚种，分布在新疆的喀什、天山和吐鲁番一带，是留鸟，约有1600－2400只；另一亚种是繁殖于东北和内蒙古地区的东方亚种，越冬地主要在黄河流域以及长江中下游地区，在中国的数量不超过1200只。

大鸨是典型的草原荒漠鸟类。专家发现，其栖息地多为开阔平坦的荒漠、草原草甸、灌丛疏林草原和农田。觅食地选择在植被较高、植物种类丰富密集的环境，如种植玉米或豆类的农耕地。为保证低头取食时视线不受阻挡，植物的平均高度一般在13cm左右，最高不超过30cm。

专家认为，性成熟晚、窝卵数少及巢址裸露等内部因素，致使大鸨的繁殖力处于较低水平，限制了其种群的发展。大鸨濒危的外因，主要有草原开垦、过度放牧、油田开发、农药污染、环境的喧嚣、非法狩猎和拣卵、自然灾害和天敌的威胁等。

保持和改善大鸨种群现有栖息地的面貌最为重要。专家建议，需要对每个种群间的遗传关系进行深入的研究，以采取必要的措施进行有效保护。要加强就地保护，确保大鸨野生种群的稳定增长。应在野外调查的基础上合理规划保护区并建立适当数量的保护小区。

北京日报   2010－05－26

不让大鸨在世界上消失

4月10日、11日，100多位从事大鸨保护、管理与研究的中外专家在北京林业大学聚首，召开"首届中国大鸨保护国际研讨会"，共商保护这一濒危物种的大计。

公众对大鸨还十分陌生。但它是世界珍稀物种，在我国也早被列为国家一级重点保护野生动物。由于近年其种群数量迅速下降，更加引起了科学家们的高度关注。

俄罗斯、美国、西班牙、英国、蒙古国等都派出了代表参加这一会议，国际鹤类基金会的代表也参加了研讨。

此次研讨会的主题是大鸨濒危机制及其保护措施。中外专家们围绕大鸨种群和栖息地所面临的威胁、大鸨东方亚种的保护问题、如何借鉴国外的先进经验开展中国大鸨保护与监测、大鸨研究中新技术的应用等核心议题，进行了深入的交流与研讨。

全球大鸨知多少？

国际研讨会上公布的最新数据显示，2010年，全球大鸨数量估计在 43，900～53，100 只之间。

据专家介绍，按大鸨的分布来说，在西班牙最多，大约占 56％～66％；其次是俄罗斯，占 16％～25％；有 6％～10％分布在中国、蒙古和俄罗斯的东南部；匈牙利、葡萄牙各有 3％；1％～3％分布在土耳其。另有小部分分布在其他国家。

最新的研究表明，全球大鸨数量并没有像预期的那样减少，而是在过去 10 年维持了相对稳定的数量变化。在禁止狩猎的条例颁布后的几十年间，大鸨经历了显著的恢复阶段。66％～71％的大鸨所在国家的统计是稳定的（比如西班牙、葡萄牙）。

在伊比利亚半岛的若干区域，大鸨有明显的分布区聚集和缓慢的同种集群趋势。这种情况在栖息地保护较好的地区被观察到。只有 10％～11％的地区里的大鸨明显下降，其原因和集约化的农耕方式有关。

但有关人士称，准确的调查亟须在一些国家开展起来，以便能更好地确定大鸨的全球数量和变化趋势。

大鸨在中国仅有数千只

大鸨为古北界种类。在中国境内分布有两个亚种：其一是指名亚种，分布在新疆的喀什、天山和吐鲁番一带，是留鸟，约有 1600～2400 只；另一亚种是繁殖于东北和内蒙古地区的东方亚种，越冬地主要在黄河流域以及长江中下游地区，在中国的数量不会超过 1000～1200 只。

历史上，东方亚种的大鸨在我国分布很广，数量也很多。20 世纪 60 年代以前，从松嫩平原到呼伦贝尔、科尔沁、锡林郭勒草原以及完达山地和兴凯湖地区都有分布。20 世纪 60 年代初，还在河北省赞皇县发现过卵和巢。最近几年，在河北沧州地区、河南郑州等地，发现有几群越冬的大鸨。

历史进入20世纪80年代之后，社会发展，人口增加，人类活动频繁，草原被大面积开垦为农田。这些因素导致大鸨的繁殖区域不断缩小，种群数量急剧下降。

专家告诉记者，大鸨东方亚种有3个比较集中的繁殖区域。第一繁殖区是明水至肇东等地；第二繁殖区是嫩江以西的科尔沁草原，这是大鸨东方亚种在中国较多的繁殖地；第三个繁殖区是大兴安岭西侧呼伦贝尔草原南部的新巴尔虎左旗。

大鸨东方亚种大部分为候鸟，在我国北部和中部地区迁徙。主要经过吉林的四平、辽宁的朝阳、河北的北戴河以及天津、北京、石家庄等地向南迁徙。

20世纪90年代，大鸨东方亚种在我国境内的越冬地主要集中在山东黄河三角洲、鲁南的南四湖、内蒙古的乌梁素海地区、江西鄱阳湖、湖北的龙感湖、湖南洞庭湖、安徽升金湖、江苏的泗洪及沐阳地区。

大鸨的另一个亚种——指名亚种，在我国主要为繁殖鸟，在新疆地区繁殖。繁殖区有阿尔泰山前地区、额尔齐斯河与乌伦古河间地地区、塔城盆地北部地区、伊犁谷地查布察尔地区。在准噶尔盆地东部南缘木垒、天山北麓山前丘陵（农田）有人见过大鸨的个体。

大鸨指名亚种大部分为夏候鸟，少量在新疆吐鲁番、乌鲁木齐为留鸟。这个亚种除少数留在繁殖区越冬外，其余的越冬区尚不清楚。

对大鸨研究尚不深入

总体来说，我国大鸨研究人员缺乏、对研究重要性的认识不足，相关研究亟待启动。

我国的大鸨科研工作从 20 世纪 70 年代开始增多，1997 年对大鸨的关注度加强，文献数量有所增加。但截至 2009 年末，关于大鸨的研究文献总计才有 94 篇。

我国对大鸨的研究内容包括野外行为观察、行为节律、种群数量、栖息地情况以及人工饲养条件下的大鸨繁殖生态学研究等。研究中，涉及野外生态的研究最多，占到了 45.8%。其他研究有生理生化、行为生态、保护遗传、人工饲养等。关于大鸨的保护项目涉及种群调查、保护生物学、饲养繁殖和遗传多样性等，有 6 项获得了省市级奖励。2001 年，哈尔滨动物园首次成功繁殖大鸨，开创了人工饲养条件下大鸨繁殖工作的先河。

对于大鸨的野外研究主要集中于宏观生态学研究，缺乏系统性，在分子生态学和生理生化方面需要进一步加强和完善，应加强宏观和微观研究的全面结合，深入研究大鸨野外生态与其内在遗传因素的关系和相互作用，为该物种的进化和科学管理提供理论依据。

关于大鸨的人工饲养研究内容广泛，包含大鸨的生物学特性及其进化方式，为野生及笼养大鸨的科学管理提供了重要的科学依据，同时亦为开展大鸨的深入研究奠定了理论基础。

近几年，在图牧吉国家级自然保护区，大鸨的种群数量呈逐年下降的趋势，目前保持在 100 只左右，是中国最大的大鸨繁殖栖息地；调查大庆市的生物多样性情况发现，大鸨的数量在当地也呈明显减少趋势。

大鸨每年 9～10 月中旬开始集群，由散布的个体或小群集聚成十几只或上百只的大群，于 10 月中下旬离开繁殖地，到 11 月份基本迁离完毕。每年都有部分种群留在繁殖地越冬，个体多为成年雄性。

我国对于大鸨东方亚种迁徙的研究，基本上处于空白。由于其繁殖地与越冬地的分界线较为模糊，其中一些个体不参与迁徙，所以很难定性大鸨的迁徙停歇地。据悉，2009 年 10 月份，图牧吉国家级自然保护区开始了大鸨的无线电跟踪研究，这对迁徙研究具有重要意义。

哪里是大鸨栖息的家园？

大鸨是典型的草原荒漠鸟类。专家发现，其栖息地多为开阔平坦的荒漠、草原草甸、灌丛疏林草原和农田。觅食地选择在植被较高、植物种类丰富密集的生境，如种植玉米或豆类的农耕地。为保证低头取食时视线不受阻挡，植物的平均高度一般在 13 厘米左右，最高不超过 30 厘米。

大鸨在繁殖期主要栖息于开阔的干旱草原。专家在内蒙古东部观察到，大鸨在繁殖季节多在岗坡不超过 8°的坡腰上，选择枯草较厚、植被密度较高、多数植物高度在 15～35 厘米的地方，营造地面松散型的群巢。巢似碗状，较为简单，只是在地面上扒成浅凹形坑穴。巢内垫以干草、羽毛、碎石或无巢材，土质细密松软。

大鸨的越冬地多邻近湖泊和河流，为沿岸滩涂、草甸、草原和麦地等。专家曾在河北省沧州地区跟踪一个 100 只左右的大鸨越冬种群。观察地点离海岸距离 40 千米，地势平缓，海拔高度在 1 米左右。30 年前这里在高潮期还能有海水侵入。当地生境经多次人工干预，由原来的盐碱地，转变成了种植绿豆、小麦、玉米以及杂豆的农田。冬季农闲，少有人为活动，每年都有数量不等的大鸨在此越冬。

大鸨繁殖力低限制自身发展

专家认为，大鸨分布区退缩、种群数量下降和栖息地破碎化严重，是大鸨面临的三大威胁。

造成大鸨濒危的内部因素很多，在专家看来起码有 7 个内部因素，致使大鸨的繁殖力处于较低水平，限制了其种群的发展。

一是性成熟晚。野生状态下雄性大鸨繁殖年龄为 5～6 岁，雌性为 3～4 岁。二是婚配制度。大鸨为一雄多雌的婚配制度，雄鸨不参与孵化和育雏，大大降低了孵化成功率和幼鸨的成活率。三是窝卵数少和受精率低。四是巢址裸露。大鸨的巢隐蔽性差，易受到天敌的攻击和牛羊等家畜及人的破坏。五是保守性强。大鸨是起源较古老的物种，其遗传基因保守性强，对生境变化的应变能力弱，对故土的眷恋性强，传统的栖息地遭到破坏后，很难找到他处栖息。六是警戒性强。大鸨是一种高度神经质的鸟类，正在孵卵的大鸨受惊吓飞走后，弃巢的可能性极大。七是遗传多样性低，可能出现种群退化，基因流失的危险。

大鸨生存面临众多外部威胁

大鸨濒危的外因，主要有草原开垦、过度放牧、油田开发、农药污染、环境的喧嚣、非法狩猎和拣卵、自然灾害和天敌的威胁等。

使得大鸨濒危的外部因素，首推其生境消失和破碎化。栖息地环境的恶化和丧失，是大鸨濒危的主要原因。中国大鸨的东北亚种在 20 世纪 60 年代前曾广泛繁殖于东北地区和内蒙古东部的大片连续地区，而如今已经急剧下降为 3 个隔离的繁殖区。大庆油田的开发和人口的增加，使大鸨失去大片的松嫩平原中部的繁殖地，大鸨的食物来源失去保证；而油田开发造成了松嫩平原土质变化以及机器噪音的影响，导致大鸨数量减少。另外，由于天气干燥少雨，草原植被生长状况不佳，草场退化，牧民饲养的牛羊进入大鸨领地，将大鸨吓走。

在山东黄河三角洲国家级自然保护区，20世纪90年代末期，大鸨数量呈整体下降趋势。专家认为其主要原因是农业、渔业和工业开发。开垦的草地转变为农田、养殖池或其他工农业生产类型，使得大鸨生境减少。2000年后，仅在2001年、2006年有野外记录，其原因是农田生境类型发生改变，由小麦种植模式改变为棉田模式，大鸨适宜越冬生境丧失，大鸨没有来此越冬或迁至其他区域。

人为干扰也对大鸨造成了极大威胁。农田劳作导致农田中繁殖的大鸨巢、卵被破坏，机械化操作导致雏鸟死亡增加。农民在麦地中发现卵后便筑堤保护，结果造成亲鸟弃巢。牧业生产干扰也特别严重。除踩踏卵巢外，过度采草破坏了大鸨繁殖的隐蔽条件，导致巢址数量减少。

偷猎拾卵现象经常发生。专家手中有这样的记录：1992年，塔城北部繁殖区被拾取或被砸坏卵15枚，1988～1992年偷猎22只个体；1998年冬，淮河沿岸湖区约猎捕大鸨20余只。2002年1月22日及2003年1月3日，4只大鸨被偷猎者的捕兔夹所伤并且死亡。在新疆地区，当地群众对鸨类的珍贵性一无所知，不知其是国家一级保护动物，随意捕猎、拾蛋、捣巢。

环境污染也是祸首之一。专家指出，大鸨东方亚种在华中及华东一带越冬，那里是中国人口最稠密的地区之一，来自城乡、工农业的污染对大鸨越冬地的水源、食物和栖息地环境均造成重大的影响。农民在耕作农田中喷洒农药，导致大鸨中毒死亡的事件时有发生。2002 年 3 月 4 日～9 日，5 只大鸨因误食这样的麦粒中毒死亡。

在被救助的大鸨当中，除了中毒外，还有相当一部分的大鸨出现胸大肌撕裂的情况。2006～2009 年，北京地区救助的 9 只受伤大鸨中，8 只有外伤。专家分析说，这些可能与迁徙飞行过程中撞到电线杆、草场围栏或风力电设备等建筑有关。草原上的大火对繁殖期的大鸨也构成严重威胁。

对于体形较大的成鸟来说，基本没有天敌。但是对于卵和雏鸟而言，猛禽、乌鸦、狼、狐狸、猞猁，以及牧民养的猎犬都会带来威胁。

在干旱等极端气候影响下，降雨量减少，多数沟渠断流，导致草场沙化、退化，灌木林面积和密度逐年减少，可利用的草原面积减少，生态环境质量下降。极端的严寒气候，导致大鸨个体在越冬区域很难生存；低温冻雨甚至可以将大鸨的翅膀冰住而不能起飞，极大地增加其被捕食的风险。1962 年，鄱阳湖的渔民曾捡到羽毛被冻住而无法飞翔的大鸨数以百计。

保护大鸨在行动

在中国，保护大鸨的相关法律有《中华人民共和国野生动物保护法》、《陆地野生动物保护条例》和《中华人民共和国自然保护区管理条例》等。各地区也出台了相应的保护条例。如何健全并发挥效力是保护的关键。

我国已经设立了 14 个保护区，成为大鸨重要的栖息地。这些保护区，内蒙古有 5 个，吉林 2 个，河北、山东、江苏、安徽、湖南、江西各 1 个。

1999 年 3 月，曾在内蒙古召开过"大鸨保护国际研讨会"。会议讨论了亚洲大鸨行动计划，并在东北和内蒙古地区开展大鸨环志工作，对我国大鸨保护起到了一定的推动作用。

2009 年 3，在北京林业大学召开了"首届中国大鸨保护与管理研讨会"，成立了"中国大鸨保护与监测网络"，得到了积极响应，为推动大鸨保护与研究迈开了关键的一步。

本次研讨会上，经过研究和讨论，专家们提出了"中国大鸨濒危机制及保护对策"。专家建议，要加强栖息地的保护与管理，尤其要坚决杜绝繁殖和越冬地内的人为活动现象；要向社会广泛宣传保护大鸨物种资源的重要性，动员广大群众参与到保护的行列中；要加大人工饲养管理力度、提高饲养管理水平；国际研讨是促进大鸨物种研究经验及教训交流的重要手段，适当地拓宽国际合作和项目研究，建立跨国界的自然保护区；设立中国鸟类协会鸨类专业组；加强大鸨保护区的建设；增加政府投入力度，加强大鸨的科学研究；限制农牧业生产规模，为大鸨繁殖提供适宜的繁殖生境；加强人工繁殖及野化实验，尽快恢复野生种群。大鸨喜居在人迹罕至的地方，野外工作环境恶劣、艰苦，要适当改善保护区工作条件。

要加大执法和巡查力度，杜绝狩猎、投毒和拣蛋捉雏现象的出现。加强对野外大鸨的救护，针对大鸨生性胆怯等特点，减少大鸨在救助过程中不必要的损失；在大鸨生活的区域内，尤其在大鸨迁飞的通道上，减少大型风力发电机和电器装置相关设备的使用。

专家建议，要限制无条件单位驯养。人工饲养的大鸨应有谱系登记，原则上不允许在野外捕捉大鸨做饲养计划。

中国林业杂志　2010－5B

拯救中国大鸨之战

4月10日～11日，100多位从事大鸨保护、管理与研究的中外专家在北京聚首，召开"首届中国大鸨保护国际研讨会"，共商保护这一濒危物种的大计。

在公众的视野中，大鸨还十分陌生。但它是世界珍稀物种，在我国也早被列为国家一级重点保护野生动物。由于近年其种群数量迅速下降，更加引起了科学家们的高度关注。

俄罗斯、美国、西班牙、英国、蒙古国等都派出了代表参加了这一研讨会，国际鹤类基金会的代表也参加了研讨。

此次研讨的主题是：大鸨濒危机制及其保护措施。中外专家们围绕大鸨种群和栖息地所面临的威胁、大鸨东方亚种的保护问题、如何借鉴国外的先进经验开展中国大鸨保护与监测、大鸨研究中新技术的应用等核心议题，进行了深入的交流与研讨。

全球大鸨知多少？

从国际研讨会获得的最新数据：2010年，全球大鸨数量估计在43900～53100只之间。

据专家介绍，按大鸨的分布来说，在西班牙最多，大约在56％～66％；其次是俄罗斯，占16％～25％；有6％～10％分布在中国、蒙古和俄罗斯的东南部；匈牙利、葡萄牙各有3％；1％～3％分布在土耳其；另有小部分分布在其他国家。

最新的研究表明，全球大鸨数量并没有像预期的那样减少，而是在过去 10 年维持了相对稳定的数量变化。在禁止狩猎的条例颁布后的几十年间，大鸨经历了显著的恢复阶段。66％～71％的大鸨所在国家的统计是稳定的（比如西班牙、葡萄牙）。

在伊比利亚半岛的若干区域，大鸨有明显的分布区聚集和缓慢的同种集群趋势。这种情况在栖息地保护较好的地区被观察到。只有 10％～11％的地区里的大鸨明显下降，其原因和集约化的农耕方式有关。

但有关人士称，准确的调查亟须在一些国家开展起来，以便能更好地确定大鸨的全球数量和变化趋势。

大鸨在中国仅有数千只

大鸨（Otistarda）为古北界种类。在中国境内分布有两个亚种：其一是指名亚种，分布在新疆的喀什、天山和吐鲁番一带，是留鸟，约有 1600～2400 只；另一亚种是繁殖于东北和内蒙古地区的东方亚种，越冬地主要在黄河流域以及长江中下游地区，在中国的数量不会超过 1000～1200 只。

历史上，东方亚种的大鸨在我国分布很广，数量也很多。20世纪 60 年代以前，从松嫩平原到呼伦贝尔、科尔沁、锡林郭勒草原，以及完达山地区和兴凯湖地区都有分布。20 世纪 60 年代初，还在河北省赞皇县发现过卵和巢。这是已证明的大鸨在我国繁殖地最南的记录。最近几年，在河北沧州地区、河南郑州等地发现有几群越冬的大鸨。

历史进入 20 世纪 80 年代初之后，社会发展，人口增加，人类活动频繁，草原被大面积开垦为农田，大鸨的繁殖区域不断缩小，种群数量急剧下降。

专家告诉记者，大鸨东方亚种有3个比较集中的繁殖区域。第一繁殖区：嫩江以东明水至肇东等地；第二繁殖区：嫩江以西的科尔沁草原，这是大鸨东方亚种在中国较多的繁殖地；第三个繁殖区：大兴安岭西侧呼伦贝尔草原南部的新巴尔虎左旗。

大鸨东方亚种大部分为候鸟，在我国北部和中部地区迁徙。迁徙经过吉林的四平和辽宁的朝阳、河北的北戴河，以及天津、北京、石家庄等地向南迁徙。

20世纪90年代大鸨东方亚种在我国境内的越冬地主要集中在山东黄河三角洲、鲁南的南四湖、内蒙古乌梁素海地区、江西鄱阳湖、湖北龙感湖、湖南洞庭湖、安徽升金湖、江苏泗洪及沐阳地区。

大鸨的另一个亚种——指名亚种，在我国主要为繁殖鸟，在新疆地区繁殖。繁殖区有阿尔泰山前地区、额尔齐斯河与乌伦古河间地地区、塔城盆地北部地区、伊犁谷地查布察尔地区；在准噶尔盆地东部南缘木垒、天山北麓山前丘陵（农田有人见过大鸨的个体。

大鸨指名亚种大部分为夏候鸟，少量在新疆吐鲁番、乌鲁木齐为留鸟。这个亚种除少数留在繁殖区越冬外，其余的越冬区尚不清楚。

对大鸨研究尚不深入

总体来说，我国大鸨研究人员缺乏、研究深度不够、对研究重要性的认识不足，相关研究亟待启动。

我国的大鸨科研工作从20世纪70年代开始增多，1997年对大鸨的关注加强，文献数量有所增加。但截至2009年末，关于大鸨的研究文献总计才有94篇。

我国对大鸨的研究内容包括野外行为观察、行为节律、种群数量、栖息地情况以及人工饲养条件下的大鸨繁殖生态学研究等。2001年，哈尔滨动物园首次成功繁殖大鸨，开创了人工饲养条件下大鸨繁殖工作的先河。

对于大鸨的野外研究主要集中于宏观生态学研究，缺乏系统性，在分子生态学和生理生化方面需要进一步加强和完善，应加强宏观和微观研究的全面结合，深入研究大鸨野外生态与其内在遗传因素的关系和相互作用，为该物种的进化和科学管理提供理论依据。

目前的研究发现，大鸨具有集群炫耀的特点。对求偶场有一定的选择性。

近几年，在图牧吉国家级自然保护区，大鸨的种群数量呈逐年下降的趋势，目前保持在100只左右，是中国最大的大鸨繁殖栖息地；通过对大庆市的生物多样性调查发现，大鸨的数量在当地也呈明显减少趋势。

大鸨每年9～10月中旬开始集群，由散布的个体或小群集聚成十几只或上百只的大群，于10月中下旬离开繁殖地，到11月份基本迁离完毕。每年都有部分种群留在繁殖地越冬，个体多为成年雄性。

我国对于大鸨东方亚种迁徙的研究基本上处于空白。2009年10月份，图牧吉国家级自然保护区开始了大鸨的无线电跟踪研究。这对迁徙研究有重要意义。

哪里是大鸨栖息的家园？

大鸨是典型的草原荒漠鸟类。专家发现，其栖息地多为开阔平坦的荒漠、草原草甸、灌丛疏林草原和农田。

大鸨繁殖期主要栖息于开阔的干旱草原。大鸨的越冬地多邻近湖泊和河流，为沿岸滩涂、草甸、草原和麦地等。

大鸨繁殖力低限制自身发展

专家认为，大鸨分布区退缩、种群数量下降和栖息地破碎化严重，是大鸨面临的三大威胁。

造成大鸨濒危的内部因素很多，在专家看来起码有 7 个内部因素，致使大鸨的繁殖力处于较低水平，限制了其种群的发展。

一是性成熟晚。野生状态下雄性大鸨繁殖年龄为 5～6 岁，雌性为 3～4 岁。二是婚配制度。大鸨为一雄多雌的婚配制度，雄鸨不参与孵化和育雏，大大降低了孵化成功率和幼鸨的成活率。三是窝卵数少和受精率低。四是巢址裸露。五是保守性强。大鸨是起源较古老的物种，其遗传基因保守性强，对生境变化的应变能力弱，对故土的眷恋性强，传统的栖息地遭到破坏后，很难找到他处栖息。六是警戒性强。大鸨是一种高度神经质的鸟类，正在孵卵的大鸨受惊吓飞走后，弃巢的可能性极大。七是遗传多样性低，可能出现种群退化，基因流失的危险。

大鸨生存面临众多外部威胁

大鸨濒危的外因，主要有草原开垦、过度放牧、油田开发、农药污染、环境的喧嚣、非法狩猎和捡卵、自然灾害和天敌的威胁等。

使得大鸨濒危的外部因素，首推其生境消失和破碎化。栖息地环境的恶化和丧失，是大鸨濒危的主要原因。中国大鸨的东北亚种在 20 世纪 60 年代前曾广泛繁殖于东北地区和内蒙古东部的大片连续地区，而如今已经急剧下降为 3 个隔离的繁殖区。大庆油田的开发和人口的增加，使大鸨失去大片的松嫩平原中部的繁殖地，大鸨的食物来源不能保证；而油田开发造成了松嫩平原土质变化以及机器噪音的影响，导致大鸨数量减少。由于天气干燥少雨，草原植被生长状况不佳，草场退化，牧民饲养的牛羊进入大鸨领地，将大鸨吓走。

人为干扰也对大鸨产生了极大威胁。农田中繁殖的大鸨巢、卵被破坏，机械化操作导致雏鸟死亡增加，农田劳作对大鸨惊吓或巢的破坏也有巨大影响。农民在麦地中发现卵后便筑堤保护，结果造成亲鸟弃巢。牧业生产干扰也特别严重。除踩踏卵巢外，过度采草破坏了大鸨繁殖的隐蔽条件，导致巢址数量减少。

偷猎拾卵现象经常发生。如在新疆地区，当地群众对鸨类的珍贵性一无所知，不知其是国家一级保护动物，随意捕猎、拾蛋、捣巢。

环境污染也是祸首之一。专家指出，大鸨东方亚种在华中及华东一带越冬，那里是中国人口最稠密的地区之一，来自城乡、工农业的污染对大鸨越冬地的水源、食物和栖息地环境均造成重大的影响。农民在耕作农田中喷洒农药，导致大鸨中毒死亡的事件时有发生。

在被救助的大鸨当中，除了中毒外，还有相当一部分的大鸨出现胸大肌撕裂的情况。专家分析说，这些可能与迁徙飞行过程中撞到电线杆、草场围栏或风力发电设备等设施有关。草原上的大火对繁殖期的大鸨也是严重的威胁。

对于体形较大的成鸟来说，基本没有天敌。但是对于卵和雏鸟而言，猛禽、乌鸦以及狼、狐狸、猞猁、鹏以及牧民养的猎犬都会带来威胁。

在干旱等极端气候影响下，降雨量减少，多数沟渠断流，导致草场沙化、退化，灌木林面积和密度逐年减少，可利用的草原面积减少，生态环境质量下降。极端的严寒气候导致大鸨个体在越冬区域很难生存；低温冻雨甚至可以将大鸨的翅膀冰住而不能起飞，极大地增加被捕食的风险。1962 年，鄱阳湖的渔民曾捡到羽毛被冻住而无法飞翔的大鸨数以百计。

保护大鸨在行动

在中国，保护大鸨的相关法律有中华人民共和国野生动物保护法、陆地野生动物保护条例和中华人民共和国自然保护区管理条例等。各地区也出台了相应的保护条例。如何健全并发挥效力是保护的关键。

我国已经设立了 14 个保护区，成为大鸨重要的栖息地。

1999 年 3 月，曾在内蒙古召开过"大鸨保护国际研讨会"。会议讨论了亚洲大鸨行动计划，并计划在东北和内蒙古地区开展大鸨环志工作，对我国大鸨保护起到了一定的推动作用。

2009 年 3 月，在北京林业大学召开了"首届中国大鸨保护与管理研讨会"，成立了"中国大鸨保护与监测网络"，得到积极响应，为推动大鸨保护与研究迈开了关键的一步。

要加强大鸨的就地保护

专家认为，保持大鸨种群现有栖息地的面貌并加以改善最为重要，对恢复种群数量、提高种群进化潜力很有意义。专家建议，需要对每个种群间的遗传关系进行深入的研究，以采取必要的措施进行有效的保护。要建立自然保护区，加强就地保护。

要建立保护区、保护小区。专家建议，应在野外调查的基础上合理规划保护区并建立适当数量的保护小区。

在大鸨数量较低、未被划作保护区的地点，提倡社区共管和对草原的永续经营。为当地民众提供适当的损失补偿，明确责任范围，适当开展保护教育培训，形成长效的合作机制。引导牧民和农民避免在大鸨繁殖季节过度的干扰，保护有效的繁殖区域。在一定区域的休耕地播种但不收割，为大鸨提供良好的食物来源，这些相关的费用可由政府或其他部门承担。

大鸨保护不能只靠科学家

专家建议，要加强栖息地的保护与管理，尤其要坚决杜绝繁殖和越冬地内的人为活动现象；要向社会广泛宣传保护大鸨物种资源的重要性，动员广大公众参与到保护的行列中；要加大人工饲养管理力度、提高饲养管理水平；国际研讨是促进大鸨物种研究经验及教训交流的重要手段，适当地拓宽国际合作和项目研究，建立跨国界的自然保护区；设立中国鸟类协会鸨类专业组；加强大鸨保护区的建设；增加政府投入力度，加强大鸨的科学研究；限制农牧业生产规模，为大鸨繁殖提供适宜的繁殖生境；加强人工繁殖及野化实验，尽快恢复野生种群。大鸨喜居在人迹罕至的地方，野外工作环境恶劣、艰苦。要适当改善保护区工作条件。

要加大执法和巡护力度，杜绝狩猎、投毒和捡蛋捉雏现象的出现。加强对野外大鸨的救护，针对大鸨生性胆怯等特点，减少大鸨在救助过程中不必要的损失；在大鸨生活的区域内，尤其在大鸨迁飞的通道上，减少大型风力发电机和电器装置相关设备的使用。

专家建议，要限制无条件单位驯养。人工饲养的大鸨应有谱系登记，原则上不允许在野外捕捉大鸨做饲养计划。

科学时报　2010－05－07

林业敬业奖励基金颁奖四位
林业专家获殊荣

日前，林业敬业奖励基金首次举行颁奖。我国四位林业专家成为首批获奖者，每人获奖金 3 万元。他们是：中国林科院研究员、林木遗传育种首席科学家洪菊生，陕西省治沙研究所研究员、沙漠治理专家孙祯元，南京林业大学教授、木材科学与技术专家周定国，北京林业大学长江学者特聘教授、森林保护专家骆有庆。

据介绍，这项奖励基金是在台湾同胞出资、以台湾林业专家刘业经教授之名设立的奖励基金基础上扩大建立的。刘业经教授奖励基金自 1996 年起已颁奖 10 届，奖励了大陆林业专家 54 人。为了进一步扩大基金范围，鼓励广大林业科技人员爱林敬业，从本届开始更名为林业敬业奖励基金。

据评委会主任、北京林业大学教授顾正平介绍，基金会日益受到海峡两岸关心林业发展的有识之士的关注，除台湾企业界人士继续捐资外，大陆企业家也解囊相助。基金主要用于奖励热爱林业、工作勤奋、品德高尚并做出重要贡献的林业教育工作者和科技人员。每两年评选一次，每次获奖人数不超过 5 名。

曾任国际林联执委的洪菊生研究员长期活跃在林业科研生产第一线，在次森林经营、林木遗传改良、森林培育等领域获得多项重大成果。他主持的"林木地理变异和种源区划分"项目上获国家科技进步一等奖，还有大量论著公开发表。

孙祯元研究员在沙漠治理研究中度过了 45 个春秋。他从北京林业大学毕业后，几十年如一日坚守在沙漠第一线，对榆林地区治沙事业的发展和推广作出了重大贡献。他主持的"榆林沙荒大面积植树造林扩大试验"获得了国家科技进步三等奖。他把原产于大兴安岭的森林树种樟子松引入干旱沙区，填补了榆林沙地造林没有常绿树种的空白。

国家级重点学科木材科学与技术学科带头人周定国教授，在人工林速生木材加工利用、人造板甲醛释放、农作物秸秆人造板制造和应用等方面取得了多项成果，主持了 10 多项国家级重大课题，获国家科技进步二等奖等奖励，发明的专利和实用新型专利达 22 项。

今年 47 岁的骆有庆教授是教育部森林保护创新团队带头人，北京市教学名师，长江学者特聘教授。他的主攻方向是林木钻蛀性害虫和林业外来有害生物防治。他主持了 20 多项重大科研项目，完成的"防护林杨树天牛灾害持续控制技术研究"获国家科技进步二等奖，被列入国家"天然林保护工程"的科技支撑项目。

光明日报 2007 - 10 - 28

科技日报 2007 - 11 - 01

台胞设基金奖励大陆林业专家

海峡两岸林业敬业奖励基金新一届获奖者产生，有五位知名专家榜上有名。在 10 月 19 日举行的颁奖仪式上，他们分别获得了 3 万人民币的奖金。

这五位专家是经济林学家、中南林业科技大学教授何方，原山西省水土保持研究所研究员高文毓，森林生态学家、福建农林大学教授洪伟，木材学专家、北京林业大学教授赵广杰，森林经理专家、浙江林学院教授周国模。

　　基金管委会代表陈运造先生从台湾专程来京颁奖。他说，希望通过海峡两岸林业敬业奖励基金这一平台，积极引导和鼓励广大林业教育、科技工作者再创佳绩！

　　据介绍，该项奖励基金是由台湾同胞出资设立的。曾以台湾林业家刘业经教授命名的奖励基金颁奖10届，奖励了大陆林业专家54人。为进一步扩大基金范围，从2006年起更名为海峡两岸林业敬业奖励基金，是目前我国林业行业奖励额度较大的民间奖励基金。

科技日报　　2009－11－10

海峡两岸林业奖励基金再颁奖

　　2009年度海峡两岸林业敬业奖励基金颁奖仪式10月19日在北京林业大学举行，5位林业专家获此殊荣，他们是：中南林业科技大学教授、经济林专家何方，原山西省水土保持研究所研究员高文毓，福建农林大学教授、森林生态与森林培育专家洪伟，北京林业大学教授、木材学专家赵广杰，浙江林学院教授、森林经理专家周国模。

　　评委会主任、北京林业大学教授顾正平指出，该项奖励基金的评选不仅注重候选人在林业教育工作和科学研究方面的所取得的卓越成就，更注重其对林业事业的感情和学术道德情操。

海峡两岸林业敬业奖励基金管委会代表陈运造专程从台湾来到颁奖现场，他说，两岸实现直航以后，交通的便利更加有利于两岸的交流与合作，希望通过海峡两岸林业敬业奖励基金这一平台，积极引导和鼓励广大林业教育、科技工作者再创佳绩。

该项奖励基金是在台湾同胞出资、以台湾林业专家刘业经教授之名设立的奖励基金基础上扩大建立的。刘业经教授奖励基金自1996 年起已颁奖 10 届，奖励了大陆林业专家 54 人。为了进一步扩大基金范围，从 2006 年开始更名为林业敬业奖励基金，同时，基金范围也进一步扩大。

中国绿色时报　2009 - 10 - 29

五专家获海峡两岸林业奖励基金

海峡两岸林业敬业奖励基金新一届获奖者产生，有五位知名专家榜上有名。在日前举行的颁奖仪式上，他们分别获得了 3 万元人民币的奖金。

这五位专家是经济林学家、中南林业科技大学教授何方；原山西省水土保持研究所研究员高文毓；森林生态学家、福建农林大学教授洪伟；木材学专家、北京林业大学教授赵广杰；森林经理专家、浙江林学院教授周国模。

评委会主任、北京林业大学教授顾正平介绍说，该项奖励基金的评选既注重在林业教育、科研中取得的卓越成就，更注重其对林业事业的感情和学术道德。

据介绍，该项奖励基金是由台湾同胞出资设立的。曾以台湾林业家刘业经教授命名的奖励基金颁奖 10 届，奖励了大陆林业专家 54 人。为进一步扩大基金范围，从 2006 年起更名为海峡两岸林业敬业奖励基金，是目前我国林业行业奖励额度较大的民间奖励基金。

获奖者中年纪最长的何方教授，是我国经济林学科的创始人之一，在从事教学科研工作的半个多世纪，为我国经济林教学事业的发展作出贡献，曾获"全国优秀教师"称号。他在油桐、油茶等经济作物的良种化、高产化等领域取得了显著成绩，获国家级、省部级科技进步奖多项；

原山西省水土保持研究所研究员高文毓，1959 年从北林水保专业毕业后，一直奋斗在生产第一线，为山西水土保持事业做了大量的实际工作，曾获省级科技进步一等奖、二等奖和山西省劳动模范称号。1999 年退休后，他从城市迁到农村，带领全家开展绿化治理荒山。9 年不懈努力之后，造林达 7000 多亩；

本届获奖者中的福建省教学名师洪伟，培养的博士后、研究生超过 120 人。他重视数量学与林学的结合，做了很多开创性的工作，曾获省部级科技进步奖 20 多项，出版多部专著、教材；赵广杰教授在木材功能性改良技术、木材/蒙脱土纳米插层符合材料、木材剩余物的碳纤维材料制备、木材的非电解电镀技术等高新技术研究领域成就显著，多篇论文被 SCI、EI、CAB 收录，获省部级科技进步奖多项；周国模教授在森林资源信息化管理技术、森林可持续经营理论与技术、退化林地改造技术、毛竹林碳汇研究等方面取得突出成绩，获国家科技进步奖和多项省部级奖励，曾获浙江省优秀教学成功一等奖。

人民网　2009 - 10 - 23

成就引领事业　德艺烛照后人

前不久，海峡两岸林业敬业奖励基金颁奖典礼在北京举行。管委会代表专程从海峡彼岸赶来，为此次获奖的 5 位专家分别颁发了 3 万元奖金。

评委会主任、北京林业大学教授顾正平说，海峡两岸林业敬业奖励基金是目前我国林业行业奖励额度较大的民间基金。这项奖项在评选中，不仅注重个人在林业教育、科研中取得的成就，更注重其对林业事业的感情和学术道德。

本届获奖者都是我国知名的林业专家，是我国林业科技工作者的优秀代表。他们的共同特征是：对林业有发自内心的爱，并把这种爱转化成了献身林业的具体行动。

高文毓：
和树在一起的日子最踏实

10 年前，从山西省水土保持科学研究所总工程师岗位退休的高文毓离开省城，举家回到老家芮城县南卫乡，承包了万亩荒山。这个老牌的大学生，与黄土高原和水土流失打了大半辈子交道，是当地有名的专家和省劳模。

忙碌了几十年的老高享不了清福。退休后，他和南卫乡政府签订了合同，承包了荒山，拿出多年的积蓄购买苗木，带领全家人上山栽植，规划了远山高山栽侧柏、近山低洼仁用杏、阴沟陡坡植灌木的种植模式。

如今，他与家人已栽植树木 6788 亩，每年都受到县林业局的表彰。昔日荒山如今早已满眼葱绿。每当徜徉在绿树丛中，他的心里都会感到从未有过的踏实。

周国模：
开拓毛竹碳汇研究处女地

浙江林学院院长、省重点学科森林经理学科带头人周国模，是本届获奖者中最年轻的一位。他主要从事森林资源信息化管理技术、森林可持续经营理论与技术、森林固持二氧化碳动态与特征等研究。他主持完成了科研项目超过 20 项，其中毛竹碳汇研究尤为引人注目。

近年来，周国模在毛竹林固碳特征、固碳能力及碳储量遥感估算技术研发上做了大量的工作，在毛竹碳汇林的经营、监测及计量、毛竹采伐利用的碳平衡及碳转化等领域取得了可喜成果。他承担了全球首个毛竹林碳汇项目"中国临安毛竹林碳汇项目研究与示范"、国家自然基金项目"集约经营毛竹林土壤温室气体排放特征及其与土壤水溶性碳氮的关系"、国家林业局 948 项目"竹林固碳能力及碳储量遥感估算技术引进"等科研项目，都获得了新的进展。

他的研究结果表明，毛竹林是亚热带固碳能力最强的树种，1 公顷毛竹林地年固碳量为 5.09 吨，是杉木的 1.46 倍、热带雨林的 1.33 倍。这为竹产业的持续发展、更准确地计算中国竹林乃至森林生态系统对全球碳平衡的贡献量，提供了技术支撑。

何　方：
经济林是我一生热爱的事业

何方是中南林业科技大学教授，也是本届获奖者中年龄最长的一位，已近八旬。

早在 1958 年，何方就参与建立了湖南林学院经济林专业，半个世纪以来一直未停止过对经济林的教学和科研。1992 年，他成为我国当时仅有的两位经济林学科博士生导师之一，主持制订了我国首个经济林硕士、博士生培养计划，先后开设、主讲了 10 多门课程。

他出版了 147 万字的何方文集，撰写发表论著 78 篇，出版的著作达 388 万字，并先后获得国家、省部级科技进步奖 15 项，被授予全国优秀教师等称号。

已是耄耋之年的他，如今还在参与经济林发展战略专项研究，继续编撰何方文集续卷。他说："经济林是我一生热爱的事业，我仍会继续奋战，直至生命终止。"

洪　伟：
在创新的道路上探索前行

2009 年，洪伟教授荣获了"福建省教学名师"称号。与此同时，他所率领的团队也跻身福建高校创新科研团队、教学优秀团队行列。

洪伟主持了国家自然科学基金等多项课题的研究，在用材林经营工程、毛竹林综合开发、生态林培育与阔叶林可持续经营、森林与环境工程等领域开展了一系列开创性研究。在福建省院校中，他领衔最早创办了生态学专业和硕士点，培养出了省里第一批生态学研究生。

他在创新的道路上不断探索前行：首次应用系统工程理论、线性规划理论和能量动力学等技术，对毛竹林林分密度、年龄结构、养分循环和能量、生态栽培等培育工程及毛竹林开发进行了深入研究，对毛竹林经营与开发具有积极作用；解决了生态林培育和阔叶林可持续经营中的许多技术工程问题，许多研究成果均属首次报道；把数量学与林学有机结合，创立了数量森林经营学，为森林集约经营提供了科学的技术与方法。

赵广杰：
一忙起来什么都忘了

赵广杰教授是个海归。他学成回国后，已经主持完成了多项重大科研项目；在德国、美国、日本等国外学术刊物上发表论文 70 余篇，多数被 SCI、Ei、CAB、IPST 等摘录或其他论文引用；出版了专著 4 部，获得国家发明专利 2 项、申请发明专利 8 项。

尽管他的研究在外人看来晦涩难懂、枯燥乏味，但他知道，他参与的每项工作，都对促进我国的木材工业发展有着重要的意义。他取得的科研成果多次获得省部级科技进步二等奖，在推广中产生了很大的效益。

他在教学上最突出的成绩是指导了获得全国百篇优秀博士论文的优秀学生。他编著了木材物理学、木材解剖学、木质环境学、木材的化学流变学等研究生教材，为研究生开出了多门新课。在他的主持下，成功申报了木材科学与工程北京市重点实验室、教育部重点实验室，他率领的木材科学与技术学科成为国家重点学科。

他说，要做的事太多。一忙起来，什么都忘了。

中国绿色时报　2010－02－27

台湾高校师生考察大陆生态保护

对于台湾彰化师范大学等高校的 40 余名师生来说，刚刚过去的这个暑假有着特别的意义。他们组成的海峡两岸经济发展与生态环境保护参访团，实地考察了北京和内蒙古等地的生态保护情况，所见、所闻、所感积淀成了美好的回忆。

参访团的成员来自台湾中南部地区高校、职业技术学院等，绝大多数都是第一次踏上祖国大陆。中国工程院院士、北京林业大学校长尹伟伦在开营仪式上，介绍了大陆生态保护取得的成就和林业高等教育的发展，描绘了两岸携手开展环境保护科研、教学活动的前景。他说，如何实现经济发展与生态环境保护的共同促进，是当今社会普遍关注的热点。这次参访以此为主题，有十分重要的现实意义。他代表北京林业大学与台湾彰化师范大学签订了校际合作协议，将在林业建设、生态保护、环境治理等领域进行广泛的学术交流与合作。

北林大的专家为台湾师生做了有关中国园林文化和中国生态文化的报告，台湾专家则以台湾经济展望和从生态环境谈台湾水利发展等为题，介绍了自己的最新研究成果。

参访团在北京参观了城区绿化工程，并赴内蒙古林科院、鄂尔多斯市造林总场等地考察了沙地造林情况，还考察了牧区生态保护的情况。

中国绿色时报　2007－09－11

海峡两岸开展野生动植物学术交流

7月19日，为期一周的"海峡两岸野生动植物保护与宏观生物学学术交流营"活动在京结束。参加交流营活动的有近百名高校师生，分别来自台湾中兴大学、台湾大学、台北师范大学、台湾屏东科技大学和北京大学、北京林业大学、首都师范大学和中国农业大学等。

交流期间，由台湾和大陆高校大学生为主体的营员们在国家动物博物馆参观了鸟类、濒危动物等展厅，参加了灵长类动物的科普知识讲座；在颐和园、北京故宫博物院等地调研，深入了解园林古树名木的保护知识。营员们还参观北京南海子麋鹿苑，了解国家一级保护动物麋鹿的生态状况，研讨麋鹿保护之路。

科学时报　2010 - 08 - 02

海峡两岸大学生开展野生动植物学术交流

7月19日，为期一周的"海峡两岸野生动植物保护与宏观生物学学术交流营"活动在京结束。据承办方北京林业大学介绍，交流营活动有助于海峡两岸野生动植物保护领域的交流，促进了高校间的学术交流。

据悉，参加交流营活动的有近百名高校师生，分别来自台湾中兴大学、台湾大学、台北师范大学、台湾屏东科技大学和北京大学、北京林业大学、首都师范大学和中国农业大学等。

交流期间，由台湾和大陆高校大学生为主体的营员们在国家动物博物馆参观了鸟类、濒危动物等展厅，参加了灵长类动物的科普知识讲座；在颐和园、北京故宫博物院等地踏查调研，深入了解园林古树名木的保护知识。营员们还参观北京南海子麋鹿苑，了解国家一级保护动物麋鹿的生态状况，研讨麋鹿保护之路。

营员们奔赴河北承德，对在古代皇家园林与寺院中选择栽种较多的白皮松和侧柏进行了调研。金丝楠木和黑檀木等作为古代皇家园林与寺庙的主要建材，关于它们的栽植、运送及建造历史，也引起了台湾大学生营员们的极大兴趣。

交流期间，还举办了"中国野生动植物保护与发展"研讨会。海峡两岸的优秀动植物研究学者、专家为营员们作了学术报告。北林大生物学院院长张志翔在《极小种群野生植物的保护》报告中，重点介绍了极小种群野生植物研究基础和工作积累，强调极小种群野生植物保护是拯救我国极小种群植物的重大举措，是对我国、乃至全球植物保护的重大贡献。台湾中兴大学副教授杨曼妙介绍了"台湾昆虫多样性与保育"方面的知识，使大家更深刻地领会到了宝岛台湾在昆虫多样性方面的学术魅力。台湾屏东科技大学等校的专家也作了报告。

中国绿色时报　2010 - 08 - 10

科技日报　2010 - 08 - 10

46国林业官员来华研修森林可持续经营

中国森林资源经营管理经验，受到发展中国家的热捧。今年来京参加中国森林资源可持续经营专题研修班的学员数量和国家数量均创新高，成为我国林业国际影响日益扩大的标志之一。

46个国家80位林业官员参加的这个国际性研修班，4月24日在北京林业大学开学。研修班由商业部主办、北京林业大学承办。主办方称，这个研修班的目的是"让发展中国家分享中国森林经营的宝贵经验，为发展中国家森林可持续经营管理的发展提供借鉴"。

此前，我国已连续3年举办发展中国家林业管理官员研修班。"森林资源可持续经营专题"是前3期培训项目的拓展和延续。来自发展中国家的林业官员将用20天时间，在中国深入学习和研讨。

研修期间，中国专家将全面介绍中国森林生物灾害可持续控制、生态修复、生物多样性保护、天然林经营以及自然保护区管理等森林经营与管理方面的成功经验。国家林业局主管司局和地方林业局负责人、专家学者将与学员进行座谈与交流，研讨我国与发展中国家开展森林可持续经营与管理相关的研究与合作。各国林业官员还将到云南等地林区实地考察。

中国绿色时报　2008－04－29

北林大培训 50 国林业官员

6 月 8 日，来自亚洲和非洲 12 国的 20 名林业官员在北京林业大学获得了结业证书。他们参加了为期 21 天的集体林经营管理和利用研修班，对中国的林业发展有了较深入的了解。

据悉，这个研修班是我国商务部的援外项目。通过讲座、研讨、实地考察、京外考察等环节，使参加研修的外国林业官员们对中国林业建设、林业管理、林业政策、林产工业、森林可持续经营管理有了一个较为全面的了解。

研修期间，北林大等单位的专家们讲授了中国林业概况、中国林产品贸易、中国林业发展战略等。在学术论坛上，参加培训的林业官员们还就本国在森林资源可持续管理中面临的问题、采取的行动、制定的政策以及林业发展建设的经验等方面进行了深入的交流。朝鲜、柬埔寨、文莱、赞比亚、坦桑尼亚、乌干达、马拉维、缅甸、加纳、斯里兰卡、越南、印度尼西亚等国林业官员代表分别介绍了本国林业管理现状，与中国专家一起，深入研讨了发展中国家林业发现现状、面临的问题及对策。

林业官员们还赴福建三明、永安等地，深入我国林区考察了杉木培育基地、格氏栲国家森林公园、青山纸业集团、大亚人工板加工厂等当地林业著名企业。他们与三明市林业局有关人员进行座谈，了解林业基础设施建设、集体林权改革、促进海峡两岸林业交流等方面的做法和经验；参观了永安市的林业要素市场，了解当地林权改革前后当地林业结构的变化以及林业经营模式等内容。

他们走进全国林改第一村，亲眼看到了集体林权改革试点后，在协调经济效益与生态保护、建设和谐新农村等方面取得了的成就，还考察了九龙竹海国家森林公园、珍稀珍贵树种繁育中心、妍岭林木种植试验场、林业科技推广服务中心等林业科研机构。

加纳国家林业部的官员尼亚科代表全班学员发表感言说，培训期虽短，但学到了中国林业发展的成功经验，了解了丰富的林业知识，还结识了不少同行，增进了各国林业官员的友谊。

据悉，这是自 2005 年以来，北京林业大学第 6 次举办发展中国家林业官员的研修班，共培训来自全球 50 多个国家的 300 多名学员，为其他发展中国家同中国进行林业方面的合作交流搭建了平台。

中国绿色时报　2010 - 06 - 23

人民网　2010 - 07 - 07

北林大把教育展办到尼泊尔

8 月 10 日，中国教育展在尼泊尔首都加德满都闭幕。此次展览是由中国国家留学基金委组织，北京林业大学副校长张启翔教授任代表团团长，北京大学、北京航空航天大学、天津大学等 11 所高校参加了这一国际性的展览。

张启翔在开幕式上致辞说，中国政府鼓励中国学生到世界各国深造，也欢迎世界各国的学生到中国学习。现在，越来越多的学生来华学习，反映出越来越多的国家认同中国高等教育的水平和质量。中国成为受欢迎的留学目的国之一。举办中国教育展，将为尼泊尔公众提供直接深入了解中国高等教育现状和发展的良好机会。

北京林业大学的展板受到了尼泊尔公众的关注，成为展览会上的一大亮点。展览图文并茂地介绍了中国林业高等教育的概况，以及北京林业大学的学科特色、专业实力、师资水平等。校方代表还回答了参观者的提问。

张启翔说，中国的林业高等教育很有特色，可以为各国培养高质量的留学生。

据介绍，北京林业大学的外国学生近年来逐年增加。学校每年都举办多种类型的国际培训班，为发展中国家培训高级林业人才。尼泊尔国家自然保护基金会主席和执行主席均参加过该校举办的"森林资源可持续经营管理官员研修班"。今年，他们又选派两名项目负责人赴北京林业大学参加研修。

中国绿色时报　2009 - 09 - 02

日鸟取大学在北林大举办交流会

3月18日，日本鸟取大学图片展暨国际交流会在北京林业大学举行。这是两校进一步加强交流与合作的又一个具体举措。

鸟取大学是日本知名的国立大学，以农林类学科为特色。早在1993年，北林大就与该校建立了校际交流关系。从前年开始，每年北林大都选派5名学生到该校学习。两校专家经常到对方学校举办讲座、报告会，携手开展科研合作，促进了两校的教学、科研活动的开展。

北林大副校长宋维明表示，欢迎更多鸟取大学的学生来北林大学习，希望以鸟取大学展为契机，加强两校在教学、交流方面的合作，为两国培养更多的杰出人才。

鸟取大学的展览介绍了日本高等教育情况和鸟取大学的概况。鸟取大学副校长若良二说，他们非常重视国际交流，特别是与中国高校的合作，希望有更多北林大学生到鸟取大学交流学习。

中国绿色时报 2010 - 03 - 25

中外林业大学校长研讨林业教育改革

"传统的林业教育面临着一系列的改革和挑战。"北京林业大学校长尹伟伦院士 12 月 8 日在北林大召开的林业教育国际研讨会上如是说。

尹伟伦说，林业教育面临的问题包括：发达国家林业院校入学人数减少，发展中国家年轻人学习林业课程的热情下降；林业教育课程体系设置陈旧；林业专业毕业生就业难度增加；林业教育的国际交流与合作不够密切等。这些问题的存在，使得社会对林业的需求与林业教育自身发展不相适应。作为林业教育者，有责任对林业教育适时调整，来应对社会发展和林业自身发展所面临的巨大挑战。他强调，林业在应对气候变化、生物质能源生产、提供生态服务功能、保护环境以及满足人类健康的心理需求等方面发挥着越来越重要的作用，这种新的发展趋势，对林业教育提出了与以往不同的、且更高的要求。

研讨会以"林业教育与全球可持续林业"为主题，内容有：林业与社会发展对林业教育的影响；如何加强林业教育自身的改革来应对社会对林业教育发展的需求；为实现全球可持续林业的战略目标，如何制定开展国际、地区以及国家间的林业教育合作战略、计划与行动等。来自美国、加拿大、芬兰、韩国、委内瑞拉等国的知名林业院校校长和中国的同行们在3天的时间里，交流、研讨新形势下发展林业教育、促进国际间合作的对策。研讨会由中国林业教育学会、北京林业大学、加拿大 UBC 大学、国际林业教育伙伴共同主办、北京林业大学承办。

科技日报　2008－12－09

306 所高校设有林科

林业教育国际研讨会今天在北京林业大学召开。国家林业局官员透露，目前全国有北林大、东林大、南林大、中南林、浙江林和西南林 6 所林业高校，在校本科生近 10 万人，在校研究生 1.1 万人。另有 45 所农业大学或综合性大学拥有林学、森林资源保护与游憩、野生动物与自然保护区管理、水土保持与荒漠化防治等涉林专业。全国设有林科教育的高校共 306 所。

据了解，研讨以"林业教育与全球可持续林业"为主题，北林大校长尹伟伦院士称，林业面临的重要机遇和挑战要求我们必须对林业教育的各个层面进行深入研究。林业除提供林业产品之外，在应对气候变化、生物质能源生产、提供生态服务功能、保护环境以及满足人类健康的心理需求等方面发挥着越来越重要的作用，这种新的发展趋势，对林业教育提出了与以往不同的、且更高的要求。

北京晚报　2008－12－08

中外专家聚首北京研讨林业教育

林业教育国际研讨会 2008 年 12 月 8 日在北京林业大学召开。来自美国、加拿大、芬兰、马来西亚、韩国、委内瑞拉、印尼等国的 20 名专家学者，和中国 27 所林农院校、科研单位、林业管理机构的百余名专家学者一起，交流、研讨在生态环境问题日益严峻的大背景下如何发展林业教育，促进国际间合作。

林业局副局长李育材在开幕式上讲话。他说，会议以"林业教育与全球可持续林业"为主题，充分体现了对林业教育在构建全球可持续林业体系进程中重要作用的深刻认识，必将促进国际林业教育的交流与合作，为构建全球可持续林业体系奠定坚实的基础。

国家林业局党组成员、中国林业教育学会理事长杨继平主持开幕式。他说，林业教育在全球森林可持续经营中发挥着极其重要的作用。召开林业教育国际研讨会，共同探讨在全球生态环境保护、建设的大背景中加强林业人才的培养问题，讨论林业教育当前所面临的问题、困难和挑战，商议世界各国林业院校在科研、教学等方面的交流与合作，是一项建设性的工作，也是国际林业合作的一个新领域。

北京林业大学校长、中国工程院院士尹伟伦称，林业面临的重要机遇和挑战要求我们必须对林业教育的各个层面进行深入研究。林业除提供传统的林产品之外，在应对气候变化、生物质能源生产、提供生态服务功能、保护环境以及满足人类健康的心理需求等方面发挥着越来越重要的作用，这种新的发展趋势，对林业教育提出了更高的要求。

研讨会由中国林业教育学会、北京林业大学、加拿大 UBC 大学、国际林业教育伙伴共同主办。主要议题有：林业与社会发展对林业教育的影响；如何加强林业教育自身的改革来应对社会对林业教育发展的需求；为实现全球可持续林业的战略目标，如何制定开展国际、地区以及国家间的林业教育合作战略、计划与行动等。

中国绿色时报　2008－12－09

眺望中国林业高等教育的未来

在前不久召开的林业教育国际论坛上，北京林业大学校长尹伟伦院士纵论中国林业高等教育的未来，引起了与会国内外专家学者的关注。

森林文化将成为林学专业的基础课

尹院士强调，中国林业在生态文明建设的环境下，将迎来新一轮的发展。森林文化建设是生态文明建设的重要组成部分。森林文化学属于哲学、人文社会科学、自然科学和工程技术等多学科领域的交叉学科。中国林业建设将在可持续森林经营的基础上，融入森林文化建设的元素。林业研究也会从纯自然科学领域进入到哲学、人文社会科学与自然科学技术相结合的综合性研究领域。

在尹院士看来，森林文化学既不是纯粹的林学分支，也不是纯粹的人文科学分支，而是一个由自然科学和人文社会科学相互交叉

412

融合的综合性学科。

他认为，在将来的高等林业教育中，森林文化学将会成为继林木遗传育种学、森林生态学、树木生理学和数理统计学之后的第五门主要专业基础课。特别是生态文明时代的到来，人类对森林多功能的再认识，将极大地丰富森林文化的内涵，使林学成为文、理、林业生物等组成的综合课程体系。

尹院士认为，开设森林文化学课程，将对学生知识结构的改善、人文素质和人格培养起到关键的作用，培养学生在森林经营管理中的文化意识。生态文化学、森林文化学科群的建设，将对我国高等林业教育的跨越式发展起到决定性作用。林学学科体系将从单一的工程技术性学科体系，逐渐融合成为工程技术与哲学、人文社会科学的复合型学科体系。这正是 21 世纪高等教育学科体系的典型特征。

林业高等教育与时代、与科技同行

尹院士说，随着加快开发利用林业生物质能源，林业生物质能源在维护国家能源安全、改善生态环境中将会发挥愈来愈重要的作用，将成为应对我国能源发展战略转型，解决能源与环境突出问题的重要手段。

尹院士指出，分子生物学与生物技术能克服传统林业生产周期长、见效慢的缺点，加速森林与森林产品的定向改良与培育。分子生物学与生物技术在林业院校中的教学较之在其他院校而言，具有更为宽广的前景。林业分子生物学与生物技术在林业教育中具有更为重要的地位。它能为未来人类社会与林业教育提供各种产品，如林产药材、生物质能源、优良木材、观赏景观、改善环境、治理荒漠化、防止土壤沙化、生物多样性。这些都有分子生物学理论知识与生物技术发挥作用的空间。

尹院士强调，中国的林业高等教育将根据这些情况，对学科和专业的布局与结构进行调整，重点加强林业信息技术、生物技术和生物质能源等领域的学科与专业建设。

国际化是跨越式发展的必然选择

尹院士认为，面向国际办学是大学实现跨越式发展的必然选择。要不断提高国际合作与交流的层次和水平，全面推进学校的国际化进程，提高我国林业高校在国际上的知名度。他提出了四条路径。

一是多渠道开展国际学术交流，推进国际科技合作。进一步巩固与国外高校、科研院校和国际组织的友好关系。加强与政府和非政府国际机构的广泛联系，获取更多的国际科技合作研究项目。鼓励建立中外合作研究中心、中外合作研究实验室，采取多种方式鼓励在海外留学人员回国参与林业教学和科研。

二是积极推进国际合作办学，稳步发展外国留学生教育。争取在生物技术、木质材料等专业领域扩大国际合作办学的范围。通过课程融合、教学方法改革、教学模式转变，优质教材引进等多种方式，引进、消化、吸收外国优秀教育资源，培养适应国际化的多元人才。

三是扩大专业学位留学生规模，逐步与国际接轨，实行"导师负责、资格审查、背景评估、专家推荐"的留学生招生办法，努力提高留学生培养质量，实现学校国际化发展战略目标。规范合作办学管理体制，推进国际学院的建设。

四是扩大学生参与国际合作交流渠道，提高学生参与国际竞争能力。通过多种渠道，逐步扩大在校本科生、研究生参与国际交流与合作规模，培养学生参与国际竞争的能力。

中国绿色时报 2009-01-19

光明日报 2009-02-04

中日韩联手举办国际生物多样性论坛

国际合作在促进生物多样性保护工作中日趋重要。在刚刚闭幕的中日韩三国生态学会举办的国际论坛上，专家们反复强调了这一点。

5月21日至25日，三国生态学会联手，在生物多样性极为丰富的世界遗产地丽江举办了这次国际论坛。亚洲各国的部分政府官员、非政府组织代表、著名科学家代表和热心环保事业的丽江居民等百余人参加了论坛，共同探讨生物多样性的发展方向，交流促进亚洲生物多样性保护与研究方面的经验，强化亚洲生物多样性学术研究与合作交流机制。

鉴于亚洲地区生物多样性所面临的各种威胁，这次论坛的主题确定为"共话多样性，亚洲共行动"，旨在促进亚洲地区生物多样性保护和可持续利用。韩国生态学会会长金恩植希望各国专家通过此次论坛交流最新的生物多样性研究进展。日本生态学会会长矢原撤一表示，论坛的举办为三国专家学者进一步交流创造了极好机会。除主题发言、学术报告、学术交流讨论等形式外，专家学者还考察了黎明、石头森林文化第一村、拉市海国际湿地公园等。

今年是联合国指定的国际生物多样性年。第十届全球生物多样性缔约国大会将于10月在日本名古屋举行。此次论坛的目的之一，是集中三国专家智慧，为这届大会做出贡献。

与会专家指出，生物多样性是可持续发展的重要基础，是衡量一个国家和地区生态文明和环境质量的重要指标。随着经济的快速发展，生物多样性在亚洲的许多地区日益面临威胁。

专家们发表了丽江宣言。他们认为，本着人与生态环境和谐共处的原则，推动生物多样性的保护与利用，对于可持续发展和环境安全至关重要；依据可持续发展观制定保护的策略和行动计划是当务之急；只要尊重科技和生物多样性，生态旅游和生态学指导下的城市规划建设能发挥出巨大作用；文化多样性和各民族的传统生态知识与生物多样性密不可分；社区民众的参与对于生物资源保护方略的有效实施极端重要。

宣言呼吁，各级政府支持社会团体和当地民众的生物多样性和文化多样性保护行动；在公众中加强生物多样性和文化多样性保护的紧迫感教育；专家学者们深入实际研究生物多样性和文化多样性保护的关键性知识和技能。

中国绿色时报　2010－06－10

中韩比较论坛聚焦北京奥运会

奥林匹克与生态文明，成了刚刚诞生的中韩比较现代化论坛第一次学术会议的重要议题。中韩两国 60 位专家、学者 5 月下旬聚集在中国人民大学，研讨即将来临的 2008 年北京奥运会对中国和亚洲环境产生的影响，以及对生态文明的促进作用。

与会专家认为，奥运会等大型运动会与举办地区环境有着不可分割的关系。通过奥运会取得明显的环境效果，是与国家的宣传、市民的接受和协助分不开的。绿色奥运的灵魂和本质是建构一种促进人与自然和谐发展的生态文明，只有在经济制度上作出适当的安排，才能实现奥运、环保和经济三者之间的共生、共赢。

论坛是由人大和韩国韩中思想文化研究所等单位发起的。

科学时报 2008－06－20

生物研究进入数量性状遗传阶段

中国首届"统计和计算遗传学国际研讨班"8 月上旬在北京举办。海内外著名统计和数量遗传学专家的高端报告，使来自我国的 28 所高校、科研院所的农林业、生物学、数学和统计学领域的研究人员和研究生了解了这一领域的国际前沿新知，掌握了最新的遗传数据分析方法。

这个研讨班由北京林业大学、中国林学会林木遗传育种分会和宾夕法尼亚州立大学共同主办。据研讨班协调人、北京林业大学教授张志毅介绍，多数生物性状尤其是对农林业生产重要的经济性状，都是数量性状，而数量性状遗传的复杂性则给研究带来很大困难。近年来，基因组技术的发展为揭示数量性状遗传变异规律带来了极大帮助。统计分析是分析基因组数据的重要工具。为了帮助我国相关研究人员掌握基本统计理论和最新方法，主办方特举办了这次大型研讨活动。

据了解，这次研讨班的讲座涵盖了统计和计算遗传学的诸多领域，主要介绍了林木数量遗传学研究现状和最新进展，以及群体遗传数据分析、数量性状位点的遗传定位、动态性状的功能定位等。

中国绿色时报 2009－08－19

绿色经济影响主流经济学

第四届绿色经济年会8月初在牛津大学闭幕。北京林业大学教授张颖在年会上做了"森林账户：中国案例的初步研究"主题报告，受到与会者的高度好评。该报告发表在牛津大学主办的国际刊物《绿色经济》上。

绿色经济是新近创造的非常有活力和有用的经济学分支，正处在不断发展、完善和实践中。剑桥大学经济系教授托尼·劳斯认为，绿色经济已经开始影响主流经济学。对此，与会的专家们形成了共识。

据悉，牛津大学绿色经济研究院创办人肯耐特介绍了绿色经济的发展、研究方法、研究内容、取得的成功经验以及未来的研究方向等。联合国环境规划署官员也介绍了联合国绿色经济的理论研究和实践情况。

张颖说，绿色经济运用环境经济学、生态经济学的一些理论和方法，研究社会、经济发展中的人口、资源、环境问题。从狭义上讲，它是"绿化"的经济，即从资源、环境、可持续发展的角度，探讨节约资源、降低污染、发展经济，促进社会、经济的可持续发展。从广义上讲，它针对全球环境变化和贫穷化等问题，运用经济学的理论和实践经验，探讨解决这些问题的方法、途径，促进社会、环境的公平和可持续发展。

张颖认为，绿色经济的主要理念是"绿化"经济活动，实现社会、经济、环境的无害、平等、公正。它的范畴已超出了传统经济学的范围，并包括社会系统等。绿色经济的实践主要包括绿色创新、绿色核算、绿色 IT、绿色建筑和投资、防止生物多样性损失、防止贫穷化、气候变化、低速经济增长的管理、未来工程和生产的"绿色化"、绿色收入等。

中国绿色时报　2009－08－12

第 23 届国际杨树大会将在北京开幕

第 23 届国际杨树大会将于 10 月 26 日至 11 月 3 日在北京召开，会议的主题是"杨树、柳树与人类生存"。目前，大会专门网站已经开通，收到学术论文摘要 250 篇，中国递交的篇数约占 40％。

据中国林学会杨树专业委员会主任、北京林业大学校长尹伟伦院士介绍，由联合国国际粮农组织主持的国际杨树委员会每 4 年举办一次国际杨树大会。各国从事杨树和柳树教学、科研、生产的高校、研究和生产机构的专家学者就科研、造林、经营、木材工业及市场等最新问题进行交流并分享取得的进步与成果。本届盛会由中国林学会主办，北京林业大学和中国林业科学研究院承办。

据悉，杨树和柳树是全球性短轮伐周期快速生长的主要树种，在解决木材短缺、生态恶化、防风防沙、沙漠化防治、制浆造纸、板材家具等工业原材料供应等方面都起到了重要的作用。当前，杨树和柳树在生态环境改善和生物质能源的利用上，也越来越多地成为研究和利用的重点方向。

中国已成为杨树种植面积最大的国家，杨树人工林总面积 700

多万公顷，也是天然杨树资源最丰富的国家之一，天然林总面积300多万公顷。近年来，在应用传统和现代生物技术的杨树育种、栽培、病虫害防治、木材工业、纤维与纸浆造纸、生态环境改善、复合农林业发展、生物质能源与生物技术应用等方面都取得巨大成就，以杨木为主的胶合板产业已经使中国成为世界胶合板出口的第一大国。

科技日报 2008－10－14

国际专家京城论杨柳

从今天开幕的国际杨树大会上获悉，中国杨树人工林总面积为700多万公顷，居世界第一。

来自欧、美、亚洲30多个国家的200多位专家汇聚京城，将用4天时间集中研究探索"杨树、柳树与人类生存"的奥秘。

据悉，本届大会关注的热点是：杨柳对生态环境的修复、生物质能源及减缓气候变化中的最新成果。专家们将从杨柳树的育种、栽植、工业及应用、病虫害与森林健康、生物技术、生物质能源等角度，全方位交流杨柳树研究的最新进展。

组委会主席、北京林业大学校长尹伟伦院士介绍说，国际杨树大会4年一次，本届是第23届。国际杨树委员会是国际粮农组织下属的团体，有37个成员国。1980年，中国加入了国际杨树大家庭。

北京晚报 2008－10－27

第 23 届国际杨树大会在京开幕

10 月 27 日，第 23 届国际杨树大会在京开幕。来自欧洲、亚洲、北美洲、拉丁美洲 30 多个国家的 200 多名专家围绕"杨树、柳树与人类生存"主题，在 4 天时间里进行全方位的交流与探讨。

据悉，各国专家关注的焦点是：杨柳工业在造林中的应用现状与进展，杨柳对生态环境的修复，杨柳在生物质能源及碳截存减缓气候变化的应用现状和成果，杨树育种、生物技术与林业健康的发展。除大会报告外，还设有育种、栽植、工业及应用、病虫害与森林健康、生物技术、生物质能源等分会。大会收到论文 249 篇，内容涉及杨树基因工程与遗传育种、分子生物学、杨树栽培、经营管理、木材加工、杨树生态环境保护和多资源利用等诸多领域。

中国是杨树种植面积最多的国家，杨树人工林总面积 700 多万公顷。中国也是天然杨树资源最丰富的国家之一，杨树天然林总面积 300 多万公顷。近年来，在杨树育种（应用传统和现代生物技术）、栽培、病虫害防治、木材工业、纤维与纸浆造纸、生态环境改善、复合农林业发展、生物质能源与生物技术应用都取得巨大成就。黄河及长江流域大面积的杨树和柳树人工林每年可生产数百万吨木材，纤维、纸浆和林产品。在中国，杨树对抑制耕地减少和防治沙漠化也发挥巨大作用。

本次大会由联合国粮农组织、中国林学会、北京林业大学和中国林科院主办。

科技日报　2008 - 10 - 28

20 年后中外专家在京再论杨柳

10 月 27 日，第 23 届国际杨树大会在北京开幕，会议主题为"杨树、柳树与人类生存"。国家林业局副局长张建龙出席会议并讲话。北京林业大学校长、中国工程院院士、中国杨树委员会主席尹伟伦当选为本届国际杨树大会主席。

张建龙说，中国是杨树种植面积最大的国家。在城乡绿化、生态环境建设、退化土地恢复、沙漠化防治、农村产业发展和助农增收等方面，杨树都扮演着重要的角色。中国政府十分重视杨树新品种培育、丰产栽培、加工利用、多种经营，在科学研究、技术推广和产业发展方面给予优先支持。中国杨树领域的发展离不开国际的支持与交流合作。时隔 20 年后，国际杨树大会再次在中国北京召开，希望能为与会专家搭建交流经验、增进友谊、促进交流、扩大合作的平台。

第 23 届国际杨树大会由联合国粮农组织、中国林学会、北京林业大学和中国林业科学研究院联合主办。

国际杨树大会主席 StefanoBisoffi 先生说，本届国际杨树大会创造了三项记录：一是参与人数最多，有来自欧洲、亚洲、北美洲及拉丁美洲的 30 多个国家的 200 多名专家学者参加这次学术交流；二是科学贡献最大，目前大会已经收到论文 249 篇，内容涉及杨树基因工程与遗传育种、分子生物学、杨树栽培、经营管理、木材加工、生态环境保护等诸多领域；三是学术水平最高。

除大会报告外，本届国际杨树大会还设有育种、栽植、工业及应用、病虫害与森林健康、生物技术和生物质能源等分会。部分参会专家还将赴内蒙古通辽、河南濮阳和江苏泗阳、南京等地实地考察。

国际杨树委员会是联合国粮农组织下属的一个法定技术性团体，致力于促进杨树和柳树的栽培、保存和利用，每四年举办一次国际杨树大会，由世界各国相关机构就杨树和柳树的科研、造林、经营、木材工业及市场等方面交换信息，分享取得的进步和成果。

联合国粮农组织林业司森林资源开发部主任 JimCarle 先生说，当我们努力满足人们对于收入、食品安全和可持续发展生活的种种需要的同时，也面临着越来越多的挑战，如极端气候、森林火灾、病虫害、疾病、外来物种入侵等危险及社会对生物质能源和燃料需求的增长。国际杨树委员会必须为包括中国杨树委员会在内的一些相关组织探索新的方法来解决这些复杂尖锐的问题，探索如何提高杨柳对于林业可持续发展、土地利用尤其是改善人类生存环境方面作出更有效的贡献。

1980 年，中国被接纳为国际杨树委员会成员国；1988 年，第 18 届国际杨树大会在北京召开。

中国绿色时报　2008 - 10 - 28

全球林学家京城论杨柳

第 23 届国际杨树大会 10 月 27 日至 30 日在北京召开。欧、美、亚等 30 多个国家的 200 多位林学专家间聚焦主题"杨树、柳树与人类生存"，关注的热点是：杨柳工业在造林中的应用现状与进展，杨柳对生态环境的修复，生物质能源及碳截存减缓气候变化的应用现状和成果，杨树育种、生物技术与林业健康的发展。大会还设有育种、栽植、工业及应用、病虫害与森林健康、生物技术、生物质能源等分会，全方位交流杨柳树研究的最新进展，代表了世界杨树领域的最高水平。

组委会主席、北京林业大学校长尹伟伦院士介绍说，国际杨树大会 4 年一次。杨树和柳树是全球性短轮伐周期快速生长的主要树种，在解决耕地减少、沙漠化防治、工业原材料供应特别是城市地区原材料的提供、再生和有效的利用都起到了重要的作用。中国是杨树种植面积最多的国家，杨树人工林总面积世界第一；是天然杨树资源最丰富的国家之一，总面积 300 多万公顷。杨树对抑制耕地减少和防治沙漠化也发挥巨大作用。

近年来，中国黄河及长江流域大面积的杨树和柳树人工林，每年可生产数百万吨木材、纤维、纸浆和林产品。目前，我国杨树主要栽培在东北地区、华北平原及渤海沿岸区黄淮平原区、江淮平原区和黄土高原区，成为这些地区主要的造林树种之一。

北京日报　2008 - 10 - 29

第 23 届国际杨树大会在京召开

日前，第 23 届国际杨树大会在北京召开。会议主题为"杨树、柳树与人类生存"。来自欧洲、亚洲、北美洲、拉丁美洲的 30 多个国家的 200 多名专家学者参加了会议。

　　国际杨树大会主席比索菲先生说，本届盛会创下了 3 个历史之最：参会专家的人数最多；科学贡献最大；学术水平最高。20 年前，中国曾承办过这一会议，参会专家不过百人。

　　据悉，各国专家关注的焦点是：杨柳工业在造林中的应用现状与进展，杨柳对生态环境的修复，杨柳在生物质能源及碳截存减缓气候变化的应用现状和成果，杨树育种、生物技术与林业的健康发展。除大会报告外，还设有育种、栽植、工业及应用、病虫害与森林健康、生物技术、生物质能源等分会。

　　据大会执行主席尹伟伦院士介绍，中国是杨树种植面积最多的国家，杨树人工林总面积 700 多万公顷。中国也是天然杨树资源最丰富的国家之一，杨树天然林总面积 300 多万公顷。中国还是杨柳树研究水平较高的国家。近年来，在杨树育种（应用传统和现代生物技术）、栽培、病虫害防治、木材工业、纤维与纸浆造纸、生态环境改善、复合农林业发展、生物质能源与生物技术应用方面都取得巨大成就。黄河及长江流域大面积的杨树和柳树人工林每年可生产数百万吨木材，纤维、纸浆和林产品。在中国，杨树对抑制耕地减少和防治沙漠化也发挥巨大作用。

　　大会由联合国粮农组织、中国林学会、北京林业大学和中国林科院主办。

科学时报　2008 - 10 - 31

30多国200位专家
纵论杨柳与人类生存关系

日前，第23届国际杨树大会在京拉开帷幕。来自欧洲、亚洲、北美洲、拉丁美洲的30多个国家的200多名专家学者围绕"杨树、柳树与人类生存"这一主题，在4天时间里进行全方位的交流与探讨。本次大会由联合国粮农组织、中国林学会、北京林业大学和中国林科院主办。

据悉，各国专家关注的焦点是：杨柳工业在造林中的应用现状与进展，杨柳对生态环境的修复，杨柳在生物质能源及碳截存减缓气候变化的应用现状和成果，杨树育种、生物技术与林业健康的发展。除大会报告外，还设有育种、栽植、工业及应用、病虫害与森林健康、生物技术、生物质能源等分会。大会收到会议论文249篇，内容涉及杨树基因工程与遗传育种、分子生物学、杨树栽培、经营管理、木材加工、杨树生态环境保护和多资源利用等诸多领域。

大会执行主席尹伟伦院士在讲话中说，中国是杨树种植面积最多的国家，杨树人工林总面积700多万公顷。中国也是天然杨树资源最丰富的国家之一，杨树天然林总面积300多万公顷。中国还是杨柳树研究水平较高的国家。近年来，在杨树育种（应用传统和现代生物技术、栽培、病虫害防治、木材工业、纤维与纸浆造纸、生态环境改善、复合农林业发展、生物质能源与生物技术应用等方面都取得了巨大成就。

光明日报　2008－11－02

我国杨树人工林面积世界第一

中国杨树专业委员会主任、中国工程院院士尹伟伦新近披露，中国杨树人工林总面积为700多万公顷，居世界第一。近年来，我国在杨树苗木培育、栽培技术等方面的研究取得丰硕成果，在国际上产生积极影响。杨属在2000年被国家列入第二批植物新品种保护名录后，全国已有35个杨属新品种被授予植物新品种权。

2002年以来，经权威机构审定，全国有28个杨树品种进入林木良种名录，推广后，产生了较好的经济效益。速生性突出、造林成活率高的欧美杨107杨、欧美杨108杨，速生、抗性强的丹红杨、创新杨1号等都表现出良好的性状，通过了国家成果鉴定。

目前，我国杨树的大批良种无性系主要栽培在东北地区、华北平原及渤海沿岸区黄淮平原区、江淮平原区和黄土高原区，成为这些地区主要的造林树种之一。

在杨树苗木培育技术研究中，我国取得可喜成绩。南京林业大学针对不同地区主栽无性系，研究了不同扦插密度、插穗质量对扦插成活率、叶面积、生物量及生长量指标的影响，制定了分地区的《苗木质量分级》和《扦插育苗技术规程》。山东农业大学开展了杨树苗圃地不同重茬代数对苗木生长、生态生理特性、生物量分配等方面的影响的系统研究。上海市嘉定林业站在南方地区开展了杨树苗圃化学除草试验研究，使主要杂草的防治效果超过90%，对苗木没有安全危害。安徽五河县林业工作站在北方地区开展了地膜覆盖、保水剂对育苗地土壤物理性质、苗木生长的影响试验。

　　我国科研人员深入研究杨树人工林优质丰产栽培技术，提高了杨树造林成活率，促进了杨树的健康生长。南京林业大学和华中农业大学编制了通用性较强的南方型杨树单形和多形立地指数表。北京林业大学在水分管理技术研究中发现，杨树生长量随灌溉量增加而增长，并系统研究了土壤水分对欧美杨 107 杨生长和生理过程的影响。中科院武汉植物园研究发现，氮是杨树施肥中第一考虑因子，单施氮肥、氮磷配施、氮肥加有机肥混合施用等都有较好的效果，磷次之，钾肥效果较差。北京林业大学系统研究了氮磷的不同配比对欧美杨 107 杨生物量分配的影响，结果对生产具有指导意义。

　　北京林业大学和福建师范大学的研究发现，杨树与刺槐合理混交可以加速林木生长，增加木材产量，减少病虫害发生，提高林分稳定性，同时可培肥林地土壤。中科院和水利部水土保持研究所的研究证实，在半干旱地区，混交林平均株高比杨树纯林高 44.8％，胸径平均大 32.7％，林分生物量高 139.8％。山西临汾师范学院的研究表明，杨树套种杞柳可以达到优势互补，比套种农作物平均增加收入 67.5％，可明显促进杨树生长。

　　北京林业大学对欧美杨 107 杨的研究发现，在杨树幼龄阶段，适当去除严重影响主干生长的竞争枝是必要的。修枝能有效增加林下光合有效辐射 39.7％～98.9％，能显著促进林下作物增产。

　　南京林业大学、宁夏林业研究所、山东林科院、中国农业大学研究了杨树人工林复合经营体系的结构设计和高效杨树人工林复合经营体系建立的设计原理，建立了杨树与农、药材、食用菌、草、牧等多种人工林复合经营模式。

中国绿色时报　2008－10－22

杨柳与人类生存息息相关

第23届国际杨树大会日前在北京召开。欧洲、北美洲、拉丁美洲、亚洲30多个国家的200多位专家汇聚京城，用4天时间聚焦"杨树、柳树与人类生存"的奥秘。

国际杨树大会主席比索菲先生说，本届盛会创下了三个历史之最：参会专家的人数最多；科学贡献最大；学术水平最高。

20年前，中国曾承办过这一会议，参会专家不过百人，从一个侧面证明中国杨树研究在国际上的影响日益扩大。

本次大会由联合国粮农组织、中国林学会、北京林业大学和中国林科院主办。国际杨树委员会的高级官员们称，中国在与印度等国竞争2008年23届国际杨树大会的举办权时，中国杨树专业委员会主任、北京林业大学校长尹伟伦院士出色的讲演和中国在杨树研究中取得的成就，给各国专家们留下深刻印象，得到了国际学术界的认可。今天，当看到中国如此认真负责地履行诺言，他们认为自己当初的选择是正确。

本届大会关注的热点是：杨柳工业在造林中的应用现状与进展，杨柳对生态环境的修复，生物质能源及碳截存减缓气候变化的应用现状和成果，杨树育种、生物技术与林业健康的发展。大会除主报告外，还设有育种、栽植、工业及应用、病虫害与森林健康、生物技术、生物质能源等分会，全方位交流杨柳树研究的最新进展。

世界各地的专家学者、杨树从业人员提交了249篇论文，内容

429

涉及杨树基因工程与遗传育种、分子生物学、杨树栽培、经营管理、木材加工、杨树生态环境保护和多资源利用等各个层面，代表了世界杨树领域的最高水平。

大会选举尹伟伦院士为执行主席。他说，国际杨树委员会是国际粮农组织下属的团体，致力于促进杨柳科家族成员（包括杨树和柳树）的栽培、保存和利用。国际杨树委员会由 1947 年成立时的 9 个成员国，发展到目前为止共有 37 个成员国。1980 年，中国加入了国际杨树大家庭。

杨树人工种植面积
中国居世界首位

杨树和柳树是全球性短轮伐周期快速生长的主要树种，在解决耕地减少、沙漠化防治、工业原材料供应特别是城市地区原材料的提供、再生和有效的利用都起到了重要的作用。杨树和柳树为林业产品提供木材和纤维，同时也是重要的生物质能源材料。

尹伟伦院士称，中国是杨树种植面积最多的国家，中国杨树人工林总面积为 700 多万公顷，居世界第一。中国还是天然杨树资源最丰富的国家之一，杨树天然林总面积 300 多万公顷。杨树总蓄积量为 42596.5 万立方米。

近年来，中国在杨树育种、栽培、病虫害防治、木材工业、纤维与纸浆造纸、生态环境改善、复合农林业发展、生物质能源与生物技术应用都取得巨大成就。黄河及长江流域大面积的杨树和柳树人工林每年可生产数百万吨木材、纤维、纸浆和林产品。在中国，杨树对抑制耕地减少和防治沙漠化也发挥巨大作用。

在我国木材加工利用的原料由天然林向人工林木材为主转变的大背景下，杨树人工林木材已经成为木材加工利用的主要原料之一，在人造板的可持续发展中发挥了重要作用。全国年产人造板总量已达 7000 多万立方米，其中以杨树木材参与制造的产量超过一半以上。

中国杨树研究新成果
令世界瞩目

中国不仅仅在杨树种植面积上世界第一，在杨树科研中也取得了丰硕成果，在国际上具有重要影响。

据系，杨属在 2000 年被中国列入了第二批植物新品种保护名录后，全国已有 35 个杨属新品种被授予了植物新品种权。

2002 年以来，经权威机构审定，有 28 个杨树品种进入林木良种名录，在适宜种植的地区推广后，产生了较好的经济效益。速生性突出、造林成活率高的欧美杨 107 杨、欧美杨 108 杨，速生、抗性强的丹红杨、创新杨 1 号等都表现出良好的性状，通过了国家成果鉴定。

目前，我国杨树的大批良种无性系主要栽培在东北地区、华北平原及渤海沿岸区黄淮平原区、江淮平原区和黄土高原区，成为这些地区主要的造林树种之一。

近年来，在杨树育种（应用传统和现代生物技术）、栽培、病虫害防治、木材工业、纤维与纸浆造纸、生态环境改善、复合农林业发展、生物质能源与生物技术应用都取得巨大成就。黄河及长江流域大面积的杨树和柳树人工林每年可生产数百万吨木材，纤维、纸浆和林产品。在中国，杨树对抑制耕地减少和防治沙漠化也发挥巨大作用。

在杨树苗木培育技术研究中，我国取得了可喜成绩。科研人员深入研究杨树人工林优质丰产栽培技术，提高了种植杨树的成活率，促进了杨树的健康生长；系统地研究了杨树人工林复合经营体系的结构和高效杨树人工林复合经营的体系。

一半国产人造板
含有杨树木材

在我国木材加工利用的原料由天然林向人工林木材为主转变的大背景下，杨树人工林木材已经成为木材加工利用的主要原料之一，在人造板的可持续发展中发挥了重要作用。

尹伟伦院士提供的最新数据是：全国年产人造板总量已达7000多万立方米，其中以杨树木材参与制造的产量超过一半以上。

为了使杨树在木材加工利用中饰演重要的角色，我国科研人员在杨树木材性质、木材干燥、人造板制造、杨树高得率制浆生产技术等方面加紧研究，取得了显著进展。

中国林科院对杨树木材解剖性质的研究进入了新阶段，对杨树木材的物理力学性质研究也取得了成果；东北林业大学对小青黑杨受病虫害影响前后的化学成分进行了比较分析；杨树烂皮病和杨树冰核细菌性溃疡病对小青黑杨化学成分的影响非常显著；湖南林科院研究了其生长与材性性状的遗传变异及性状间的相关性；南京林业大学对 7 个杨树无性系的木材基本密度和纤维素含量进行了系统研究；湖南林科院对生长量达中等以上水平的 19 个新、老无性系的木材基本密度、纤维素含量、纤维形态的分析研究，得出了一系列重要结论。

我国是杨木加工产业最发达的国家之一。林业科研人员对杨木干燥特性、干燥方法及其工艺开展了许多研究，加工利用的新工艺和新技术的诞生，促进了中国杨木加工产业的可持续发展。

在新产品开发中，科研人员利用杨木胶合板生产工艺制成了高强度高耐磨的混凝土模板用胶合板、结构和非结构用杨木单板层积材；以杨木单板为原料，制成重组装饰材，目前已用于家具生产和装饰装修；以喷蒸平压机为核心技术，形成了厚型中密度纤维板生产线；以连续辊压机为核心技术，形成了薄型中密度纤维板生产线，在全国建成了10个推广示范厂。经过长期攻关，研制了国产化的定向结构板生产线，获得了自主知识产权。

杨树木材是一种较为适宜的制浆造纸原料。我国大部分企业都采用杨木高得率制浆工艺生产纸浆。岳阳纸业建成了环保、清洁的世界第一条工业化制浆生产线，带动了国内高得率制浆工艺技术的发展。目前，多家造纸企业已建成或正在建设以速生杨木为原料的大型制浆造纸生产线，年产量达200万吨。

中国林科院林化所系统研究了速生杨等树种木材的制浆适应性、高得率制浆工艺技术、漂白工艺及相关废水处理技术等，对林业系统发展高得率浆生产在技术上进行了准备。在杨木纸浆抗返色机理和抑制返色技术方面也取得了良好的进展。高浓度废水有效处理技术的研发，取得了良好的中试成果。

科学新闻杂志　2009 - 01 - 11

尹伟伦被推举为国际杨树委员会执委

国际杨树委员会的新执委们不久前收到了该委员会主席比索菲先生的信件，感谢他们积极参加在北京召开的第23届杨树大会，并通报了尹伟伦院士等3位国际专家被新一届执委一致推举为国际杨树委员会执委的消息。

比索菲先生说，除了大会闭幕前选举产生的新一届执委外，另有 3 位专家被执行委员会全体委员一致推举为执委。他们是中国的尹伟伦院士、加拿大的瑞查的森先生和瑞典的斯文德先生。

据了解，国际杨树委员会章程规定，执委除了在各个成员国推荐的候选人中选举产生外，还有极少数学术造诣较高，在杨树领域作出突出贡献的知名专家，可以由国际杨树委员会执委会的委员们集体推举担任执委。

尹伟伦院士是中国杨树委员会主席，在杨树研究领域具有很深的造诣。这次国际杨树大会尹伟伦院士被选为大会主席，并在大会上作了主旨报告。尹伟伦院士带领中国同行为办好这届国际杨树大会作了大量富有成效的工作，得到了各国专家的肯定和好评。

比索菲先生还在信中高度赞扬了由中国林学会、北京林业大学和中国林科院承办的第 23 届国际杨树大会。这届盛会上个月在北京举行，其主题是"杨树、柳树与人类生存"。

据悉，下届国际杨树大会将于 4 年后在印度举行。

中国绿色时报　2008 - 12 - 24

尹伟伦任国际知名目录检索咨询常委

北京林业大学校长尹伟伦院士应斯高普斯（Scopus）目录检索与咨询委员会的邀请，出任该委员会的常务委员。

斯高普斯是全世界最大的摘要和引文数据库，涵盖了 15000 种科学、技术及医学方面的期刊。尹伟伦院士是该委员会中惟一的中国大陆科学家。

该委员会由来自全球各地的 35 名代表组成，他们是各自研究领域的著名专家，并因具有丰富经验而被邀请加入。他们对未来科学领域的前景规划都有着深刻的见解。他们的建议直接影响到整个斯高普斯的发展方向以及新功能的择优选用。他们的贡献决定着斯高普斯的国际性、时代性和关联性。

有关人士称，林业专家作为研究领域的代表，成为这一国际知名机构的常委，对推动我国林业在世界上的学术影响力具有重要意义。

尹伟伦院士是我国著名的生物学家、森林培育学家，中国杨树委员会主席和国际杨树委员会执委，中国林学会副理事长，主要研究方向是植物抗旱抗盐机理、林木生长发育调控及转基因育种，主持过多项重大科研课题，获国家发明三等奖、国家科技进步二等奖多项。

中国绿色时报　2009－09－16

科研繁荣推进了杨树产业发展

在我国木材加工利用的原料由天然林向人工林木材为主转变的大背景下，杨树人工林木材已经成为木材加工利用的主要原料之一，在人造板的可持续发展中发挥了重要作用。

国际杨树大会在北京召开前夕，中国杨树委员会主任尹伟伦院士提供的最新数据是：全国年产人造板总量已达 7000 多万立方米，其中以杨树木材参与制造的产量超过一半以上。他介绍说，为了使杨树在木材加工利用中饰演重要的角色，我国科研人员在杨树木材性质、木材干燥、人造板制造、杨树高得率制浆生产技术等方面加紧研究，取得了显著进展。

木材性质研究不断深化

中国林科院对杨树木材解剖性质的研究进入了新阶段。研究人员对滩地杨树经泥沙长时间的掩埋后其纤维长度和纤维壁厚等进行了分析，另在美洲黑杨次生韧皮部筛管和伴胞发育过程的细胞超微结构动态变化中，研究也有新的发现。

中国林科院对I－214杨树木材的物理力学性质研究表明，从髓心到树皮，杨树的物理力学性质有极显著的差异。以杨树人工林木材I－69杨为对象，研究了在施肥与未施肥、淹水与未淹水两种生态条件下的木材主要物理力学性质。结果表明：施肥处理后，木材年轮宽度、静态抗弯弹性模量和顺纹抗压强度增加显著；与未淹水相比，季节性淹水使木材密度、干缩率和力学性质都降低或显著降低。

在木材化学性质与病虫害关系研究上，东北林业大学对小青黑杨受病虫害影响前后的化学成分进行了比较分析，证明青杨虎天牛危害后除综纤维素含量明显降低外，水分、热水抽提物等含量同健康木差异不显著；杨树烂皮病和杨树冰核细菌性溃疡病对小青黑杨化学成分的影响非常显著。

湖南林科院以6年生18个杨树无性系为材料，研究了其生长与材性性状的遗传变异及性状间的相关性。利用灰色关联度分析法评选出5个综合性状优异的美洲黑杨杂交新无性系；南京林业大学对7个杨树无性系的木材基本密度和纤维素含量进行了系统研究。湖南林科院对生长量达中等以上水平的19个新、老无性系的木材基本密度、纤维素含量、纤维形态的分析研究，得出了一系列重要结论。

木材干燥研究服务生产

林业科研人员对杨木干燥特性、干燥方法及其工艺开展了许多研究，对生产具有重要意义。

对干燥特性的研究表明，I-214杨干燥变形较小，无内裂，较易干燥；北京杨等均易干燥，但扭曲变形较严重；加拿大杨干燥中易产生皱缩缺陷。I-214杨采用常规（阶梯式）干燥和连续式干燥，其板材厚度上的含水率偏差较小，干燥残余应力也较小，有利于木材的后期加工。常规干燥通过提高循环风速和介质温度等措施，可缩短杨木干燥周期30%左右，高温干燥可缩短干燥周期一半以上，从而降低干燥能耗。

杨木锯材采用高频真空干燥，与常规干燥相比，不仅显著缩短干燥周期，具有木材颜色变化小、变形缺陷少的特点。微波干燥较适合于带髓心的杨木厚板材，与常规干燥相比可节省能耗20%以上。

新工艺新技术层出不穷

据了解，我国是杨木加工产业最发达的国家之一。杨木加工利用的新工艺和新技术，促进了中国杨木加工产业的可持续发展。

受杨树基因的影响，其木材的密度小、强度低、尺寸稳定性差、易燃和易腐，影响了杨木的应用范围和使用寿命。科研人员针对这些缺陷提出了一系列的改性处理研究，取得了良好的效果。

通过压缩提高杨树木材表面的密度、借助高温定形的杨木表面密实化处理；采用200℃左右的高温介质热处理控制杨木板材的变形和开裂，增强防腐抗蛀性能；通过将木材中的羟基转换成乙酰基的杨木乙酰化处理，降低木材的吸水能力。根据杨木制备重组装饰材产品生产的需要，成功研制了杨木染色处理的技术，包括染料的选择和染色工艺的开发，目前已投入了工业化生产应用。

杨木加工的新产品问世

在新产品开发中，利用杨木胶合板生产工艺制成了高强度高耐磨的混凝土模板用胶合板、结构和非结构用杨木单板层积材；以杨木单板为原料，制成重组装饰材，目前已用于家具生产和装饰装修；以喷蒸平压机为核心技术，形成了厚型中密度纤维板生产线；以连续辊压机为核心技术，形成了薄型中密度纤维板生产线，在全国建成了 10 个推广示范厂，其产品在家具、建筑、门业、地板等行业得到广泛应用。

经过长期攻关，研制了国产化的定向结构板生产线，获得了自主知识产权，在我国建造了 4 个应用推广企业，产品被用于建筑、车船制造、包装运输和一些专用场所；开发了杨木定向结构木材和定向排列单元板材。此外，利用杨木板条在复合地板的生产中也有重要应用。

制浆造纸技术取得突破

杨树木材是一种较为适宜的制浆造纸原料。我国大部分企业都采用杨木高得率制浆工艺生产纸浆。岳阳纸业建成了最环保、最清洁的世界第一条工业化制浆生产线，带动了国内高得率制浆工艺技术的发展。目前，多家造纸企业已建成或正在建设以速生杨木为原料的大型制浆造纸生产线，年产量达 200 万吨。

中国林科院林化所系统研究了速生杨等树种木材的制浆适应性、高得率制浆工艺技术、漂白工艺及相关废水处理技术等，对林业系统发展高得率浆生产在技术上进行了准备。在杨木纸浆抗返色机理和抑制返色技术方面也取得了良好的进展。高浓度废水有效处理技术的研发，取得了良好的中试成果。

中国绿色时报　2008－10－16

国际风景园林大师 5 月聚苏州

第 47 届国际风景园林师联合会世界大会将于今年 5 月在中国苏州举行。北京林业大学孟兆祯院士设计的会徽方案确定为大会会徽。北林大和苏州市政府、江苏省住房和城乡建设厅联合承办这一盛会。

据悉，国际风景园林师联合会是世界上风景园林行业影响力最大的国际学术组织。其每年召开的全球性年会是其最重要的学术活动。此次盛会在中国举办，对扩大国际影响，提升我国城市环境建设水平，改善人居环境具有重要意义。

今年大会的主题是"和谐共荣——传统的继承与可持续发展"，旨在讨论在全球化的、城市化的背景下，珍惜和保护传统的价值，努力平衡其与当代的社会发展。大会将分 7 个专题，即文化遗产与自然遗产的保护，生态系统的建设，风景园林规划与设计，风景园林教育，风景园林工程技术，风景园林管理和风景园林植物。

为配合世界大会的召开，国际风景园林师联合会和中国风景园林学会将共同举办本年度大学生风景园林设计竞赛。竞赛邀请风景园林或其他相关专业（限尚未开设正式风景园林专业的学校或国家）大学生参加。

北京晚报　2010 - 01 - 13

科技日报　2010 - 01 - 19

中国绿色时报　2010 - 01 - 08

国际风景园林师聚首中国

国际风景园林师联合会（IFLA）世界大会 5 月 28 日至 6 月 1 日首次在中国大陆召开，令来自世界各地的风景园林大师们对中国风景园林有了全新的认识。IFLA 执行主席戴安妮·孟赛斯女士称赞说，这是 IFLA 有史以来参赛人数最多、最为成功的一届盛会。

IFLA 于 1948 年 9 月成立于英国剑桥，是受联合国教科文组织指导的国际风景园林行业的最高组织。现有 61 个国家的风景园林学会会员，2 个地区会员。IFLA 每年召开一次全球性年会，轮流在亚太区、美洲区、欧洲区三大区举行。2005 年中国风景园林学会正式加入了 IFLA，成为代表中国的国家会员。本次大会是第四十七届，也是首次在中国大陆举办。

来自世界各地的风景园林及相关行业领域的 2500 名代表，在苏州参加了有着"风景园林行业奥林匹克大会"之誉的国际风景园林师联合会世界大会。在我国最具古典园林魅力的苏州，与会代表身临其境，对"虽为人作，宛若天开"的中国园林有了切身的体验。代表们还实地考察了上海世博会和辰山植物园，对现代风景园林事业在中国的飞速发展有了感性的认识。

据悉，本届大会的主题为"和谐共荣——传统的继承与可持续发展"，重点探讨在经济全球化、快速城镇化背景下，如何传承发展传统的风景园林文化艺术，兼顾保护和发展，实现人与自然和谐共处，促进城市健康可持续发展。

大会开设了"自然遗产与文化遗产的保护"、"生态系统的更新、恢复和发展"、"风景园林规划与设计"、"风景园林教育"、"风景园林工程技术"、"风景园林看护与管理"、"风景园林植物"7个分会场，80多位中外专家学者就共同关心的热点问题、焦点问题发了言，并与代表们进行了广泛深入的交流与研讨。

大会前夕，举办了新一届 IFLA 世界大会学生风景园林设计大赛。14 个国家和地区的 354 份学生竞赛作品参赛。大赛的前三名均由中国学生获得。第一名、第二名被北京林业大学囊括。

中国绿色时报　2010 - 06 - 04

风景园林国际大奖北林大拔得头筹

在刚刚结束的风景园林界国际最高级别的大学生设计竞赛中，北京林业大学喜获丰收：比赛共设一二三等奖各一个，北林大学生拔得头筹，还将三等奖收入囊中，另获三个佳作奖中的一个。

国际风景园林师联合会第 46 次世界大会日前在巴西的里约热内卢召开。其间，作为大会重要主题之一的国际大学生竞赛揭晓并颁奖。本次大赛有全球范围的学生设计作品 25 幅入围，一等奖被北林大研究生张云路等 5 位学生获得，他们的获奖作品是"沙漠中的绿色港湾——作为防风避风绿色基础设施的廊道"，大学生们针对新疆喀什严重的风害问题，运用科学的防风抗风手法，对老城区重新进行环境的规划与设计，巧妙地构建了覆盖全城的防风抗风基础设施，试图来改善当地的风环境。

北京晚报 2009 - 10 - 27

我大学生国际风景园林设计赛获丰收

在日前结束的风景园林界国际最高级别的大学生设计竞赛中，我国大学生喜获丰收。比赛共设一、二、三等奖各 1 个。一等奖由北京林业大学研究生张云路等 5 位学生获得，二等奖由清华大学研究生崔庆伟等获得，三等奖由北京林业大学研究生沈洁等 5 位学生获得。

10 月 20 日～10 月 23 日，国际风景园林师联合会第 46 次世界大会在巴西里约热内卢召开。其间，国际风景园林师联合会学生设计大赛比赛结果揭晓并颁奖。设计大赛由国际风景园林师联合会主办，每年一次，是全球最高水平的风景园林专业学生设计竞赛。

据与会人员介绍，如此佳绩证明了中国在风景园林教育领域的水平和潜力，获奖作品得到国外同行的高度评价，在世界大会上掀起了中国风。获得一等奖的作品"沙漠中的绿色港湾－－作为防风避风绿色基础设施的廊道"，由北京林业大学园林学院院长李雄教授指导，张云路等 5 位研究生针对新疆喀什严重的风害问题，运用科学的防风抗风手法，对老城区重新进行环境规划与设计，巧妙构建了覆盖全城的防风抗风基础设施。

中国绿色时报 2009 - 11 - 02
中国花卉报 2009 - 11 - 02

"沙漠中的绿色港湾"获国际大奖

在刚刚结束的风景园林界国际最高级别的大学生设计竞赛中，北京林业大学喜获丰收。比赛共设一二三等奖各一个。北林大摘得头筹，还将三等奖收入囊中，而且二等奖获得者也是该校本科毕业生。另获三个佳作奖中的一个。

世界大会的中国风

10 月 20~23 日，国际风景园林师联合会第 46 次世界大会在巴西里约热内卢召开。其间，作为大会重要主题之一的国际大学生设计竞赛揭晓并颁奖。本次大赛有全球范围的学生设计作品 25 幅入围。一等奖由北林大研究生张云路等 5 位学生获得，二等奖由清华大学研究生崔庆伟（本科就读于北林大）等同学获得，三等奖由北林大研究生沈洁等 5 位学生获得，北林大学生还获一个佳作奖。另外两个佳作奖分别由阿根廷、荷兰的两组学生获得。

国际风景园林师联合会学生设计大赛由国际风景园林师联合会主办，每年一次，是联合会世界大会的重要学生活动之一，也是全球最高水平的风景园林专业学生设计竞赛。其目的是鼓励学生参与并更深刻地认识风景园林设计，通过尝试解决未来可能出现的各种观点及挑战，促进风景园林学科的发展，为人类创造更加美好的生存环境。第 46 届 IFLA 国际风景园林联合会学生设计竞赛的主题是："绿色基础设施"明天的风景、基础设施和人。

据与会人员介绍，北林大学生获得如此佳绩，证明了中国在风景园林教育领域的水平和潜力，得到国外同行的高度评价，世界大会上掀起了中国风。

沙漠中的绿色港湾

获得了一等奖的作品是"沙漠中的绿色港湾——作为防风避风绿色基础设施的廊道"，由北林园林学院院长李雄教授指导的张云路、苏怡、刘家琳、鲍沁星、张晓辰五位研究生完成。他们针对新疆喀什严重的风害问题，运用科学的防风抗风手法，对老城区重新进行环境的规划与设计，巧妙地构建了覆盖全城的防风抗风基础设施，试图来改善当地的风环境。

设计中的基础设施，由防风植物及土坯构筑物共同构成。大学生们力图在创造老城区友好的室外环境的同时，鼓励居民的交流、运动以及巴扎贸易等室外活动，注重保护和恢复当地特有的非物质文化遗产，带动商业、旅游业的发展，以经济的繁荣焕发老城的活力。该方案创造出"避风港"空间，成为老城可持续发展的激活器以及积极适应气候变化的成功案例。

"风与环境"成为突破口

设计小组的 5 人中，有 3 人参加上届比赛时入了围。今年他们凑在一起商量参赛时，离截稿日期也就半个月了。除了时间紧迫，最大的问题从哪里选择突破口。

苏怡想起了初中时看到的一个电视片。高楼林立的都市里，风的强度和速度都发生了很大的变化。风和人类的生活有着非常紧密的联系。在设计人员把关注点放在"冰水区"时代，选择风与环境作为突破口，显然具有前瞻性。她的想法得到了大家的赞同。很自然就把目光聚焦在了新疆喀什这个风城。

此前，大家对风并不了解。他们查资料、找数据，研究风与植物、风与环境、风与建筑的关系，通过设计一系列的绿色基础设施，营造适宜的生态环境。

设计基本完成之后，究竟怎么来统帅这个设计呢？设计之魂究竟如何概括呢？绞尽脑汁不得其解，却在一次外出等公共汽车时的两三分钟有了共识。"沙漠地区的绿色港湾"就这么诞生了。

强调设计师的社会责任

尽管还没有走上工作岗位，但这几位学生对设计师的社会责任已经有了较为深刻的理解。他们在总结作品为什么能够获奖时说，风景园林设计师应该负起保护环境、修复环境的责任，用出色的设计来解决其他行业无法解决的问题。

这种思想和理念同样也体现在其他两个获奖作品上。获得三等奖的作品是"羌峰寨生态性恢复规划"。在王向荣教授等老师的指导下，设计组选择了在"5·12"地震中具有典型性的受灾村寨——羌峰寨，从安全保证、宜居环境创造及文化保留三个层面对其进行了生态性恢复规划；获佳作奖的"海河入海口生态性修复规划"，则建立了一个艺术感强并且具有生态功能的河口区，力图通过修复海滨的土地，改善人、城市、海洋、其他生物之间的存在状态。

中国林业杂志　2009－11B

全球最高水平风景园林学生设计赛
中国丰收

在刚刚结束的风景园林界国际最高级别的大学生设计竞赛中，中国大学生喜获丰收。本次大赛有全球范围的学生设计作品 25 幅入围，一等奖由北京林业大学研究生张云路等 5 位学生获得见上图），二等奖由清华大学研究生崔庆伟等同学获得，三等奖由北林大研究生沈洁等 5 位学生获得。北林大学生还获得一个佳作奖，另外两个佳作奖分别由阿根廷、荷兰的两组学生获得。

世界大赛刮起中国风

国际风景园林师联合会学生设计大赛由国际风景园林师联合会主办，每年一次，是联合会世界大会的重要学生活动之一，也是全球最高水平的风景园林专业学生设计竞赛。其目的是鼓励学生参与并更深地认识风景园林设计，通过尝试解决未来可能出现的各种观点及挑战，促进风景园林学科的发展，为人类创造更加美好的生存环境。第 46 届 IFLA 国际风景园林联合会学生设计竞赛的主题是："绿色基础设施：明天的风景、基础设施和人"。

中国大学生获得如此佳绩，证明了中国在风景园林教育领域的水平和潜力，得到国外同行的高度评价，在世界大赛上掀起了中国风。

"沙漠中的绿色港湾"最成功

获得了一等奖的作品是"沙漠中的绿色港湾——作为防风避风绿色基础设施的廊道",由北林大园林学院院长李雄教授指导的张云路、苏怡、刘家琳、鲍沁星、张晓辰五位研究生完成。他们针对新疆喀什严重的风害问题,运用科学的防风抗风手法,对老城区重新进行环境的规划与设计,巧妙地构建了覆盖全城的防风抗风基础设施,试图来改善当地的风环境。

设计中的基础设施,由防风植物及土坯构筑物共同构成。大学生们力图在创造老城区友好的室外环境同时,鼓励居民的交流、运动以及巴扎贸易等室外活动,注重保护和恢复当地特有的非物质文化遗产,带动商业、旅游业的发展,以经济的繁荣焕发老城区的活力。该方案创造出"避风港"空间,成为老城区可持续发展的激活器以及积极适应气候变化的成功案例。

实践中体会设计师的社会责任

尽管还没有走上工作岗位,但北林大这几位学生对设计师的社会责任已经有了较为深刻的理解。他们在总结作品为什么能够获奖时说,风景园林设计师应该起到保护环境、修复环境的责任,用出色的设计来解决其它行业无法解决的问题。

这种思想和理念同样也体现在其他获奖作品上。获得三等奖的作品是"羌峰寨生态性恢复规划"。在王向荣教授等老师的指导下,设计组选择了在"5·12"地震中具有典型性的受灾村寨——羌峰寨,从安全保证、宜居环境创造及文化保留三个层面对其进行了生态性恢复规划。获佳作奖的"海河入海口生态性修复规划",则建立了一个艺术感强并且具有生态功能的河口区，力图通过修复海滨的土地，改善人、城市、海洋、其他生物之间的存在状态。

北京日报　2009 - 11 - 04

北林大学生获国际风景园林设计大奖

在刚刚揭晓的国际风景园林学生设计竞赛中，北京林业大学学生获得了两项大奖。他们完成的"黄河之滨的碛口古镇的保护与和谐再生"摘取头奖，"寻找逝去的泉"荣获第二名。

北林大学生以在黄河边即将消失的活遗址——碛口古镇为例，提出了一种古镇保护与更新的模式，以使即将消失的历史古镇能够留存和发展下去。明清商贸重镇碛口坐落在黄河晋陕峡谷中部，是古代黄河水运与中原陆运的重要转换地。由于社会的变迁，碛口已成为一座即将消失的活遗址城。

大学生们提出了"保护——更新——再生"的具有区域针对性的规划模式，使碛口由古代的水陆码头转型为现代的特色旅游小镇。在大学生们的设计中，古镇最具特色的"巷巷相通，院院相连"的城市格局得以保护。面朝黄河、背靠大山的自然生活方式还原到新建的区域中，实现了人与古镇的和谐共生，没落的古镇重新焕发生机。

"寻找逝去的泉"是该校大学生们的另一佳作。济南因泉而兴，因泉而名，泉水已成为这座历史文化名城的标志和符号。由于种种原因，散落在街巷、院落之间众多的泉池，有的停涌，有的淤积，有的被掩埋，有的被长久的藏匿于院落之中……济南的泉文化正面临着消失的危险。大学生们的设计以景观为载体来标示泉的所在，意在寻找已经逐渐逝去的城市与泉、人与泉的紧密关系，重塑济南老城依泉而生的城市生活氛围。

北京晚报　2010－06－07

科技日报　2010－06－08

人民网　2010－06－08

中国绿色时报　2010－06－09

北林大学生为何频获国际大奖？

22 年前，北京林业大学学生首次在国际风景园林师联合会（IFLA）学生竞赛中获奖。今年，在第 47 届 IFLA 世界大会举办的这一重大赛事中，北林大学生再次获取第一名、第二名两个大奖，并获 15 个评委奖中的 8 个。这在国际风景园林设计领域引起了很大反响。北林大学生为什么能在国际风景园林大学生设计大赛中屡创佳绩？在 IFLA 主席戴安娜看来是一个谜。

竞赛主题符合行业发展方向

北京林业大学学生周详研究了 IFLA 学生竞赛近年来获奖作品所涉及的主题。她说，比赛的主题基本将关注点放在生态治理、废弃地改造、基础设施建设等。这也是风景园林设计行业的主要导向。

她从历届对获奖作品的评语中分析出评委均从确定选题、规划

449

设计和图面表达 3 个方面对竞赛作品进行评价总结。

在确定选题方面，评委注重社会热点、生态恢复、生态设计、解决生态问题和社会问题、改善环境、被破坏的景观、破碎景观等问题上；在规划设计方面，评委强调全面综合研究、创造性的设计方法、生态处理手法、多方位作品、生态手法的融入、实事求是、以最小消耗取得最大改善、历史变迁分析、重建和保留具有文化和历史价值的元素、构建人与自然生态平衡、人与自然过程的协调（例如洪水、旱灾）、时间与空间；就图面表达而言，评委要求清晰、有效、全面、逻辑性强、很好地展示设计思想、表达手法新颖、有趣、可读性、必要的细节、重要场地的交叉部分、传达场地特性、结合图标模型航片等图解方法。

北林大风景园林教育特色鲜明

北林大学生在 IFLA 学生竞赛中取得的绝对优势，在一定程度上反映出该校风景园林教育的成效。与其它一些工科学校的风景园林教育相比，北林大的风景园林教育历史悠久，教学体系有鲜明的特色。

由于历史的原因，1981 年以后，园林植物、风景园林规划与设计逐渐分离，被划分在不同的学科门类中分别、单一发展，学科的多元性被破坏。而北林大学生的培养自始至终将园林植物与风景园林规划设计融合及一体化。植物景观规划与设计是北林大独有的课程。从本科生阶段开设的种植设计到研究生阶段的植物景观规划与设计等课程，北林大始终将植物景观的营造放在重要位置。在运用硬质材料塑造空间的基础上，注重用植物作为景观要素营造软质景观是北林大的特色和优势。这也将北林大的风景园林专业与一般工科院校的风景园林专业区别开来。

北林大风景园林专业本科生课程中的植物方面最重要的种植设计课程，主要从微观方面为植物造景打好基础；研究生阶段植物方面开设了植物景观规划与设计课程，此阶段的课程更加广泛、宏观。从本科到研究生阶段，北林大植物景观课程的学习在科学性、艺术性、文化性、实用性上都有更高、更广、更专、更深的要求。

大师指点、校方重视是重要因素

在教学计划中，北林大要求学生本科期间至少参加一次国内外园林设计竞赛，由学院选派相关教师进行辅导，成绩计算学分。作为研究生课程的一门必修课，学校鼓励研究生参与 IFLA 学生竞赛。

除此之外，北林大重视学生的实践，经常组织多种类型的讲座、论坛、参观、实习、实践，为学生提供了多层次、多维度空间学习和研究机会。

在园林学院，参加这一赛事已经成为培养学生能力和素质的重要途径之一，引起了广大教师的高度重视。早些年，中国工程院院士孟兆祯亲自出马指导学生，连续得过 3 次大奖；如今，青年教授、园林学院院长李雄指导的学生也三摘桂冠。他们科学引导而不包办代替，注重发挥学生的创造力，着力培养学生独立设计能力。除此之外，王向荣、刘晓明、周曦、朱建宁等教授指导的学生也多次获奖。

中国绿色时报　2010 - 07 - 16
中国花卉报　2010 - 07 - 08

我学生获国际大学生景观设计竞赛奖

新一届国际学生景观设计竞赛结果刚刚公布,清华大学建筑学院景观学系两位研究生获得了优秀奖。这次竞赛共收到世界各国的有效作品 170 份。"让地球重归伊甸园"的竞赛主题,使得参赛的中外学生积极尝试解决未来可能出现的各种危机及挑战。

此次竞赛的主题鼓励学生对作为自然资源的景观与公园、生物多样性与景观规划、景观规划设计的可持续性、灾难管理与景观设计、全球化时代的文化景观等方面的问题进行深入分析和思考。

这次比赛设一、二、三等奖各一名。韩国学生获一、二等奖,三等奖则被泰国学生摘取。我国学生的作品获得了 7 个优秀奖中的一个。这两位获奖学生名为郭湧和张杨。前一位毕业于北林大园林专业,后考入清华大学读研。后一位则一直在清华大学就读。他们以"见证一座垃圾山重归乐园的七张面孔"为题完成了设计方案。温州杨府山垃圾处理场这个在城市化条件下面临突出生态灾难和社会问题的场所,是他们规划设计的对象。他们综合运用风景园林规划设计方法和环境保护的技术手段,实现了垃圾场向高密度城市环境中具有生物多样性的可持续发展的自然生态系统的转化,实践了人居环境重归伊甸园。

科技日报 2007 - 09 - 27

国际城市滨水设计"最高荣誉奖"揭晓

11月2日，第21届世界城市滨水杰出设计"最高荣誉奖"揭晓并颁奖。这一世界城市滨水设计与开发利用的最高奖，由浙江永宁公园与香港湿地公园两个项目分享。

浙江永宁公园位于浙江沿海的台州市黄岩区。北京大学景观设计研究院俞孔坚教授及领导的团队土人景观与建筑设计院，按照"与洪水为友"的态度和设计理念，把昔日一个以防洪为单一功能的水泥硬化河道，应用乡土物种进行河堤的防护建设，在滨江地带形成了多样化的生境系统，使之成为充满生机的现代生态与文化休憩地，被称为"漂浮的花园"。

同时获得最高荣誉奖殊荣的香港湿地公园所处的土地原本拟用作生态缓解区。这个湿地公园将该生态缓解区提升成一个集自然护理、教育及旅游用途于一身的世界级生态旅游景点，其湿地保护面积约60公顷。

科技日报　2007－11－09

香山81号院获美国景观设计师协会奖

美国景观设计师协会刚刚公布了本年度专业设计奖项。清华大学朱育帆副教授设计的"香山81号院"荣获住区设计奖。这是中国项目首获该协会的这一奖项。同时，上海崇明岛的一项地块规划获得了分析与规划奖。

美国景观设计师协会已有 100 多年历史，是全球最有影响的景观设计专业协会，由全美 50 个州和 42 个国家的景观设计师代表组成。一年一度的该协会专业奖，是国际上景观设计界最具影响力的奖项。

北京大学景观设计学研究院院长俞孔坚教授参加了今年的专业奖评选，使长期以来由美国主导的专业奖评选有了中国学者的声音。这也是该协会首次邀请中国学者出任这一权威奖项的评委。

今年有来自全球 500 多个项目参加角逐，29 个优秀项目获奖。获奖项目中，有两个分布在中国，墨西哥、加拿大、黎巴嫩各一个，其余全部在美国本土。

据设计师朱育帆介绍，该项目占地不过两公顷，除 2000 平方米的核心空地外，其余都是些边角料。项目设计的理论根基是中国传统的山居文化，但通过现代的方式加以表达。

北京晚报　2008－04－28
中国绿色时报　2008－05－06

进入深受"中国因素"影响的时代

"中国的问题同时也是世界的问题。解决好中国的问题，在某种意义上讲就是解决了世界的问题。因此，中国的景观设计学也必将是世界的景观设计学。"在即将过去的 2007 年里，北京大学景观设计学研究院院长俞孔坚教授在多个国家巡讲，在国际景观设计讲坛上频频发出自己的声音，首开了中国学者"景观设计学"全球巡讲的先河。

记者了解到，从 2007 年 3 月始，他先后在中国台湾、美国、墨西哥、印度、澳大利亚、法国进行了 18 场专题演讲，听众近万人。他在哈佛大学、墨西哥景观设计师协会第五届大会、首届中印文化交流大会、2007 年国际城市设计大会、第 25 届国际城市滨水景观大会和"在建筑和景观教育之间"国际学术研讨会上的精彩发言，把富有特色的中国景观设计学在国际学坛上传播，引起了世界景观设计学界的极大关注。

在他的 2007 年巡讲记录上可以看到，他在美国演讲的场次最多，达 7 场。据悉，他和他率领的团队在 5 年内，五获举世瞩目的美国景观设计师协会规划荣誉奖和设计荣誉奖，创造了世界景观设计界的"神话"。他的多国巡讲，成为中国当代景观设计正在走向世界的又一个标志。

有关专家称，世界景观设计学进入了一个新的时代——个深受当代"中国因素"影响的时代。

科技日报　2007 - 12 - 25

稻田校园获世界青年建筑师奖

本年度的世界青年建筑师奖日前在英国皇家建筑学会颁发。沈阳建筑大学稻田校园和中国奥运项目水立方一起获得了这项奖励。

据悉，世界青年建筑师奖是目前国际上最权威、最具挑战性的青年建筑奖和新建筑奖，到目前为止已成功举办 9 届。稻田校园是北大教授俞孔坚领衔的土人及北大设计团队第二次获得世界青年建筑师奖。

中国教育报 2007 - 12 - 08

中国生态"红飘带"入选世界新奇迹

国际知名旅游杂志英国的《康德纳特斯旅行家》4月号评出"世界建筑新七大奇迹"。中国秦皇岛的生态建筑"绿荫里的红飘带"榜上有名。

这一作品是北京大学教授俞孔坚和北京土人景观设计研究院的杰作。它的入选昭示了生态保护意识已经成为国际设计领域中的决定性因素。

英国杂志评出的世界建筑新七大奇迹分别是丹麦"积雨云"、阿联酋迪拜塔、英国温布利大球场、美国新当代艺术博物馆、美国史密森学会 Kogod 庭院、中国的"红飘带"以及加拿大"水晶"展览厅。"红飘带"是惟一和生态直接相关的建筑。

"红飘带"位于秦皇岛市区西部的汤河公园中,主要体现了人与自然的和谐,从设计到施工历时一年。评审方的评价称,"这一构思保留了原有河流生态廊道的绿色基底,将城乡结合部的一条脏、乱、差的河流,改造成一处魅力无穷的城市休憩地"。

据悉,设计师以生态平衡为出发点,在设计上最大限度地保留原有河流生态廊道,引入一条以玻璃钢为材料的、长达 500 米的"红色飘带"。它整合了包括步道、座椅、环境解释系统、乡土植物展示、灯光等多种功能和设施,使这一昔日令路人掩鼻绕道、有安全隐患、可达性极差的城郊荒地和垃圾场，变成令人流连忘返的城市游憩地和生态绿廊。

此前，"红飘带"曾被选为美国2008年第1期《景观设计学》杂志封面。主编汤姆森专门写下刊首语："这个公园的非凡之处在于——在一个将严格控制的景观作为标准的文化里——景观设计师解放了河流，并让植物自由生长。"

4月是美国全国景观设计月。"红飘带"赫然成为这一全国性活动的宣传广告的主题画面。

中国绿色时报　2008－04－01

北京晚报　2008－04－06

科技日报　2008－04－17

土人十年闯出中国景观设计新路

10年前，美国哈佛博士俞孔坚教授回国办起了土人景观设计研究院。如今，这个创办之初只有三个人的"无名之辈"，已经成为拥有300多名优秀职业设计师、国际知名的景观设计机构。

在刚刚闭幕的"土人十年"庆典论坛上获悉，10年间，土人在中国景观设计领域闯出了一条新路。在俞博士的率领下，土人团队完成了大批优秀的设计项目，在国内外频频获奖。从保留野草掩映废弃铁轨的广东岐江公园，到飘满稻香的沈阳建筑大学校园；从人与自然和谐相处的浙江永宁公园，满眼自然美景的秦皇岛汤河公园，土人用自己的聪明智慧在中国土地上最好的诠释了"天人合一"的理念。

10 年里，土人团队两次获得世界青年建筑师奖、两次获得中国人居获奖范例奖，还获得了国际滨水设计最高奖。土人在 5 年内 5 次获得了美国景观设计师协会大奖，被称为是国际景观设计界的一个"不朽的神话"。

土人十年还给社会留下了宝贵的精神财富。俞博士率土人团队出版了《城市景观之路》、《理想景观探源》、《生存的艺术：定位当代景观设计学》等 21 部专著、译著，发表了 300 多篇专业论文，在国内外景观设计界掀起了一次次头脑风暴。

在国内盛行盲目"崇洋风"时，俞博士直言不讳的提出批评，反对盲目建设景观大道、大广场、移栽大树，并促成了国家相关法规政策的出台。他提出的"足下的文化与野草之美"的景观理论，还被写入了中学教科书。

土人景观的国际影响也越来越大。俞博士两次在国际景观设计师联盟世界大会上做主旨报告，其"不要用汉堡、热狗、炸薯条来应付和填塞处在景观饥饿中的中国大地"的告诫，"中国的景观设计学也必将是世界的景观设计学"的预言，都在国际景观设计领域产生了极大反响。仅去年，俞博士就在美、澳、法等国家做了 18 场专题演讲，引起了世界各国景观设计学界的密切关注。

俞博士坚持教育与实践并行。他领衔的北京大学景观设计研究院与土人景观紧密结合，举办了五届全国景观教育大会和全国高校景观设计毕业作品展，成为国内具有影响力的盛会。

中国绿色时报　2008－01－22

秦皇植物园获首届中国环境艺术奖

来自北京土人景观规划设计研究院的消息说，该院设计完成的秦皇植物园项目在千余个竞争对手中脱颖而出，新近获得了首届中国环境艺术奖，成为河北省惟一获此殊荣的项目。

秦皇植物园位于河北省秦皇岛市海港区西北部，大汤河西岸，建成于 2008 年 7 月。园区占地面积 25.32 公顷。植物园以展示温带、暖温带植物区域的植物为主，兼顾其他区域植物，共有植物 52 科 320 种。园区内树木成阴、景致怡人，是秦皇岛市第一个具有丰富的展示内容、多样展示方式和多种体验方式，集科普教育、植物展示和休闲游憩于一体的多功能现代植物园。

首席设计师、北京大学景观设计研究院院长俞孔坚教授称，植物园的发展是人类文明发展的标志之一，与人类对植物资源的开发、利用和保护密切相关。我国有为数不少的植物园，但与发达国家、甚至一些发展中国家的植物园相比还是存在很大的差距。如何能够建设一个具有当地特色的植物园，是设计中面临的重大挑战。

秦皇植物园是当地惟一的植物园，选址在汤河西岸，是整个汤河生态廊道的重要环节。设计师将思考的重点放在如何展示植物园特色、体现生态精神上，通过丰富新颖的设计手法，摆脱传统植物园的分区展示模式，从而形成了一套有特色的植物展示方式，展示了当地生境中典型的有特色的山地、平原和濒水生境，再现了城市、人文和自然的相互关系。

中国绿色时报　2008 - 11 - 18

充满绿色奥运精神的追求

　　在北京大学景观设计学研究院院长俞孔坚教授看来，毁掉原有的自然与文化遗产来挖湖堆山、营造所谓的公园，是无知和愚蠢的表现；从乡下的"风水林"中挖大树运进城里，是对土地的亵渎；抽取地下的水资源浇灌草坪和园林花木，是不道德的浪费和挥霍；从自然山林中撬取奇石堆砌假山，更是一种犯罪。中国造园史上的宋徽宗如此，慈禧太后如此。但今天的中国不可重拾帝王和士大夫的这种奢靡。

　　因此，在他主持的北京奥运沙滩排球周边景观设计中，采用了生态、环保和绿色理念，遵从土地伦理，本着节约精神。保留原有建筑作为运动员休息和接待场所，选用的植物是耐旱、节水而且能产油的作物向日葵。努力使景观在不给生态环境已经十分脆弱的北京带来负担的同时，能带来更多的生态服务。他说，这正是2008北京奥运所倡导的绿色与人文精神的真谛。

对不可再生的景观手下留情

　　俞教授设计的舞台，是北京朝阳公园里的14.8公顷土地。一家煤气用具厂迁出后，留下了旧厂区、旧建筑。

　　2005年春节前夕，俞教授带设计师组初次踏上这片废弃的厂区，被独特的氛围感动了：白雪覆盖着的笔直大道，椿树和白杨投下的灰色影子，雪地上印满了小动物的足迹，夕阳映照长满地锦的红砖墙，斑驳的大字标语开启了上世纪六七十年代的记忆……

场地的最大特色是其作为一个典型的、社会主义国有企业的历史和文化，以及相伴生的建筑和道路布局，残留的物质遗迹和良好的植被。厂区内完整地保留了工厂区的规划布局和建筑模式。框架结构的厂房，路旁的杨树、泡桐树、臭椿等乡土树种高大挺拔，与红砖墙为主调的建筑、生锈的锅炉、铁门窗框、标识性的储气罐、龙门吊一起，构成了浓郁的时代特征，渲染出强烈的怀旧情绪。

尽管算不上文物，但这里的一切却是一份难得的遗产。它不可再生，是当今社会和城市生活所缺乏的、正在消失的旧建筑。

他主持的设计组明确提出，以野草和生产性植被为基底、保留和改造原厂房作为文化创意空间和艺术体验空间的方案。

用生态的眼光善待一草一木

朝阳公园周边，是中央商务区。CBD 的白领们，日复一日地在电梯、地铁中穿梭，单调的办公环境、重复性的专业工作，使得他们期待一种源于自然和生态的活力，来自对过去的怀旧和对未来的憧憬。俞孔坚教授想用自己的设计，来满足城市现代人的这种期待和欲望。

红砖楼的质朴、锈铁的风雨印迹、椿树的乡土与自然、红色标语的往事记忆、诡异的工业构筑物的造型……这一切都与 CBD 的存在和氛围形成强烈的对比。俞教授想，作为景观设计师，必须用生态的眼光来善待场地中的一草一木、一砖一石，尊重原有的设计和精神，在此基础上引入新的功能。

在他们的设计中，保留了原有场地的整体肌理，包括路网、建筑和场院的布局，即便是部分拆除的建筑也保留其基址；保留原有植物，用耐寒而富于乡土特色的禾本科草类作为地被，补植大量乡土树种，形成可持续的乡土群落，形成统一而富有怀旧感的乡土基底。同时，大面积种植生产性作物向日葵。在能源危机、粮食危机的当代城市中，这种生产性景观具有重要意义。

旧的景观元素中体现时尚

俞教授在保留原有场地部分厂房的基础上，改造和利用旧建筑，使新旧景观元素在对比与碰撞中产生独特时间性和历史感，创造出全新的体验和时尚的空间。

创造性地采取了"缝合"的途径。通过增加室内外的廊道、天桥将机械排列的工业厂房连接成有机的整体；"缝合"结构采用轻钢、玻璃等现代材料，与原有建筑外观形成对比，使本来机械单一的建筑群从色彩到空间上都充满变化和趣味。

在建筑内部的功能上，采用填充方式，将娱乐、艺术和购物三类功能块填入厂房的大尺度空间中。三条功能流线与建筑之间的空中廊道和地面原有方格路网相结合，形成纵横交错的交通网络，融入视觉艺术和多媒体艺术，形成一个丰富的体验网络，创造出了一个虚拟的过去和未来。

承载这一体验网络的是一条斜跨南北的空中廊道——"V 通道"。它离地达 5 米，架设在原有建筑和基地的肌理之上，与建筑内部廊道有机地结合共同构成一个完整的交通网络。高架廊的一端连接厂区标志性的三个储气罐，另一端则相连湖边的码头；廊道或穿过保留建筑的内部、或穿越由保留墙体框架而形成院子、或跨越由夹道乔木构成的树街和厂房建筑间的巷道。廊道本身虚实相间，成为一条景观体验廊道。

重要的是体现绿色奥运精神

俞教授认为，奥运景观设计，一是要充分考虑如何满足和适应奥运赛事的瞬时需要，二是要真正体现生态与人文精神，用最少的投入和最节约的方式保留场地历史同时有效地创造新的景观。

北京奥运沙滩排球场项目看中了这一设计所在地的北部。于是，他们根据赛事要求进行了必要的调整。他说，可持续的景观可以适应大型赛事的需要，但不能牺牲日常景观的功能与精神。目前，北部场地完全用于沙滩排球场的建设，保留的厂房作为运动员休息区和媒体使用。

尊重场地原有的历史文化和自然的过程和格局，演绎体现新时代景观的功能和结构，是他不懈的追求。他要用自己的设计，表达出中国对绿色奥运和节约型绿地的理解，表达出对待工业遗产的文化伦理和关于乡土植被的土地伦理，还要引领现代人生活、娱乐和艺术的体验。

奥运会后，沙滩排球场馆将被拆除，但俞教授等设计师们完成的这一设计，将成为首都人继续拥抱自然的生态乐园。

科学新闻杂志　2008－08－07

世博园后滩公园获美国设计大奖

上海世博会开幕的前一天，恰逢美国景观设计师协会公布了年度专业奖项。巧合的是，获得本年度最高设计大奖的正好是上海世博园后滩公园。

据悉，今年参评项目有来自世界 20 多个国家的 618 项，为历年之最。产生了综合设计奖 12 项，其中的 3 项由北京大学教授俞孔坚领衔的景观设计学研究院及北京土人景观与建筑规划设计研究院获得。

上海世博后滩公园获得今年唯一的综合设计杰出奖。这是俞孔坚教授和他的团队 2002 年来第八次获得这一备受全世界瞩目的专业奖。

据介绍，美国景观设计师协会成立于 1899 年，是全球最有影响的景观设计专业协会。一年一度的美国景观设计师协会专业奖是国际上最具影响力的奖项之一。到目前为止，包括台湾在内的中国境内获奖项目已有 12 项，其中的 8 项由北大景观设计学研究院和土人设计团队获得。

后滩公园是 2010 上海世博会的重要组成部分。公园借鉴了农业文明和工业文明的成果，建立了一个可复制的水系统生态净化模式，利用人工湿地进行污水净化，在 10 公顷的绿地中，每天能将 2000 多吨的劣 V 类水净化为可以安全使用的优 III 类水。通过生态化设计，实现了生态化的城市防洪和雨水管理，并能实现低成本维护，为解决中国和世界的环境问题提供了可借鉴的低碳城市样板；设计倡导生态之美、丰产与健康的作物与野草之美，生动地诠释了"城市让生活更美好"的世博理念。

评委会评价它"创造性地将艺术融于自然景观之中，非常令人激动，同时具有很强的功能性，有效地改变并提升了环境。"

俞孔坚等设计的天津桥园项目和秦皇岛滨海生态恢复工程双双获得了荣誉设计奖。

中国绿色时报　2010－05－13

北京晚报　2010－04－30

一个世纪不算长

对于汪振儒先生而言，一个世纪，并不算长。

5月8日，这位中国著名的林木生理学家、林业教育家，将度过他的百岁生日。活百岁不容易，健康地活百岁更不容易。一位听过他讲课的年近八旬的老专家说，"仁者寿"，如果不是拥有高尚的品德和宽广的胸怀，汪老不可能如此高寿。

如今的北京林业大学校园里，已经见不到他的身影了。但他七八十岁高龄时，人们还可以常常看到他和老伴打羽毛球。学校的舞会上，他总是最早到场，跳到最后一支曲子还不肯罢休。即便是现在足不能出户，依然不忘锻炼，躺在床上还会做自己编的操。

尽管今天的大学生们，都不认识这位百岁老人。但他们老师的老师的老师，都是汪老的学生。这位我国著名的树木生理学奠基者，在中国林业教育史上留下了属于自己的一页。他编写了我国第一部林业专业《植物生理学》讲义，翻译了多种有影响的植物生理学论著，培养了中国第一位林学博士。

他是清华大学第一届毕业生，还曾到美国留学，获得了博士学位。回国后，他在广西大学当过森林系主任、农学院院长。前几年，他获得了刘业经奖励基金，巧的是，这位闻名遐迩的台湾林学家刘业经，还是汪老的学生呢。老师得了以学生之名设的奖，一时间被传为佳话。

在北京大学，他出任森林系主任，后又任北京农大森林系主任。1952年，他进入北京林业大学，先后任林学系主任、科研部

465

主任、图书馆长、校学术委员会主任等职，是这个绿色学府的奠基人之一。

汪老博览群书，知识广博，不但英语很棒，而且还通日语、德语和法语。半个世纪前，他带着一帮学俄语的年轻教师们翻译原版专业书籍，对一个词的来龙去脉、所代表的内容，总是解释得清清楚楚。对青年人翻译出的书稿，一个字一个字地认真校对。

曾经得过汪老真传的学生们，早就听说汪老不是个一般的教授。果然第一次上课，他就抱着一摞原版书登上了讲台。在讲光合作用时，他告诉学生这本书上怎么讲的，那本书又是怎么讲的，几本书之间有什么差别，而不是一副真理只是掌握在自己手里的样子。学生问他问题时，有时他会直接说，我回答不了。有时他会说，这个还需要我们研究。

和汪老接触多的人都能说出许多关于汪老的故事。汪老的第一位博士生何平说，隔行如隔山的说法，不适合汪老。许多跨专业的问题都问不倒他。1987 年他毕业离校前一天，汪老把他叫到家里，从晚 8 时一直谈到凌晨 1 时多。"第一为人要正直。人的一生很短，能够做出点儿事来不容易，一定要抓紧。"导师的话至今还记在他的心里。夜深了，他让何平帮着抬出个旧箱子，拿出自己早年完成的博士论文原稿。他的研究是早期应用生物统计方法分析环境因子作用的尝试，用手摇计算机算了 8 个参数。何平问，这在今天看来都很有价值的论文，为什么不拿出去发表？他却摇摇头说，过去的就过去了。比起那些还没做事就一篇接一篇地发文章的做法，真有天壤之别。

汪老的记忆力惊人。有段时间不去看他了，但他依然能清晰地叫出我的名字。在清华上学时全英语授课，后来又去美国留学，英语早就过关了。他 80 多岁时弟子去家里看他，见他拿着个放大镜在看外文专业刊物。劝他别费这个劲儿了。你猜他怎么说？"我是广西人，但现在已经不会说家乡话了。这是因为我长期不说的缘故。再熟悉的东西，总不用也会变得生疏。脑子总不用，就痴呆了。"前几天，他还要求担任国务院参事的弟子，帮他买本新版的《北京植物志》呢。

中国绿色时报　2008－05－15

世纪老人远行

最后一次见到汪振儒老先生，是他百岁生日之际。我带着几位同事给老人家送去了一幅他正在读书的大照片作为生日礼物。然而，一个半月之后，我们为他祝寿的欣喜还没有消褪的时候，他却走了。那一天是 6 月 24 日。

汪老总是念叨着北京奥运。眼瞅着奥运会就要开幕了，他老人家却远行了。虽然走得很安详，但他一定还牵挂着一生都没有放下的绿色事业。

这位著名的林业教育家、植物学家、树木生理学的开拓者和奠基人，虽然离我们而去，但在中国林业教育史上留下了属于他自己的那一页。

百岁汪老，中国世纪巨变的见证人。他见证了中国从贫穷落后的半封建半殖民地的旧社会，到人民当家作主、祖国繁荣昌盛的的巨变，见证了中国植物学、树木生理学、森林生态学的发展，也见证了中国高等林业教育从弱到强的历史。

1925 年，他跳级考入清华学校，1929 年成为清华第一届毕业生。他的父亲汪鸾翔是清华老校歌的词作者，一兄一弟也都进了清华校门。父子四人同为校友，至今还是清华园里的一段佳话。

1935 年，他考取公费赴美留学生，仅用一年时间就在美国康奈尔大学林学系获理学硕士学位。1939 年，他在美国杜克大学林学院完成了森林生态学方向的学业，获得哲学博士学位。他的博士论文《某些立地因子与幼龄火炬松人工林之间相互影响的研究》，是早期应用生物统计（多元回归）方法分析环境因子作用的尝试，颇受导师的赞扬，至今还有重要的学术价值。

同年 9 月，他回国后投身林业高等教育事业，先后在广西大学、北京大学、北京农业大学任森林系教授、系主任，1952 年任北京林学院（现北京林业大学）教授。

汪振儒编写了我国第一部林业专业《植物生理学》讲义，翻译了多种有影响的植物生理学论著，长期担任多种林业科技刊物的主编和副主编。但汪老最大的功绩，还在于他为林业培养了几代人。上世纪 60 年代初，他培养了第一批研究生。改革开放后，他成为全国林业系统第一个可授予博士学位的博士生导师，为我国培养出第一位林学博士。北京林业大学的老专家、老学者，差不多都是他的学生、听过他的课、受过他的教诲。

汪老在我国林学、森林生态学、植物生理学领域具有极高的学术威望。他建立的山西太岳森林生态定位站，成为当时国内森林生态科学研究方面极具影响的研究组织。他为全国林业院校编写了第一部《植物生理学讲义》，编译了《德汉林业名词》、《FAO 英汉林业科技词典》多种辞书，翻译了包括《树木生理学》在内的多部颇有影响的植物生理学论著。

汪老是大家的老师。他长期担任《林业科学》、《森林与人类》等多种刊物的主编和副主编，参与创立了《北京林学院学报》并担任主编，为林业科技知识的传播和普及做了大量工作。1949 年 7 月 14 日，他出任复刊的《中国植物学杂志》主编，刊物改称《生物学通报》后继续担任主编，一直到 1988 年才改任名誉主编。这个刊物为宣传生物科学的作用、普及生物学知识、交流生物教学经验等作出了贡献。为纪念植物学会成立 60 周年，他主编的《中国植物学史》（1994 年出版）一书，还曾引起强烈反响。

汪老充满爱国之情。1926 年 3 月 18 日，他参加了李大钊领导的北京学生集会，强烈谴责帝国主义罪行，集会遭到反动军阀的镇压，他的腿部中弹受伤。1945 年，因率广西大学教授揭发校长压制民主的卑劣行为，被解除了农学院院长职务。抗战胜利后，汪先生与许德珩等教授积极参加"反饥饿、反内战"的民主爱国运动。他历任中国农工民主党第九届中央委员、中央科教文工作委员、北京市政协第五、六届常委，积极为实现科教兴国战略建言献策。

汪老不仅深谙英语，还通晓德、日、俄、法等几种语言。他一向认为，要搞科学，就要进行学术交流，就要学习外国的先进知识。他一直没有放松过外语学习，坚持阅读外文期刊。他还注意培养年轻教师学习外语的热情，带大家一起翻译《树木生理学》和《木本植物生理学》，不厌其烦地一一校对文稿。去年他过 99 岁生日时，学校领导去看他，他随口用英语说出了北京林业大学校名，解释着"大学"与"学院"在英语表述上的差异。

汪老一生心胸豁达、性格开朗，十分注重锻炼身体。对生活和事业的热爱，使他健康硬朗，寿高百岁。以往每次写了有关他的稿件，我都送去请他审改。他总是很快返回，如有修改，必定干净利落，一如他的为人。这篇稿件无法再请他老人家审阅了，我只能在缅怀之中，反复斟酌、反复修改。因为我知道，汪老的一生最讲认真。

中国绿色时报　2008－08－05

水土保持专家的创新力作

快 30 年了，这是我第一次在病榻上看到关君蔚院士。对于一个已经过了 91 岁生日的老人来说，真的禁不起病魔的折磨了。关老躺在床上，他带上助听器，让我坐在床前他恰好能看到的位置。他旁边的桌子上，早就放好了两本书，其中一本是关老的新作——《生态控制系统工程》。

关老的老伴董先生说，关老就是为这本新书累病的。学校打算把他近 20 年来的研究成果公开出版，以作为祝贺他 90 岁华诞的礼物。他本人更是希望尽快了结这桩心事。一直都在赶进度，以致身体垮了下来。

关老告诉我，21 世纪是生物的世纪，是环境保护任务最艰巨的世纪，是水土保持大有作为的世纪。社会媒体上听不到专家更多的这方面声音，他感到十分着急。

关老说他老了，给学生讲不了课了，所以他要出版这本书，把他对生态控制系统工程的看法、思考记录下来，供大家学习和借鉴，也算自己为此作了一份贡献。他特别正式地把精装的 16 开本的新书递给我。

回到办公室，我马上翻看了关老的著作。这是一本耄耋之年的老人呕心沥血之作，更是一位资深院士活到老、学到老、追求到老的真实记录。

关老是我国水土保持学科的奠基人之一。有关水土保持的许多个第一，都是和他联系在一起的。近年来，他以生态脆弱的老少边穷地区为突破口，运用现代科学技术成就，建立了更高层次的生态控制系统工程体系，实现了在学术上的又一次跨越。他以年迈之躯，研究不停、笔耕不辍，给世人奉献出了这本《生态控制系统工程》专著。

年事已高的他，近年来一直工作在生态建设的前沿，多次参与科学考察，敏锐地关注现代科学技术的最新动向，以宏观和微观的多维视角深入探索，构建了生态控制系统工程的体系，为我国方兴未艾的生态建设理论与实践提供了新的思路理论支撑。他将控制论、混沌理论等前沿科学运用到生态建设研究中，阐述了大量复杂、抽象、深刻的自然科学问题。

生态建设是项复杂的系统工程，涉及人与人、人与自然、自然与自然间错综复杂的控制与依赖、竞争与共生、混沌与和谐的关系。关老将多学科的理论有机地融合在一起，将和谐作为生态控制的最终目标。55万字的著作中，处处显示出了这位老科学家广博的知识面和深厚的理论功底。

尤为难能可贵的是关老的创新意识和创新思维。作为中国水土保持界的元老或者说是开山鼻祖，他没有固步自封，更不因循守旧，而是用创新的思路来研究生态控制系统、用创新的理论来透视生态建设的实践、用创新的视角来探索生态控制的发展，从而使这本著作成为创新思维的结晶。

从对东方思维和延安精神的分析到生命奥秘和负熵假说，从关氏模式理论和景观生态分析到动态跟踪和监测预报，从林区和山区建设探索到沿江和沿海防护林建设，关老都用一种新的思维进行了阐释和解读。

在写这篇文字的时候，恰巧"中国富豪作家"新鲜出炉。排在首位的郭敬明版税高达1100万元，公开表示"存钱是永恒的主题"；而排在 19 位、版税达 280 万元的天下霸唱则更直接地表达"我最看重的就是利，多赚钱才是实在的"。

关老这部竭尽全力之作仅仅印了 2000 册，与这些富豪作家难以相比。但我以为，其写书、出书的境界也是不能同日而语的。

我愿意将此书推荐给大家。不仅仅是这本书的内容颇具创新性，围绕着这本书的问世所发生的一个个故事，对后人来说，都是异常生动的一课。

科学时报　2007 - 12 - 06

著名水保专家关君蔚院士辞世

我国著名水土保持专家关君蔚院士早被人们所熟悉的笑容，永远定格在了 2007 年 12 月 29 日。这位为中国林业和水土保持事业做出卓越贡献的老院士走完了自己绚烂的人生之路，留给后人的是无限的哀思和学习的榜样。

1 月 4 日，关君蔚院士遗体告别仪式在北京八宝山革命公墓举行。中共中央政治局常委、国务院总理温家宝，国务院副总理回良玉，国务委员陈至立等国家领导人送了花圈，并对关君蔚院士逝世表示沉痛哀悼。

享年 91 岁的关院士是国际知名水土保持学家、我国水土保持学科的开拓者和奠基人，同时也是我国林业和水土保持学界德高望重的学术泰斗，在我国水土保持领域具有极高的学术威望，提出了许多重大理论和观点。他主编了农林院校全国第一部水土保持教材《水土保持学》，主编了高等农林院校教材《水土保持原理》等多部教材和专著，主笔编写了中国大百科全书、中国农业百科全书中的有关"水土保持"条目。他撰写的专著《山区建设和水土保持》1985年获全国农业区划委员会一等奖。

关君蔚院士1979年获全国首届科学技术大会奖，先后被评为全国和北京市优秀教师、全国及北京市水土保持先进个人，2004年获国家林业局首届林业科技重奖。

科技日报　2008-01-08

关老走了，留下了精神

那几天，北京突然降温，西北风刮得乱叫。一个劲儿瞎忙，但心里一直装着件事情。中国工程院资深院士、北京林业大学教授关君蔚又住院了，总惦记着过去看看。去年12月29日，我去了医院，没想到那竟是最后一次见关老。

关老是我国水土保持界的泰斗，创办了我国第一个水土保持专业，创建了具有当代中国特色的水土保持科学体系，组建了全国第一个水土保持博士点，培养博士研究生数十人。他提出过许多重大的理论和重要的观点，在实践中总结和提炼水土保持科学规律，奠定了我国水土保持和防护林体系建设的理论基础。前年关于北京地区预防泥石流的建议还受到了国家领导人的重视。耄耋之年，获得全国林业科技突出贡献奖……

关老躺在床上，再也不能像以前那样和我打招呼了。我再也听不到他的教诲了。原本就非常消瘦的身体，已经干瘦得不像样子了。尽管他正在昏迷，但我还是相信他知道我来了。因为，他的头每隔一会儿就动动，嘴张着，像要嘱咐我什么。家里人告诉我，这两天昏迷的时间越来越长了……

我暗暗地为关老祈祷，我想他一定能挺过来，慢慢地好起来。当天下午，我给学生上课，手机设置在了静音的状态。上课期间，短信不断，未接电话越来越多。下课后一看手机，心一下子凉了。

关老早就过了 90 岁生日。身体素质虽然很差，但精神状态一直很好。前些日子，他还出版了一部新书，还拎着个包到处跑着开会。我认识他快 30 年了，什么时候看到他，都是一副精神抖擞的样子，以至我和许多人从来没有想过，有一天他会离开我们。

晚上，我去了他家。一切如旧，就是缺了房子的主人。关老的老伴儿董先生也 90 岁了，刚刚从医院回来，连饭都没有吃。她拉着我的手，给我讲述那些关老的事情。她得知关老病危的消息赶到医院时，关老的心电图已经成了一条直线，身上的管子也都拔了。听到了她的声音，关老早已闭上的眼睛又睁开了，眼眶里满是泪水。他是一直在等着见相濡以沫 60 多年的老伴儿最后一面呢！董先生帮他合上眼睛之后，他的双眼再也没有睁开。

关老自幼多病，能活到 91 岁已经算是奇迹了，但每个熟悉他的人还是为他的离去感到惋惜。对于他来说，脑子里只装着一件事情，就是他自己的工作。

关老身上有许许多多的故事。新中国成立之初，他身穿布衣，背着小米，住进了北京门头沟的山村里，指导农民防治泥石流。68 岁那年，他入党的消息见了报，那个村的村民们还写信向他表示祝贺呢。

"远看像要饭的，近看像烧炭的，一问是水保站的。"过去艰苦条件下的关老，用这样话自嘲。除了西藏，我国绝大多数水土流失地区他都去过，爬山，过沟，对他来说小菜一碟。69 岁高龄时还登上 3800 米的祁连山北坡，考察山地泥石流、滑坡情况，研究森林固坡作用。西藏铁路通车后，耄耋之年的他坚持要去西藏看看。在人们百般劝阻下，未能成行，他把大学生拍摄的藏族儿童的照片摆在办公室里，一有空就看看。

即便是大年初一，办公室里也能看到他的身影。我一直以他为榜样。每次遇见他，都会被他的精神所感动。他也总是把他的想法笑着告诉我，嘱咐我、激励我做更多的事情。

去年夏天，关老的身体似乎不如从前。他坚持参加了毕业典礼，暑热中竟虚脱了。当他被送离会场时，全体毕业生鼓起了雷鸣般的掌声。大家总是吵吵着要给他祝寿，他却不肯，一直在忙活着自己的新作《生态系统控制工程》的出版。他的身体已经很虚弱了，吃不下饭了，还坚持校稿。最后，被人连哄带骗送进了医院。没住几天，他就闹着出院。出院后的第一件事情，就是让人用轮椅推着他，在自己生活和工作了半个多世纪的校园里转了个遍。

暂时出院之后，我曾去家里看他。他躺在床上，拉着我的手，还在说着水土保持的事儿，把他的新书递到我的手上。他说，还想再给研究生们写本书！岁月无情，苍天没有再给他实现自己夙愿的时间，给他、给每一个熟悉他的人，留下了不可弥补的遗憾。

他告别人世的当晚，大学生们自发地聚在他的办公室楼下，手捧蜡烛，追思着这位慈祥可亲的爷爷辈的导师。几百名大学生眼含着泪水齐声宣誓，继承关老遗志，献身绿色事业，知山知水、树木树人，把山河妆成锦绣，把国土绘成丹青。寂静的夜晚，大学生们一遍遍地高声地呼喊，关老，走好！关老，走好！……

科学时报　2008－01－10

90 岁院士感动了 90 后

91 岁的关君蔚教授走时，令我意外的是，北林大那些 80 后、90 后大学生们对关老发自肺腑的真挚情感。

这位中国工程院院士 2007 年 12 月 29 日下午 3 时 35 分去世，噩耗传到学生中间就已经是晚上了。大约 10 时许，大学生们开始聚在关老的办公室楼下，手捧蜡烛，悼念他。正值强冷空气入侵，几百名大学生们齐声宣誓：继承关老遗志，献身绿色事业，知山知水、树木树人，把山河妆成锦绣，把国土绘成丹青……寂静的夜晚，大学生们呼唤着：关老，走好……一直到 12 时多，在老师的劝慰下才逐渐散去。

悼念关君蔚教授，成了这些天大学生们校园论坛里最重要的话题，当天网站就开辟了悼念专页。难以计数的大学生们纷纷留言，抒发对关老的崇敬，回忆和关老交往的点点滴滴，贴上自己和关老的合影，复制上关老的事迹，还对悼念活动提出了许多建议……

关老的离去，使得大学生们都没过好这个新年。他们自发地停止了早就排练好了的文艺晚会，一拨又一拨地到关老的办公室里追思这位人生的导师……我的博客《一位令人尊敬的老人，就这样走了》，也有 70 多人留言，多数是大学生。字里行间表达出的撕心裂肺的痛苦，令人不忍去读。

这个现象挺值得深思。关老和这些学生们年龄差了 60 多岁，如果说现在几年就一个代沟的话，那少说也有几十个了；有人说大学生很少有自己崇拜的偶像，即便是有，也多是流行歌手、明星大腕；而和泥土打了一辈子交道的老专家，却赢得这么多年轻学生的心；这究竟是为了什么？究竟又说明了什么？

我以为，这说明当代的大学生还是有理想、有追求的。他们崇拜的是有真才实学的人、是为国家做出过重大贡献的人、是德学双馨的人。

关院士1940年毕业于日本东京高等农林学校林学科，1941年怀着赤诚之心，辗转回国，创办了我国第一个水土保持专业，首个水土保持博士点，直至创建出具有当代中国特色的水土保持科学体系。他培养出了几十名博士，提出了许多重大的理论和观点，为我国水土保持事业做出了卓越的贡献。2006年，他提出的关于北京地区预防泥石流的建议，还受到了国家领导人的重视。前些日子，他还编辑出版了新书，还拎着个包到处跑着开会。我认识他快30年了，什么时候看到他，都是一副精神抖擞的样子。

绝大多数在校大学生没有和他有过直接的接触。他们更多的是在校园里遇到这位步履匆匆走向教学楼的老人，日日如此、月月如此，被称为校园里的一道风景线。对于众多的学生活动，他也是有请必按时到，极尽提携后人之全力。2007年大学生毕业典礼时，他虚脱在了主席台上，感动了在场的每一个人……那天晚上，我去了关老家。关老的老伴儿董先生也90岁了，刚刚从医院回来。她拉着我的手，讲述着。她得知关老病危的消息赶到医院时，关老的心电图已经成了一条直线，身上的管子也都拔了。听到了她的声音，关老早已闭上的眼睛又睁开了，眼眶里满是泪水。他是一直在等着见相濡以沫60多年的老伴儿最后一面呢！董先生帮他合上眼睛之后，他的双眼再也没有睁开。

告别董先生的时候，她小声问我：关老这事儿能上报吧？我肯定地点点头。当年68岁的关老入党的消息登在北京日报上，门头沟田寺村的村民看到后，马上写信向他表示祝贺。尽管几十年过去，当初关老身穿布衣、背着小米和铺盖卷，到村里指导乡亲们防治泥石流的故事，在当地传了好几代人。京藏铁路通车后，他像孩子一样闹着要去西藏。他成天在野外跑，那是他唯一没有去过的地方。北京日报教育专刊2007年刊登了《九旬院士想去西藏》的通讯，那张报纸关老一直都留着呢。

1月4日，近千名各界人士在八宝山革命公墓为这位关老送行。温家宝总理、回良玉副总理、国务委员陈至立等都送了花圈。送行的人群中，有数百名在校大学生的代表。他们戴着自己做的白色纸花，向自己敬爱的师长做最后的诀别。

"博学似海不骄不嗔水保痛失泰斗，诲我如涓有情有义学生泣别恩师"。告别厅里黑色挽联道出了大家的心声。一名女生告诉我：我们忘不了他。我们会像他那样工作、生活和奋斗！

绿色的校园再也看不到关老那匆匆而行的身影，他那间蜗步居永别了自己的主人。但我知道，即便是到了另外一个世界，他依然会牵挂着祖国的山水、牵挂着未竟的事业、牵挂着那些思念着他的大学生们。

附：1991年8月6日北京日报报道

泥腿子教授关君蔚

山洪泥石流过后，怀柔县长哨营乡的乡间公路日前断了。水土保持专家、北京林业大学教授关君蔚跳下车就问："到水最凶的山沟还有多远？"

"您老多大岁数了？"正在修路的古洞沟村民打量着这位一头白发、却双目炯炯的老教授。"七十五！"关君蔚毫不含糊："我能走上去！"关君蔚绰号"泥腿子教授"。从日本留学回来，就是凭着两条腿，关君蔚除了西藏腹地尚未到达，在祖国的哪一片土地没留下足迹？年过古稀之后，他还步入大兴安岭，爬上祁连山海拔3800米的北坡。"土地贫瘠，自然灾害严重，才需要搞水土保持。水土，是大地的魂呀！"他说。乡亲们似乎明白了。道路中堆满碎石，尚有一条裂沟。几位老农上前，有的架着关君蔚的胳膊，有的托着他的腰，有的跳过沟去接应。"一、二、三——"大伙一使劲，把老教授"悠"过了沟。

"您老放心！回来时，路一准修好！"傍晚，关君蔚下山时，真的通车了。那几位"下保证"的老农还未走，见面便问："教授老哥，您说这山洪泥石流能防治？""能！"关君蔚还是毫不含糊。50年代初，门头沟山洪泥石流肆虐，两万多亩土地顷刻变成了乱石滩。关君蔚走遍了那里的沟沟坎坎，提出了治理方案。现在，关教授雄心不减当年："我还要来这里搞小流域综合治理，大地的灵魂是握在人手中的。"

北京日报 2008－01－09

九旬院士青春在　老梅绽放领群芳

"在城里赏梅，是从元朝以来北京人梦寐以求的事情。今天得以变成现实，让我们大家为之欢呼吧！"

说这话的是我国著名的梅花权威、北京林业大学教授陈俊愉院士。这位91岁老人的底气十足、亢奋激越的声音，在北京明城墙遗址公园里回荡。原本挂着拐杖的他，兴奋地把拐杖挂在弯曲的左

479

臂上，右手高高举过了头顶。

3月15日，周六，北京市第三届赏梅会暨明城墙遗址公园梅花节开幕，写下了这座千年古都有史以来首次在城里举办赏梅活动的历史。而改写这历史的人群中，这位闻名遐迩的梅花权威立了头功。

毛泽东写下的"梅花欢喜漫天雪"名句，是政治家大无畏精神的体现和革命乐观主义的写照，但在现实中，梅花是难以抵御低温和严寒的，使得雪中赏梅只是南方地区特有的美景。

陈老指导的第一位博士生研究的结论是，梅花虽然一树独先天下春，但低于摄氏零上2度到零度时花粉难以授粉。几十年来，在陈老的众多研究中，增强梅花抗寒性、让梅花北移始终是个重点。早在1964年，他就写过《北京露地开梅花》的短文在《北京晚报》上发表。

如今在明城墙下，1000多株梅花绽放。其中有陈老赠送的百余株美人梅。栽植过程中的不少关键技术环节，都是在陈老的指导下解决的，使北京人城里赏梅成了现实。

首都绿化委老主任、首都绿化基金会会长单昭祥也有88岁了。他说，我们欣赏的不仅仅是梅花的风姿，更钦佩陈老的梅花精神。为了梅花研究、为了梅花推广，他真是尽心竭力、四处奔波。

单老讲了一件轶事：1995年，将牡丹定为国花的方案已上报到了国家领导人的手里，但陈老倡导的梅花、牡丹双国花的呼声也很强烈。于是，国花的方案暂时搁浅了。

陈老说，国花一日没定，我就呼吁一日。他逢人必讲梅花的优势，利用各种机会宣传一国两花的好处，发动了104位院士在倡议书上签了名。

一次，陈老给一个同为安徽安庆籍的院士打电话，宣讲一国两花。这位小老乡当即表示支持。没想到，第二天，他又给陈老打电话提出了质疑，两个人在电话里争吵了半个多小时。

"如果一定说我有什么企图，那一定是对祖国的热爱和国家统一的向往。"陈老说，牡丹雍容华贵，象征社会富足；梅花傲霜斗雪，具有不屈的风骨，是中国精神的代表。两者互为补充，相得益彰，同为国花，有何不好？

陈老说，早在7800多年前，我国就已经有了应用梅花的记载，是第一个经济树种，比伊拉克蜜枣要早两千多年。梅花不仅有丰富的文化内涵，还可以发展成一个大产业，可以出口创汇……

比陈老还大两岁的北京老市长焦若愚也是爱梅之人。他说，毛泽东写的那么多诗句里，对梅花十分偏爱。93岁的老市长问91岁的老院士：我帮忙找地方，你出技术，我们一起在京郊建个大梅园如何？这正中陈老下怀。

两位耄耋老人谋划着，加快速度，争取今年年底的毛泽东诞辰纪念日时为梅园剪彩……

科学时报　2008－03－28

老院士和老市长"梅园结义"

"在城里赏梅，是从元朝以来北京人梦寐以求的事情。今天得以变成现实，让我们大家为之欢呼吧！"说这话的是我国著名的梅花权威、北京林业大学教授陈俊愉院士。这位91岁的老人底气十足、亢奋激越，在北京明城墙遗址公园里，他兴奋地把拐杖挂在弯曲的左臂上，右手高高举过了头顶。

3月15日，星期六，北京市第三届赏梅会暨明城墙遗址公园梅花节开幕，这是北京这座千年古都有史以来第一次在城里举办赏梅活动。改写历史的人群中，这位闻名遐迩的梅花权威立了头功。

毛泽东曾写下的"梅花欢喜漫天雪"的名句，是政治家大无畏精神的体现和革命乐观主义的写照，但在现实中，梅花是难以抵御低温和严寒的，雪中赏梅是南方地区特有的美景。

陈俊愉院士指导的第一位博士生曾得出结论，梅花虽然一树独先天下春，但如果气温低于2摄氏度时难以授粉。几十年来，在陈老的众多研究中，增强梅花抗寒性、让梅花北移始终是个重点。早在1964年，他就写过《北京露地开梅花》的短文在北京晚报上发表。

如今在明城墙下，1000多株梅花绽放，其中有陈老赠送的百余株美人梅。栽植过程中的不少关键技术环节，都是在陈老的指导下解决的。

首都绿化委员会原常务副主任兼办公室主任、首都绿化基金会会长单昭祥今年已经87岁高龄。他说，我们欣赏的不仅仅是梅花的风姿，更钦佩陈老的梅花精神，为了梅花研究和推广他真是尽心竭力。

单老讲了一件轶事：1995年，将牡丹定为国花的方案已在国务院通过、报到了国家领导人的手里，但陈老倡导的梅花、牡丹双国花的呼声也很强烈。于是，国花的方案暂时搁浅了。

陈老说，国花一日没定，我就呼吁一日。他逢人必讲梅花的优势，利用各种机会宣传一国两花的好处，发动了104位院士在倡议书上签了名。

一次，陈老给一个同为安徽安庆籍的院士打电话，宣讲一国两花。这位小老乡当即表示支持。没想到，第二天，他又给陈老打电话提出了质疑，还声称要写文章揭露陈老，说陈老有政治企图。陈老一下子就火了，两个人在电话里争吵了半个多小时。

"如果一定说我有政治企图，那一定是对祖国的热爱和国家统一的向往。"他说，牡丹雍容华贵，象征社会富足；梅花傲霜斗雪，具有不屈的风骨，是民族精神的代表。两者互为补充，相得益彰，同为国花，有何不好？

陈老说，早在 7800 多年前，我国就已经有了应用梅花的记载，是第一个经济树种，比伊拉克蜜枣要早 2000 多年。梅花不仅有丰富的文化内涵，还可以发展成一个大产业，可以出口创汇。

比陈老还大两岁的北京市原市长焦若愚也是爱梅之人。他说，毛泽东写的那么多诗句里，对梅花十分偏爱。这位 93 岁的老市长对 91 岁的老院士说："我来找地方，你来技术指导，我们一起在京郊建个大梅园如何？"陈老说："正中下怀。"

两位耄耋老人已经开始谋划大梅园，争取今年年底毛泽东诞辰纪念日那天为梅园剪彩。

中国绿色时报　2008－03－20

科学时报　2008－03－20

北京晚报　2008－03－17

九旬院士的《花凝人生》

一个人活到 90 岁不容易，更不容易的是 90 岁了还能为事业忙碌。陈俊愉院士年过九旬，还在为他酷爱的花卉事业而奋斗，实在令那些年纪轻轻就混日子的人汗颜。拜读了他的弟子们为其 90 华诞出版的文集后，我对这位老院士的《花凝人生》，有了更加深刻的理解。

陈老 90 大寿那天，我因公务外出，没能亲身感受满园桃李簇拥着这位人生和事业的导师的场面。他老人家没有忘记我，坐在梅菊斋里笔锋依旧地亲笔为我在扉页上题了字，遣人把书送给我。

书的封面是著名画家王成喜画的老梅图，书的每一页则记载着这位老人用花凝成的人生。他的《九十感言》印在书的首页。短短几百字，含义却十分深刻。他自称脑子尚可用，眼不花、耳不聋，短距离内仍可独自行走。他长话短论，概括出了五条感想，条条堪称经典。

"人要立得正，想得宽，严于律己、与人为善。教书先要教人，要把爱国主义教育贯彻到教学、科研中去。"这话要是别人说出来或许还有点儿说教的味道，而这位从丹麦留学归国后就一下子为中国的花卉事业奋斗了 60 多年的老科学家说这话，则异常有说服力。

他写道，健康太重要了。要求在健康基础上的长寿，心态素养极为关键。早些时候，我经常在校园里看到他在僻静之处专注地打着自编的拳。耄耋之年的他为推举梅花、牡丹双国花呼吁奔波，我特别担心他着急上火。他却屡战屡败、屡败屡战，丝毫没有挫折感。他越老越感觉综合研究之特殊重要性。他不但精通观赏园艺和风景园林专业，对梅花、菊花等国产名花的研究独树一帜，而且兼通文化、历史、地理甚至中医。这可真是我等望尘莫及的。

他的感想还有，"抓住重点，锲而不舍，持之以恒，必有大得。有舍才有取，要能舍才能有得"。您看，这哪句不是至理名言啊！我最佩服的还是他的谦逊。他的最后一条感言是，"有容乃大，与时俱进。永远谦虚，三人行必有我师。"这可是我国花卉界泰斗、国际梅品种登录权威说的话啊。

这部"九十文集"是"八十文选"的姊妹篇。厚厚的书中有四分之三都是他在过去 10 年亲笔撰写的文章，与上本文选没有任何重复。他忘却年龄，笔耕不辍，连续 4 年在《中国观赏园艺研究进展》上发表论文，就连他的弟子们都自愧不如。他处处留心，眼力过人，所见所闻所感皆成文字。在庐山植物园呆了两周，写出了《庐山植物院造园设计的初步分析》，到美国去了一圈，写就了《美国园林和园林工作的特点》。最令人感动的是浸透在字里行间的爱国精神。无论是花卉种质资源、园林植物多样性，他都站在了国家民族性、优秀传统文化的高度来认识，而非就花论花、拿草说草。而他对确立国花的追求则将爱国热情的迸发达到了极致和高峰。

这本文集的主编是陈老的两位得意门生，如今也都是我国花卉界的风云人物。一位是北京林业大学副校长、花卉专家张启翔教授，一位是中国农业大学观赏园艺与园林系教授刘青林。他们近朱者赤，对陈老的学术、做人把握得非常准确。不但用"花凝人生"作为书名，对陈老不凡的人生做了最好的提炼和概括，而且用"爱花，情系中华"、"探花，锲而不舍"、"育花，诲人不倦"、"赞花，高山景行" 4 个部分，为陈老的人生轨迹作了最好的佐证和注解。4 个部分标题极富诗意，再加上大量的各个时期的传神照片，以及雅而美的封面装帧，使得这本文集更具吸引力。

细细品味书中的 104 篇文章，对陈老佩服得更加五体投地。第一部分是陈老亲笔撰写的 29 篇科普文章，分别涉及梅花、菊花、月季、荷花、紫薇、观赏园艺、国花、风景园林等；第二部分是凝结着他无数心血的 23 篇综述性论文，也分了梅花、观赏园艺、风景园林等小部分；第三部分则是他饱含激情撰写的 24 篇序言、书评及回忆文章；第四部分收入的是近年来媒体对他的新闻报道，其中还有我草就的 10 篇。

还真要感谢陈老的弟子们。他们主持整理了恩师的文集并集资出版，使得世人有机会通过这部新书来走进这位花卉院士的内心深处，看到一位爱国科学家拥有的花样人生。

我不再为没能参加陈老 90 华诞聚会感到遗憾。因为，有这本《花凝人生》相伴，不懈地为中国花卉事业奋斗的陈老就如同在我的身边，激励我、鞭策我。尽管我没有从事花的事业，但只要我们像陈老这样走过，我们同样也会拥有一个花凝的人生。

我想，这是所有读过这本书的人共同的感受。

科学时报　2007－11－01

事业开路，难舍国图

中国工程院资深院士、著名园林植物学家陈俊愉九十有二。一听说想请他谈谈与国家图书馆的不解之缘，他满口答应。"不过，最好利用晚上时间。"原来，他白天都用来忙着编撰书稿了。他是我国园林花卉界唯一的院士，长期致力于培育抗寒梅花新品种，使生在南国之梅向北迁了 2000 多公里，被誉为"梅花院士"。他说，自打上世纪 50 年代从武汉调到北京林业大学任教后，国图就成了他事业之路上的不可缺少的挚友。

小台历记录着和老馆长的情谊

晚上 8 点，如约叩开陈老的房门。刚一落座，陈老就拿出了一本小台历，详细讲述了和老馆长任继愈第一次也是最后一次亲密接触的故事。

那是 2008 年 12 月 8 日，寒风凛冽。一大早，专车在接他和王元院士后，径直向国家图书馆驶去。走进绿厅之后，一股春风扑面而来。央视举办的首届"大家谈"在这里举行，出席的嘉宾都是德高望重的大师，年纪最长的是老馆长任继愈。陈老坐在任老和冯其庸的中间，脸上灿烂得像朵花。

此前在一些场合，他曾和任老照过面，但如此密切的交往还是第一次。当时任老已身罹绝症，但依然精神矍铄。每位大家各谈了20 分钟，还留下了墨宝。陈老回忆说，任老闻名遐迩，但十分低调、讲话很谦虚，一再强调要扎扎实实做好学问，"任老的学问深啊！当了 8 年国图的馆长，使国图更上了一层楼。新馆长詹福瑞也在场，使人感到国图事业后继有人。"

主办方专门制作了 2009 年的台历。10 位与会大家的照片和简历印在其上。加上两张合影，正好每个月一张。陈老十分珍惜这本《少长咸集》，一直摆在显眼的地方。令人惋惜的是，台历刚刚翻到第七张，任老就乘鹤西去。留给陈老无限的怀念和惆怅。陈老说，今年如果再聚，我就年纪最长了。

从国图借过 150 多个国家的宪法

说起国图对事业的帮助，陈老深有感触。他说，对于科学工作者来说，离开了图书馆，简直不可想象。他本人曾从国图借过 150多个国家的宪法。

陈老是我国倡导评选国花第一人，早在 1982 年就在《植物》杂志上发表了相关论文。他屡战屡败，但从不言败。他的观点是，作为世界园林之母的中国，哪能没有自己的国花？

1987 年，怀仁堂开会商议国花之事。一位领导发问，确定国花到底该谁说了算？陈老一下子就怔住了。这个问题，他老人家心里也没底儿。散会之后，他挤上公共汽车去了国图。打那以后，他隔不了几天就跑趟国图。每次都抱回六七本厚厚的宪法，一页页地研读后再去借。前后差不多花了一年时间，他一共翻阅了 150 多个国家的宪法。

虽然写了一篇论文没有发表，但他搞清楚了两个虽然基本但很重要的问题：其一，各国的国花都不上宪法。不同于国旗、国徽、国家法定的语言，国花的确定是老百姓自己的事情，不需要国家讨论决定；其二，通过评选国花，激发人们爱国爱花的热情才是根本目的。

1988 年他又在《园林》第一期杂志上发表了文章，提出了"一国两花"的构想，即以梅花、牡丹为双国花。又是 20 年过去，国花还是一桩悬案。他递给我一本刚刚出版的《中国花卉盆景》杂志（2009 年第 7 期），首篇又是他撰写的文章。他在今年的芒种节气那天，写下了《确定国花是对国庆 60 华诞的最好贺礼》一文，再次阐述了评选国花的意义和推举梅花、牡丹的理由。与以往不同的是，这篇文后附了 103 位院士的亲笔签名。

国图的丰富资源对我们太重要了

陈老说，图书资料对我来说太重要了。中国历史悠久，图书浩如烟海。除了国图，很难看到如此丰富的图书。每当遇到困难的时候，他总是到国图寻求帮助、寻找答案。

在一次日本召开的国际会议上，陈老受了刺激。日本人造园的设计思想承袭了中国南宋张镃的《梅品》，按照这本世界上花卉欣赏最高水平的著作中描述，造出了"踏雪寻梅"等一个个景点。"外国人当宝贝的东西，我们连读都没读过。"回国之后，他就带着学文学、美学的儿子去了国图。

当时，国图还在北海后门对面的老地方。他和儿子跑了好几次，借阅了《梅品》的七八种版本。在他的指导下，儿子对全书进行了翻译并加了注释，还将他的主要观点写成了论文。他说，虽是亡羊补牢，但向国人推介我国悠久丰富的历史文化还是颇有意义的。如今的陈老，已是国际梅品种登录权威，耄耋之年还在编撰《中国梅花品种图志》中英文对照新版。

陈老在国图提供的国外进口书单上，看到了一本英国人写的书。他赶紧借来一看，记录的是两三百年来英国人如何应用中国的奇花异草。陈老不但从书中读出了中国花卉的丰富多彩，更坚定了弘扬中国传统名花的决心和信心。"外国人对我们的研究很深很透，而我们却知之不多或不屑传承。"对此，陈老深感忧虑。他透露，年底之前，他争取完成《中国菊花起源》一书，用确凿的事实反击某国同行"菊花不是中国原产"的谬误。

年迈的陈老，已经很难再去国图借书了。但他对国图依然一往情深。他希望国图能推出一些举措为老科学家服务，采取多种形式向社会推介新书、古籍和好书，多做些科普工作，让更多人了解国图、走进国图、利用国图。

科学时报　2009 - 09 - 03

精气神儿比吃药更重要

想约个采访，92岁高龄的中国工程院院士陈俊愉先生笑着说："晚上来吧。"他说，白天精力好些，要用来写书。晚上时间用来会客，省得打瞌睡。看看，老人家都 90 多岁了，精气神比我们还大，时间抓得比我们还紧。

陈老告诉我，他刚刚编完了一本《中国梅花品种图志》，中英文对照的，已经交出版社了。他连口气都不喘，又接着写《中国菊花的起源》。他说，有外国人竟说菊花是从他们国家起源的，这不是胡扯吗？我要抓紧写出这本书，用确凿的事实和他们干一仗。问他何时完成，老先生信心十足地回答我："年底！"好家伙，没几个月了。老先生又得加班加点了。

人到中年之后，容易有些懈怠；年过五旬，就好像看到了渐落的夕阳；一旦"卸甲归田"，更是百无聊赖，吃饱了混天黑。既无明确的目标，也没继续的动力。不但打不起精神来，还心烦意燥，情绪低落，常有无名之火。长期下去，极易危及健康。我认识的一些老人，甚至一些按现行标准并不老的"老人"，却是人未老、精神头先没了，整天就是惦记着吃那几片药。

许多人总是在探究长寿之道。我从眼前的陈老身上，找到了他健康的秘诀。这就是豁达、开朗，永远有自己的追求。只要精神不垮，身体就垮不了。有了追求，就有了精气神，就无暇慨叹光阴无情，就没空儿为琐事烦恼。

有人会说，人家是著名专家、学界泰斗，能有啥烦心事？其实不然。远得说，他在十年动乱中妻离子散、家破人亡，资料标本都流失殆尽，他照旧微笑着迎接新的太阳；近得讲，他从 1982 年起在我国率先倡导确定国花。20 多年来屡战屡败，屡败屡战，从不灰心丧气。最新一期《中国花卉盆景》杂志上又刊登了他的文章，题目是《确定国花是对国庆 60 华诞的最好贺礼》，再次阐述了评选国花的意义和推举梅花、牡丹为双国花的理由。为此，他还征集了 103 位两院院士的亲笔签名。

陈老邀我参加明年他在上海召开的全国性梅花学术会议。我点头应允。是啊，老人家都"奔十"了还这么大干劲儿，咱还有啥可说的呢？从陈老家走出来之后，我几乎遇见谁就给谁讲陈老的精气神，听了的人没有不受鼓舞的。草就短文，借贵刊一席之地刊发，希望能给更多的人打气鼓劲儿：有点儿追求，健康活着，咱也来个"奔十"之类的！！

科学时报　2009 - 11 - 27

沈国舫院士获光华工程科技奖

刚刚获得光华工程科技奖的中国工程院院士沈国舫教授，从获得的奖金中捐出 10 万元给"沈国舫森林培育基金"，重点奖励全国森林培育学科的优秀研究生。

光华工程科技奖是我国工程科技领域的最高奖，沈国舫院士是我国林业系统获此项奖励的第一人。6 月 9 日，第八届光华工程科技奖在京颁奖，中国工程科技领域 16 位专家荣膺本届"工程奖"。中共中央政治局委员、国务委员刘延东等向获奖专家颁奖。这项奖励是由境内外实业家、科学家捐资设立，奖励对象是在工程科学技术及管理领域取得突出成绩和重要贡献的科学家。从 1996 年起每两年评选颁奖一次，中国迄今已有 148 位工程科技专家获奖。

沈国舫院士是我国著名林学家、林业教育家，中国现代森林培育学的主要创建者和学科带头人。他是我国提出速生丰产指标的第一人。沈国舫将我国适地适树研究推进到定量阶段，他应用先进的统计分析方法使适地适树研究实现了从定性到初步定量的科学阶段发展的一个突破，使我国的研究水平接近了当时西方发达国家的同类研究水平。他还是我国混交林营造、造林密度研究的领路人。

沈国舫先后主持了"黄土高原农业可持续发展和生态环境建设战略研究"、"三峡库区及其上游水污染防治战略咨询"等十余项重大咨询研究项目。

中国绿色时报　2010－06－23

绿色奋斗史的忠实记录

大学教师，退休和不退休没多大区别。贺庆棠教授和许多退了休的老师一样，哪天都不闲住。所以，他把刚刚出版的《森林生态与环境研究——贺庆棠科技文集》科技文集递过来时，我一点儿都不感到惊讶。

贺教授不仅仅是我国林业界的著名学者和学科带头人，也是一位出色的林业教育家。新出版的这部 75 万字的科技文集，收入了他从 1961 年到 2007 年撰写的具有代表性的论著，是他在森林生态与环境研究领域奋斗近半个世纪最好的总结，也从一个侧面反映了我国森林气象、森林环境等学科发展的历程。

1961 年完成的《城市绿化改善小气候效应》一文，是此书的首篇，也是我国最早研究北京城市小气候的论文之一。作为对照点的天安门广场、三里河路，在旧照片上显得那么久远和陌生，但他和同事们在冬春夏秋四季观察得出的一组组数据和科学结论，在今天看来依然弥足珍贵。

贺教授是森林气象学学科的带头人。他的不少论文都是围绕这个学科的发展和前进展开的。贺教授十分注重对科研的总结和提炼，先后发表了百余篇论文，出版了十多部著作。收入新书中的论文主要分四个方面：一是森林气象学和森林环境学基本理论方面的论文，如森林生态系统能量的流动等；二是森林对环境影响方面的论文，如森林与空气负离子等；三是森林植物气候生产力方面的论文，如气候变化对中国植被的可能影响等；四是未来气候变化和森林方面的论文，如气候变化与林业生产等。

除此之外，在新书中还可以看到他对林业重大问题的研究心得。他撰写了全球环境污染与资源破坏及其治理对策、我国沿海防护林体系建设、中国石漠化防治对策、中国林业布局、发展生态林业产业方面的论文，对这些问题及时发表了自己的见解。1998 年特大洪水后他发表的《治水在于治山，治山在于兴林》一文，今天重温同样具有重要的现实意义和指导意义。

新书的最前面，是约 130 张贺教授不同时期的照片。翻看着这一张张记录他前行足迹的照片，看到了一个风华正茂的青年学者成长为一个白发苍苍的著名学者的历程，在慨叹岁月如斯、流年无情的同时，也感叹爱林人青春不老、永远年轻。合上新书，我似乎明白了，他和那些已经退了休的老教授们为什么依然忙碌的原因。为绿色事业奋斗，是他们不竭的动力！

中国绿色时报　2008－04－11
科学时报　2008－03－27

让事业比动画更美丽

每次看到央视新闻联播的片头时，都会想起参与制作这一动画的黄心渊教授来。他朴实低调，全然不像自己设计制作的动画那样绚丽。但他潜心钻研，使得自己的事业越来越壮丽。

黄心渊为人低调。熟悉他的人都知道，他是北京市优秀教育工作者，曾得过宝钢优秀教师奖，还荣获了中国影视动画行业杰出贡献奖（个人）。在北京林业大学工作的短短几年里，他就出任信息学院院长，担任博士生导师，还兼任计算机实验教学示范中心主任。

在全国动画界，黄心渊声望很高，曾任全国首届文科计算机设计大赛评委，并多次应邀任全国动画短片奖评委、中国国际动漫节原创动漫大赛评委。他不仅兼任全国高校计算机基础教育研究会副会长等职，还担任着北京教育考试院计算机项目专家组副组长。

近年来，黄心渊承担了国家"863"计划项目"数字林业平台技术研究与开发"，以及"基于植物学原理的虚拟毛白杨模型研究与实现"、"北京山区森林健康经营关键技术研究与示范"和"速生丰产林生产经营过程信息化关键技术研究与应用"等，不仅完成了21项科研项目，还获得了两项软件著作权登记。

10多年来，黄心渊研究不止、笔耕不辍，撰写、合作撰写的著作有35部，发表的主要论文达60多篇。他主编了《园林计算机辅助设计》，论文内容涉及植物生成软件的评价和比较、数字林业及其技术与发展、天然林保护工程管理信息系统实现技术的研究等。此外，还对毛白杨树木三维动画的制作进行了研究。

黄心渊一直工作在教学第一线，指导学生开展科技活动。他的学生多次在重大赛事中获奖。他研制的计算机文化基础网上考试系统获北京市教学成果一等奖。

2001年，黄心渊在北林大开始建设数字媒体教学科研团队，担任三维动画设计精品课程建设的负责人。目前，他率领的团队已有14人，在竞争性科研项目的申请中有很大进展。2008年新申请国家自然科学基金项目1项，国家"973"项目子课题1项和横向课题1项。团队还主办了数字媒体教学研讨会。

不少人只是为动画的魅力所感动，却不知道这魅力从何而来。我从黄心渊身上看到，这魅力来自对事业不懈的追求。

中国绿色时报　2009－02－04

在植物王国中求索

又一个春天来了，植物王国里充满勃勃生机。这时节，北京林业大学张志翔教授更加忙碌了。

张志翔长期从事植物分类与系统学、野生植物保护生物学研究，不管走到哪儿，都会对植物投去专注的眼神。

早在上大学时，张志翔就被深谙树木的老师所折服。本科一毕业，他就留校在树木学教研组当助教，和树木结下了不解之缘。转眼28个春秋即将过去，他对身边的植物依然一往情深。

早在德国留学的6年间，张志翔发表了新种5种、新变种3种，合并已发表的40植物种为同物异名，修正13种的形态学特征。1999年回国后，他一头扎进祖国的植物王国里。

多年来，无论工作多忙，科研任务多重，张志翔始终坚持在教学第一线。他给学生讲自己对林业发展的体会和经历，讲自己对树木学关键知识的总结和概括，把每次野外考察的收获和成果展现给学生。担任生物学院院长之后，他的肩上一直挑着理论教学、课堂试验和野外教学实习的全部教学环节的任务。

早已是博士生导师的张志翔，每年还是会热心地带着本科生到野外实习。小兴安岭、东灵山、鸡公山、齐云山、松山等林区，都留下了他和学生们的身影。

在树木学和植物分类学的理论教学过程中，张志翔积极引入国外较好的教学方法，精心设计教学过程。他和同事们一起，创新了"理论＋实践＋专题报告"的教学模式。他乐于帮助每一位同学设计专题题目，并要求学生自行查文献、写综述，充分调动了学生的能动性。在教学过程中，他注重吸收和介绍有关树木研究的新进展，融入自己在树木学研究领域的新成果和新认识。

张志翔利用树木精美的照片，精心制作教学 PPT 上网，为多所大学所用。如今，树木学课程已经建设成国家级精品课程。此外，他主编了国家十一五规划教材树木学（北方本），主编出版了树木学、北京森林植物图谱等著作，还担任了中国植物快速识别丛书 9 册的总主编。

多年来，张志翔发表相关科研论文和专著 50 多篇（册）。通过对亚洲谷精草科 72 个种的研究，建立了谷精草属新的分类系统。修订和澄清了世界性假卫矛属的分类为题。他主持研究的北京市野生保护植物名录通过专家鉴定，为北京市野生植物保护奠定了法律依据。他多次参加有关部委保护植物名录拟定、生物多样性保护政策等方面的咨询或论证。

最近 10 年来，张志翔先后主持了"湿地关键动植物物种确定保护和抗污染植物选育配置技术试验示范"、"黄连木综合评价体系建立及分子标记辅助早期选择与性状鉴定"、"中国假卫矛属（卫矛科修订"、"中国南蛇藤属（卫矛科）修订"；"谷精草植物的遗传多样性和分子系统学研究"、"林木花卉种质资源整理、整合和共享"等重要研究。

对张志翔而言，每种植物都充满了诱惑。在拼搏的岁月里，有不少时间他都是在野外和植物一起度过的。每次归来，他总是满载采集的植物标本。在他看来，植物王国里还有许多奥秘需要探索。

中国绿色时报　2010 - 03 - 31

关爱自然人自在

在绿色校园生活久了，不管是哪个专业的人一定都会打上绿色的烙印。北京林业大学艺术系主任、硕士生导师李汉平也不例外。

他服过兵役、做过设计师、当过美术编辑，今天这一切都已成为过去，但对自然的关爱却与日俱增。他把这份关爱集中浸透在新出版的花卉写生作品集里，令读过他的新作的人为之感动。

我不懂画。但他在中央美术学院做访问学者的导师写的序，我应该看懂了。郭怡孮教授十分看重写生，认为在中国画的学习和创作实践中，写生不仅仅是造型必需的基础环节，还是艺术创造的根本性环节。而花卉写生不仅要研究物理、物情和物态，表现典型形象，同时还要借物寄情，表达人的精神观念；不仅要揭示自然万物的蓬勃气象，也寄寓作者的生命情怀。不仅要表现现实生活、描绘出具有时代氛围的壮阔画面，也要表现出作者的时代观念与人文精神。

李汉平深谙此理。他长期从事花卉画的写生与创作，在工笔画方面更是深有积累。进入中央美院做访问学者后，在写生方面着力很大，以极大热情专注于写生，不断在现实生活中练手、练眼、练心，努力向"闭目在眼前、下笔在腕底"的自由境地进发。

有些学生用相机拍几张照片，回家后对着练画。李汉平对此很是反感。过滤掉了写生过程中那物象生动的生命情态、令人激动不已的感受，还有什么意义？他是在用画笔和心，解读和阐释天人合一的理念、人与自然和谐的思想。

他说："自然是人类的衣食父母，也是人类的朋友。我们没有理由不关照它、亲近它，也没有理由不呵护它、爱戴它。"每当他投身大自然怀抱后，就抛开了都市的喧嚣，没有了生活的烦恼。他与丛林合着同样的节拍呼吸，与山川以特殊的方式交流。尽管他和许多现代人一样，被迫在"钢筋水泥构筑的保垒"中尽享现代物质文明，但在内心深处那份关照自然的情缘，常常驱使他寻找各种理由，带上画具，远赴植物茂密的边疆。对于他而言，花卉写生，既是创作实践的需要，更是心灵成长的需要。

他的作品描绘的对象，有许多是我熟悉的花。但在他的笔下，却赋予了新的内涵。作品多为硬笔、毛笔所画，不靠五颜六色来渲染，只用单一的黑色，却勾勒出了蟹爪莲的顽强、散尾葵的向上、一串红的持久、美人蕉的奔放……无论是盛开的蝴蝶兰、火焰花、火鹤，还是茂密的扇叶糖棕、龟背竹、蒲葵，都充满了积极、奋进的激情。即便是那枝由盛及衰、日见枯萎的百合花，他也画出了生命不同时期的不同精彩。

我的目光久久地停留在那 19 段"写生随笔"上。每段寥寥数语，简洁而凝练，但成了作品的最好补充和诠释。有的记述了写生心得，有的则升华了创作理念，有的则是由心而生的感慨。随笔看似随意，实则是沉思、反思后的结晶。

我和李汉平老师没有什么交往。当他推开办公室的房门送来新作时，我甚至感到有点突兀。但他的新作却使我陡生一种熟悉的感觉。之所以能写下这篇文字，一是为其在用心写生中关照自然的精神所感动，二是从他的追求中我看到了一位艺术系教师对北京林业大学"知山知水"校训的理解。

中国绿色时报　2008－10－27

科学时报　2008－10－27

一教授入选"新世纪百千万人才工程"

2009 年度"新世纪百千万人才工程"国家级人选日前公布，北京林业大学教授张德强榜上有名。

这项工程是由人力资源与社会保障部、科技部、教育部、财政部、国家发改委、国家自然科学基金委、中国科技协会联合推出的。它是改革开放以来建立起来的中青年高层次人才培养工程。

不满 37 岁的张德强教授，以林木分子遗传学与功能基因组学为主要研究方向，主持完成了 3 项国家自然科学基金、教育部科学研究重大项目，还参加了国家"973"重大基础研究项目和"863"项目的研究。他取得的研究成果，为树木木材品质改良及抗逆性分子育种提供了科学理论依据，具有重要的应用价值。他已在国内外重要学术杂志上发表科技论文 30 余篇。

中国花卉报　2010－03－31

中国绿色时报　2010－04－05

刘俊国获欧洲地理协会
"杰出青年科学家奖"

在日前闭幕的欧洲地理协会年会上，北京林业大学教授刘俊国获得了"杰出青年科学家奖"，他不仅是第一位获此殊荣的华人科学家，也是全球惟一荣获此奖的水文学家。

在奥地利维也纳举行的协会年会颁奖仪式上，他还应邀作了"全球气候变化与水资源"的大会主题报告。

据介绍，"杰出青年科学家奖"是欧洲地理协会为鼓励全球范围内在地球科学领域获得显著成绩且未年满 35 岁的杰出青年科学家而设立的奖项。

刘俊国在国内本科毕业后，相继在荷兰、瑞士攻读硕士、博士学位，并在美、奥、荷、瑞、德、加、埃等国工作或讲学。2009年1月刘俊国正式应聘为北京林业大学自然保护区学院教授。他研究的主要领域包括湿地水文、生态系统服务与管理、气候变化影响、水资源短缺与粮食安全等。

中国绿色时报　2010－01－07

当绿色志愿者　走绿色长征路

4月3日，首都植树日。我国的绿色学府北京林业大学在这一天拉开了新一届绿色行动的帷幕。始于 20 世纪 80 年代初的这一行动，以传播绿色文化、引领生态文明为主旨，经历了 26 年的传承和发展，越来越具影响力、感召力，不但吸引了越来越多的大学生参与其中，在社会上也起到了辐射作用。今年的绿色行动，内容更加丰富，形式更加活跃，充满了新一代绿色达人的生机和活力。

绿色嘉年华倡导低碳生活

4月3日，北京风和日丽。以"绿色嘉年华，低碳你我他"为主题的第 26 届首都大学生绿色咨询活动在北京奥林匹克公园举行。

北京林业大学的志愿者联合浙江大学、四川大学、兰州大学、厦门大学、中国农业大学等 86 所高校的生态环保社团代表，在这里宣传绿色环保，倡导低碳生活，倡导公众参与绿色北京建设。

这次咨询分为"我的绿色心愿"、"我的绿色承诺"、"我的绿色行动"、"我的绿色 Party"、"我的低碳调查"等板块，以系列游戏、图片展览、知识问答为主，向广大游客传播环保知识。

在活动中，环保社团的志愿者们都各显神通，开展了多项新颖的环保活动。"绿色心愿树"、"环保横幅签名承诺"记录了游人对绿色家园的祝福和承诺；环保手工艺品制作活动吸引了大批观众亲自动手参与其中；环保游戏区则成为孩子们欢乐的天堂，孩子们在娱乐的同时学到了环保知识。

低碳行为指示校园版发布

4月3日，"绿色北京，低碳生活"行为指标校园版首次发布。记者看到，这些指标涉及校园生活的"衣食住弃学行"等6个方面。针对大学生力所能及的细节，提出了具体的行动建议，以节约、低碳、环保、健康的生活理念引导大学生生活，倡导大学生争做"绿色环保人"。

这6个部分包括，拥抱绿色，低碳居住；低碳出行，享受生活；低碳穿衣，合理购物；摒弃陋习，引领潮流；践行低碳，学以致用；低碳食法，美味健康。每个部分都由10个短句组成，读起来朗朗上口，便于学生记忆。

"低碳生活"行为指标校园版的征集活动是由北林大、首都大学生环保志愿者协会联合青檬网络、母亲河社区、搜狐绿色以及全国知名校园网络论坛和网络社区共同举办。征集活动以网络投票的形式广泛征求意见，将广大学生关注认同的低碳生活行为指标进行筛选整理归纳，并邀请知名专家学者论证修订。

据悉，北林大还将结合绿色北京和绿色校园建设实际需要，不定期发布新的指标版本。

绿色播种创意创业大赛揭晓

"绿色播种"全国青少年生态环保社团创意创业大赛也在这一天揭晓。北京林业大学、兰州大学、厦门大学、华南农业大学等校的多个社团项目获优秀奖，获得了3000至10000元资金支持。

据悉，该项活动自3月初开始以来，有全国25所高校的65个生态环保创意创业类项目参加了宣传教育、科考调研、文化创意、项目推广、环保创业类别的比赛。内容围绕低碳生活、气候变化与林业建设、成功环保案例推广、绿色校园、自主创业等主题开展。

主办方决定面向遭受重大干旱的西南五省市青少年生态环保社团增加资助项目，以鼓励志愿者开展节水的宣传教育活动。

据了解，这项赛事是由中国青少年生态环保志愿者之家、首都大学生环保志愿者协会、首都青少年生态文化研究中心等单位共同举办的。其目的是进一步调动青少年生态环保社团的积极性，激发蕴含在广大绿色志愿者中无限智慧与活力，鼓励有广泛参与性、良好示范性和积极教育性的项目创意脱颖而出。

进社区推广低碳"小窍门"

每日记录耗电量的账本能有多大作用？首都大学生志愿者们走进社区，给居民们耐心地解读。从 4 月初开始，首都大学生环保志愿者协会利用节假日、环保节日、暑期，深入农村和社区开展以转变生活方式为目标的低碳生活宣传动员推广活动。

"我们将每两周回收一次居民用电的记录资料，汇总 3 个月的数据后，完成社区节能措施的效益分析，提出居民节能的对策。"北京林业大学志愿者沙京这样告诉记者。

"只要在厕所水箱里放进一瓶矿泉水，每周节约下来的水就可能是 10 瓶、20 瓶。我们向居民推广的这类小窍门还有几十个。"

据悉，大学生志愿者们在朝阳区的碧水园社区和延庆县的苗家堡村等地设立了首批 20 个"绿色北京，低碳生活"推广示范基地。志愿者将对社区和农村的低碳生活方式进行可行性调研，最终形成"绿色北京，低碳生活"行为准则社区版和农村版。

聘请明星任绿色志愿大使

在 4 月 3 日举行的绿桥活动启动仪式上，来自全国 86 所高校的生态环保志愿者在雷佳的带领下，一起唱响《领航中国》，共同倡导低碳生活理念，弘扬绿色环保的时代新风。

这次活动中，大学生聘请了雷佳、白雪、宋佳、奇志、肖钦、滕海滨、高崚等 7 人为绿色志愿大使。接过聘书后的大使们表示，要以身作则，示范带头，积极引导青少年和社会公众加入到保护环境、生态文化建设这一生动的实践中来，为创办绿色北京，建设生态文明，构建和谐社会作出积极的贡献。

为了使首都大学生宣传环保理念、倡导生态文化、开展环保实践行动能引起社会各界更广泛的关注和支持，自 2002 年开始，市学联、首都大学生环保志愿者协会决定每年从文艺界、演艺界、体育界、科技界选聘公众形象好、热心绿色环保事业的社会人士作为首都大学生"绿色形象大使"。

在过去 8 年首都大学生"绿桥"系列活动中，歌唱家阎维文、腾格尔、戴玉强，主持人鞠萍、朱军，笑星姜昆、冯巩、牛群，歌手陈红、林依轮、沙宝亮，体育明星王治郅，影视明星姚晨、王宝强等 50 多位知名人士出任"绿色志愿大使"。

继续踏上"绿色长征路"

据悉，今年暑假，全国青少年绿色长征活动将继续踏上征程。他们将按照"黄河之旅"、"长江之歌"、"京杭运河"、"东北林海"、"草原漫步"、"黄金海岸"等团队线路，在全国 20 个省份开展大学生绿色环保宣传调研活动。活动包括生态环保节日的宣传实践、大学生社会观察教育、"气候变化与林业建设"林业生态工程科考等内容。

中国林业志　2010－4B

学生社团凸显绿色　八成多学生参与

"社团活动覆盖的大学生人数超过万人，占在校生总数的83%左右。社团数量的年增幅保持在9%左右。"北京林业大学提供的最新数据表明，大学生社团30年来发生了许多变化，对大学生的影响力日益凸显。

20世纪80年代：种类单一、规模很小

上世纪80年代，学校的学生社团数量少，多集中在业余爱好、体育健身等方面，只是大学生的点缀。以丰富课余生活为目的，搭建不同班级、专业之间学生交流的平台，成为当时对学生社团的基本定义。一些大型活动多由各级团组织统一部署，学生社团较少参与其中。1987年，学生"英语俱乐部"成立，结合学好、用好英语这一主题，吸引了众多学生，逐步树立了学生社团的影响力，成为该校学生社团初期发展的典型代表。

20世纪90年代：从弱到强、特色凸显

上世纪90年代，是学校学生社团从弱到强、集中发展的时期，突出标志是涌现出了一批在首都乃至全国都具有影响力的环保学生

组织。1994 年，"科学与野外生存协会"即"山诺会"成立，以野外生存为特色，倡导建立一个自然爱好者的俱乐部，把自然当成是永远的向导。社团获得了全国环保最高奖——"地球奖"及"全国特色社团"等多项荣誉称号。同年，成立了"林海之光青年志愿者协会"，倡导学生奉献爱心、志愿服务社会，特别致力于志愿环保服务。这类社团如雨后春笋，成为大学生倡导绿色环保文化、积极开展志愿服务的代表，奠定了特色学生社团的发展基础。大学生也更加注重自身综合能力的培养，"辩论与演讲协会"成立后，连续13 年举办"绿叶杯"辩论赛，累计参与人数超过千人。

21 世纪：全面开花、规范发展

2001 年 12 月，北林大成立了学生社团联合会，学生社团进入了飞速发展的黄金时期。目前，注册学生社团 117 支，校级社团 53 支，院级社团 64 支，覆盖了思想政治、绿色环保、科技创新、文化艺术、体育健身等 5 大领域。新生的学生社团在结合专业优势、传播绿色文化、增强大学生社会责任等方面发挥了积极作用。2006 年成立的"翱翔支农与实践社"，是大学生肩负社会责任的一个例证。大学生积极利用智力优势，倡导服务"三农"，发起的首都大学生"三农文化节"受到社会关注和好评。学生社团呈现多元化发展趋势，一批服务学术交流、引导科技创新的学生社团也相继产生，受到了学生的追捧。

30 年社团之最：绿色咨询 24 年

传播绿色文化、引领绿色文明、倡导绿色生活，是北林大学生社团的鲜明特色。大学生连续 24 年举办绿色咨询活动，在王府井大街、北海公园、玉渊潭、紫竹院、植物园等地都留下了志愿者的身影。2001 年起，以学生社团为主的首都大学生"绿桥"活动年年举行，突出了"绿色奥运、志愿服务"的主题。近两年来，开展"绿色长征"活动，向市民宣传绿色奥运理念，也使自己受到了历练。

校方态度：科学管理、注意引导

2000 年起，学校率先尝试在社团建团。95％的社团都已设有团支部，并在各项活动中发挥着积极作用，被列为"团建创新"的重要成果予以推广。

学校支持学生社团，注意引导，设立了"学生社团活动奖学金"，每年约有 300 余名学生社团骨干获奖。每年开展"十佳明星社团"、"十大社团人物"、"优秀社团团支部"评选，调动了各学生社团的积极性。

北京日报　2008－11－05

中国绿色时报　2008－11－21

由《古巴都市农耕》电视短片引发

在中国 960 万平方公里的版图上，有一块小小的 3 分地，或许有着特殊的意义。在北京林业大学 12 号宿舍楼下这块不起眼的土地上，大学生们撒下了我国"校园农耕"的第一把种子。

今年 3 月，北林大翱翔支农社的大学生们偶然看到了一部名为

《古巴都市农耕》的电视短片。在回校的路上，同学们七嘴八舌地议论开了。

在能源危机、粮食短缺的大背景下，中国将面临着以石油能源为最初原料的化肥日趋匮乏的境地。如何更好解决中国的粮食问题，同时又有利于生态环境的改善和保护？

大学生们自然就想到了像古巴一样尝试都市农耕。在都市里，不再一味地种植草坪，不再仅仅为了观赏而搞那些中看不中用的"美化"，而是鼓励市民见缝插针，"房前屋后，种瓜种豆"。

"如果全国的都市都能这样做，不但能够在很大程度上解决粮食问题，还能让城市重现田园风光。"大学生们为自己的想法感到振奋。

中国之大，北京之大，都市农耕，难度之大。此事从何做起？

何不从自己的学校开始？在一切以学生为本的大学校园里，这一想法实现起来，显然就具有可操作性了。

一个男生说，我们宿舍楼下就有一小块地荒着，草长得半死不活的。我们就从那里种起如何？大家一致响应。

6月，大学生们给学校打了报告，请求在校园里的三分地上搞个农耕园。学校很快就同意了他们的申请。暑假的一天，大学生们在校园里兴高采烈地种起了地。

种子是自己找来的。萝卜、菜花、生菜、白菜，甚至还种了一行荞麦。同学们有的翻地、有的播种、有的浇水。为了减少污染，他们自己挖了沤肥池，把生活垃圾中可以沤肥的东西扔到池子里，成为绿色肥料。

几个月的农耕生活，虽然收成不多，但收获很大。江雪同学说，即便是农村来的同学，也很少会做农活的。在耕作中，我们亲身体验了农民的艰辛。王国梅认为，并不在乎收获了多少蔬菜，而是倡导一种关注国家粮食安全、生态安全的精神，培养大学生的社会责任感。

对于这些大学生的举动，有的支持，有的怀疑、有的反对、有的则不以为然。支持者认为，大学生们引领了都市发展的一种新的趋势，对国、对民、对环境、对生态、对景观，都有益处；怀疑者说，靠几个大学生能搞起都市农耕？难！反对者说，大学生不好好念书种哪门子的地啊？

大学生们却十分坦然。他们说，都市农耕、"校园农耕"的确面临着众多的问题。我们就是要用自己的微薄之力进行探索，不断推进这一新生事物。

对于都市农耕，大学生们充满了期待。因为，在他们看来，这是一项十分有意义的事情。

北京日报　2008－11－19

首都大学生关注三农

新闻事件：大学生热办三农文化节

10月28日，第二届首都大学生三农文化节在北京林业大学拉开帷幕。与首届相比，第二届首都大学生三农文化节参与的学校更多了，北京林业大学、中国农业大学、清华大学、中国人民大学、中央民族大学、中央财经大学、中国青年政治学院、中华女子学院、中国传媒大学和首都师范大学10所高校三农社团联手成为这届盛会的主力军。

这届首都大学生三农文化节以"青春·三农·奥运"为主题，在一个月的活动期间，组织开展反浪费粮食公益宣传活动、三农大讲堂系列专家讲座、首都高校三农社团负责人论坛、"我眼中的三农"首都大学生演讲大赛、首都大学生支农活动图片展暨巡回报告会和支农志愿者宣讲奥运活动。

活动还向全国大学生发出了关注社会、服务三农、实践成才、基层建功的倡议。主办者说，办文化节的目的是让更多大学生关注三农问题、投身农村创业、为农村的发展做实事。

新闻背景：大学生社团贴近三农

14 年前，我国粮食产量下滑，国际社会出现了谁来养活中国人的疑问。中国农业大学学生们成立了农村发展研究会。这是首都大学生中最早的三农社团。

随后，各大高校三农社团如雨后春笋般涌现。首都师范大学的晨曦社、人大陶行知研究会、中青政西部之窗协会、中华女子学院妇女发展研究会、传媒大学三农学社、中央财大星火发展促进会、中央民大关注三农协会和清华三农问题学习研究会等等，三农社团的旗下聚集起一批又一批热血青年。去年 11 月，成立仅半年的北林大翱翔支农与实践社就发起组织了首届首都大学生三农文化节，掀起了大学生关注三农、服务三农的高潮。

三农大讲堂、对话三农、三农影院，大学校园里和三农有关的活动越来越多；明圆小学、同心小学、农友之家，大学生们为三农所做的事情越来越实；为农村学生募捐、调研城市小商贩问题、为家乡送信息、组建乡土文艺队，大学生们在为农服务之路上越走越坚定。一名大学生说："通过这些活动，我们对农民的感情越来越深，自己也变得成熟、稳重、朴素、务实了。"

新闻故事：北林学子一毛钱爱心助学

首都大学生三农文化节中，北林大推出的一毛钱助学工程成为亮点之一。

一年前，翱翔支农与实践社深入湘西贫困山区开展爱心支教，返校后，发起了"一个宿舍资助一个孩子"的助学活动，至今已募集 7000 余元，受助中小学生 48 人。

今年暑假，翱翔社在湘、云、贵等地走访发现，不少品学兼优的农村初中毕业生因无力支付高中学费而辍学，比如湘西支教团教过的多数学生初中毕业后就开始打工。大学生们在长沙的工厂里找到了其中一个孩子，为她上高中资助学费和生活费。

为了让更多的贫困学生能进入高中学习，翱翔社发起了一毛钱助学工程。他们用纸板制作了爱心罐发给爱心志愿者，发动大家每天节约一毛钱投进爱心罐，定期收集起来建立助学基金。目前，一毛钱助学工程已与湖南湘西和云南宝山的两所中学建立了助学合作关系。

中国绿色时报　2007 - 11 - 14

首都大学生热办三农文化节

首都大学生三农文化节 10 月 28 日在北京林业大学拉开帷幕。北林大、中国农大、清华、人大、中央民大、中央财经、中青政、中华女子学院、传媒大学和首师大等 10 校的三农社团联手，成了这届盛会的主力军。

这届三农文化节以"青春·三农·奥运"为主题，在一个月的活动期间，组织开展一系列活动。包括"反浪费粮食"公益宣传活动，"三农大讲堂"系列专家讲座，首都高校三农社团负责人论坛，"我眼中的三农"首都大学生演讲大赛，首都大学生支农活动图片展暨巡回报告会，支农志愿者宣讲奥运活动等。

北京市打工子弟迎奥运作文大赛是文化节的重头戏之一，得到了通州、大兴、朝阳、石景山、海淀等地的众多打工子弟学校的积极响应。通过组织这些孩子们写诗作文，来抒发期盼奥运、参与奥运、奉献奥运的心声，给打工子弟一个展示的舞台，也以此引起更多的人关注打工子弟群体。

活动中，大学生们还向全国大学生发出了"关注社会，服务三农，实践成才，基层建功"的倡议。

新闻背景：大学生自称"三农人"

14 年前，我国粮食产量下滑，国际上出现了"谁来养活中国人"疑问。中国农业大学的大学生们成立了农村发展研究会，这是首都大学生中最早的三农社团。农研会的大学生们开始向农村传播科技文化，搭建农村与高校的科技桥梁。

首都师范大学支农社团的晨曦社成立于 1997 年，他们结合自己学校的特色，承担起了在民工子弟学校支教的任务，把大学生社会实践活动和提高流动人口子女素质结合起来了。

2001 年，人民大学陶行知研究会和中国青年政治学院西部之窗协会应运而生，都是面向农村研究与服务。随后，中华女子学院妇女发展研究会、传媒大学三农学社、中央财大星火发展促进会、中央民大关注三农协会、清华三农问题学习研究会等也亮出了旗帜，聚集起了一批批热血青年。去年11月，成立仅半年的北林大翱翔支农与实践社发起组织了首届首都大学生三农文化节，掀起了大学生关注三农、服务三农的一个高潮。

"三农大讲堂"、"对话三农"、"三农影院"，大学校园里和三农有关的活动越来越多。辅助明圆小学、同心小学、农友之家、打工妹之家、梁漱溟乡村建设中心、西部阳光行动，大学生们为三农所做的事情越来越实。为农村学生募捐、调研城市小商贩问题、为家乡送信息、组建乡土文艺队等等，大学生们在为农服务之路上越走越坚定。

北京日报　2007-10-31

暑期实践活动专业特色鲜明

记录奥运志愿者的笑脸，调研灾后自然保护区现状，研究林农的法律意识，协助大学生村干部助理开展工作……今年北京林业大学的暑期社会实践活动既体现了大学生强烈的社会责任感，又极富鲜明的专业特色。

南方雪灾导致的林木、食用菌等经济作物资源及野生动物资源的损失，严重制约了保护区社区用于生产的资源，阻碍了社区经济的发展。自然保护区学院的大学生组建了"南方雪灾灾后自然保护区社区现状调研团"，奔赴受灾较为严重的江西省桃红岭梅花鹿国家级自然保护区及周边农村社区，以期通过调研真实、具体地反映保护区社区群众真实生活现状，为今后社区发展工作提出建设性的对策。

　　林农作为我国生态环境保护和可持续发展战略的一线实施者，其法律意识的高低及如何使林农树立学法、知法、懂法和用法的法治观念，直接关系到林区建设的成败。人文学院法学专业的大学生自己拟定了详细的林农法律意识调查问卷，奔赴湖南省靖州县林区开展调查活动。了解林农的法律意识、道德水平和环保意识等方面的现状，找出存在的问题和努力的方向，进而为能够在林农中更好地宣传法律知识，提高法律修养和环境保护的意识，为林区的法制建设作出贡献。

　　此外，材料学院艺术设计系 12 名大学生组成实践团，以奥运和抗震救灾为题材，手工绘制装饰画并出售，所获利润捐献灾区和用作暑期写生；外语学院组织了绿叶支教团到民工子弟学校为孩子们讲授有关奥运知识和外语课程；生物学院的研究生们前往北京市怀柔区大栅子村结合生物学知识帮助该村开发空闲的水库，使其实现更多的经济价值；信息学院的奥运志愿者则通过记录不同类型志愿者的培训过程，展现北京奥运会志愿者风采，记录志愿者的内心感受和奥运给自己带来的思考。

中国教育报　2008－07－23

大学生培训京郊生态林管护员

　　北京林业大学由百名大学生志愿者组成的队伍，7 月 8 日起分赴京郊 1500 多个行政村，对 4000 名骨干生态林管护员进行强化培训。这是该校学生"服务首都新农村，播撒绿色新希望"的实际行动之一。

百名志愿者由本科、硕士和博士组成，集中培训并试讲合格后上岗。志愿者制定了详细的教学计划和授课方案。每4名志愿者组成一个培训分队，对当地生态林管护员进行理论知识和实际操作培训。今年的培训涉及林业基础知识、生态林管护知识和技能、森林资源保护、相关法律法规、集体林权制度改革和奥运会知识等内容。

科学时报　2008－07－15

百名大学生暑期下乡培训

北京林业大学百名大学生志愿者组成的队伍，从7月8日开始，分赴京郊1500多个行政村，对4000名骨干生态林管护员进行培训，合格者将颁发相应的技术等级证书。

百名志愿者由本科生、硕士和博士组成，集中培训并试讲合格后上岗。志愿者们制订了详细的教学计划和授课方案。每4人组成一个培训分队，对当地生态林管护员进行理论知识和实际操作培训。培训涉及林业基础知识、生态林管护知识和技能、森林资源保护、相关法律法规、集体林权制度改革和奥运会知识等内容。

2004年北京4万多名山区农民转岗务林。2006年，为提高这些农民的业务素质，由北林大学生承担培训工作。目前，全市已培训生态林管护员超过3.3万人。

中国绿色时报　2008－07－11

强化培训骨干生态管护员

8月24日，北京林业大学近百名大学生志愿者奔赴京郊区（县），承担起今年强化培训5000名骨干生态管护员的重任。

这是北京市全面培训生态管护员接力培训计划实施的第四年，不但培训的人数多，还将进一步深入、规范和创新。

为了促进"绿色北京"目标的实现，北京市园林绿化局提出的目标是：到2010年，全市两万名生态林管护员达到林业技术工人初级水平，2000人达到中级水平，200人达到高级水平。

培训工程由北京市园林绿化局和北京林业大学携手实施，担当培训教师的都是北林大的学生。今年的培训将强化对生态林管护人员专业技能的指导和培训，其中包括生态林补偿机制、森林防火、林业基础知识、中幼林抚育、森林病虫害、野生动植物保护。林改宣讲也是重要内容之一。

中国绿色时报　2009-09-01

学生暑期实践活动突出绿色

"记录奥运志愿者的笑脸，调研灾后自然保护区现状，研究林农的法律意识，到农民工子弟小学支教……"今年北京林业大学的暑期社会实践活动既呈现出大学生的社会责任感，又富有鲜明的专业特色。

南方雪灾导致的林木、食用菌等经济作物资源及野生动物资源的损失，严重阻碍了社区经济的发展。自然保护区学院的大学生组建了"南方雪灾灾后自然保护区社区现状调研团"，奔赴受灾较为严重的江西省桃红岭梅花鹿国家级自然保护区及周边农村社区，以期通过调研，真实、具体地反映保护区社区群众生活现状，为今后社区发展工作提出建设性的对策。

林农作为我国生态环境保护和可持续发展战略的一线实施者，其法律意识的高低及如何使林农树立学法、知法、懂法和用法的法治观念，直接关系到林区建设的成败。人文学院法学专业的大学生自己拟定了详细的林农法律意识调查问卷，奔赴湖南省靖州县林区开展调查活动，了解林农的法律意识、道德水平和环保意识等方面的现状，找出存在的问题和努力的方向，进而能够在林农中更好地宣传法律知识，提高法律修养和环境保护的意识，为林区的法制建设作出贡献。

此外，翱翔支农与实践社的大学生们赶赴京郊农村，开展科普知识宣传、援建"农家书屋"、文艺联欢、开设"农家影院"、协助改善乡村环境等志愿服务活动；材料学院艺术设计系12名大学生组成实践团，以奥运和抗震救灾为题材，手工绘制装饰画并出售，所获利润捐献灾区和用作暑期写生；工学院组织了绿叶支教团到民工子弟学校为孩子们讲授有关奥运知识；生物学院的研究生们前往北京市怀柔区大栅子村结合生物学知识，帮助该村开发空闲的水库，使其实现更多的经济价值；信息学院的奥运志愿者则通过记录不同类型志愿者的培训过程，展现北京奥运会志愿者风采，记录志愿者的内心感受。

中国绿色时报　2008－08－08
中国教育报　2008－07－23

暑期绿色实践活动收获多

即将结束的这个暑假，北京林业大学数千名大学生积极投身丰富多彩的绿色实践活动，其中有 185 支校级队伍奔赴祖国各地，还有许多的各种实践团队开展活动。他们以"践行科学发展，共创生态文明"为主题，和社会结合、和百姓结合、和实践结合，取得了丰硕成果。

为了使今年的活动取得更大的成效，从 5 月份开始，学校就组织开展了立项调研活动，经反复评审，最终确认了 185 个立项团队。京内团队重点围绕林权制度改革、种植养殖业发展状况、观光农业发展、生态治理环保成功案例调研等 7 项内容开展活动。京外团队主要有服务社会主义新农村建设、关爱灾区同胞帮扶活动、农民工子女关爱行动等。京外团队实践地点涉及内蒙古、黑龙江、甘肃、青海、贵州、云南等 20 多个省区。

据了解，北林大今年的绿色实践活动呈现出了许多新特点。学校的支持力度进一步加大，为所有校级团队统一办理了学生个人保险；京郊项目得到进一步支持，积极开展与区（县）、乡（镇）、村的共建活动；一批暑期实践特色品牌活动得到了学校的继续支持。

林学院梁希班成立了"梁希先生精神遗产调查"社会实践团。大学生们兵分三路开展活动。或搜集整理梁希先生生平事迹，或编辑梁希先生语录和影像资料，或走访梁希先生的后代。大学生们为梁希"志愿黄河流碧水，着手赤地变青山"的精神所感染。开学后，他们将把实践结果编制成册向全校学生发放，并以展板展览和网络传播的形式，广泛传播梁希先生的事迹和精神。

西部开发志愿者协会的队员们深入到四川地震重灾区开展志愿者活动。组织当地的孩子参加夏令营，并深入灾区家访，了解灾后基础教育等问题。有的大学生奔赴青海等地开展义务支教活动，为孩子们送去了募捐到的图书、书包及配套文具。

经济管理学院的实践队前往浙江省温州市开展民营企业党组织建设和发展情况调研活动。对 13 家民营企业的党组织建设问卷调查和深度访谈。通过走访调研，实践队员们对于温州市民企党组织建设情况有了更加切实、全面的了解，他们提出了加强民企党组织建设的建议。

大学生们还前往甘肃省民勤县煌辉新村开展环境科普调研活动，针对民勤县的土地荒漠化问题，动员广大村民合理使用水资源。他们深入村民家中，宣传环保知识，了解他们的生活生产用水体系以及化肥农药使用问题，在庄稼地里观察村民们的生产用水方式等。他们将调研中存在的问题反馈给村干部，帮助拟定了利于环境保护的村规民约并发放到每家每户。

大学生们组成了绿色长征长江之歌团，在长江沿岸地区开展以"低碳生活"为主题的社会调查，以国家林业生态建设工程科学考察和以宣传生态文明为内容的绿色宣传活动；黄河之旅团则前往山东东营考察黄河口湿地、宣传绿色环保。

大学生们在京津远郊农村对农家乐低碳化经营的现状和发展进行了调研，并开展了相关主题宣传活动。他们在北京密云石塘路村、走马庄村和天津蓟县常州村、长寿村等地，对农家乐的发展、经营中遇到的问题、低碳经济大背景下农家乐的长远发展等进行调研，走访了农家乐经营户，通过调查问卷、访谈、参观等方式实地调研了农家乐低碳化经营的现状。他们发放"低碳，让生活更美好"主题宣传海报以及"走近低碳，健康生活"等宣传材料，开展了"低碳生活"心愿卡活动，吸引了当地村民和游客的广泛参与；平谷区暑期实践队则对当地田园式新民居以及新农村建设中存在的问题进行了深入调研。

中国绿色时报　2010 - 08 - 19

光明日报　2010 - 08 - 18

科技日报　2010 - 08 - 31

绿色长征纪录片获国际电影节奖

从北京林业大学获悉，以我国大学生开展绿色长征活动为主题拍摄的纪录片，在前不久举行的第六届纽约皇后国际电影节上获"最佳国际纪录片奖"。

全国青少年绿色长征接力活动是国家林业局宣传办和北京林业大学等单位于 2007 年发起的。在首届活动中，数十所高校大学生环保社团发动近万名志愿者，开展以宣讲生态环保和绿色奥运理念、生态环境科学考察调研为主要内容的"绿色长征"。志愿者按照雪域高原、西北荒漠、东北林海、黄河之旅、长江之歌、京杭运河、国宝家园、雨林探险、草原漫步、黄金海岸 10 条线路，奔赴全国 22 个省、市、自治区的 26 个国家级自然保护区开展活动。去年举办的第二届绿色长征活动，规模和影响进一步扩大，高校的绿色志愿者兵分十路，在全国 26 个省、自治区绿色长征，徒步行走2008 公里传播绿色奥运精神。

纪录片 TheRoadAhead 全长 52 分钟，真实记录了 2007 年绿色长征志愿者们走进自然保护区、城市社区、农村开展科考调研、生态保护宣传、绿色咨询等活动的真实场景，展现了中国大学生为绿色事业积极贡献力量的风采。

纽约皇后国际电影节创办于 2003 年，每年举办一届，被业内人士称为奥斯卡风向标。据悉，世界各地的 2000 多部各类电影报名参加本届电影节，最终 18 部作品获奖。

科技日报　2009 - 03 - 03

中国绿色时报　2009 - 02 - 27

北林大学生绿色活动成为传统

北京林业大学团委自 1984 年开展环保宣传活动以来，形成了以"绿色咨询"、"绿桥"活动以及"绿色长征"为代表的活动品牌，吸引数十万青少年积极参与环保活动。先后发起成立中国青少年生态环保志愿者之家、首都大学生环保志愿者协会等组织。

连续 4 年实施全国青少年生态环保社团骨干志愿者培训，直接培训志愿者 1000 名。开展校园垃圾分类回收活动，发起成立首都高校垃圾分类回收联盟。成立"绿色校园"志愿服务队，开展校园节能、植绿护绿等活动。

近年来出版 6 部近 200 万字环保书籍，录制的首届绿色长征纪录片获美国纽约国际电影节最佳国外纪录片奖，得到近百家海内外媒体深入报道，荣获"母亲河奖"、"地球奖"等多项大奖。

北京日报　2009 - 10 - 21

校团委获中华宝钢环境奖

2月2日，第六届中华宝钢环境奖颁奖典礼在北京人民大会堂举行。多年来致力于传播绿色文化的北京林业大学团委获得了环保宣教类优秀奖。

据悉，中华宝钢环境奖是为表彰和奖励对我国环境保护事业作出突出贡献和取得优异成绩的集体和个人而设立的，每两年评选一次。北林大团委是本届环保宣教类优秀奖的4个获奖者之一。

北京林业大学开展青少年生态环保活动迄今已有26年历史，形成了以绿色咨询、"绿桥"活动以及"绿色长征"为代表的活动品牌，吸引数十万青少年参与，影响社会公众超过百万。

中国绿色时报　2010 - 02 - 10

青少年环保社团骨干在北林大受训

4月3日，全国青少年生态环保社团骨干培训暨2010年绿桥、绿色长征活动启动仪式在北京林业大学举行。来自环保界、文化界、体育界、企业界的众多知名人士，以及参加培训的全国31个省、市、自治区的80余所高校生态环保社团和20个民间环保组织的100名骨干志愿者，与首都近千名大学生环保志愿者一同参加了启动仪式。

据悉，此次培训为期 5 天，中国工程院院士以及北京林业大学相关教授，针对在生态文明与可持续发展、全球自然保护形势和对策、低碳经济、水资源环境概况以及绿色环保活动项目管理实务等方面内容，以课堂教学、分组交流讨论等形式进行培训。今年全国青少年绿色长征活动将按照"黄河之旅"、"长江之歌"、"京杭运河"、"东北林海"、"草原漫步"、"黄金海岸"等团队线路，在全国20 个省份开展大学生绿色环保宣传调研活动。

科学时报　2010 - 04 - 13

零排放上大学第一人抵京

北京林业大学新生报到点昨天来了位与众不同的女生。她是环境工程专业新生王小涵，在父亲的陪伴下，骑了 14 天的自行车，从西安来到了北京。

风尘仆仆的王小涵来到"测测你的入学碳排放量"的活动现场，绿色志愿者们为每名新生计算一路上的碳排放量。大多数同学都是坐火车来的，还有坐飞机的，都产生了少则几十千克，多则几百千克的碳排放。而王小涵则成为了零碳排放上大学的第一人。

骑自行车报到，是王小涵的快乐之旅，也是她作为林业大学生开始绿色生涯的第一步。戴着灰色头盔，身着嫩黄色的运动衣，车座上插的红色小旗上写着"新起点，新旅程——西安王小涵父女北京林业大学报到之旅"。

在近半个月的时间里，她和父亲从西安出发，沿 310 国道向东，途经河南三门峡、洛阳、郑州，河北石家庄、保定等城市，全程约 1200 公里。每经过一座城市，他们都在小旗上盖下了当地的邮戳以作纪念。

行程是王小涵自己策划的。父亲在各地的车友也提供了路线和方案，以确保能按时抵京。但也有很多人不太理解。"骑自行车不但环保，可以饱览祖国的大好河山，还能锻炼意志。"王小涵这样解释选择这种方式来校报到的原因。

在别人眼中的壮举，在王小涵看来没有什么特别。早在 2005 年，她就和父亲一起骑车去过拉萨。多年的骑车经验，为这次旅行积累了不少经验。

北京晚报　2010－08－29

北林大学生党员比例达 18.4%

最新公布的统计数据显示，截至 2009 年底，北京林业大学学生党员比例达到了 18.4%，比前一年增长了 1.45%，是 5 年来增长速度最快的一年，在校大学生中的党员覆盖率进一步扩大。

据悉，该校学生党员已有 3103 名，其中研究生党员 1711 名，本科生党员 1392 名。与 2008 年相比，研究生党员比例由 47.08% 增长至 48.03%；本科生党员比例由 9.57% 增长至 10.46%。

2009 年，该校发展大学生党员 1055 名。与 2008 年相比，发展本科生党员一至四年级比例、非毕业年级与毕业年级研究生比例进一步优化，使非毕业年级学生党员在大学生群体中更好地发挥了先锋模范作用。

据介绍，该校党委坚持发展党员工作责任制，建立健全了各基层党组织负责人、党务工作者、入党介绍人分工负责的的责任制体系；全面落实培养联系人制度，定期填写积极分子考察登记表；充分发挥团组织作用，坚持推优入党制度；认真贯彻落实发展党员公示制、票决制的有关规定，严把党员入口关；建立《发展党员计划》批复制度，加强对党员队伍的总体规划和发展党员工作的有效监督。各基层党组织坚持标准、规范程序，做到团支部把好推荐关、党支部把好考察关、组织员把好材料审查关、分党委（党总支）把好审批关。

中国绿色时报　2010 - 06 - 04

大学生择业意向趋于理智

选择留在京城的比例减少，"发展前途"被大学毕业生看作择业最重要的因素之一。这是北京林业大学就业服务中心对 2500 多名今年应届毕业生择业意向问卷调查的结果。统计结果显示，毕业生对就业前景趋于理智，保持谨慎，呈现出一些新的特点。

月薪期望值 2000 - 3000 元
对实践能力最不自信

调查结果显示，大学毕业生对就业形势有一定的认识，也有相应的思想准备，就业期望值有所下调。

在回答"你认为 2009 年我国高校毕业生的就业形势如何？"时，超过 40% 的毕业生选择了"预计比 2008 年差"，36.78% 的毕业生选择"预计与 2008 年差不多";对于第一份工作的薪酬，60％的毕业生的期望集中在 2000 元至 3000 元之间，期望得到 4000 元以上薪酬的不足 8％；若求职状况不尽如人意，72％的毕业生表示可调整期望值，但要视情况而定。

毕业生对自己的实践能力不太自信，有近 20％的毕业生认为现在最欠缺的是实践能力。其它选择较多的"不自信"分别是外语水平（19.56％）、专业知识和技能（18.58％）、社会活动能力（18.04％）。

不再一窝蜂都要留京
最为看重发展机遇

在就业地域的选择上，超过七成的学生期望能留在北京，沿海地区为毕业生的第二选择。前些年一窝蜂地留京现象有所改变。在回答"选择留京的原因"时，75.62％的毕业生认为，北京有更多的发展机会。在选择就业单位的影响因素中，76.36％的学生首选是发展前景和机遇，位列第二位的是"经济收入"。

如何解决就业和个人兴趣之间的矛盾，近半数毕业生表示，兴趣要服从工作。这显现出这些大学生已经开始考虑实际的需要。但也有近三成的学生表示，"没有兴趣的工作我不找"。

就业考研渐入理性
选择创业的只有 3％

毕业后初步意向为直接就业的学生占到了 47.16％，决定考研的学生比例为 37.40％。本次问卷同时结合"校漂考研族"主题进行了调查，有 67.85％的学生表示，如考研不成功将积极准备参加工作。近 14％的学生表示，不做其它打算，继续复习，明年再考。

超过半数的毕业生表示，可以接受跨专业就业。初步就业意向的调查中，选择"个人创业"的学生不足 3%，对于个人创业缺少勇气和信心。

外企成为职位首选
交际能力最为看重

"你首选的就业部门?" 32.58% 的学生选择了"外企"，国企（21.15%）和机关（16.33%）分列二、三位。近 40% 的学生表示，喜欢从事专业技术工作岗位。35% 的学生首选管理岗位。

超过三成的毕业生认为，社会交际能力强是当前择业的最大优势之一。"有特长"、"成绩好"、"做过学生干部"位列其后。

北林大就业服务中心有关负责人建议，毕业生在择业地点、职位等方面，切忌随众心理。要清醒地认识自我，结合自身的兴趣，选择自己更具竞争优势的职位。同时，要全面丰富就业知识，增加实践机会，提升就业能力。

北京日报　2009 - 02 - 04

大学生远离新闻的现象值得关注

对大学生关心的新闻种类进行调查的结果显示，56% 的大学生首选社会新闻；关心时政新闻的约占 45%；关心文体新闻的占 42%；关注科技新闻的仅为 18%，对教育新闻感兴趣的还不到 10%。将近一半的学生只是偶尔阅读、浏览、收听、收看过科技类报刊、网站和广播电视节目——

尽管大学生经常成为媒体关注、炒作的热点，但他们获取新闻的渠道并不畅通。受各种条件所限，大学生距离媒体传播的新闻还很远。这与我们所处的这个"媒体时代"很不相称。笔者在大学生中搞了个小调查，在访谈中，一些大学生抱怨，由于不能及时获取新闻，许多国家大事、国际风云都不清楚，一些社会信息也不易获得。

作为肩负着明天国家建设重任的有知识的一代，缺少新闻的滋养，势必影响其知识体系的构架。远离新闻的直接弊端，就是远离社会前沿，使得在象牙塔里生活和学习的许多大学生对于社会的了解很不全面、很不及时、很不具体。

大学生获取新闻信息主要靠网络
但每天上网对他们而言极不现实

调查结果显示，网络是目前大学生获取新闻信息的最主要渠道，有八成学生从网络上浏览过新闻。

这个数据并不说明大学生获取新闻的频率，其意义仅仅限于说明大学生们目前获取新闻信息的渠道主要是依靠网络。对于大学生而言，限于条件和时间，每天上网的学生并不多。调查发现，除了个别人外，绝大多数学生不能坚持每天上网。一周上一两次网的学生居多。上网的目的也并不一定是看新闻，主要是聊天、搜索、下载、发邮件、玩网游。借助网络浏览新闻只是一种伴随状况。大学生经常上的网站，排在前三位的依次是新浪、腾讯 QQ 和百度。

大学生阅读纸质媒体比例较低
买报对多数学生来说接近奢侈

调查显示，有将近七成的学生从报纸上阅读过新闻。但"阅读过"不意味着经常读报纸。限于经济条件，经常买报的学生寥寥无几。我观察过一些大学校园里的报刊亭，大都以杂志为主，零售的报纸种类较少，多为体育周刊、环球时报、南方周末等时效性不强的报纸和极少的都市报，很难见到以报道新闻为主的报纸。

调查数据说明，阅读较多的报纸为新京报、校报、参考消息和环球时报。这和校园报刊亭所售的报纸种类基本吻合。这些报纸在校园里可方便地买到，而且偶尔买一张学生也能接受。校报免费发行且送到学生宿舍，有一定的阅读率。

电视广播离大学生的距离更远
借助手机阅读新闻有增长趋势

调查中发现，电视机离大学生更为遥远。半数学生收看过电视新闻，但多数都是在家看过的。一般收看的电视频道是 CCTV1 和凤凰卫视；许多学生宿舍里没有安装电视机，即便是有，也受到了多种限制而收视率较低。

原以为收音机携带方便，会在大学生中有一定的市场，但现状是许多大学生都在听 MP3、MP4 或者是通过广播学习英语。借助广播获取过新闻信息的只有四成左右。他们经常收听的广播电台是，中央人民广播电台、电台 FM91.5 和校园广播。值得注意的是，不断普及和发展中的手机渐渐成为大学生获取新闻的主要渠道，近三成学生开始利用手机阅读新闻。

校园媒体对大学生有一定影响
新闻数量少时效性差令人遗憾

绝大多数大学生对校园广播有深刻印象，但指望他们站在音箱旁听几条新闻是不可能的。校报和宣传橱窗对 75％％的学生都有影响，但校报出版周期长，传递新闻的速度并不及时，多数新闻也限于校内。几乎所有大学都设置了报栏，但报纸种类有限、阅读不便捷，其阅读率并不乐观。宣传橱窗受位置固定、以图为主、多为专题的限制。虽然有六成大学生对学校的新闻网有所了解，但受上网条件所限，校园新闻网对其影响也不显著。一个值得注意的趋势是，半数学生对新近出现的校园公共电视都有所关注。

大学生对社会时政新闻较为关注
科技教育新闻关注度低受到冷落

我还对大学生关心的新闻种类进行过调查。结果显示，56％的大学生首选社会新闻。关心时政新闻的约占 45％，文体新闻的占42％，关注科技新闻的仅为 18％，对教育新闻感兴趣的还不到10％。将近一半的学生只是偶尔阅读、浏览、收听、收看过科技类报刊、网站和广播电视节目。

在问到自己所知道的科技类新闻媒体或栏目时，有约三分之一的学生没有回答或答出的不是科技类媒体或栏目。他们对中央电视台的科技节目和少数科普杂志有所了解，对科技类报纸知之甚少。

应重视大学生"新闻梗阻"现象

远离新闻的结果是，大学生们和社会间有了很大距离。在媒体时代，不能及时了解新闻信息，就很难做到和社会同步。这对学生的思想成长、专业学习、素质培养和了解社会都十分不利。遗憾的是，这一现象并没有引起有关部门和高校的重视。一些媒体对此也缺乏必要的反应。

要疏通新闻传播渠道，使新闻走近大学生，我以为应该采取的对策有：

一是加大免费报纸的发行力度。大学生没有固定的经济来源，订阅、零购报纸都很困难。指望由学校统一订阅也不大现实。免费报纸的发行，可以从根本上解决这个问题。大学生是个十分重要的群体，既是纸质媒体的潜在读者，也是未来社会的建设者。在他们中间免费发行报纸，百利而无害。至于经费问题，或者由政府出资，或者依靠社会赞助，或者依靠广告来养，都具有可行性和可操作性。

二是重视校园媒体建设，扩大其覆盖面。各高校应进一步加大校园媒体建设的力度，采取多种形式，向大学生及时传播新闻。不仅仅需要重视校内新闻的传播，也要大力传播社区新闻、本地新闻、国内新闻和国际新闻，努力扩大学生的视野，增加大学生掌握的新闻信息量。除了发挥传统媒体如校报、校园广播的作用之外，还要特别注意运用校园公共电视、电子显示屏等新媒体。

三是加强对手机媒体的研究和利用。由手机媒体来向大学生发送新闻简讯是一个有效的途径，具有一定的可行性。目前，手机在大学生中普及率较高，具备了作为新闻信息接收器的物质基础。手机新闻还具有接收简单、阅读方便等特点。需要解决的是费用和可读性问题。费用问题同样应该走免费的路子。在传播内容选择上应该考虑大学生的共同兴趣，不要引起他们的反感。在编辑形式上要注重多样化，以吸引大学生阅读。在发送时间上，要符合大学生的作息规律。

四是正确认识网络媒体的积极作用。网络是和大学生距离较近的媒体之一，其新闻传播的快捷、海量、多样等方面具有巨大的优势。网络传播也适合大学生的接受心理。不要一味地反对大学生上网，而是引导他们有节制地上网。同时，要注意引导大学生学会利用网络浏览新闻、阅读报纸、获取积极的信息，增强其拒绝网络负面影响的免疫力。

五是注意培养大学生的新闻素养。目前，许多大学生缺乏获取新闻信息的欲望，对一些重大新闻不敏感，也不会充分利用新闻信息。这对大学生的培养来说应该是一个缺憾。要采取多种形式，引导他们养成接受新闻、分析新闻、判断新闻、利用新闻的习惯。要鼓励大学生选修新闻学类的课程，自觉地走近新闻。

科技日报 2007－11－08

"90后"大学新生浑身新特点

开学第一周，北京林业大学学生会青年研究中心面向全校新生进行了随机问卷调查。该调查发放问卷 632 份，回收率为 94.62%，调查结果显示，这些"90后"身上具有许多和人们想象不同的特点。

同学先在网上见

调查结果显示，许多"90后"新生入校前就通过网络对学校进行了基本了解，并在 QQ 群上和同校学生结识，人未入校，同学已熟。

由于网络的普及，44.77% 的学生未入学就对大学环境有了一定的了解。网络是他们了解学校情况的主要渠道。校园网站以及 chinaren 校友录等门户网站在假期就建立了新生板块。一些学生接到录取通知书后就迅速地在网上注册用户或添加高校信息，在 QQ

上建立相应的专业群、班级群，通过群聊、在校园 BBS 上留言等多种形式获取学校衣食住行等各类信息。加入新生群的有 400 人之多。

新生离家不犯憷

与家长的担心不同，许多新生思维独立，自主意识与自我观念较强，对离开家长独立生活并不恐惧，甚至较为从容。

新生适应能力较强，能逐渐适应集体生活与学校的生活环境，只有 10% 左右受访者对周边环境感到特别陌生。

寝室同学的关系得到新生的重视。82.73% 的新生认为，室友之间的关系应该融洽，成为好朋友，大部分新生对此有美好的憧憬，乐于与人交往。也有 14.29% 的学生表示，可能只会与其中一部分成为好友。只有很少部分的学生对室友持无所谓的态度。

新生表现出兴趣广泛、易接受新鲜事物、视野开阔的特点，对于手机、电脑的熟悉程度远高于以往的学生；在一定程度上，存有艰苦奋斗精神淡化、团体协作能力不强的倾向。

对所学专业有兴趣

关于新生对本专业的了解程度、兴趣及就业前景的调查显示，有 48.33% 的学生对自己的专业有所了解，27.82% 的学生较为了解，19.46% 的学生不了解。有近 90% 的学生对所学专业兴趣较为浓厚。

调查发现，38.45% 的学生对就业前景并不清楚，36.97% 的学生认为自己的就业工作将非常顺利，部分新生对专业就业前景不看好。

近九成的受访新生对今后学业与未来目标已有了大致规划，没有考虑细节的占 47.38%，细节不明确的占 32.70%，仅 7.6% 的受访者规划细节较为清晰。

74.16% 的新生认为社会活动和集体活动能培养自己各方面的能力。多数新生有意加入学生社团接受锻炼。

北京考试报　2009 - 09 - 26

我国森林文化学术研究呈现新特点

从全国第三届森林文化学术研讨会上获悉，我国森林文化研究的领域不断扩大，成果日益丰富，呈现出许多新的特点。

据介绍，森林文化研究新的分支学科开始出现。有学者提出了森林环境的心理品质研究及生态审美心理学等观点；在研究中，更加重视传统文化在森林文化传播中的重要作用。有学者介绍了各民族解决崇拜与利用之间矛盾的方法等；森林文化研究持续不断、层次提高，有学者对森林文化产品进行分类研究，并提出了把我国建成森林国家的初步设想。

有关学者展示了国内首个森林文化试点村的建设情况，并提出建设森林文化城市与森林文化乡村网络的设想。同时，森林文化与森林经营、森林与宗教、区域森林文化、森林文化在生态文明建设中的作用等议题成为研讨重点。

研讨会由北京林业大学、浙江林学院主办，亚洲绿色文化国际交流促进会协办。

中国绿色时报　2009 - 11 - 09

木文化研究框架基本形成

全国第一届木文化研讨会于 3 月 29 日～30 日在北京林业大学召开。此次学术研讨会较清晰地勾画出木文化的基本框架。

研讨会上，17 位专家学者从哲学、文学、历史、美学、汉字学、教育学、法律、社会学、传播学等角度，对木文化进行了解读和阐述。国际木文化学会会长侯文彬说，木文化作为一门交叉学科，从人文的角度使人类更好地认识木材的利用和社会影响，为人类理解木材，全面认识木材的社会、经济、环境和文化价值提供了全新视角。

中国绿色时报　2008－04－07

学报影响因子居林业期刊之首

2009 年中国期刊引证报告发布，北京林业大学学报的影响因子为 1.180，在全国林业科技期刊中位列第一，在全国高校自然科学学报中居第三位。

北林大期刊由最初的 1 种发展到了今天的 5 种，在国内外产生了一定影响。最初的专业评比中，学报只能获得鼓励奖。经过几代人的努力，学报获得了国家有关科技期刊的所有重要奖项；1998

535

年至 2008 年间，是中国大陆唯一被工程索引（EI）核心收录的农林生物类期刊。自 2004 年起，学报成为中国高校自然科学学报研究会理事长单位。

为了向世界展示学术成果，北林大 1992 年创办了学报英文版，后更名为中国林学（英文版），并与全球著名学术出版机构——德国 Springer 出版公司合作在线出版，推动了国际化进程。2002 年创办的社科版突出了林业行业特色，创办了"森林文化"、"园林与艺术"、"森林与环境法律问题"等栏目，并主办了全国"生态文明与价值观"、"森林文化"学术研讨会等。

中国绿色时报　2010 - 01 - 27

《中国鸟类》杂志 3 月创刊

中国大陆第一个鸟类学术期刊——《中国鸟类》杂志将于 2010 年 3 月问世。

为加强中国与世界的鸟类学学术交流，提高中国鸟类学的学术水平和扩大国际影响，北京林业大学和中国动物学会鸟类学分会共同创办了这份杂志。杂志为面向全球的英文学术期刊，主要发表有关鸟类所有研究方向的研究论文、综述和研究简报等。该杂志为季刊，特邀中国科学院院士郑光美担任主编，编委会由来自国内外的知名学者组成。

中国绿色时报　2010 - 01 - 04

让我们走近中国鸟类

由于种群数量急剧下降和分布区缩小，黄颊麦鸡近期被提升为极危物种。不知道是幸运还是不幸，截至目前，这个物种在中国只有一个发表的记录。那是 1998 年见到的迷鸟。

德国考察队早在 1876 年就写了一份报告，认为黄颊麦鸡 19 世纪下半叶在中国的新疆为繁殖鸟。据推测，如今这一物种已在新疆灭绝。刚刚出版的《中国鸟类》，向我们描述了中国新疆地区黄颊麦鸡的繁殖历史。

要感谢中国第一本中国鸟类学术期刊。它引领我们走近了中国的鸟类。这份杂志为季刊，由北京林业大学主办、中国动物学会鸟类学分会协办，由高等教育出版社出版。主办鸟类学术刊物，从一个侧面反映了北林大的学术研究领域在不断地拓展。

城市化对杭州市繁殖鸟类物种多样性产生了怎样的影响？中国秦岭地区的红腹锦鸡的冬季食性，中国斑翅山鹑遗传多样性，这些问题在这期创刊号上均有介绍。

实事求是地讲，对于外行来说，这本杂志所刊发的内容我们有些生疏，这是我们对鸟类世界知之不多的缘故，这恐怕也是此书的价值之一。先为业内提供一个学术交流的平台，然后再向社会扩散。

除了简短的摘要，全书都是英文。这对于一些人的阅读来说，或许也是一个障碍。但它却为国际交流和合作提供了便利。这份具有国际视野的杂志，一个重要任务就是向世界推介中国的鸟类，刊发国际鸟类学者的论著。

这对中国的鸟类研究无疑是件极有意义的事。

中国绿色时报　2010－07－02

笔下花鸟有精神

与传统中国画相比，一些现代中国画早已改头换面。

据说，如今的中国画创作出现了两极分化的现象。有的借用西方的表现主义与抽象主义的观念与方法改造中国画，还有的则借用西方超级写实艺术的观念与方法来改造。

对此，李汉平有自己的看法。在他看来，"写意精神"才是中国画的特色所在。

北京工艺美术出版社新近出版了"中国当代美术家书系"。《李汉平花鸟画》被列入其中。在他的笔下，无论工笔作品也好，写意作品也好，无论是鸟、鱼、蜻蜓，还是紫藤、莲蓬、芭蕉树，都被注入了一种精神，成为他对"写意精神"的最好阐释。

他为自己拟定的艺术目标，就是在坚持"写意精神"的大原则下，努力创造出一种具有时代感的新中国画。从书中收入的一系列作品中可以看出，虽然对传统中国画的程式规范掌握的十分到位，但他却非泥古不化。他努力按照当代人的审美感受与视觉经验，逐步修正传统中国画的程式规范。因此，他的中国画，既体现出了传统中国画的表现逻辑与审美假定性，又具有了新的审美特点。

懂行的人看得出来，《双鱼》中的鱼和紫藤造型，是由写生演变而来的，完全突破了传统的程式规范，既真实、生动、有趣，又有中国画笔墨特点；《鸣春》中的紫藤枝干的线、墨叶的大面与小点的对比关系相得益彰，紫藤花是用近乎于水彩画的方式表现出来的。

岁月在探索中流逝，季节在笔墨里变幻。《春意》之生机，《仲夏》之火热，《秋韵》之殷实，跃然纸上，令心触动。

一位知名画家评价说，他的画让人感觉既是东方的，也是西方的；既是现代的，又是古典的。

在校园里，经常与李老师不期而遇。他步履坚实，话语不多。身为北京林业大学的艺术系主任、硕士生导师，教学任务很重，但他一直没有放弃自己的追求。

中国绿色时报　2010－06－14

生命过程论挑战达尔文生命进化论

北京林业大学武觐文教授近日出版的《生命过程》一书，再次深入挑战达尔文的生命进化论。该书封面有三行字："生命过程论"与达尔文的"生命进化论"有所不同；"生命过程论"对生态学的核心理论"生态平衡"、"物质循环"提出了质疑；"生命过程论"对人与自然的和谐关系、生命的演化、环境的恶化等课题，提出了新的思维。

5年前武觐文教授关于生命过程一书第一版问世，即引起了关注。武教授广泛征求了意见，对全书进行大量的修改、补充时，又再创造、再深化。这本新书阐述了：进化论的思维核心，是通过自然选择和遗传变异，使生物渐进完善地前进演化；而过程论则认为，生命全过程的演化，不仅是生命发展完善的过程，也是逐步衰退、老化和衰亡的过程，是对立统一的辩证过程。在达尔文时代，人类见到了生命正逐渐向着完善的方向演化，于是形成了进化论的观念。而今天，众多物种的灭绝和生命发展的顶级生态系统——大森林不可逆转地衰退，生命和环境总体正在衰退的客观事实已经呈现。认识生命从诞生到发展、再到衰退衰亡的全过程，应该提到日程上来了。

武教授认为，科技发展目前进入了获得大丰收的季节，这容易使人盲目乐观。他竭力阐明的理念是：当人类进入成熟期后，应当树立生命全过程的思维，调整自身的生存状态和生活方式，建立理性、和谐、豁达、宽容的健康心态，健全人类的协调关系。

北京日报　2008 - 03 - 26

彭派草书盆景彰显艺术魅力

彭春生教授在北京林业大学讲了半辈子盆景课。每次讲到盆景的流派时，就有同学问：彭派盆景是什么样的？彭老师多少有点儿尴尬，说："有机会我一定创造出彭某的风格来。"

前几天，彭老师送给我一本新书，专门介绍了他研究的盆景。按流派创新理论划分，这即是他独树一帜的彭派草书盆景了。此前，盆景多以地划派，以人划派在盆景艺术界是史无前例的。

所谓的草书盆景，就是树干字型为中国书法一笔狂草的盆景。它始见于宋代，但由于战乱、字形少、技法难等原因，到明代基本消失了。近年来，草书盆景不断升温，并开始走俏市场。

2004 年，彭老师退而不休，在江苏阳光公司的支持下，一门心思搞研发。无数次失败和继续轮回之后，彭某风格盆景终于问世，在材料、立意、造型、技法、养护、审美等各方面进行了全面的创新，目前已能批量生产。

以往制作一盆盆景，至少需要几年或十几年的时间。彭老师首创了先进的盆景生产技术，用一年生苗木的树干制作成一笔草书，只需两年左右即可完成。其基本程序是：利用专利方法，生产具有长、细、柔特点的草书盆景专用苗木；再用新的技法，按照电脑设计出的字干定型；在温室养活后，即可移栽于盆。

据悉，造型可做的字有"吉祥如意"、"庆祝国庆"、"和谐兴国"、"恭喜发财"等五大类 200 字，并且可以根据需要进行新的设计。所用的树种则包括金叶榆、紫薇、火把果、树状月季等。

中国盆景艺术家协会主席苏本一称，彭派草书盆景集全新、综合、环保、简易和实用五大优点于一身，具有极广阔的发展空间。

据了解，草书盆景用途广泛，既可用于节庆、祝寿，又可装饰、陈列等。由于其既有盆景造型的奇特韵味，又有传统草书书法的潇洒，增加了文化内涵，从而更能满足当代人的多层次、多样化的精神文化需求。

更为可贵的是，在他的指导下，创办了有独特生产工艺流程的草书盆景苗圃产业，杜绝了上山挖桩、破坏环境、毁坏资源的陋习，使其成为真正的绿色产品。他研发出了整套的相关系列技术，化繁为简、变难为易，缩短了生产周期，可实现生产标准化、规模化、产业化。先进的专利技术，使得普通员工也能很快熟练掌握，从而降低成本，为其走入千家万户创造了条件。

目前，彭派草书盆景已可成批量生产。仅 2008 年，就有上万盆成品陆续上市。

中国绿色时报　2008 - 09 - 09

月季诗词心中来

彭春生老师赠书一本。只见封面上大朵大朵的红月季花开正艳，"月季诗词三百首"七个大字赫然在目。

书中收录了以月季为吟诵对象的诗词 323 首，包括现代律诗、现代经诗、现代词和自由诗。撰写者除了他本人之外，还有他指导的诗社成员——江苏阳光生态园的工作人员。

园林和诗词从来都是联系在一起的。彭老师是北京林业大学教授，退而不休，在江阴研究和培育"树状月季"。每每看到盛开的月季，他又诗兴大发，牵头成立了阳光诗社，聚集起 30 多个"粉丝"，研究、生产之余，写下了这 300 多首月季诗词。

10 年的树状月季科研成果与诗词格律探索的结合，成就了这本诗词选集。这些诗词都以树状月季为对象，反映了树状月季的起源、发展、生产技术、养护管理、园林应用等内容，成为传播月季文化的新载体。

现在写诗作词的人少了，原因之一就是太难了。彭老师经过研究，提出了适合当代人的现代律诗诗谱，并作为主力创造出了整整 100 个词牌的月季词，读来颇有新意。

新书只有 100 多页，但有理论有实践，还附有现代律诗诗谱一览表、词律元素百例表、词牌异名表、历代词人名录表等，实为爱诗喜词之人的工具书。

如今"企业文化"一词早就不新鲜了，但彭老师率阳光诗社的这个尝试无疑是有意义的。研究月季，培育月季，用诗词来歌颂月季、推广月季，这对于打造企业文化、传播月季文化，的确是一个好的创意。

"花开时节如举，花落愿遭刀剪，一任酷暑。才得新芽，育出千花如雨。

不为它，只愿新芽，再生出、鲜花无数。为人间、添色加香，散发情千缕。"

这哪里是在吟诵月季，分明是在抒发彭老师及其同行者们的心声。

中国绿色时报　2010－06－11

日籍美国人为北京古树出书

前日本驻华大使夫人阿南史代女士送给我她的新作《树之声——北京的古树名木》，令我感动、感慨、感伤。这真是："一个外国人把应该由中国人做的事，在我们前面做了。"

这本书介绍了 300 多棵北京的古树名木，照片全部是阿南亲自拍摄，文字则是她先用英语写就，再翻成汉语，从古树讲到北京历史。日本籍美国人阿南史代曾随丈夫在华常驻 3 次、前后达 12 年，短期来访难计其数。在阿南看来，古树是活的文物。她把对古树的寻觅，当作研究北京历史的一个切入点，不仅遍访北京的著名遗迹、宗教圣地，还深入古老村落和崇山峻岭；不仅仅拍摄了一幅幅古树的照片，还记录下了有关古树的传说、拍摄时的情况等等。每张照片背后，都是一段艰苦的磨难。她总是得到有关古树的模糊信息后立即出动，逢人就问，见人就访。为了找到一棵古树，有时需要花费六七个小时、翻好几座山。为了拍到理想的效果，绝大多数古树她都去看过两次以上甚至更多。

她有一张自制的北京古树图，无论是北面的密云、延庆，城南的丰台、房山，还是京西的门头沟，北京十八区县 300 年以上的古树她几乎全都拍过。

她总是向乡亲们刨根问底，记录下各种各样的有关古树的传说，与历史记载加以对照。她说古树旺盛的生命力，使其他任何文化遗迹都相形见绌。

令人汗颜的是，我在北京林业大学差不多 30 年了，但书中的绝大多数古树我都没有见过，更别说知道它们背后的历史故事了。在阿南举办的一次北京古树摄影展览中，一个女孩子指着一幅照片嚷道："那是我家门口的那棵树。"阿南给她讲这棵树的来历和背后的故事，小姑娘不住地说："这些我从来都没听说过。"

阿南史代的名片上很醒目地印着一棵古树。那是她用凤凰岭上的迎客松为原形给自己制作的 lo-go。她的个人网页也以"北京的小树"命名。她对北京古树的热爱和珍视，超过了许许多多的北京人。有多少人，对比他们年长得多的古树们视而不见、或者毫不珍惜、甚至肆意伤残；让一个外国人来告诉我们自己家里的东西多有价值、多么宝贵，自己还不当回事儿。这是不是太难堪了点儿？

北京日报　2007－12－05

让世界聆听古树的声音

每次阿南史代女士去寻觅古树的时候都在想，如果它们会说话，一定能讲出当地的历史和故事。这或许就是她把新作命名为

《树之声——北京的古树名木》的初衷吧。

初冬的北京，并不太冷。美术馆东侧的三联书店里顾客不多。按照售货员的指引，我沿楼梯而上，在二楼东侧看到了一个小小的摄影展和展板前摆放的两摞新书。展出的每幅图片的主角，都是姿态各异的古树。新书的名字是《树之声——北京的古树名木》。但这并不妨碍它们所具有的价值存在。看过一幅幅古树的图片之后，我一边翻看着散发着墨香的新书，一边等待着只闻其名、未谋其面的新书作者的到来。

中午1点钟过了。蓝色凯悦的车门打开，阿南史代女士瘦小的身影出现在眼前。她是2006年刚刚卸任的日本驻华大使阿南惟茂的夫人，曾3次在北京常住，先后达12年之久。这本记录着北京古树名木的新书，在某种意义上说，可以看作是她在京生活的日记。

尽管收入了300多张精美的古树图片，但这本书绝不是一本普通的画册。书中按北京十八区县分类，对各地极具代表性的古树作了介绍。既有或大或小的照片，又有阿南夫人记下的关于古树的文字。打开此书，如同打开了一轴古都北京的长长的历史画卷。

"我不是摄影家，我是用照片讲故事，记录历史，我喜欢行走。"印在新书封底的这行小五号字，坦露了阿南夫人的心声。读大学时，她主修东亚历史地理，后长期教授中国和日本的历史、佛教史，现执教于日本东京的Temple大学。她把古树作为研究北京历史的一个切入点。每次她去寻觅古树的时候都在想，如果它们会说话，一定能讲出当地的历史和故事。这或许就是她把新作命名为《树之声》的初衷吧。

她对北京古树的兴趣起始于对历史的热爱。她把古树看成是活着的历史。1983年，她开始对北京佛教历史文化、古寺庙产生兴趣的时候发现，许多寺庙都已化作废墟，或者翻建一新，而几百年前甚至更早时栽下的树木依然在那里。它们是时间的见证。如此看来，她把新书的英文书名定为《时间的见证》就不难理解了。

北京有近 7000 多株共 29 种树龄超过 300 年的古树。柏树、松树、落叶的银杏树、婆罗树和国槐都活到了千年以上。这些分布在北京城郊的参天大树，构成了一幅北京的历史地图。在过去的 20 多年里，阿南夫人遍访北京的历史遗迹、宗教圣地，深入古老村落和崇山峻岭。她拍摄了一幅幅古树的照片，还记录下了有关古树的传说、拍摄时的情况等等。她从自己拍摄的难以计数的古树照片中遴选出了 300 多张精品，配上自己撰写的极富历史感和细腻情绪的文字，使这部新书成为她多年寻觅北京古树的一个真实的缩影。

书中的每幅照片和每段文字，都渗透了她对古树、对北京的热爱。拍摄了京西古刹大觉寺里那棵枯死了的松树之后，她写道：树上现在只是仿造的枝干和松针。这是一种启示：树木也可以装上假肢。读到这里，我的心里一颤。我读出了她对逝去了生命的古树那难以述说的惋惜和深切的哀悼。她在书的引言中写道：我们不该将它们的存在视为当然，而应继续保护并尊重这些历史的见证者。

阿南夫人更像一个考古学家，常常自己开着车奔向郊区，迈开双腿去调查、去寻访。她从不轻易相信历史的记载，而是尽可能多地在当地人中寻访，了解残存在人们脑子里的有关古树的点滴记忆。她相信，百姓中的说法比史书上的记载来得更真实、生动，也更具人情味和地方特色。乾隆皇帝赐名的太平村，崇祯自尽的景山"殉国槐"，孔庙里的除奸柏，还有许许多多已经被人淡忘或者冷落了的故事，在她的书里找到了一些复苏的痕迹。

在阿南夫人的镜头里留下的，不仅仅是千姿百态的古树，还有厚重的历史，以及那扑面而来的生活情趣和人文情怀。树下闭目养神的老人，延庆五龙松下嬉戏的顽童，广济寺七叶槐旁伫立的僧人，大觉寺古银杏树下开心的情侣，天开村柏槐树下聊天的村民，旧县唐槐树荫里的膀爷，这一幅幅人与古树相依共处的动人画面给人以启迪和感召，警示人们善待这些历史的见证者，善待这些曾经给了多少代人庇护、还将给后人以阴凉的古树们。

新书虽以古树命名，但其内容却涉及了京城历史的变迁，八国联军的入侵，动乱岁月的破坏，中关村高科技园区的发展，在每棵古树上，都打上了深深的社会历史烙印，展示了北京的风土人情，成为一幅幅古城的风俗画。

阿南夫人是美国人，后入了日本籍。她把北京当成自己的第三故乡。在离开北京前，她告诉依依惜别的朋友们：看见了北京的古树，就好像见到了我。在她的心目中，她已经和北京的古树、和古都的一切紧紧地、紧紧地连在一起了。

在新作首发式上，一位文化部官员的致辞发人深省：原本该由我们来做的事情，却让一个外国人走在了我们前面。我们真该在古树的保护上多做些事情！

我想，这或许是阿南夫人这部新作出版的更深层次的意义吧。

科学时报 2008－01－09

《一滴水生态摄影集》填补空白

陈建伟的《一滴水生态摄影集》填补了我国生态摄影领域的空白，也是生态文化建设的一大成果。中国摄影家协会主席邵华将军生前亲自作序：《我们呼唤生态摄影》，在序文里，邵华写道：这是第一本以生态摄影为名的摄影集。关注当今中国的生态状况，并通过镜头表现出来，记录下社会变革过程中产生的生态问题，引起当代社会的关注和思考，留给后来人我们的认识和轨迹，这是时代赋予生态摄影者的神圣使命。

生态摄影力图用摄影手段来反映物种与物种、物种及其生境之间的关系，反映人与自然的关系，是用镜头来"思考"生态的艺术。陈建伟正是用那和生命同样宝贵的长镜头来思考生态、探求自然的大家。几十年来，陈建伟一直从事的是森林、荒漠、湿地和野生动植物资源的保护和管理工作，现在不仅走上了国家濒危物种进出口管理办公室常务副主任的岗位，是我国自然保护学科的博士生导师，还成了中国生态摄影的先驱。

陈建伟认为，生态摄影是生态文化中最直观、最具感染力和冲击力、最具时代感的利器。他用这些照片来表达一个中国人对人与自然和谐的认识和热爱，对美好生态文明社会的理解和追求，对现今中国生态问题的认真思考，对绿色奥运精神的诠释。

工作之余、工作之中，他抓拍、抢拍了难以计数的照片，用这种特殊的形式，来表达他对生态的热爱，对生态的忧患，对生态的深层次的思考。一幅幅震撼人心的照片，一方面反射出了当今中国自然保护事业的现状，另一方面也表达了他对当今中国生态问题的看法。同时，也会诱发每一位研读这部书的人对自然和生态的关注、热爱和思考。

2008 年北京奥运前夕出版这部摄影集，应该有其更深层次的含义。摄影集的主题符合绿色奥运的理念，经奥组委批准在书中使用了奥运福娃的形象。中国绿化基金会主席王志宝称赞说，这是给北京奥运会献上的一份礼物。作者巧妙地将森林、荒漠、湿地海洋生态系统和秀美山川、人与自然和谐 5 个部分分别与 5 个福娃一一对应，很好地将我国生态建设的主体任务与 2008 年北京绿色奥运、生态文化的理念有机结合起来。

陈建伟酷爱"一滴水"。早些时候，他来北京林业大学举办生态摄影展时就以"一滴水"冠名，这次出版摄影集也不例外，绿色的封底上满是水滴。他写道：水是生命之源。有了水，在阳光作用下就产生了生命。如果一滴水能反映太阳的光辉，那么无数滴呢？我从字里行间读出了他的理想和志向，就是做好自然和生态保护中的一滴水！其潜台词是：一个人的作用是微不足道的，但是只要人人都来关心生态问题、都来为修复已经被破坏的家园作出贡献，秀美的祖国就在我们面前！

中国绿色时报　2008 - 07 - 25

用镜头思考脆弱的生态

他用照片来表达一个中国人，对人与自然和谐的认识和热爱，对美好生态文明社会的理解和追求，对现今中国生态问题的认真思考，对"绿色奥运"精神的诠释。除了脚印，什么也别留下；除了美景，什么也别带走。或许，这正是陈建伟在生态摄影领域奋斗的最真实的写照……

真有些嫉妒陈建伟。他拍摄了这么多濒危的动物、珍稀的植物、罕见的自然景色……翻看着他刚刚出版的《一滴水生态摄影集》，最强烈的感觉就是世界上竟有如此多的美丽景色没能看到，大自然中竟有如此多的动植物未能谋面，生态系统中竟有如此多的内涵尚未领悟。

更佩服建伟。这部摄影集填补了我国生态摄影领域的空白，也是生态文化建设的一大成果。中国摄影家协会主席邵华将军生前为建伟写下的《我们呼唤生态摄影》一文，无疑是其一生中撰写的最后一篇序。这位刚刚辞世的中国摄影家协会主席写道："这是第一本以生态摄影为名的摄影集。关注当今中国的生态状况，并通过镜头表现出来，记录下社会变革过程中产生的生态问题，引起当代社会的关注和思考，留给后来人我们的认识和轨迹，这是时代赋予生态摄影者的神圣使命。"

生态摄影力图用摄影手段来反映物种与物种、物种及其生境之间的关系，反映人与自然的关系，是用镜头来"思考"生态的艺术。陈建伟正是用那和生命同样宝贵的长镜头来思考生态、探求自然的大家。中国的生态摄影起步很晚。即使有涉及这方面题材的，也是从人文报道摄影角度和社会新闻角度出发，是谈不上将其视为一个大题材的。而建伟则不同，他不仅把生态摄影看成了所从事的生态保护事业的一部分，开拓性地将中国生态摄影的旗帜高高举起。

在他看来，生态摄影是生态文化中最直观、最具感染力和冲击力、最具时代感的利器。他用这些照片来表达一个中国人，对人与自然和谐的认识和热爱，对美好生态文明社会的理解和追求，对现今中国生态问题的认真思考，对"绿色奥运"精神的诠释。书中的一幅幅震撼人心的照片，一方面反射出了当今中国自然保护事业的现状，另一方面也表达了他对当今中国生态问题的看法。同时，也会诱发每一位研读这部书的人对自然和生态的关注、热爱和思考。在一幅海浪不断冲洗掉人的足迹的照片下，他写的说明文字是："人是自然界的一分子，在大自然面前，应该摆正自己的位置。'敬畏自然'和'主宰自然'一样都不可取。人类所做的一切只能是也只应该是'师法自然'。"他明确而坚定的生态道德理念跃然纸上。

工作之余、工作之中，他抓拍、抢拍了难以计数的照片，用这种特殊的形式，来表达他对生态的热爱，对生态的忧患，对生态的深层次的思考。这部摄影集中精选了他的十几年来的代表之作。这290张精品，成为他向社会交出的一份份认识、理解、挚爱自然和生态的沉甸甸的答卷。

2008年北京奥运会前夕出版这部摄影集，应该有其更深层次的含义。摄影集的主题符合"绿色奥运"的理念，经奥组委批准在书中使用了奥运福娃的形象。中国绿化基金会主席王志宝称赞说，这是给2008年北京奥运会献上的一份礼物。作者巧妙地将森林、荒漠、湿地海洋生态系统和秀美山川、人与自然和谐五个部分分别与五个福娃一一对应，很好地将我国生态建设的主体任务与2008年北京绿色奥运、生态文化的理念有机地结合起来。

在第一部分"秀美壮丽的大自然"中，巍峨的雪山，皓皓的冰川，滚滚的黄河，甚至翻过喜马拉雅山的印度洋暖湿气流也被他尽收镜头。而"森林生态系统"以可爱的大熊猫晶晶为代表。几种我国有代表性的森林生态系统被做成四屏，既具有浓郁的中国文化特色，又使人一下子就抓住了中国森林的典型性。"荒漠生态系统"这部分既看得人心动，又看得人心痛。土地退化后的大片大片沙地，连绵不断的巨大沙丘，昭示着保护和拯救生态事业任重道远。最严酷环境下，在水土阳光都极其匮乏的山石缝里，依然盛开着的高山雪莲，带给人们无限的希望。地球生物圈的初始生命来自"湿地和海洋"，在这部分里，不但收入了油画似的喀纳斯湖、织锦般的纳帕海、神湖纳木错、湿地之母雪岭冰川，更有那触目惊心的湿地火灾、严重污染后长满绿藻的太湖、中国最后一条自由流淌的处女江怒江，以及那已经干涸的满是裂痕的曾经的湿地。每一个画面都在呼唤着人类的进一步觉醒，发出了拯救生态的强大吼声。第五部分"人与自然和谐"展示了我国在自然保护领域取得的成就，更展示了奋斗的目标。

建伟曾经告诉我，看生态摄影的照片和看别的照片不同，不能只"看"而是要"读"，要细细地读，读了才有思考、才有味道。读完了他的摄影集后，我才真正体会到了他的意思。每一幅照片背后，都有一段段动人的故事。建伟用几十年的努力和成功告诉人们，只要有心，就一定能够成功。在当今，数码相机已经步入大众化阶段的情况下，即便你不是专职摄影师，也能用镜头进行生态的思考。

建伟酷爱"一滴水"。早些时候，他来北京林业大学举办生态摄影展时就以"一滴水"冠名，这次出版摄影集也不例外。绿色的封底上满是水滴。他写道：水是生命之源。有了水，在阳光作用下就产生了生命。如果一滴水能反映太阳的光辉，那么——无数滴呢？我从字里行间读出了他的理想和志向，就是做好自然和生态保护中的一滴水！其潜台词是：一个人的作用是微不足道的，但是只要人人都来关心生态问题、都来为修复已经被破坏的家园作出贡献，秀美的祖国就在我们面前！

我不知道建伟所拍摄的这些景色、这些物种能否继续存在，提出的生态问题能否得到迅速解决，但我知道为了这些景色和物种成为自然界的永恒，为生态环境更加美好，建伟付出了自己的心血、汗水、智慧和岁月，这真的是一项伟大的事业。因为，它维系着我们人类赖以生存的自然界的现在和未来。

突然想起在风景区里看到的一句警示语：除了脚印，什么也别留下；除了美景，什么也别带走。或许，这正是建伟在生态摄影领域奋斗的最真实的写照……

科学时报　2008－07－31

给艰难的学术出版亮盏灯

给大学生们开设了网络编辑课，又一直从事传播研究与实践，自以为对网络时代下的纸质媒体改革还是十分关注的。中国科协学会学术部主编的《数字环境下的学术出版》一书，还是令我认识到，在网络风暴中，纸质媒体如何积极、有效地加以应对，是一个十分艰巨的任务，对于学术期刊来说更是如此。

中国科协书记处书记冯长根在为此书写的序言中提出的许多高见，令我获益匪浅。我印象最深的是他对网络时代学术出版面临挑战的正确把握。在数字环境下，科学家的研究方式、成果交流方式发生了两大显著变化：一是有些研究项目本身就是数字的，其成果只能依靠网络来传播和交流。二是传统的借助纸质期刊来发表成果、查询文献的方式，也受到了网络传播、网络搜索的挑战。

当不少专家学者依旧青睐纸质学术期刊、一些学术出版的从业人员抱怨纸质学术出版每况愈下的时候，国际学术期刊编辑出版界又有着怎样的思考、怎样的作为、怎样的打算，对于中国来说就显得格外的重要了。这应该就是中国科协主编的这本新书的最大价值所在。

需要我们引起注意的是，国际上主流的学术期刊大都完成了从以纸本出版为中心向以网络出版为中心的转型。而在这一点上，国内的学术期刊机构显然是有差距的。因此，读了这本荟萃世界一流的网络出版论文的书后，每个人都会油然而生一种紧迫感和使命感。据我所知，颜帅编审作为审校之一完成了此书的统稿之后，他所主持的《北京林业大学学报》在网络化上也有了新的尝试。

书中收入了学术与专业出版者协会出版的国际知名期刊——《学术出版》发表的 25 篇有代表性的论文，分别列在"学术研究与发表"、"网络出版与链接"、"开放获取与存档"、"期刊利用与经营"等 4 个专题之内，将出版研究领域前沿的风景作了一个集中展现。

在网络时代，作者选择在何处发表，希望谁来阅读自己的论文，对版权、自我出版、开放获取有怎样的态度？在计算技术和网络技术的影响下，学术传播方式发生了怎样的变化？开放获取对身处现代信息供给网络中的作者意味着什么？数字环境下，期刊经营应该发生怎样的适应性变化？这一个个热点问题，在书中都可以找到或多或少的一些答案。

这本书的另一个突出特点是，比较全面地反映了国外对网络时代学术出版的一些基本看法。而这些看法表明，国外不同机构、不同学者其意见也不尽相同。这更有助于我们对这些问题的思考和理解。

这本书还像一面镜子，照出了中国学术期刊和国际同行的一些差距或差异。如国外一些作者投稿看中的首先是读者群，其次是期刊质量，国内某些机构则过分强调影响因子、追求新闻效果；网络出版与链接，对于国内一些从业人员来说显得还十分陌生……

尽管中国有中国的国情，但在学术出版领域中外面临的许多问题是相同的。网络时代使得整个地球都显得小了许多，也使不同国家所面临的机遇和挑战有了许多趋同性。因此科学的借鉴已经成了当今世界非常重要的获胜法宝之一。这本书就提供了许多可供我们借鉴的思考、成果以及观点。

重要的不是照搬别人的做法，而是碰撞出我们自己思考的火花。合上这本书后，我一直在思考。因为，这本书表面上看起来谈论的是学术出版问题，实际上对于报纸和其他期刊同样有许多可供借鉴的东西。

科学时报　2007－11－14

给我透视网络文化产业的慧眼

春节前夕，身穿唐装的北大教授陆地从包里掏出一本厚厚的蓝皮书递给我。对于他的高产我早有耳闻，不过他主编的这本《中国网络文化产业发展报告》还是令我一惊。洋洋洒洒 70 多万字不说，观点之创新，资料之翔实，堪称最具权威的中国网络文化产业蓝皮书。

在一"网"打尽的今天，谁都对网络略知一二。但在网络文化产业逐渐成为文化和产业的双重主角的时代里，国内在这一领域的研究却相对滞后，甚至没有一部能够反映这种现实的著作。我手中的这部蓝皮书，理论与实践兼顾，宏观和微观并举，国内和国外齐纳，法规与案例皆备，具有资料性、国际性、市场性和前瞻性等诸多特点，填补了我国这一领域研究的一个空白。

不少伟大的事业都是从偶然开始的。这部蓝皮书的孕育也是如此。在 2009 年初的一次聚会上，一位老先生谈起了我国网络文化产业研究的困境。陆地听后有意，动了编撰蓝皮书的心思。陈学会博士积极响应。一次朋友间的聚会，瞬间变成了学术讨论会、项目策划会和编撰论证会。很快，动议就成了中央文化管理干部学院的重大决策，由国家网络研究中心、北大、中科院、中国社科院、清华、南开、北邮等机构的专家学者分进合击，协同作战，打响了编撰的一个个战役。

2009年在紧张的劳作中转瞬而过，当新年的钟声敲响之后，蓝皮书终于付梓，为业内和业外人士眺望中国网络文化产业，推开了一扇窗户。

尽管我国以至少拥有3.38亿网民而成为世界第一网民大国，但还只是一个网络文化产品消费大国，还不是一个网络文化产业生产大国，更不是网络文化产业品牌强国。破解制约我国网络文化产业发展的瓶颈，成了陆地教授等编撰蓝皮书的主攻方向。

我看到，蓝皮书在探讨网络文化产业现象和发展规律的基础上，对西方主要发达国家和中国的网络文化产业发展的现状、特点、问题、前景以及管理法规、政策等进行了深入系统的论述。其中美国、欧洲、日本的发展现状综述，令人眼界大开。从网络消费群体的构成，到数字网络技术的发展；从互联网的应用形式，到互联网产业与电子商务；从网络报刊、图书出版，到网络广播、视频、音乐、游戏，都进行了描述、概括和评点，使我们很快就把握了美国、英国、法国、德国、希腊等国的发展概貌和基本特征，"创新永远是利器"等归纳给了人们很多启示。

对中国网络文化产品和服务市场的分析，是书中的重头戏。网络的游戏、动漫、音乐、视频、短信、广告、出版等产品，以及网吧、网络文化会展、网络教育和培训甚至手机3G综合产品等，都逐一进行了服务市场的科学分析。对存在的问题的剖析一针见血，对未来的展望颇具前瞻性。

中国网络文化产业的知识产权如何保护？政府如何加强对网络文化产业的监管？中国网络文化产业发展的方向、重点何在？书中都有详尽的论述。重点发展网络游戏、网络音乐、网络视频，加速网络文化产品出口，加速从注意力经济向影响力经济转化，增加科技含量在网络文化产业的比重，将网络文化产业发展提升到国家战略高度等新观点、新建议，对把握好网络文化产业的航向都有重要的价值。

对我而言，最具吸引力的内容要数我国网络文化产业发展案例的分析了。从网络航母到娱乐帝国的"盛大"，不倒的"巨人"，回眸一笑"百度"生，"阿里巴巴"的神话，进网易、出网难，新浪里飞出欢乐的歌，"土豆"为什么这样红，腾讯 QQ 帝国，网络教育先锋"新东方在线"，从"校内"到"人人"……20 个神话般的故事背后，诠释出了鲜为人知的道理和规律，让人不禁掩卷而三思。

我给大学生讲过多轮"网站策划与编辑理念"课，每次上讲台时还都是战战兢兢。因为网络发展太快了，而面对的又都是一个个网虫、网精、网通。所以，我特别佩服此书的作者编者们，他们把大量有说服力的观点、众多难得的数据和图表，奉献给挑剔的读者。这不但需要深厚的理论造诣和高超的研究水平，还需要勇气，需要负责心和使命感。

参与蓝皮书撰写的人有 49 位，但全书风格统一、一气呵成，足见协调统筹之成功，主编者之功渗透其中。陆地却谦称："不奢求扑面迎来掌声，如果能够对中国网络文化产业发展及理论研究起到哪怕一点点促进作用，也就满足了。"

合上蓝皮书，我想对陆地及其同行者们说一声：你们该满足了。因为，每一位读过此书的人，都会和我一样收获颇丰。

科学时报　2010－03－04

"反看红楼"的别样风景

身为北京市记协常务副主席和资深编辑，宗春启送给我的不是新闻论著，也非佳作精选，而是一本研究《红楼梦》的专著——《反看红楼梦》。

书谁都能看，也都能评说。对《红楼梦》这样的名著更是如此。宗春启的可贵之处，不仅仅是看了、评了、说了，而且是提出了独树一帜的"反看红楼梦"，令人眼前一亮。

一千个人看《红楼梦》，就有一千个"红楼梦"。《红楼梦》成书 200 余年来，关于该书主题命意的争论就没有停止过。而宗春启"反看"之后，则品出了另一番味道。仅从书名上看，就知道他不是在给已经很热的红学凑热闹，也不是人云亦云，而是用自己独特的视角来解读这部不知被人解读过多少遍的名著。果然，书中处处呈现出与以往的《红楼梦》评说不同的观点。

宗春启坚信，有些中国的古典小说是要反着读的。《水浒》，正着读是一部诲盗之书，反着读方看出是一部警世之书；《金瓶梅》，正着读是一部诲淫之书，反着读方看出它是一部诫人之书。如果像我等这样只看到《红楼梦》中大观园的繁华热闹，而看不到贵族子弟终于一事无成、半生潦倒，致家族败落的悲惨结局，便没能了解作者著书的深意。

他认为，《红楼梦》是一部必须要反着读的小说。这既不是标新立异，也非故作惊人之态。反着读，本来就是曹雪芹要求的。只有反着读，方知宝玉是反面教员；反着读，方能理解作者本意，方看出作者用心良苦。反着读，方知《红楼梦》是部什么书。

他将《红楼梦》反着读了若干遍后，发现此前被一些专家误导，对此书的理解和印象大多是错的。他认为，此书并非什么政治小说，也跟清宫秘史无任何瓜葛，跟"资本主义"萌芽更是毫不相干。它不过是一个半生潦倒、一事无成的纨绔子弟的忏悔录。

他把自己反看的心得如实地写了出来，而不怕被人拍砖：红楼梦与清初政治无关；红楼梦里没有秘史；曹雪芹既不反满也不反帝；贾宝玉不是叛逆者，是同性恋；黛玉不可爱，宝钗本无情。红楼梦不是曹家事，宝玉也非曹雪芹……

贾宝玉是正面人物还是反面人物？自新中国成立后，几乎没人说他是反面典型。较普遍的观点认为，贾宝玉是封建家族的叛逆者，是新兴资产阶级的代表。一句话，是他那个时代的先进人物。

但宗春启却不这么看。他认为，贾宝玉本是作者批评的对象。"纵然生得好皮囊，腹内原来草莽"，"天下无能第一，古今不肖无双"，"于国于家无望"，这些话无论如何都不是赞美之词。

宗春启指出，作者之所以不厌琐碎、不厌细腻地讲述贾宝玉的故事，目的是给贵族青年、纨绔子弟们树立一个反面榜样。告诫读者，如果像贾宝玉这样富贵不知乐业、辜负大好时光，不通世务、不读文章，甘心做一个"于国于家无望"的废人，最后难免落得个"贫穷难耐凄凉"的下场。

在红学研究领域，宗春启只能算得上是个后来人。他不指望有多少人赞同自己的观点，只是认为：对于《红楼梦》，这些话应该有人来说。难得的是，他说的话均有红楼梦书中的具体依据来论证，有大量的事实来证明，还评点了前人的一些研究。他喜欢在表象的背后找出本原的存在，而不被作者的幻象所局限和迷惑。由于反着读，他对红楼梦人物和内容的理解既使人感到新奇，又言之成理，而不是牵强附会、强加于人。

宗春启用一些新闻的手法来记录反看《红楼梦》的心得，读起来通俗易懂、生动有趣、引人入胜。"为文不求正襟危坐，谈吐亦天马行空，不为陈习所累。"孙郁在序中的评价是贴切的。他的书中，语言轻松活泼，句子短小精悍，文字富有感染力。既有原文的考证，又有自己的阐述。我这个外行读起来亦觉饶有兴趣，毫不费力。

或许有些人对这些观点不以为然。但这并不影响这本书的价值。从这本书中，人们可以看到别样的风景，听到别样的声音，品味到别样的滋味。这对于我们来说，难道不是弥足珍贵的吗？

科学时报　2010－03－018

大学新闻媒体在网络时代前行

网络对我们的影响如此之大，以至于在现代社会中，探讨任何问题都需要在网络社会的背景下、或者说是在网络的语境下进行。

这也是我为什么在编辑出版"大学新闻宣传系列"丛书中，一再围绕着"网络"来进行的最重要的理由。策划《大学新闻网》一书也是如此。对于"大学新闻网"5个字的理解，应该是多层面的、多角度的。它既包涵了字面意义上的有关大学新闻网站的建设和发展，更是把大学新闻工作当成一个网络系统来审视。

《大学新闻网》不但在书名上凸显了网络的特点，在内容上也体现了网络时代的鲜明特征。从比重上看，有1/3的内容直接研究和讨论大学新闻网的理论和实践问题；有1/3的内容研究和讨论网络时代改进校报工作的重点、难点；还有的内容研究和讨论网络时代做好广义新闻宣传的相关问题。脱离开网络的特点、网络的竞争以及网络的运用再来研究和讨论校园媒体，几乎就没有什么可行性了。

聚焦网络与新闻，可以看到网络给新闻插上了翱翔的翅膀；透视网络与校报，可以看到网络给校报带来了蓬勃的生机；探索网络与宣传，可以看到网络给宣传增添了无限的活力。从这本书中可以感受到，网络在大学新闻宣传中，产生了越来越重要的影响，发挥着越来越大的作用。

校报面临的问题不能再停留在与新闻网竞争、互生、共存等问题的讨论上，而已经进入了必须借助网络生存和进一步发展的层面上了。可喜的是，目前绝大多数大学校报都有了自己的网络版，而且有许多校报在形式上已经实现了真正意义的网上读报。点击网络版后，可以清晰地看到报纸的本来面目，可以便捷地任意浏览新闻，使得网上读报和读纸质报纸的过程基本接近。在基本保留纸质媒体的编辑语言特色、适应读者读报习惯的基础上，还具备了网络媒体的多种优势。

当然，网络对于校报的影响远远不止这些。在更深的层次上，网络改变的应该是校报的编辑思想、编辑理念和编辑作风。

校报工作要确立与网络时代相适应的理念，学习借鉴网络编辑的技巧和手法。比如不断变化、以变为上的理念。网络时代的特征就是以变应对竞争。在保持原有优势的基础上，不断地推出新的栏目、策划新的选题、采取新的手法，而不能用多年不变的老面孔示人，比如个性化服务的理念。强化办报的市场意识、服务意识，针对特定的读者，采取特别的方式，提供特殊的稿件。比如，网络编辑强调与网民的互动，强调最大限度地调动网民参与的积极性。校报也需要大量发表普通读者的来稿，开辟纸上论坛、纸上博客等等。比如学会利用网络发现新闻线索，收集、验证、过滤信息，掌握利用网络采访、联系作者、推荐校报，这应该成为校报编辑的基本功。

当然，网络的影响不仅仅波及校报，广播、电视、橱窗等传统媒体同样也需要适应网络时代的要求、借助网络的力量。特别需要注意的是，校园公共电视、网络视频和手机新闻等新媒体的利用和研究。可以预见，在不久的将来，大学新闻宣传的形式将日益多样化、网络化；大学新闻宣传的内容也将更适合现代人的口味和需求。

科学时报　2008－02－21

用博客传播绿色文化

捧着这本 700 多页的新书，真不敢相信，这 60 万字竟是自己用 1 年的零七碎八的时间留下的。与以往其他文章写作不同，这是我在 2007 年以博客形式完成的，是 365 天不间断地"每天一博"的收获。

其实，我并非追赶时髦之人。之所以写起了博客，是因为这种新的传播形式影响日趋扩大，以至于不得不引起重视。期望能用这种新的形式，借助网络的力量为绿色文化的传播做点儿实事儿。既然博客是"网络日志"，我决定每天写一篇试试，咬着牙坚持了整整一年。于是就有了手中这本《绿色博文萃》。

"用文化的视角看待生态，用绿色的理念引领社会"这是我挂在博客公告板上的两句话，也是写博的宗旨。一年里写下的博文，许多都是围绕这个主题立论评说的。我的专业领域是绿色文化传播。弘扬生态文明、引领绿色潮流的绿色博文占了很大比重。

对张艺谋编导的桂林实景演出《印象刘三姐》破坏环境的行为表示反对，对北京移动、摩托罗拉吝啬赞助绿化事业的作法提出批评，对十大流行语应该更绿一些发出呼吁，对高尔夫不是奢侈专业表明态度。我期望用这些文字为我国的生态环境保护鼓与呼，为绿色理念、绿色知识的普及和传播尽自己的微薄之力。这类博文在网上有一定的影响，但相对而言，博友的关注度并不够。除了在写作上有待改进之外，更重要的是不少网民对生态、对环境、对绿色缺少应有的重视。这恰恰证明，继续加大绿色传播力度的必要性、重要性、紧迫性。

日日写博，感想颇多。我在这年最后一天的博客里对此进行了小结。一是博客是大众传播形式，而不是传统意义上的私人日志。写博要有社会责任感；二是博客已经成为重要的新闻源和信息源，设有博客的网站在一定程度上成了独家新闻的"集结号"；三是博客能够成为、应该成为绿色传播的新形式。应该高度重视发挥博客在绿色传播中的作用；四是博客的互动性给写博人提出了更高的要求，可以直接得到受众的反馈；五是博客已经成为人们交往与沟通的新途径。一个个博客圈成了五湖四海博友们的精神家园；六是博客已经成为现代人一种新的生活或生存方式。写博、读博、管博，成了越来越多的人生活中重要组成部分。

尽管我有了坚持写博的经历，尽管有了这本《绿色博文萃》，尽管对博客的传播有了粗浅的认识，但我还是以为对博客这个新生事物了解得不够深入。如今，我还在继续写博。因为我知道，博客对于社会、对于我们的影响会越来越大；因此，对于博客功能和作用的研究和探索还需要继续。

在博客里留下自己生活和思考的轨迹，将成为更多现代人的宝贵经历。

中国绿色时报 2009 - 04 - 17

"大家说国花"的传播学意义

中国绿色时报组织的"大家都来说国花"讨论已渐入佳境。各界人士对国花评选百家争鸣、各抒己见。我以为，不管最终"花落谁家"，这场讨论的目的已经达到了。通过国花评选活动，进一步传播花卉知识，弘扬中国的花文化，从而激发人们爱花、养花、护花、赏花的积极性和创造性。这一深层次的意义，与具体为某种花卉戴上"国花"的桂冠相比，要重要得多。

曾几何时，别说评选国花了，就连养花都被看成是"封资修"的东西。如今，社会不断发展，国家不断开放，生活不断富足，文化不断繁荣，国花评选才又被提到议事日程。也就是说，国花评选本身就是中国飞速发展的一大标志。

国花评选活动实际上是一个面向大众传播花卉文化的有效载体。首先，活动能引起全社会的关注，从而进一步引发社会对花卉业的关注。而这种关注，则是花卉业迅速发展的重要前提。梅花牡丹，各有所好。这是再正常不过了。无论力挺哪种花儿，不管顶谁为国花，都是对花卉的关爱；其次，活动能普及花卉知识和花卉文化。每个推荐心目中国花的人，都需要说出一套套道理来。而将这些道理讲给别人听、写给别人看，不仅仅对自己是个加深认识的过程，也是帮助他人了解的有效方法；再次，活动能使人们在争论中取得共识、凝聚力量。"大家都来说国花"这七个字概括得好。不搞一言堂，而是大家说。意见不同、看法不一没关系，最终总会找到让大家都能接受的方法。

在某种意义上说，国花是大家"说"出来的，而不是某个人物、某个部门确定的。只有被广大民众接受了，才能够成为真正的国花。所以，"大家都来说国花"本身，就是在帮助、引导民众对国花的了解和认识，是国花评选最重要的、不可逾越的一步。中国绿色时报推出这个栏目，拿出一定版面来讨论，是非常有意义的，是传媒人对花卉文化传播所做的重要贡献。真希望能有更多的社会媒体加入传播的行列，从而吸引和动员更多人关心国花、推选国花。

中国绿色时报　2009－03－24

走近达利　走近艺术

周六一大早，我直奔北航艺术馆。翘着小胡子的达利笔下的30多幅原作在那里等着我，当然还有我的学生们。这次的实用新闻学课安排在那里实习，准记者们要动真格的了。

说实话，此前我和我的不少学生都不知道达利何许人也。事实上，生于西班牙的他与毕加索、马蒂斯齐名，被认为是20世纪最有代表性的三大画家。此次展出了他的30余幅重要作品，全部来自个人收藏，而且是首次面向公众公开展出。尽管我不懂什么手绘彩色蚀刻版画、铜版水彩画和石版画，但印在招贴画上的那只蓝色独角兽，在我看来更像匹马，那马背上生长着的 3 棵树，那头上长的一只角以及角上的五瓣花，还是给我留下了深深的印象。

这是北航艺术馆去年 5 月建成以来的第 26 次展览。尽管和掌门人私交甚好，但对这个连续不断举办公益性、专业化、高品位展览的艺术殿堂，我还是第一次踏入。如果不是这位哥们儿，这个艺术馆还会离我很远。

离艺术馆远的还有更多的人，其中不乏大学生，我带去的几十个学生就全都是第一次。在校园里问路的时候发现，即便是生活在这个校园里的学生，也有不少人对近在咫尺的艺术馆一无所知。

这个艺术馆是免费开放的。因此，缺少人气的话就怪不得经济原因了。南京博物院的一位画家，偶然从电视里看到达利画展的消息匆匆赶来，一个劲儿地抱怨宣传的力度不够。我则看到了艺术馆的官方网站早已发布了预告。几家媒体虽有报道，但也是惜字如金，过于简短。相对于广大公众而言，这样的宣传显然是不够的。而更大规模的宣传不是吹口气或者说说那么容易，恐怕离开了银子、银子少了都不行。

恰逢周末，来看画展的人还算不少，但远没有达到轰动的程度。相对于武汉万人"挤破"博物馆的场面而言，这里多少还是有点儿冷清。同一座楼的二层，同时举行的校园歌手大赛人气就旺得多。前去听歌的、赛歌的或许已经看过展览了，但在许多人的心目中，这位超现实画派的巨匠显然没有那些流行歌曲更有吸引力。

这也怪不得在中国的土地上长大的人们。《GALA 肖像》、《卡珊德拉的情人》系列和《十二宫图》组画这些大师的代表作，在许多人眼里真的不知道表现了什么。几个学生缠着南京博物院那位画家解读了几幅画作之后，还是有些懵懵懂懂的。达利对潜意识意象的探索，对于我们来说的确显得深奥了些。看来让现代艺术走进校园容易，让人们学会欣赏难。如果能有个专家在那里为观众们讲解讲解，做些普及性工作，或许能对大家有所帮助。

展厅中央，电视机里循环播放介绍达利创作生涯的电视专题片《达利与现代艺术》。一个搞美术的母亲带着儿子赶来，母亲看得如醉如痴，儿子则显得漫不经心。但母亲说，慢慢地他就看懂了。这话我信。

走出艺术馆，和学生们拜拜。刚刚看过达利的《熔化的钟》倏地浮现在眼前。一位观众用英语在留言簿上写道，时间是无止境的。我不知道是不是针对这幅作品而言，但我想的是，尽管昨天、今天、明天都会被历史"熔化"，却还会有明天的明天慢慢地走来。尽管岁月会慢慢消失，真正的艺术却是永恒的。我不知道，这算不算是我看过达利之后的一点儿感受。

北京考试报　2007－11－19

绿色图书，何时风靡中国？

据法国媒体报道，近期法语畅销书排行榜名列首位的是一本"绿色图书"。报道中说，提倡保护生态的"绿色图书"正风靡法国，已在各种获奖图书中占据重要位置。

所谓风靡的标志有：创立于 2006 年的法国"环保图书奖"，今年颁给了绿色经济，拯救我们的地球；荣获 2009 年政治学教授、讲师作品大奖的简明哲学史，充满了哲学家关于人类与大自然的深刻思辨；互联网上也充满了绿意。法国各种生态环保网站难以计数，推荐的绿色图书琳琅满目，网上点击、浏览、购买，都非常便捷。有的推介生态、环保理念，有的倡导绿色生活方式，还有多种实用手册和科普书籍。尤其是面向中小学生的读本更是不胜枚举。

平心而论，我们国家的绿色图书也不算少，但远没有到风靡的程度。首先畅销书的行列里就很难觅到绿色图书的影子。打开8月第一周的新浪热点图书总排行可以看到，无论是"总排行"，还是"畅销"；无论是时政、教育、励志、财经、人物、生活时尚，还是人文历史、小说、娱乐影视、两性及其他，都没有绿色图书的影子。好不容易看到了"湿地"的字样，其阐释的还是"浮沉于欲望之泽的女人"，和"绿色"一点儿都不沾边。不好贬低人们的阅读兴趣，但从前一百名热销的图书来看，没有绿色图书的一席之地是不争的事实。谷歌的图书排行榜也是大同小异。

有空的时候，我也去北京中关村图书大厦或者第三极书局之类的地方转转，但基本上没有看到过绿色图书摆在醒目的地方。除了一些专业书店，很难找到真正意义上的绿色图书。或许是我孤陋寡闻，或许是我搜索的方式不对，除了专业出版社官网外，我没有看到推介绿色图书的网站。目前媒体推介图书的栏目不多也不少，但真正的绿色书评有多少就很难说了。像中国绿色时报这样拿出版面来，定期推介绿色图书的媒体，不能说是绝无仅有，也是寥寥无几。

我并不以为绿色图书的风靡，就意味着生态保护搞好了。但全社会对生态保护的重视，应该在图书出版和流通领域有相应的反映。绿色图书是生态保护的号角，是动员、鼓舞、激励人们加入生态保护行列的精神导师。广大作者热衷于撰写绿色文稿，编辑出版界重视出版绿色图书，社会媒体热衷推介绿色图书，社会公众才可能热捧绿色图书。很难想象，只是注重赚钱生意、奇闻轶事、武侠江湖、风花雪月、情杀变态的社会，能真正把注意力放在人类依存的生态环境上。

究竟什么样的图书算是绿色的。这个不知道是否有人研究和讨论过。我以为起码应该包含这样两类：一是直接介绍绿色知识、普及绿色科技、倡导绿色理念的图书；二是字里行间渗透着绿色思想和观念的图书，和全面协调可持续发展相一致而不是相违背的图书。前者、特别是专业书籍，我国出了多少没有具体的数据，但估计还是有一定量的。问题在于多数是业内人士阅读，其影响力非常有限，传播范围小，传播效果不尽如人意；至于与绿色理念背道而驰的书籍不断面世，也不是个别的现象，更加令人忧虑。

绿色图书还应该有个标志，这就是在排版和印刷中应该尽量节约资源。比如尽量使用再生纸印刷，比如不要留过多大而无当的空白。这个问题不解决或是解决得不好，也算不上是绿色图书。

从心里很反感总拿国外说事，但人家好的地方该学还是要学。不见得法国的月亮比我们的圆，但在绿色图书能够受到重视和赏识这一点上，还是有可供借鉴之处。起码可以从中看到我们自己的差距。

真的希望，绿色图书能早一点风靡我们的国家。

科学时报　2009－08－13

中国绿色时报　2009－08－19

征集"绿"短信传播绿色文化

"少看电视多行步，少食糖脂多吃素，少买衣服少用纸，节约水电多种树。"自北京林业大学绿色短信征集活动启动以来，已有近 1000 条类似这样的短信应征。

这次绿色短信征集活动以"传播绿色文化、引领生态文明"为主题，内容可以包括绿化美化、低碳生活、节能减排等，征集对象不仅面向校园，也面向社会，活动将持续到 6 月底。届时，主办方将对应征作品进行评选。

中国绿色时报　2010－05－10

高校校报"奥运好新闻"评选揭晓

北京高校校报"奥运好新闻"评选活动日前揭晓。百篇全面、生动反映北京高校师生为北京奥运服务的优秀新闻作品获得了奖励。

这次评选活动，是由北京市委教育工委宣教处和北京市高校校报研究会联合举办的。清华、北大、北师大等数十所高校参赛，初选后报送作品达 180 篇。

经过认真评选，温家宝总理回信北大学子为奥运志愿者题词、大学校园里走出的"女祭司"、奥运服装是这样设计成的、北京奥运中的绿色传播等 27 篇作品获一等奖。

在 2008 北京奥运的筹备和举办过程中，北京高校开展了形式多样的奥运宣传活动，为北京奥运的召开营造了浓郁的舆论氛围。高校校报作为高校的主导媒体，刊发了大量的奥运新闻，在首都高校服务奥运中发挥了重要作用。

科技日报　2009－01－13

首都大学生记者团寻访优秀毕业生

"原以为到农村当助理的都是些找不到工作、考不上研、落不了北京户口的，没想到他们的人生竟是如此精彩。"这是北京大学学生记者王黛薇采访了延庆、平谷的大学生村干部助理后的深刻感受。

她和27位来自清华、人大、北师大等高校的学生代表们一起，组成首都大学生记者团，在暑假里开始了"让青春在祖国最需要的地方闪光"主题采访活动，寻访近年来北京高校毕业的优秀大学生成长的足迹。

她和同伴们一起，刚刚结束了在延庆和平谷"田野春韵"的采访专题。大学生记者们和30多个大学生村干部助理座谈，随他们一起走到田间、走进大棚，实地体验他们的农村工作和生活。还和村干部、乡亲们交谈，了解他们对大学生助理的看法和评价。

通过近距离的接近大学生村干部助理，不仅仅小王和她的同伴们自己受到了教育，他们还将把自己的所见、所闻、所思、所感以新闻的形式记录下来，在各高校校报和社会媒体上发表，让更多人领略到当代优秀大学生毕业生的风采。他们的作品汇编成书公开出版后，将成为在校大学生学习"青春的榜样"的活生生的材料。

采访大学生村干部助理只是整个采访活动的一部分。大学生记者们还将赴钢铁基地、油田一线和卫星发射基地等，寻访在祖国最需要的地方默默奉献的大学生毕业生们的成长轨迹。

与此相呼应的是，北京各高校校报也将组织各自的学生记者小分队，采写本校优秀毕业生的先进事迹，汇集成系列丛书公开出版。

北京市委教育工委组织、北京高校校报研究会承办的这一活动结束时，将从大学生记者采访的近千名优秀毕业生中遴选杰出代表，组成首都优秀大学毕业生事迹报告团在各高校巡讲，并在高校大学生中广泛开展"让青春在祖国最需要的地方闪光"自我教育活动。

光明日报　2008－03－04

大学生记者在基层收获了什么？

新学期前，30所北京高校的大学生记者组成了采访团，赴京郊农村、燕山石化、首钢公司等地采访，每个学生都感触很深、收获很多。前几天，我和他们再次聚在一起，盘点这几次采访的体会和收获，很是有些感慨。

让大学生记者到基层去呼吸氧气。在北京市委教育工委的领导下，我参与了这次大型采访活动的策划和组织。我们确定的采访主题是：让青春在祖国最需要的地方闪光。决定以在基层工作的优秀大学生为采访重点，赴京郊采访村干部助理、到企业厂矿采访基层技术人员、到部队采访毕业了的国防生等。北京30所高校的宣传部门各推荐了一名优秀学生记者。

温总理对大学生记者团活动做了批示。约请采访对象，是记者的基本功。作为指导教师，我鼓励学生们敢想敢做，不要什么都等着别人安排。在京郊采访村干部助理结束后，我问：你们敢不敢给温总理写封信，请他接受我们的采访，谈谈他自己当年在基层工作的体会？温总理大学毕业后就去了甘肃的一个地质队，他的青春就是在祖国的基层闪光的。大学生记者写了采访信，温总理很快就做了重要批示，他没有接受采访，但认为大学生记者深入基层采访很有意义。北大研究生王黛薇说，这一瞬间，我明白了一个道理：首先要敢想，然后为了实现这个想法去努力。

如果没有那条河，你永远都学不会游泳。在燕山石化炼油厂工作的一位大学毕业生接受采访时说的这句话，成了许多大学生记者的座右铭。清华大学研究生王水涣说，从基层采访归来的最大收获是，减少了一些浮躁，消除了对社会的恐惧感。北京农学院的刘蓉为了补充采访，几次在晚上打电话，采访对象都在单位加班，使她特别受触动。集体采访后，二外的童丽丽自己又坐公交车，横穿整个北京城，二进首钢科技研究院采访。不少大学生记者和自己的采访对象成了好朋友。

大学毕业生在基层奉献的是另一种精彩。大学生记者采访的对象绝大多数都是默默无闻的普通人，但他们在基层的经历还是使大学生记者的心灵受到了从没有过的震撼。中央民族大学张航说，首钢研究院大学生技术员们拥有的，是用钢炉锻造出来的青春。

在基层看到了以往不了解的精彩世界。北京建工学院大学生记者刘雁南给大家讲了个大学生村干部助理的故事：两个村民吵架，年轻的大学生说破了嘴皮子也没劝开。村主任赶来之后，一人骂了两句，俩人就乖乖的回家了。这样的本事，在学校里是学不到的。基层的人才不少，镇政府的负责人都是大学毕业生。燕山石化的自动化程度很高，几乎没有任何一个工序是需要人手动操作的。说什么也没有想到，首钢的厂区是一个名副其实的大园林。几位新闻专业的大学生体会最深：光靠在课堂上学，当不了好记者。

大学生记者中有的毕业后想当村长助理，有的想去首钢。大学生记者中有几个明年就毕业了，一个劲儿地向当地政府咨询当村长助理的事儿。在首钢技术研究院，几个大学生记者提前在负责人那里挂了号。华北电力大学的刘俊卿采访后，向山西家乡的县长推荐北京管理村干部助理的经验，还建议家乡像京郊村长助理那样引种草莓和蘑菇呢。

大学生记者要把在基层的所见所闻所感告诉更多的人。每位参加采访的大学生记者至少交了两种作业。一是采写的人物通讯等新闻稿件，一是自己参加采访后的心得体会。他们的这些文字，将在自己学校的校报上刊登，让更多的人，分享他们在基层的收获，并热切希望这一活动继续下去。

北京日报　2008－03－04

基层很精彩：大学生记者收获感动

日前，来自不同高校的 30 名大学生记者组成了采访团，参加了由北京市委教育工委组织、北京高校校报研究会承办的大型采访活动，赴京郊农村、燕山石化、首钢公司等地采访。他们以"让青春在祖国最需要的地方闪光"为主题，深入基层第一线，到农村采访大学生村干部助理，到企业厂矿采访基层技术人员。他们深切地感受到，基层需要真正优秀的人才，大学毕业生在基层有施展才华的天地。

【侧记】 在基层奉献闪光的青春

大学生记者这次采访的对象，都是默默无闻的普通人。但他们在基层的经历使大学生记者的心灵受到了从未有过的震撼。中国政法大学的刘慧杰坐在村民家里聊天忘了时间，用村里的大喇叭喊她都没听见。她说，别看大学生村干部助理的工作特别琐碎，但处处体现着做事扎实、做人踏实的特点。中国人民大学薛宁的体会是，只要有不断进取的精神，在基层的平凡岗位上，同样可以做出伟大的事业。中国矿业大学的徐渊把自己的采访命名为"寻石记"。他认为，时代需要英雄，但也需要在基层闪光的平凡人，而这些平凡的人却往往被人们忽略了。中央民族大学张航说，首钢研究院的大学生技术员所拥有的，是用钢炉锻造出来的青春。

学生记者在采访中听到了大学生村干部助理的故事：两个村民吵架，年轻的大学生说破了嘴皮子也没劝开。村主任赶来之后，一人骂了两句，两人就乖乖地回家了。这样的本事，在学校里是学不到的。这些大学生记者很少到农村去，这次看到了京郊新农村的风貌感到特别兴奋，看到农村的一切都感到新鲜。

他们了解到，基层的人才不少，镇政府的负责人都是大学毕业生。在技术手段上，基层也先进了许多。燕山石化炼油厂的自动化程度很高，几乎没有任何一道工序需要人手动操作。他们说怎么也没有想到，首钢的厂区是一个名副其实的大园林。

"毕业后我也想当村干部助理"

清华大学研究生王水涣说，他从基层采访归来的最大收获是，少了一些浮躁，消除了对社会的恐惧感。"如果没有那条河，你永远都学不会游泳。"一位大学毕业生接受采访时的一句话，成了许多大学生记者的座右铭。北京农学院的刘蓉为了补充采访，几次在晚上打电话给采访对象，可她都在加班，使她特别受触动；集体采访后，北京第二外国语大学的童丽丽觉得还不过瘾，自己坐公交车再次采访。不少大学生记者和自己的采访对象成了好朋友。

农村的条件有些艰苦，但大学生村干部助理的那种热情，却深深地打动了大学生记者。他们中有几个明年就毕业了，一个劲儿地向当地政府咨询当村干部助理的事儿。在首钢技术研究院，几个大学生记者提前在负责人那里报了名。华北电力大学的刘俊卿向山西家乡的县长推荐北京管理村干部助理的经验，还建议家乡像京郊村助理那样引种草莓和蘑菇。中国传媒大学的余泽发现，如今基层并不缺少大学生，缺少的是优秀大学生。北京林业大学的谢德斌认为，无论毕业后在哪里工作，关注社会、关注基层，都会成为自己永远的职责。

收获超出了他们的想象

采访前，这些大学生记者互不认识。几次协同采访之后，大家都成了好朋友。不少同学没有参加过集体采访，以往采访范围多在自己熟悉的校园，采访对象多是自己熟悉的师生。这次到了陌生的环境里、采访素不相识的人，使他们自己摸索出了一些采访的技巧。几位新闻专业的大学生体会最深：光靠在课堂上学，当不了好记者。

每位参加采访的大学生记者，至少完成了两份作业。一是采写的人物通讯等新闻稿件；二是自己参加采访后的心得体会。他们的这些文字，除了在自己学校的校报上刊登外，还将结集出版，让更多的人，分享他们在基层的收获。

在不需具名的调查问卷上，大学生百分之百都希望把这一活动持续搞下去。不少学生建议，采访的范围应该进一步扩大。比如，采访奥运工地的建设者、贫困地区的支教人员、在军营服役的青年军人等。他们希望能有更多的时间和在基层的大学毕业生一起体验生活、进行深入采访。

【心得】　在基层同样可以成功

北京大学学生记者王黛薇：在采访中，很多大学生村干部助理讲自己在农村受到的锻炼。其实，不管去哪里工作，多多少少总会受到些锻炼，何况他们中的很多人本来就很能干。我思考的是，他们为什么选择农村？除了一颗真诚的奉献之心，更重要的是，他们打破了偏狭的就业观念，清醒认识到自己的优势和劣势。

村干部助理告诉我，他们有很多同学对"农村"二字避之不及，不考虑自己的专业，一心想留在城市工作，结果在多次受挫后越来越没有自信。而报考村干部助理的学生，往往清楚自己的优势和劣势，知道到农村可以扬长避短、锻炼自己。认清自己、选对方向是走向事业成功最重要的一步，更何况年轻的助理们大多勤恳、踏实、主动。我相信，他们的将来一定会比很多留在城里的同学更成功。

中国政法大学学生记者刘慧杰：大学生村干部助理和我们是一代人。他们选择到祖国最需要的地方挥洒青春。这样的行为总会引起种种非议，比如考不上研啦，脑子进水啦……作出这样的选择需要勇气，而承担作出选择后带来的种种压力更需要智慧。而坦然面对这一切的，是些还未完全成熟的大学毕业生。

一位当村干部助理的姐姐告诉我，一年多的时间里，看到自己的努力多多少少对村民产生了影响，已经很欣慰了。不追求过多的意义，不贪恋虚无的名利，只是做自己喜欢做的，做自己认为应该做的，并且认认真真地去行动了，一点收获，足以让他们感到满足。在这些普通的大学毕业生身上，我看到的是褪去世俗后的朴实。也许若干年后的他们，还会让我们感到一种洗尽铅华的魅力。因为，他们所作出的选择一直在对自己的灵魂负责。

当好村干部助理不易

中国人民大学学生记者薛宁：我在采访中注意到，大学毕业生们从来不以"村官"自居，而是说"村助理"。说白了，你不能以"官"自居。也不能因为自己是大学生，就觉得在村里了不起了。他们刚到村里时，村民们的反应非常平淡。有个大学生村助理告诉我，老百姓的想法其实很简单，只要你给大伙办实事了，他们就会认可你，否则有再高的学历，也没人会高看你一眼。

一位村干部助理自己花钱买了母校研发的超甜玉米种子，本想在村里大面积种植，但村民们没人敢冒这个险。最后得到了村支书的支持，在自家的地里种了。可今年碰上多年不遇的大风，大风过后又来了场冰雹，后来又遭遇上病虫害，但他从来都没有放弃过。虽然没有达到预期的盈利，但这些甜玉米在超市里一天就卖出去了7000多个。深深地感受到，当好这个助理不容易。但我也由衷地赞叹：他们有才华、有能力、有热情，面对困难不逃避，面对挫折不放弃。他们很了不起！

首都经济贸易大学学生记者赵敏：此前，对村干部助理几乎一无所知，印象中就是一群"糊涂"的大学生放弃城市生活而选择了农村。两天的采访，让我看到了一群真实的大学生村干部助理，真切地感受到他们非但不"糊涂"，而恰是最"清醒"、最聪明的。因为他们知道祖国的农村需要他们。他们选择在祖国最需要他们的时候挺身而出，义无反顾地加入了"新农村"建设者的行列。他们的工作并不轰轰烈烈，每天只是一些琐碎杂事，忙忙碌碌，平平淡淡，却又充实得叫人妒忌，叫人感动。

在一个崇拜城市、越来越城市化的年代，通往农村的道路并不好走，然而农村的建设和发展需要大学生。在采访中，我从下基层当村干部助理的大学生身上体会到了一种献身精神。这种献身精神源于一种强烈的社会责任感，源于爱国爱民的热情和一颗希望之心。

坚持之后困难就会越来越少

首都医科大学学生记者蔡一歌：惭愧地讲，在我来采访之前，怀疑过到农村工作的大学生的目的，经过了两天的采访，我发现自己的怀疑完全是主观臆断。他们中有的已经硕士毕业，有的已经找到了很好的工作。他们却放弃了本能拥有的一切。

我很欣赏一位村干部助理日志中的一段话：把坚持做每一件事作为一种习惯。等你坚持下来的时候，就会发现困难越来越少了。这是因为懂得坚持而使能力提高了，困难也就自然少了。现在的坚持，是我们二十岁的天职，四十岁的成本，六十岁的骄傲，八十岁的无悔。在农村工作的村干部助理们，是抱着这样的"坚持克服困难"的心态来服务农村的，如果我们将他们的这片真心误解扭曲，那真正感到自卑的应该是我们自己。

首都师范大学大学生记者吴海琳：我采访了首钢技术研究院资环部的一位技术员。他的岗位普通，但同环保紧密相连，即研究如何在生产过程中减少环境污染、处理废气废物。这样的工作不会给企业带来直接明显的效益。他的成功只能是隐性的成功。当被问到一个名牌大学毕业生是否甘心一直这样默默无闻地研究下去时，他给了我肯定的回答。

现在大学毕业生就业形势严峻，一个重要原因是期望值过高。如果大家愿意到真正需要人才的地方，如果能认真对待看似渺小的工作，也许就没有那么多大学毕业生找不到工作了。

书写他们的执著和我的感动

北京服装学院学生记者崔文：他是国际关系学院的硕士研究生；他是中国农业大学优秀的毕业生；他是北京林业大学出色的学生干部……为何放弃年薪不菲的汽车销售工作而来到偏僻的农村服务？为何放弃银行优厚待遇而到农村种植反季节草莓？酷暑当头，挨家挨户地发放"水库移民"的资金；风雨之中，拉着一车草莓寻找销路，为了给村民多赚些钱……在安逸与拼搏中，他们都选择了后者。我常常听到他们最爱说的那句话——"我们村儿"。

他告诉我，住处没有下水管道，做一次饭要跑几个来回去盛水倒水；他提到了村里没有方便的网络条件，给工作带来了很大的不便；他不经意间的一声叹息流露出最平凡的心愿——常回家看看，平淡地向我诉说着农村简单的周末生活，远离了都市的繁华与热闹……

作为一名学生记者，我不能切实解决他们工作和生活中遇到的实际问题，但是我要书写他们的执著与我的感动，记录下他们在社会主义新农村建设中功不可没的一笔。

中国教育报　2007-10-10

首都学生记者在实践中成长

北大、清华、人大、北师大等首都各高校的百余名大学生记者在服务北京奥运之后，以"80后的爱国热情和社会责任"为主题，日前开始在首都高校遍访具有代表性的80后大学生。

首都大学生记者团由北京市委教育工委委托北京市高校校报研究会组建。去年，大学生记者们采访了优秀的大学生村干部助理、在基层工作的大学生科技人员，温家宝总理对他们的活动作了批示并予以肯定。荟萃大学生记者采写的优秀大学毕业生事迹的《青春在祖国最需要的地方闪光》一书，日前已由中国广播电视出版社出版。据了解，在今年的大型采访活动中，同为80后的大学生记者将围绕在抗震救灾、北京奥运等重大事件中80后大学生的突出表现展开，多侧面、多角度、原生态地展现80后大学生的风采。近日，百名大学生记者聚集在一起研讨采访线索，新闻专家对他们进行了业务培训。

中国教育报　2008－10－29

首都大学生记者记录青春光芒

陆续出了10多本书，但我觉得手中这本《让青春在祖国最需要的地方闪光》有特别的意义。不仅仅因为书中印有温家宝总理的亲笔批示，还因为字里行间都闪烁着新一代大学毕业生青春之光。尽管书中的主人公并不是明星大腕，但他们在祖国最需要的地方默默地发出自己的光和热，成为令祖国骄傲的一个 80 后大学毕业生群体。

2007 年 7 月初的北京，十分闷热。时任北京市委常委、教工委书记的朱善璐，倡导在北京高校大学生中树立一批在基层就业的优秀典型。教工委宣教处委托我组建一个首都大学生记者团，完成相关的采访任务。各校都积极响应，清华、北大、人大、师大派出的都是硕士生，不少学校选派的是记者团团长。为了参加采访活动，不少学生改变了暑期计划，有的退掉了返乡的车票。

大学毕业生担任村干部助理是个新生事物。那些刚刚从象牙塔走出的大学生们在农村究竟过着怎样的生活？不但大学生记者们关心，我也非常渴望得到第一手的信息。我带着 30 位大学生记者到北京昌平的康庄镇、平谷的马坊镇，和村干部助理促膝交谈，和他们一起下地，和乡亲们聊天，亲眼看到了他们在农村的原生态生活。

每个参加采访的人收获都很大。有人说，我以为到农村当助理的都是些找不到工作、考不上研的人呢，不料个个都非等闲之辈。有的说，本以为到农村专业不对口、学非所用，没想到大学毕业生们都如鱼得水，干得这么热火朝天。等大家坐车返回京城时，心里就再也放不下那些在希望的田野上奉献青春的大学生了。

随后，我又带着大学生记者们去了首钢研究院和燕山石化炼油厂，采访了一批在国企基层做技术工作的大学毕业生。他们不但具有老一代知识分子的质朴、务实，还凸显着新一代大学生所特有的创新意识和开拓精神，同样给大学生记者们留下了深刻的印象。

这一活动在社会上引起了很大反响，北京日报教育专刊等予以详实介绍，并刊载了大学生的部分采访。温家宝总理亲笔做了批示给予充分肯定。他写道，"北京市委组织的这项活动很有意义"。

大学生记者们把自己的所见、所闻、所思、所想、所感，用自己的语言、自己的方式记录了下来。为了让更多的人了解当代的大学毕业生，让更多的人分享大学生记者的收获，在教工委宣教处的支持下，我主编了《让青春在祖国最需要的地方闪光》一书。

此书主要分为三个部分。一是"希望的田野"，记录了大学生村干部助理的风采；二是"绚丽的基层"，再现了国企大学生科技人员的风貌；三是"收获的感动"，汇集了大学生记者的采写体会和在社会上引起的反响。

此书的特别之处是，再现了大学生记者眼里的优秀大学毕业生。他们的文笔或许没有专业记者那么娴熟，但他们的文字真实、朴实，显然对读者更具感染力和说服力。他们用自己的眼睛看世界，用自己的脑子进行思考，更容易在读者中，特别是同龄人间产生共鸣和反响。

大学生记者通过采访，自己也受到了深刻的教育，心灵上受到了震撼。在基层工作的大学生们用自己的言行，告诉了他们许多在书本上看不到、在校园里体会不到的东西。亲眼所见、亲耳所闻、亲临其境，给他们上了生动形象的一课。有一天他们也会面临就业的选择。我相信，在他们选择时，这次的采访经历一定能起到十分重要的作用。这样的教育效果，恐怕是听报告、看材料很难达到的。

今年，我们又培训和组织首都的大学生记者，继续写身边的优秀人物、新闻事件。北京日报教育专刊还特辟了"大学生原生态写作"，吸引更多大学生前来写作。这在首都媒体中属创新，引起中宣部等的舆论关注。我们希望，有更多的大学生投入其中；也希望，有更多的媒体更多地支持大学生！

尽管，我不再年轻，但希望自己能够像他们那样，为祖国奉献出自己的光和热。我相信，每一个读了这本书的人，同样也会这样。

北京日报　2008 - 12 - 03

中国绿色时报　2008 - 12 - 05

科学时报　2008 - 11 - 27

光明日报　2009 - 01 - 07

首都大学生记者见证祖国六十年

首都大学生记者团"见证祖国六十年"大型采访活动 7 月 14 日启动。40 位大学生记者分成四路，陆续奔赴红色老区、新农村、西部和改革前沿地区进行采访，用大学生的眼光透视伟大祖国 60 年来发生的巨大变化。

探访红色老区是去井冈山和瑞金；体验新农村巨变是赴江苏省兴化市、华西村、昆山市、诸暨市等地开展采访活动；见证西部大发展将以西部大开发领头羊"成渝新特区"及其周边地区为参照系，记录和展现其巨大变化；改革前沿分队将赴深圳、广州。大学生记者将以日记的形式记录当天的行程及感受，及时整理图片和视频，每日在官方网站上发布；大学生记者的稿件将在所在高校校报刊登，其中优秀稿件结集出版。新学期开始后，将举办"见证祖国六十年"北京高校巡回图片展和报告会。这一活动是由北京市委教育工委宣教处、北京高校校报研究会等联合主办的。

北京日报　2009 - 07 - 15

大学生记者见证祖国六十年

首都大学生记者团"见证祖国六十年"大型采访活动7月14日启动。40位大学生记者分成四路，陆续奔赴红色老区、新农村、西部和改革前沿地区进行采访，用大学生的眼光透视伟大祖国60年来发生的巨大变化。

探访红色老区是去井冈山和瑞金；体验新农村巨变是赴江苏省兴化市、华西村、昆山市、诸暨市等地开展采访活动；见证西部大发展将以西部大开发领头羊"成渝新特区"及其周边地区为参照系，记录和展现其巨大变化；改革前沿分队将赴深圳、广州。大学生记者将以日记的形式记录当天的行程及感受，及时整理图片和视频，每日在官方网站上发布；大学生记者的稿件将在所在高校校报刊登，其中优秀稿件结集出版。新学期开始后，将举办"见证祖国六十年"北京高校巡回图片展和报告会。这一活动是由北京市委教育工委宣教处、北京高校校报研究会等联合主办的。

北京日报　2009－07－15

大学生记者采访革命老区和新农村

白天忙着在街头采访，晚上钻到网吧发稿。数十名首都大学生在南国的酷暑里过了一把记者瘾。他们组成的"探访红色老区"、

"走进新农村"两支队伍，已经完成了为期8天的采访回到了北京。他们将用文字、图片和视频等多种形式，以"见证祖国六十年"为主题，向周围的同学和社会展示此次采访的收获。这一大型采访活动，是由北京市委教工委和北京高校校报研究会主办的。

被90后大学生们称为"红色之旅"的10人采访分队，7月19日至26日期间，在老区尽情地呼吸着革命的空气。他们的足迹留在了井冈山黄洋界哨口、大井村和茨坪毛主席旧居、红军医院旧址、井冈山烈士陵园、井冈山革命博物馆、于都县长征第一渡、叶坪革命旧址群、云石山革命遗址、八一广场。他们听原井冈山博物馆馆长毛秉华老先生解读井冈山精神，还采访了两位红领巾义务导游员讲新一代继承井冈山传统的故事。

差不多在同一时间，另一支采访队伍则亲眼看到了我国新农村的巨变。从苏北到苏南，再到浙江中北部，大学生记者深入农田、农户、村办企业采访，亲身感受着生机勃勃的绿色希望。

大学生记者走进江苏省兴化市的钓鱼村，采访了蔬菜合作社有机蔬菜大棚和水果玉米田地，与村民们聊天，分享他们的喜悦和快乐。在临城、陈堡两镇参观了高效农业生产基地，进一步理解了科技就是力量的道理。他们冒雨走近华西村的万亩农林科技示范园区参观采访。华西人"个人富了不算富，集体富了才算富；一村富了不算富，全国富了才算富"的理念，给他们留下了深刻的印象。

连日的采访，也使大学生记者们经受了身体和意志的考验。天热，不少人都身体不适，但他们都坚持了下来。他们说，这对自己真的是一次极好的锻炼。

科学时报 2009 - 08 - 11

90 后大学生见证祖国六十年

1月24日,《见证祖国60年》一书举行了首发式。这本记录着首都大学生记者团主题采访活动足迹的新书,令这群90后大学生们格外兴奋。几十名来自首都各高校的大学生记者聚集在一起,畅谈参加采访活动的收获,抒发对伟大祖国的热爱。感情之真挚、认识之深刻,使人感到,90后大学生们的爱国呈现出更加注重实际更加理性、方式更加创新的特点。

首都大学生记者团寻访活动
自我教育同伴教育成为品牌

"见证祖国60年",是首都大学生记者团第三次大型采访活动主题。从2007年以来,记者团每年围绕一个主题进行采访,逐渐成为首都大学生自我教育、同伴教育的活动品牌。在大学生中影响不断扩大,近日还获得了北京高校大学生思想政治教育实效奖。首都大学生记者团的活动由北京市委教育工委主办,由北京高校校报研究会具体组织,北京日报教育专刊、人民网等媒体支持。记者都是从各高校大学生中海选产生的,进行全面培训后利用假期进行采访。参加活动的人数只有几十人,但大学生们通过多种形式广为传播自己的所见所闻所思,如自建网站,在QQ群中选题,为校刊校网发稿等,影响了更多的大学生。

兵分四路见证祖国成就
三年活动一条红线串起

参加首发式的大学生记者们对"见证祖国 60 年"采访活动记忆犹新。他们在 2009 年暑假，兵分四路，探访红色老区，体验现代农村，见证西部发展，寻觅春天故事。40 多名各高校、多专业的大学生记者在一周多的时间里，像海绵一样汲取社会的营养，见证新中国成立 60 年来取得的成就。清华大学徐雯从小就学过《吃水不忘挖井人》的文章。在瑞金的这口井旁，她写到，学会感恩也是当代大学生的一门必修课；北京林业大学的朱天磊离开革命圣地时，开始理解了"一次井岗行，一世红色情"的真正含义；首都师范大学杨帆则说，接受红色传统的洗礼，对大学生来说依然重要；"多关注老区，多报道老区，多支持老区"，中国农业大学陈潇的眼前还浮现着老区人渴盼的眼神。

2007 年 7 月初，在北京市委教工委负责人的倡议下，第一个首都大学生记者团应运而生。30 所高校的 30 名优秀学生记者聚集在一起，以"让青春在祖国最需要的地方闪光"为主题，对京郊的"大学生村干部助理"这一新闻人物进行了大规模的采访。深入燕山石化和首都钢铁公司等国企，采访在一线工作的基本科技人员。采访活动不但在社会上、在校园里引起了很大反响，还得到了国务院总理温家宝的批示。2008 年暑假，首都大学生记者团再次集结，以"80 后的爱国心"为主题，对在冰雪灾害、抗震救灾、奥运志愿服务等重大事件中表现突出的大学生进行了采访，记述了大批同龄人的感人事迹。不少读了《让青春在祖国最需要的地方闪光》一书的人说，这是对 80 后是爱国的一代、有希望的一代的最好说明。

方式越来越活越来越新

影响越来越广加入者更多

第一次集中采访活动时，大学生们在采访上基本以口问、眼看、手记、体验为主，其作品多是文字稿。2009 年的采访和报道手法却是今非昔比，花样翻新。大学生记者们差不多每人都自备了数码相机、录音笔。只要一出门，北京建工学院郝时伦的数码相机几乎就没有停止拍摄过。在短短的几天里，他 10 个 G 的储存卡就被农村新貌、光明农场、现代企业、港口码头、动漫基地等占满了。北京舞蹈学院曲迪鑫、中国戏曲学院黄蒙蒙等女同学成了摄像高手。她们制作的视频短片挂在土豆网、校园网上后受到了热捧。大学生记者们还自己动手，制作了图文并茂的电子杂志。记者团在人民网上开辟了官方网站，每人都建了博客，每天不管多晚，都要把当天的采访文字和图片挂在网上。

北京大学的朱悦俊说，蜗居在校园里的我们总是强调自我，走向社会后发现，不和社会融合在一起寸步难行。两位未能参加记者团活动的大学生也闻讯赶来。听了大家的发言，他们羡慕得不得了，使劲"呼吁"：希望参与的范围扩大、再扩大些！

北京日报　2010 - 01 - 27

在见证祖国发展中成长

有些东西是不能忘记的。但如果离开了文字，想记住都难。所以，我从来不敢想象，如果没有书籍，我们的记忆将会怎样。

　　无论如何，40多位北京的大学生都不会忘记他们在见证祖国成就中的成长。因为他们已经把这一难得的经历、独特的感受，认真地用文字记录了下来，并结集正式出版了。如果说见证祖国成就的过程是一种感性的体验和收获的话，那么将这个过程中的所见所闻、所思所感用文字记录下来，则是一种理性的思考和升华。

　　1月24日，已经放了寒假的大学生们聚集在一起，为一部凝结着思考和升华的新书举行首发式。他们捧着飘着墨香的《见证祖国60年》一书，尽情地抒发着自己的心声，令在场的每一个人感动。

　　去年，恰逢新中国成立60周年，举国上下都在为伟大祖国的六十华诞而忙碌着。怎样才能使大学生们在迎接国庆60周年中受到更多的教育、获得更大的收获？北京市委教工委的负责人和有关部门为此费了不少心思。在他们的支持下，我再次牵头组建首都大学生记者团，启动了"见证祖国六十年"主题采访活动。

　　这已是我第三次组织大学生记者团了。2007年，以"让青春在祖国最需要的地方闪光"为主题，首次组团在京采访了大学生村官、在国企基层工作的大学毕业生，受到了温家宝总理的批示和肯定。2008年，采访的主题确定为"80后的爱国心"，组织大学生记者走访了在冰雪灾害、抗震救灾、北京奥运中作出贡献的志愿者，真实地向社会展示了"80后"大学生的形象。

　　2009年的采访与往年不同的是，大学生记者的遴选过程更加严格。从各高校中推荐的百余名优秀大学生记者中，通过笔试面试等环节，精选了40多位。这次采访还走出了北京地区。为了全面地了解祖国的巨变，40多名各高校、多专业的大学生记者在一周多的时间里，像海绵一样汲取社会的营养，见证新中国成立60年来取得的成就。

　　大学生记者们在人民网上开辟了官方网站，每人都建了博客，每天不管多晚，都要把当天的采访文字和图片挂在网上。返京之后，他们又继续加以修改整理。当我打开邮箱，读着他们饱含深情的文字时，每每都被他们的真情所打动。

　　清华大学徐雯从小就学过《吃水不忘挖井人》的文章。在瑞金的这口井旁，她认识到，没有先辈的英勇牺牲，就没有今天的新中国。学会感恩也是当代大学生的一门必修课；北京林业大学的朱天磊离开革命圣地时，开始理解了"一次井岗行，一世红色情"的真正含义；首都师范大学杨帆则说，接受红色传统的洗礼、传承老一辈的革命精神，对大学生来说依然重要；"多关注老区，多报道老区，多支持老区"，中国农业大学陈潇的眼前还浮现着老区人渴盼的眼神。

　　在江苏和浙江的农村，大学生记者们看到了中国农村的明天和希望；在山城重庆、在四川绵竹，他们不但亲身感受到了西部的飞速发展，更感受到了西部人的执著和拼搏精神；在深圳、广州等地，他们寻觅到了教育的春天、科技的春天、经贸的春天、创新的春天和发展的春天。

　　我将他们采写的文稿，按照四支分队的行走路线分成了"探访红色老区"、"体验现代农村"、"见证西部发展"、"寻觅春天故事"四篇，并特意列出了第五篇"收获感谢反响"，专门收录了他们撰写的体会和札记。

　　仅仅从标题上，就可以看到这次采访对大学生们的影响。《我喜欢这遍红土地》、《最大的收获来自体验社会》、《真正见识了"翻天覆地"》、《改革成就给我上了一课》、《在见证中成长》，都真实地记录了祖国巨变、社会实践给予大学生内心深处的震撼和感动。

　　我还清楚地记得，在这次活动的启动仪式上，教育部思政司刘贵芹等领导亲手为大学生们授旗壮行。书中特意收入了他和北京市委教工委副书记王民忠给大学生们的寄语。其中，王民忠引用了一个马克思喜欢的寓言：

哲学家问船工懂不懂数学，船工答不会。哲学家说，太遗憾了，人生三分之一的乐趣你体会不到；又问懂不懂哲学，船工答不会。哲学家说，你又有三分之一的人生乐趣体会不到了。此时浪打船翻。船工问哲学家，你会游泳吗？哲学家喊道，不会！船工说，那你百分之百的人生乐趣就要丧失了。

采访结束之后，大学生记者们对这个寓言有了深刻的认识，不但体会到了参与社会实践的重要性，更体会到了王书记讲的这个寓言的深刻内涵。

"你我都说完全知道事情的真相，其实听到的也就是个传说"。大学生记者们的体会比小沈阳唱的深刻多了。北京林业大学杨品舒说，参加采访活动的最大收获，是学会了用自己的眼睛看世界，而不是道听途说。

"体验现代农村"使得北京化工大学的王勇彻底颠覆了以往对农村的印象。不少大学生走出校门后发现，自己脑子里的一些认识不过是些缺少根据的想象。他们说，仅仅依靠上网了解信息是不够的，亲身经历后才更加感受到祖国的巨大变化。

北京大学的朱悦俊说，蜗居在校园里的我们总是强调自我，走向社会后发现，不和社会融合在一起寸步难行；在中国人民大学学社会学的厉玲玲看来，实践是最好的课堂。在采访中，她学到了许多课堂上、书本上、校园里学不到的东西；中国农业大学的王峤说，我说不清楚我收获了什么，但我越来越清楚地看到了自己的差距。

真的希望有更多的人能读到《见证祖国60年》。因为，这本书的每个文字，都生动地记录着当代大学生们那炽热的爱国之情，生动地记录着他们思想上不断成长的足迹。

科学时报　2010-02-04

光明日报　2010-02-24

《见证祖国六十年》首发

《见证祖国六十年》一书昨天在京举行首发式。首都30多所高校的大学生记者们聚集在一起，回忆去年暑假完成的这一主题采访活动，畅谈收获和体会。

在北京市委教工委的组织下，北京高校校报研究会从各高校中遴选了40多位优秀大学生记者，开展了"见证祖国六十年"主题采访活动。大学生记者们兵分四路，探访红色老区，体验现代农村，见证西部发展，寻觅春天故事。

在采访期间，大学生记者们在人民网开通了官方网站，每天及时在网上发布新闻稿件。返校后他们撰写了大量文稿，记录了自己的所见所闻所思所想，并编辑了电子杂志和视频短片。他们的作品通过多种方式广为传播后，在大学生中引起了很大反响。

由中国广播电视出版社出版的《见证祖国六十年》一书，荟萃了大学生记者们这次采访活动中撰写文稿和图片，用大量实例反映了新中国成立60周年来取得的巨大成就。书中还收入了大学生们采访结束后撰写的切身体会。

北京考试报　2010-01-30

"青春感动中国"大型教育活动启动

随着首都各高校陆续放假，230 名大学生记者开始了"青春感动中国"大型采访活动。他们在暑假里，遍访优秀大学生和毕业生典型，为各校广泛开展的"青春感动中国"主题教育活动提供生动的素材。

为学习弘扬社会主义核心价值体系，发挥优秀学生的榜样与示范作用，北京市委教育工委在首都高校组织开展了"青春感动中国"主题宣传教育活动，旨在推出一批学习践行社会主义核心价值体系的优秀学生（集体）及毕业生典型，通过学习教育和集中宣传，在首都高校及社会营造学习、实践社会主义核心价值体系的良好氛围，展示首都大学生良好形象与精神风貌。

据悉，首都各高校已经推荐了本校的优秀大学生（集体）、毕业生典型，同时面向征集典型人物和事迹。新组建的首都大学生"青春感动中国"记者团进行培训后，将对这些典型进行深入的采访。大学生记者们将利用文字、图片和视频等多种形式，在官方网站和校内外媒体上广泛宣传优秀大学生、毕业生事迹，其优秀作品将结集出版；举办"青春感动中国"网上图片展；通过实地访谈、问卷调查等多种形式，分析影响大学生社会主义核心价值观的因素，研究加强大学生社会主义核心价值体系教育的对策，形成调研报告。

由北京高校校报研究会组织的"青春感动中国"学生记者实践团，还将在暑期开展实践考察活动，寻访用奉献谱写的青春档案，重点寻访西部志愿者、支边、支教等先进典型；追寻用汗水浇灌的青春梦想。重点寻访大学生自主创业、从军等先进典型；聆听用责任演绎的青春之歌，重点寻访大学生从事公益事业、建设家乡、社区志愿者、好人好事、见义勇为的典型；体味用行动诠释的青春内涵。重点寻访大学生所体现出的时代精神，突出展现他们的爱国主义品质。

新学期开学后，各校将结合新生入学教育深入"青春感动中国"宣传教育活动，宣传在校优秀大学生、毕业生典型，开展座谈、研讨和交流活动；利用社会媒体对典型人物、事迹及活动情况进行集中报道；组织"青春感动中国"报告团在高校进行系列报告。

科技日报　2010 - 07 - 27

北京考试报　2010 - 07 - 28

人民网　2010 - 07 - 26

中青在线　2010 - 07 - 23

2007 年十大绿色新闻事件评出

2007 年十大绿色新闻评选昨天揭晓。"生态文明首次写入中共代表大会报告"名列首位。

其他入选的绿色新闻还包括：胡锦涛倡议建"亚太森林恢复与可持续管理网络"；联合国粮农组织对中国的林业进行全面评估后的结论是：在世界森林锐减的情况下，中国为世界森林增加作出了突出贡献，也对全世界的碳汇作出了积极贡献；全国退耕还林总投入达 4300 亿元；北京向国际奥委会申办奥运会时的七项绿化承诺已全部实现；希腊和美国加州燃起森林大火；全国正式启用"中国森林防火吉祥物"；我国将逐步推广森林健康项目；中国首次实测获近地面沙尘暴运行规律数据；万里大造林、亿霖木业非法集资诈骗案敲警钟。

这次评选是由北京林业大学绿色传播中心组织的。

北京晚报　2007 - 12 - 26

回眸 2007 "绿色风云"

2007 年虽将过去，但这一年的绿色风云将永远载入历史史册。真实记录这一年风云变幻的绿色新闻，也将成为明日人们回眸的一页页历史。本文推荐了 9 件重大绿色新闻事件。

一、生态文明首次写入中共代表大会报告

评选 2007 年度绿色新闻，毫无争议地应该把中共十七大提出建设生态文明放在首位。10 月 15 日，中共中央总书记胡锦涛作十七大报告时明确提出了建设生态文明之后，"生态文明"一词已经成为我国上层建筑领域中最流行的政治语汇。国内媒体纷纷重点加以报道。

国际媒体对此也十分关注。德国《我们的时代》记者默尔金说："我对政治报告中提到的环境话题十分感兴趣。"意大利《共和报》驻北京首席记者拉普尼说："欧洲国家对中国在环保中担任的

角色越来越关注。污染和气候变化作为全球性问题，如果没有中国的参与，就很难解决。"法新社则从胡锦涛的长篇报告中，把这个话题单独加以报道，称中国现在正向环境友好方向迈进。

首次把建设生态文明写入党代会的政治报告中，被公众认为有利于着力解决中国发展新阶段所面临的一些突出问题。实际上，中国政府早在上世纪 90 年代中期就开始提及生态文明。我国林业行业作为生态文明建设的主体，更是做了大量卓有成效的工作。

值得注意的是，当生态文明建设成为全党的重要任务之后，不同领域的专家学者从各自角度进行解读和阐释，但"林业是生态文明的主体和核心"的社会舆论的真正形成尚待时日。

二、胡锦涛倡议建"亚太森林恢复与可持续管理网络"

在澳大利亚悉尼举行的 2007 年亚太经合组织（APEC）领导人会议，首次把气候变化和环境保护问题作为中心议题，因此其成为自 1992 年里约会议以来关于气候问题最重要的国际会议之一，显示了亚太地区国家对气候变化的关注和解决这个问题的意愿。这也是件值得关注的重大绿色新闻。

中国国家主席胡锦涛提出了建立"亚太森林恢复与可持续管理网络"倡议，并写入了会议通过的《悉尼宣言》，引起了强烈反响。

森林吸收二氧化碳、应对气候变暖的重要作用越来越受到重视。只有世界的森林得到有效恢复和管理，才能使人类共同应对当前的气候变暖。中国政府提出，对亚太地区的森林进行恢复和可持续管理，有助于减少碳排放、增加碳吸收、缓解全球变暖，有利于促进亚太地区森林工业的发展，缓解依靠森林资源维持生计地区的贫困问题。

建立"亚太森林恢复和可持续管理网络"的目的是为亚太地区

开展信息共享、实际合作、政策对话、能力建设提供平台。

胡锦涛倡议的建立"亚太森林恢复和可持续管理网络",可以看作是中国政府为亚太地区乃至世界范围的减排碳汇作出的具体而有意义的行动。

三、中国为世界森林增加作出突出贡献

这一重大新闻是国务院新闻办公室 12 月 4 日举行的新闻发布会上发布的。

联合国粮农组织对中国的林业进行了全面评估,得出的结论是:在世界森林锐减的情况下,中国为世界森林增加作出了突出贡献,也对全世界的碳汇作出了积极贡献。

该组织公布的官方数字证明了中国林业和森林管护取得的巨大成就:1990 年~2000 年,世界每年的森林递减速度是 0.2%,每年约减少 939 万公顷,而中国每年却增加了 180 万公顷;2000 年~2005 年,世界平均每年减少森林面积 730 万公顷,而中国每年增加森林面积 405.6 万公顷。

四、全国退耕还林总投入达 4300 亿元

从 8 月 25 日召开的全国退耕还林工作会议上传出消息:国务院决定追加 2100 亿元以补偿因退耕还林工程而失去耕地的农民,使得这一工程的投资从当初预算的 2200 多亿元增加到 4300 多亿元。

国家林业局局长贾治邦在讲话中作了形象化的解读:4300 亿元,比三峡工程总投资的两倍还多,等于修建 11 条青藏铁路;新增的 3.64 亿亩森林,可出产 10 亿立方米的活立木,可造氧气 32

亿吨，可吸收二氧化碳 36 亿吨。这些林地产生的效应，可大大促进我们的国土安全。

贾治邦强调，完善退耕还林政策、巩固退耕还林成果，事关亿万农民的切身利益和国家生态安全。

退耕还林工程是我国迄今政策性最强、投资最大、涉及面最广、群众参与程度最高的一项生态建设工程，在世界上也堪称罕见。我国启动退耕还林工程 9 年来取得了巨大的成绩。今年 8 月出台的《国务院关于完善退耕还林政策的通知》中决定，对退耕农户的现金补助政策再延长一个周期。这对我国的林业和生态环境建设无疑将起到重大作用。

五、北京申奥 7 项绿化承诺全部兑现

在 8 月 7 日国家林业局举行的发布会上，北京市园林绿化局负责人称，北京向国际奥委会申办奥运会时的 7 项绿化承诺已全部实现。在 2008 年北京奥运会离我们越来越近的大背景下，这应该是林业人为绿色奥运献上的一份厚礼。

这 7 项承诺指标包括：全市林木覆盖率接近 50％，山区林木覆盖率达到 70％，城市绿化覆盖率达到 40％以上，全市形成 3 道绿色生态屏障，"五河十路"两侧形成 2.3 万公顷的绿化带，市区建成 1.2 万公顷的绿化隔离带，全市自然保护区面积不低于本市国土面积的 8％。

自 2001 年 7 月 13 日北京申奥成功以来，北京按照办"绿色奥运"、建生态城市的要求，大力开展植树造林、绿化美化工作，努力改善环境质量，基本上完成了申奥报告中的绿化承诺指标。通过 6 年多的努力，全市绿化总体水平明显提高，形成了全市山区、平原和城市绿化隔离地区 3 道绿色生态屏障，山区 95％以上的宜林

荒山也逐步实现了绿化。

今年是北京奥运绿化决战年，突出抓好160项奥运绿化工程是首都园林绿化的重中之重。绿化是绿色奥运的重要基础和元素，直接关乎北京能否举办一届有特色高水平的奥运会。在距离奥运会的举行还有200多天的时候，奥运场馆周边的绿化工程也开始了最后的冲刺。奥运会在北京召开之日，也是世人检阅北京绿化、美化成果之时。

六、中国森林防火吉祥物启用

4月4日，国家森林防火指挥部总指挥贾治邦宣布，全国将正式启用"中国森林防火吉祥物"，以进一步增强社会公众的森林防火意识。

"中国森林防火吉祥物"名字为防火虎"威威"，是以中国虎为设计元素创作的拟人卡通形象，其名字也与保卫的"卫"字谐音。它将承担起中国森林防火形象和爱心大使的角色，唤起越来越多的社会公众关注森林防火，守护绿色家园。

从对中国的防火熊的呼唤，到中国防火虎的问世，只有短短1年时间。但真正使其得到社会公众的承认，将防火意识植根于百姓之中，还需要作大量艰苦的努力。

七、我国将逐步推广森林健康项目

从5月30日召开的中美合作森林健康评价因子研讨会上获悉，我国已确立9个不同类型的森林健康示范区。今后将在试点的基础上，由点向面，从单独的项目示范区向全国不断扩大发展区域，最终在全国全面展开。这对于我国的林业和生态环境建设而言，具有重要的意义。

"森林健康"是指林业发达国家针对人工林林种结构单一，不能满足森林的生态、经济和社会服务功能等缺陷而提出来的可持续森林资源经营的新理念。它倡导通过合理配置林分结构，实现森林病虫害自控、森林火险等级降低、环境保护功能增强和资源产值提高的目标。

第六次国家森林资源清查结果显示，我国森林面积有1.75亿公顷，其中20.09％的森林有不同程度的病虫危害。相当一部分面临着林分结构简单、中幼龄林分比例大、抵御森林病虫害和外来有害生物入侵的能力低下、发生森林火灾的风险较大、生物多样性较低、部分重点保护野生动植物种群数量过少等问题。

国家林业局造林司负责人说，我国森林面积居世界第六位，人工林面积居世界第一位。现在不仅要增加森林资源总量，更亟须提高森林质量、功能和效益。

八、中国首次实测获近地面沙尘暴运行规律数据

我国科研人员通过科学实验和实测，首次取得了近地面沙尘暴运行规律数据，这对于饱受沙尘暴之害的公民来说是一个好消息。

我科研人员利用自行研制的近地面沙尘暴综合观测系统，对中国重要的沙尘策源地——甘肃民勤2006年的19场沙尘暴进行了观测，分析了人工措施对沙尘暴的影响以及沙尘来源和输送过程中的特点和规律。

观测数据显示：现有的绿洲防护带阻截沙尘的作用十分明显。在近地面50米高的断面上，19场沙尘暴通过8公里的绿洲防护带后，沙尘量减少了约76％。

九、两起打着造林幌子的非法集资诈骗案敲警钟

8月22日，内蒙古万里大造林董事长陈相贵等3名负责人涉嫌集资诈骗，被公安机关刑事拘留。该集团在全国12个省市区成立100多家分公司，销售人员达9000人以上，影响之大、范围之广、危害之深，令人触目惊心。

北京警方则宣布：2月9日破获了以高额回报为诱饵，吸引投资者购买林地的亿霖木业非法传销案。两年时间，犯罪嫌疑人获取赃款高达16亿余元人民币，成为北京有史以来最大、涉案金额最多的传销案。亿霖木业诈骗案涉及我国多个省市，上当受骗者高达2万余人。

回眸2007年绿色风云，大大小小的新闻还有不少，这说明了人们对森林的关注度越来越高。"夜来风雨声，花落知多少？"愿明天的森林在人们的关注和保护下更加枝繁叶茂！

北京日报　2007－12－26

2009年全国绿色十大好新闻评选揭晓

2月8日，2009年光华节能减排基金杯全国绿色好新闻评选在京揭晓，10篇佳作榜上有名。这是我国首次在节能减排传播领域进行专业性评比，旨在鼓励社会媒体加大对我国节能减排事业的报道力度，以推进节能减排理念的大众化、中国化进程。

北大教授陆地、清华教授陈昌凤等认为，生态新闻、环境新闻

长期以来处于边缘化状态，而今开始成为社会媒体报道的重点。这是中国社会的一大进步，也是节能减排信息更加公开、更加透明的一个标志。

在中国光华科技基金会节能减排基金的支持下，北京林业大学绿色传播中心组织了这次评选。北大、清华、人大、传媒大学、北林大等校的新闻传播学教授和北京市记协、市科技记协的资深记者组成了专家组，对 2009 年全国社会媒体公开发表的节能减排的新闻作品，进行了认真评选。

为了进一步推动我国节能减排事业的发展，北林大绿色传播中心在中国光华科技基金会节能减排基金的资助下，2010 年初，启动了"节能减排理念的大众化、中国化传播研究"。研究内容包括，开展节能减排理念在中国传播的现状调查，探索节能减排理念大众化途径和形式，研究建立节能减排理念传播的舆情评价体系研究。作为项目的内容之一，开展了节能减排绿色好新闻评选活动。

研究者们海选了 2009 年媒体的有关报道。研究中发现，《人民日报》、新华社、《光明日报》等媒体对节能减排报道的数量多，总体上看对我国的政策报道较为充分。而《北京青年报》、《中国青年报》在贴近性上有较好表现，一些报道拉近了和百姓的距离，从生活入手，有一定的可操作性。《经济日报》、《科学时报》、《科技日报》等在专业报道上略胜一筹，在对节能减排相关技术、成果的报道上有所见长。《中国企业报》在节能减排领域提出了新的课题。而《南方周末》、《新京报》等都市媒体在深度报道上有亮点。

研究者也发现，总体来看，节能减排的报道抽象多、具体少；工作多、生活少；长稿多、精稿少；一般化的多，有特色的少。各媒体报道也不平衡。比如《中国教育报》，本应在节能减排的传播上发挥更大的作用，但全年报道的数量过少，从一个侧面反映了教育界对节能减排还缺少应有的重视。

评选中，还特别聘请中国工程院院士尹伟伦担任科技顾问。他仔细阅读了大量新闻后指出，节能减排的报道要特别注重科学性，对于一些争论性观点的报道不能偏颇。在报道中要处理好经济发展和节能减排的关系、政府引领和百姓参与的关系、节能减排和碳汇的关系等。

获得首届全国节能减排绿色好新闻奖的作品是：

1.《"捕捉"百姓人家"碳足迹"》（《人民日报》，记者王悦威）；2.《我国森林植被总碳储量78亿吨》（《中国绿色时报》，记者厉建祝、温雅莉、贡佳萍）；3.《节能减排赢在科技》一组（《北京日报》，记者刘欢）；4.《哥本哈根气候大会如何影响我们的生活》（《北京青年报》，记者刘一）；5.《节能减排：从政府推动走向全民自觉》（《光明日报》，记者肖国忠、肖一）；6.《发达国家减排承诺不堪一算》，新华社记者杨骏、黄堃）；7.《细节体现对环境友好减少浪费做法，丹麦政府采取"不送礼政策"》（《中国青年报》，记者王尧）；8.《民企节能减排技术推广举步维艰》（《中国企业报》，记者陈玮英）；9.《跨国公司，请脱下绿马甲》（《南方周末》，记者何海宁、实习生郭海燕、何旭）；10.《低碳建筑离生活越来越近》（《文汇报》，记者张懿）。

中国企业报　2010－02－09

中国气象报　2010－02－09

光明日报　2010－02－09

中国绿色时报　2010－02－22

中国节能减排信息走向公开透明

2月8日，2009年光华节能减排基金杯全国绿色好新闻评选在京揭晓。这是我国首次在节能减排传播领域进行专业性评比，在中国光华科技基金会节能减排基金的支持下，北京林业大学绿色传播中心组织北大、清华、人大、传媒大学、北林大等校的新闻传播学教授和北京市记协、北京市科技记协的主要负责人组成的专家组，特别聘请中国工程院院士尹伟伦担任科技顾问，对2009年全国社会媒体公开发表的节能减排的新闻作品，进行了认真评选。

获得首届全国节能减排绿色好新闻奖的作品是：人民日报《"捕捉"百姓人家"碳足迹"》、中国绿色时报《我国森林植被总碳储量78亿吨》、北京日报《节能减排赢在科技》、北京青年报《哥本哈根气候大会如何影响我们的生活》、光明日报《节能减排：从政府推动走向全民自觉》、新华社《发达国家减排承诺不堪一算》、中国青年报《细节体现对环境友好减少浪费做法》、中国企业报《民企节能减排技术推广举步维艰》、南方周末《跨国公司，请脱下绿马甲》、文汇报《低碳建筑离生活越来越近》。

北京日报　2010－02－10

605

我国评出首届节能减排好新闻

2009 年"光华节能减排基金杯"全国绿色好新闻奖评选日前在京揭晓，10 篇佳作榜上有名。这是我国首次在节能减排传播领域进行专业性评比，旨在鼓励社会媒体加大对我国节能减排事业的报道力度，以推进节能减排理念的大众化、中国化进程。

在中国光华科技基金会节能减排基金的支持下，北京林业大学绿色传播中心组织了这次评选。北大、清华、人大、中国传媒大学、北林大等校的新闻传播学教授和北京市记协、北京市科技记协的主要负责人组成的专家组，对 2009 年我国社会媒体公开发表的有关节能减排的新闻作品，进行了认真评选。

北京晚报　2010 - 02 - 11

我国节能减排信息走向公开透明

有专家认为，为社会媒体设奖，是中国节能减排信息走向更加公开、更加透明的一个标志。

节能减排有广义和狭义之分。广义的节能减排，是指节约物质资源和能量资源，减少废弃物和环境有害物排放；狭义的节能减排，则指节约能源和减少环境有害物排放。

世界经济发展付出了巨大的资源和环境代价，经济发展与资源环境的矛盾日趋尖锐，环境污染问题日渐凸显，温室气体排放引起的全球气候变暖，备受国际社会关注。节能减排成了破解经济发展瓶颈、促进社会协调发展的重要举措。

作为一个负责任的国家，中国对节能减排高度重视。在纽约举行的联合国气候变化峰会上，国家主席胡锦涛提出了中国到 2020 年的减排目标，提出了"三个争取"，即争取单位国内生产总值二氧化碳排放比 2005 年有显著下降；争取非化石能源占一次能源消费比重达到 15% 左右；争取森林面积比 2005 年增加 4000 万公顷，森林蓄积量比 2005 年增加 13 亿立方米。

为了实现我国提出的目标，节能减排理念的传播成了重中之重。只有通过有效的传播，才能更好地动员广大公众的参与和响应。为了进一步推动我国节能减排事业的发展，北京林业大学绿色传播中心今年启动了"节能减排理念的大众化、中国化传播研究"。在研究中，课题组将开展节能减排理念在中国传播的现状调查、探索节能减排理念大众化途径和形式，研究建立节能减排理念传播的舆情评价体系。节能减排好新闻评选活动是项目的内容之一。

2009 年，我国有关节能减排的新闻报道达到了有史以来的高潮。特别是在联合国气候大会和哥本哈根大会前后，许多媒体都形成报道的热点。

研究者认为，节能减排理念传播要打持久战。

专家们通过对 2009 年媒体有关报道的统计发现，人民日报、新华社等媒体对节能减排报道的数量多，总体上看对我国相关政策方面的报道较为充分。北京青年报、中国青年报在贴近性上有较好表现，一些报道拉近了和百姓的距离，从生活入手，有一定的可操作性。科学时报、科技日报等在专业报道上略胜一筹，在对节能减排相关技术、成果的报道上见长。南方周末、新京报等媒体则在深度报道上有亮点。同时，一些媒体本应在节能减排的报道上发挥更大的作用，但全年报道的数量过少。这从一个侧面反应了对节能减排理念传播还缺少应有的重视。

中国绿色时报　2010 - 02 - 22

我国节能减排新闻传播走向大众化

全国首届绿色好新闻在京颁奖

2009 年光华节能减排基金杯全国首届绿色好新闻奖 5 月 15 日在京举行。国务院新闻办公室副主任董云虎为获奖记者颁了奖。他说，这项评选活动很有意义。节能减排不能只喊口号，而要落到实处。其关键在于节能减排的理念要深入人心。社会传媒要发挥积极作用。

据悉，这是我国首次在节能减排传播领域进行的新闻评比，旨在鼓励社会媒体加大对我国节能减排事业的报道力度，以推进节能减排理念的大众化、中国化进程。在中国光华科技基金会节能减排基金的支持下，北京林业大学绿色传播中心组织了这次评选。

北大、清华、人大、中国传媒大学、北林大等校的新闻传播学教授和北京市记协、市科技记协的主要负责人组成的专家组，对2009 年我国社会媒体公开发表的有关节能减排的新闻作品，进行了认真评选。

从获奖的媒体看，既有全国性知名媒体，也有专业性、行业报；从获奖媒体所在的地域看，既有京内媒体，也有上海、广州等地的媒体；从获奖作品的内容看，既有重大题材的报道，也有贴近百姓生活的报道，既有国内热点、焦点、冰点问题的剖析，也有国际性的话题。较好地反映了我国目前节能减排传播的进展和成果。

节能减排渐成媒体报道热点

专家指出，生态新闻、环境新闻长期以来一直处于边缘化状态，很少能引起媒体的关注。而今，已经开始成为社会媒体报道的重点。这是中国社会的一大进步，也是节能减排信息更加公开、更加透明的一个标志。

在经济快速增长中，付出了巨大的资源和环境代价，经济发展与资源环境的矛盾日趋尖锐，环境污染问题日渐凸显，温室气体排放引起的全球气候变暖，备受国际社会广泛关注。节能减排成了破解经济发展瓶颈、促进社会协调发展的重要举措。

作为一个负责任的国家，中国对节能减排高度重视。在纽约举行的联合国气候变化峰会上，国家主席胡锦涛指出了中国到 2020 年的减排目标，提出了"三个争取"，即争取单位国内生产总值二氧化碳排放比 2005 年有显著下降；争取非化石能源占一次能源消费比重达到 15% 左右；争取森林面积比 2005 年增加 4000 万公顷，森林蓄积量比 2005 年增加 13 亿立方米。

为了实现我国提出的目标，节能减排理念的传播成了重中之重。只有通过有效的传播，才能更好的动员广大公众的参与和响应。为了进一步推动我国节能减排事业的发展，北京林业大学绿色传播中心在中国光华科技基金会节能减排基金的资助下，2010 年初，启动了"节能减排理念的大众化、中国化传播研究"。作为项目的内容之一，开展了全国节能减排好新闻评选活动。

节能减排理念传播要打持久战

研究者认为，2009年以来我国媒体加大了有关节能减排的新闻报道力度，在传播节能减排理念上发挥了积极作用。社会媒体对节能减排新闻报道的数量不断增加，报道范围不断拓展，影响力也逐渐加大。但在节能减排的报道中，还存在许多问题。

研究后发现，媒体目前的节能减排报道总体来看缺少可读性、贴近性和有效性。有的报道工作性、专业性、业务性过强，离公众较远，离生活较远，读者群小，影响面小。一些记者自身对节能减排理念认识不深、理解片面，其报道也出现了这样那样的偏差。有的报道过于笼统，有的报道又过于琐碎。有的报道将节能减排等同于普通意义上的节约。这些都有待于在今后不断加以改进。

中国工程院院士尹伟伦仔细阅读了大量新闻后指出，节能减排的报道要特别注重科学性，对于一些争论性观点的报道不能偏颇。在报道中要处理好经济发展和节能减排的关系、政府引领和百姓参与的关系、节能减排和碳汇的关系等。

研究者建议，要对媒体从业人员进行广泛深入的节能减排素养教育，普及节能减排的有关知识；要邀请专家学者担任传播顾问，对有关专业问题进行把关审查；要经常开展专业研讨，有针对性地解决报道中存在的共性问题。

中青在线　2010 - 05 - 18

全国首届节能减排绿色好新闻颁奖

5 月 15 日，2009 年光华节能减排基金杯全国绿色好新闻在北京颁奖。国务院新闻办公室副主任董云虎为获奖者颁发了奖杯。

据悉，这是我国首次在节能减排传播领域进行新闻评比，旨在激励社会媒体加大对我国节能减排事业的报道力度，以推进节能减排理念的大众化、中国化进程。

在中国光华科技基金会节能减排基金的支持下，北京林业大学绿色传播中心组织了这次评选。评审组由北大、清华、人大、传媒大学、北林大等校的新闻传播学教授，以及北京市记协、市科技记协的专家组成。

获得首届全国节能减排绿色好新闻奖的作品是：《"捕捉"百姓人家"碳足迹"》（人民日报，记者陈杰、魏贺）；《我国森林植被总碳储量 78 亿吨》（中国绿色时报，记者厉建祝、温雅莉、贡佳萍）；《节能减排赢在科技》一组 10 篇（北京日报，记者刘欢、陈先）；《哥本哈根气候大会如何影响我们的生活》（北京青年报，记者刘一）；《节能减排：从政府推动走向全民自觉》（光明日报，记者肖国忠、肖一）；《发达国家减排承诺不堪一算》（新华社，记者杨骏、黄堃）；《细节体现对环境友好减少浪费做法，丹麦政府采取"不送礼政策"》（中国青年报，记者王尧）；《民企节能减排技术推广举步维艰》（中国企业报，记者陈玮英）；《跨国公司，请脱下绿马甲》（南方周末，记者何海宁）；《低碳建筑离生活越来越近》（文汇报，记者张懿）。

为进一步推动我国节能减排事业的发展，北林大绿色传播中心在中国光华科技基金会节能减排基金的资助下，2010 年年初启动了"节能减排理念的大众化、中国化传播研究"。研究内容包括，开展节能减排理念在中国传播的现状调查，探索节能减排理念大众化途径和形式，研究建立节能减排理念传播的舆情评价体系，以及开展节能减排绿色好新闻评选活动。

北林大绿色传播中心对去年全国社会媒体公开发表的节能减排新闻作品进行海选时发现，这些媒体对节能减排的报道各有侧重，但总体来看，节能减排的报道抽象多、具体少；工作多、生活少；长稿多、精稿少；一般化的多，有特色的少。

科技专家顾问组组长、中国工程院院士尹伟伦仔细阅读了大量新闻作品后指出，节能减排的报道要特别注重科学性，对于一些争论性观点的报道不能偏颇。在报道中要处理好经济发展和节能减排的关系、政府引领和百姓参与的关系、节能减排和碳汇的关系等。

北京大学教授陆地、清华大学教授陈昌凤等认为，生态新闻、环境新闻长期以来处于边缘化状态，而今开始成为社会媒体报道的重点。这是中国社会的一大进步，也是节能减排信息更加公开、透明的一个标志。

中国绿色时报　2010－05－19
光明网　2010－05－21

北林大组织评出首届节能减排绿色好新闻

5 月 15 日，2009 年光华节能减排基金杯全国绿色好新闻在京颁奖。这是我国首次在节能减排传播领域进行新闻评比，旨在激励社会媒体加大对我国节能减排事业的报道力度。

在中国光华科技基金会节能减排基金的支持下，北京林业大学绿色传播中心组织了这次评选。北大、清华、人大、传媒大学、北林大等高校的新闻传播学教授，及北京市记协、市科技记协的专家组成了评审组，对 2009 年全国社会媒体公开发表的节能减排的新闻作品进行了评选。

北林大绿色传播中心海选了 2009 年媒体的有关报道。据中心主任铁铮介绍，研究中发现，人民日报、新华社、光明日报等媒体对节能减排报道的数量多，总体上看对我国的政策报道较为充分。而北京青年报、中国青年报在贴近性上有较好表现，一些报道拉近了和百姓的距离，从生活入手，有一定的可操作性。经济日报、科学时报、科技日报等在对节能减排相关技术、成果的报道上有所见长。中国绿色时报、中国企业报等的专业报道略胜一筹。南方周末、新京报等媒体在深度报道上有亮点。

获得首届全国节能减排绿色好新闻奖的作品是：《"捕捉"百姓人家"碳足迹"》（人民日报）；《我国森林植被总碳储量78亿吨》（中国绿色时报）；《节能减排赢在科技》一组 10 篇（北京日报）；《哥本哈根气候大会如何影响我们的生活》（北京青年报）；《节能减排：从政府推动走向全民自觉》（光明日报）；《发达国家减排承诺不堪一算》）；《细节体现对环境友好减少浪费做法，丹麦政府采取"不送礼政策"》（中国青年报）；《民企节能减排技术推广举步维艰》（中国企业报）；《跨国公司，请脱下绿马甲》（南方周末）；《低碳建筑离生活越来越近》（文汇报）。

科技日报　2010 - 05 - 18

第二届全国绿色好新闻评选活动启动

8月20日，全国第二届绿色好新闻评选活动宣布启动。北京林业大学绿色传播中心称，欢迎广大媒体和记者自荐作品，同时组织研究人员海选今年全年的绿色新闻报道，经专家评选后将于明年初向社会公布评选结果。在明年世界地球日前后举办的"首届绿价比国际论坛"上对获奖作品进行表彰。

为进一步推动我国节能减排事业的发展，在中国光华科技基金会节能减排基金的资助下，今年年初，北林大绿色传播中心启动了"节能减排理念的大众化、中国化传播研究"，并组织了2009年全国十大绿色好新闻评选活动。这是我国第一次在节能减排传播领域进行专业性评比。国务院新闻办副主任董云虎为获奖者颁奖。

据悉，第二届全国绿色好新闻评选活动将进一步完善评选方法，改进评选标准，扩大评选范围，突出评选重点。除大陆媒体外，欢迎港、澳、台媒体的媒体加入；除纸质媒体外，欢迎网络媒体等加入。凡在上述媒体2010年间公开发表的新闻作品，均可参赛。将邀请全国著名传播学专家组成专家委员会进行初评和终评，确保评选工作的权威性和公正、公平。

据介绍，绿色好新闻的评选中，除要求作品符合好新闻标准外，还特别强调作品符合节能减排理念，具有较强的科学性和一定的前瞻性。要产生显著的传播效益、社会效益、经济效益、生态效益。其评选重点是全球性、全国性节能减排重大题材的报道；和广大公众紧密联系的、贴近生活的报道；大力推广节能减排先进技术的报道；广泛宣传节能减排领军人物和典型企业的报道；积极倡导节能减排先进理念的报道等。

科技日报　2010－08－24

后　　记

后 记

时间最易消逝，所以最为宝贵。因其失不再来，所以更要珍惜。

不知不觉中，过了一天又一天，过了一年又一年。许多事情都烟消云散，唯有文字留了下来，帮助我们记忆那曾经的岁月、曾经的故事、曾经的一切。

2007 年 10 月，我的《绿色风景线》一书问世。从那时起到现在，差不多 3 年过去了。收入这本《绿色交响诗》中的，是这一时段我发表在社会媒体上的部分文稿。其内容和我所工作的北京林业大学紧密相关。绝大多数是有关北林大的新闻报道，还有少量是有关北林大校友的报道。这一阶段撰写的言论没有收入此书。

从迈进北林大的校门算起，我在这个校园里已经度过 32 个年头了。32 年间校园发生了许多变化，我也早已不是那个告别军营、背着绿色背包来校报到的退伍兵。但有一样没有变，这就是始终在尽职尽责地为学校扩大知名度、提升美誉度做着自己力所能及的事情。尽管琐事缠身，常常忙得头昏脑胀，也一直没有放弃挤时间写新闻稿，让更多的人知晓学校发生的重大新闻和不怎么重大的新闻。这占去了许多时间，也成了我业余生活的重要组成部分。

感谢广大媒体的记者朋友们，其中不乏已经走上领导岗位、日理万机的社长、老总们。他们总是尽量快地处理我的稿件，并及时刊发出来和读者见面。没有他们，我一年不可能有数百篇新闻稿刊发。需要说明的是，这些朋友完全没有像有些人那样收取好处后才肯帮忙、甚至还不帮忙。他们完全是按照新闻的标准和一个编辑的准则，认真仔细地处理着每一篇稿件。我从内心里感激他们。

应该说明的是，此书中有的文稿撰写时有合作者。在此一并表示感谢。

有人或许会说，这么多年过去了，你怎么还写这些"小儿科"的东西啊。一是我并不小看短新闻稿。写新闻稿和写论文都是一样的，都需要花费心血。甚至新闻稿能够及时发表出来，有时需要做更多的努力；二是写新闻稿是为了学校宣传的需要。常常为了这些看起来并不怎么起眼的小稿子耽误了一些论文的撰写，但我为了工作也是值得的；三是，我们进入了一个碎片化时代。时间太紧，杂事太多，很难成就大块的文章。白天太杂乱，基本写不了什么。书中许多稿子都是在下班之后完成的。我敲打着键盘写这篇后记的时候，又一个黎明就要来了……

在建校 58 年之际，献上此书，也算是我的一份心意。翻看着这些文稿，不但看到了北林大这三年走过的道路，也看到了自己这三年的付出和努力。

感谢学校对此书出版的支持和资助。

感谢长期以来一直关心和支持我的每一个人。

铁 铮

2010 年 9 月 1 日

图书在版编目(CIP)数据

绿色交响诗/铁铮著. —北京:中国文联出版社,
2010.10

(大学新闻文库)

ISBN 978－7－5059－6890－5

Ⅰ.①绿… Ⅱ.①铁… Ⅲ.①高等教育－文集 Ⅳ.①G64－53

中国版本图书馆 CIP 数据核字(2010)第 179797 号

书 名	绿色交响诗	
作 者	铁 铮	
出 版	中国文联出版社	
发 行	中国文联出版社 发行部(010－65389150)	
地 址	北京农展馆南里 10 号(100125)	
经 销	全国新华书店	
责任编辑	刘 旭	
责任印制	村景苇　刘 旭	
印 刷	北京振兴源印务有限公司	
开 本	880×1230　1/32	
印 张	20	
版 次	2010 年 10 月第 1 版第 1 次印刷	
书 号	ISBN 978－7－5059－6890－5	
定 价	50.00 元	

您若想详细了解我社的出版物
请登陆我们出版社的网站 http://www.cflacp.com